Les Rois
qui ont fait
la France

GEORGES BORDONOVE

Les Rois qui ont fait la France

HENRI II

Roi gentilhomme

FRANCE LOISIRS
123, boulevard de Grenelle, Paris

Édition du Club France Loisirs, Paris,
avec l'autorisation des éditions Pygmalion.

ISBN 2-7242-4466-4

Reste à avoir bon cœur
et à ne s'étonner de rien.

Henri II

UN HÉROS DE ROMAN

Ronsard et du Bellay célébrèrent à l'envi la gloire d'Henri II, le comparant sans hésiter à César-Auguste. Quand il mourut, les regrets qu'ils exprimèrent n'étaient pas de commande. D'ailleurs, hormis quelques militaires déçus par la paix de Cateau-Cambrésis et les protestants, le royaume entier le pleura. Brantôme traça de lui un portrait détaillé, toutefois assez superficiel. Écrivant lui-même en courtisan, il ne se préoccupait guère que de l'extérieur des êtres et des faits. « Il était beau, disait-il, encore qu'il fût un peu mouricaud (sic) ; *mais ce teint brun en effaçait bien d'autres plus blancs : il était fort agréable, bien adroit, fort dispos. » Il vantait aussi ses talents exceptionnels de cavalier : (« C'était le prince du monde qui avait la meilleure grâce et la plus belle tenue ») ; son endurance et ses exploits sportifs. Il analysait néanmoins certains traits de son caractère, en particulier sa politesse exquise envers les visiteurs étrangers, descendant jusqu'aux plus modestes de leurs serviteurs. Les ambassadeurs vénitiens, qui furent reçus par lui, qui le connurent, ne démentent nullement l'opinion de Brantôme ; leurs témoignages sont nombreux et concordants. Plus tard, Marie-Madeleine de Lafayette — que l'on appelle Mme de Lafayette,* *comme si elle était toujours vivante — situa son roman « La princesse de Clèves » sous le règne d'Henri II. Elle exprimait, à n'en pas douter, l'opinion du XVIIe siècle sur ce roi. Qui ne se souvient de ces lignes à jamais célèbres :*

« La magnificence et la galanterie n'ont jamais paru en France avec tant d'éclat que dans les dernières années du règne de Henry le second. Ce prince était galant, bien fait et amoureux : quoique sa passion pour Diane de Poitiers, duchesse de Valentinois, eût commencé il y avait plus de vingt ans, elle n'en était pas moins violente, et il n'en donnait pas de témoignages moins éclatants.

Comme il réussissait admirablement dans tous les exercices du corps, il en faisait une de ses grandes occupations : c'étaient tous les jours des parties de chasse et de paume, des ballets, des courses de bagues, ou de semblables divertissements ; les couleurs et les chiffres de madame de Valentinois paraissaient partout, et elle paraissait elle-même avec tous les ajustements que pouvait avoir mademoiselle de La Marck, sa petite-fille, qui était alors à marier.

La présence de la Reine autorisait la sienne. Cette princesse était belle, quoiqu'elle eût passé la première jeunesse ; elle aimait la grandeur, la magnificence et les plaisirs. Le Roi l'avait épousée lorsqu'il était encore duc d'Orléans et qu'il avait pour aîné le Dauphin, qui mourut à Tournon, prince que sa naissance et ses grandes qualités destinaient à remplir dignement la place du roi François Ier, son père.

L'humeur ambitieuse de la Reine lui faisait trouver une grande douceur à régner : il semblait qu'elle souffrît sans peine l'attachement du Roi pour la duchesse de Valentinois... »

En ce bref passage Mme de Lafayette dit beaucoup de choses, beaucoup plus qu'elle ne semble dire au premier abord ! Par la suite, les jugements portés sur la personne et le règne d'Henri II se nuancèrent, s'assortirent, selon l'horizon politique des auteurs, de certaines réserves, sans aller jusqu'au défavorable. Mis à part la littérature révolutionnaire, il faut attendre Michelet pour trouver un portrait aussi négatif, fondamentalement inexact et haineux, que celui-ci :

« Quoique grand, fort et bien taillé, il n'était nullement élégant. Son teint sombre, espagnol, faisait penser à sa captivité, rappelait l'ombre du cachot de Madrid, et ses grosses épaules en portaient encore les basses voûtes. Visage de prison. On y sentait aussi l'ennui que son joyeux père avait eu à faire l'amour à la fille du roi bourgeois, la bonne et triste Claude.

Au total, point méchant, mais lourdement bonasse et dépendant (voir le buste du Louvre). On comprend qu'un tel homme, une fois lié et muselé, on pût le mener loin ; que, né chien, pour plaire à ses maîtres, il pût devenir dogue et de ces cruels bouledogues qui mordent sans savoir pourquoi.

Mais il y avait aussi, dans la figure vivante, une chose que ne dit pas le buste. Le spirituel envoyé d'Espagne, le très fin et diplomate Simon Renard, l'exprime d'un seul mot que tout le monde comprenait alors : " Il est né saturnien. " Saturne, en alchimie, c'est le lourd, vil et plat métal, le plomb. Astrologiquement, Saturne est l'astre sinistre des naissances fatales, des natures malheureuses, des vies qui doivent mal tourner, à elles-mêmes pesantes, pour les autres malencontreuses, de guignon, de triste aventure... »

Pour faire bonne mesure, il qualifie Ronsard d' « Homère patenté du règne d'Henri II ». Nul n'ignore que Michelet était protestant. Il ne pardonnait pas à ce roi ses édits contre les « hérétiques », ni les persécutions qui s'ensuivirent, ni la sorte d' « épuration » religieuse qu'il envisageait avant de périr sous la lance de Montgomery. On admettra pourtant qu'il passe les bornes de l'esprit partisan ! L'infortune d'Henri II fut que Michelet devint le grand historien de la Troisième République, que son influence fut énorme et qu'il inspira nombre de manuels. Ce qui explique sans doute les jugements hâtifs portés par les historiens sur le règne de ce roi. Et, certes, on peut contester son attitude à la veille des guerres de Religion, soutenir qu'il ne sut pas les éviter et même qu'il en fut indirectement le promoteur. Ce n'est pas une raison suffisante pour contester l'importance de son règne tant au plan de la politique extérieure que de la politique intérieure.

A vrai dire, s'il est relativement aisé de comprendre le Roi-Chevalier, surtout si l'on s'en tient aux apparences, la personnalité d'Henri II est plus difficile à saisir, tant elle offre de contradictions et recèle de parties cachées. Nul n'avait plus que lui le goût de l'ordre et de la décence : il affichait cependant un ménage à trois en toute sérénité, honorant à la fois et dans les mêmes circonstances sa femme et sa maîtresse. Toutefois, son comportement était si discret, il donnait à Diane de Poitiers de telles marques de respect, que l'on eût parfois dit un fils s'adressant à sa mère ; que les ambassadeurs et les courtisans mettaient en doute le lien charnel qui les unissait. Nombre de ses décisions attestent son pragmatisme, qualité majeure des rois capétiens. Cependant nul n'était plus romanesque ni sentimental qu'il le fut. Sa froideur apparente dissimulait un immense besoin de tendresse : il aimait être aimé, étant lui-même capable d'amour fervent, d'amitié inaltérable. Ses contemporains vantaient sa politesse, son urbanité : elles n'excluaient pourtant pas les manifestations d'autorité, voire de violence. En tant que chef d'État, il sut accroître le pouvoir royal, c'est-à-dire continuer, point par point, l'œuvre de ses prédécesseurs. Il sut pareillement prendre des décisions qui changeaient l'orientation politique du royaume, et cela contre vents et marées, nonobstant les récriminations innombrables, mais sachant que le peuple l'approuvait. Cependant ce réaliste, dont la pensée politique est évidente et dont on constate l'habileté à saisir les opportunités, restait par vocation un chevalier attardé, corseté dans son honneur, lecteur passionné de romans de chevalerie, grand amateur de joutes et de tournois, passion qui lui sera fatale ! De fait, s'il donnait le ton, il suivait aussi la mode de son temps. C'était avec frénésie que les gentilshommes endossaient alors, sous n'importe quel prétexte, les superbes armures, niellées et ciselées, et coiffaient les casques empanachés. L'antique chevalerie expirait dans ces fêtes guerrières, simulations des combats de jadis, minutieusement réglées pour le plaisir des yeux. Des altières vertus d'antan ne subsistaient plus, hormis le courage, que ces rites superbes et désuets. « Foi de gentilhomme ! » disait François Ier, roi-chevalier. Son fils était l'archétype des gentilshommes. La gentilhommerie se substitua sous son règne à la chevalerie ; ce n'était pas seulement un phénomène de société, mais une mutation profonde imposant à l'état nobiliaire l'élégance physique et morale, une interprétation particulière de l'honneur, le goût des œuvres d'art, de la lecture, du beau langage, bref une façon d'être nouvelle annonçant le Grand Siècle par certains de ses aspects. Les us et coutumes, les comportements s'étaient polis, affinés au cours des précédentes décennies. Les propos gaillards chers au roi François et à ses compagnons laissaient place à des expressions plus mesurées, plus choisies, non exemptes d'ailleurs d'hypocrisie, ni d'emphase. On s'hispanisait dans son vêtement, on cambrait la taille et l'on guindait ses phrases. Le traditionnel esprit français conservait néanmoins ses droits. La nouvelle vague de noblesse donnait des fruits savoureux, car les tempéraments restaient authentiques et forts malgré la mode espagnole.

De la tête aux pieds, par toute sa personne, Henri II était un gentilhomme de son temps. Pour s'en assurer, il n'est que de regarder le portrait reproduit dans ce livre. Il fut peint par François Clouet, avec cette minutie et cette acuité d'analyse qu'on lui connaît. Il a représenté Henri II en pied, non point en tenue de cérémonie, mais tel qu'on pouvait le voir quotidiennement soit au conseil, soit dans la salle d'audiences, soit au cercle de la reine. Il a saisi sur le vif une attitude familière, en sorte que ce tableau paraît aussi vrai qu'un instantané. Le roi ne pose pas. Il s'est arrêté. Un hôte invisible s'avance vers lui. Henri porte un pourpoint de velours noir fileté d'or, une courte cape assortie, un haut-de-chausses jaune, tailladé de soie blanche, des bas-de-chausses (ou bas) sans doute aussi de soie blanche. Une aumônière noire, également brodée de fils d'or, une épée au pommeau ouvragé sont suspendues à une ceinture en cuir naturel, qui pince la taille. Le bonnet noir est orné de perles et d'un plumetis discret. L'homme est de haute taille, avec une tête fine sur de larges épaules. Une main tient un gant. L'autre prend appui sur la hanche. L'allure est souple, dégagée. Le visage allongé n'a rien de « saturnien » (ô Michelet !). La barbe et la moustache brunes soulignent la sensualité de la bouche. Le nez est droit, moins long que celui de François Ier, mais encore Valois ! Les yeux noirs sont attentifs, interrogateurs : ils observent, mais ne scrutent pas. François Ier avait eu un visage de jeune faune, puis une majesté léonine dans sa maturité et, tout au long de sa vie, une élégance assez tapageuse. Superbe, insolite, emperlé, endiamanté, empanaché, il nous éblouit encore ! Il incarnait un insolent bonheur de vivre ; son rire dilatait les cœurs. Son fils a l'élégance plus discrète, somme toute plus naturelle. Il est plus distant, plus conforme à l'image que l'on se donne d'un prince. Il est aussi plus séduisant. On décèle pourtant quelque chose d'espagnol dans son attitude. Il fait penser à ces hidalgos vêtus de noir, un peu gourmés, recuits dans leur orgueil et dans leur Grandesse, qui peuplent le registre inférieur de « L'enterrement du comte d'Orgaz ». El Greco eût tiré de lui un portrait génial, projetant l'âme hors du visage, restituant au regard son intensité. Henri II avait beau haïr ses anciens geôliers, il continuait à subir leur influence, malgré lui. Ils avaient à jamais imprimé leur marque dans son esprit d'enfant. La gravité tolédane persistait dans son visage d'homme. Cependant, par son équilibre, par l'harmonie de ses proportions, ce visage reste tout français. Il révèle l'intelligence, l'énergie, la ténacité, une sorte de défiance instinctive, un certain désabusement. L'humour affleure, mais retenu, refréné. La vie intérieure se dérobe pareillement, prend le masque de la civilité. Cet homme n'a pas le rire communicatif de son père. Il ne livre pas facilement ses pensées. Il est bien élevé. Il a les qualités et les défauts des mondains, la maîtrise de ses nerfs et de ses réflexes. On perçoit que sa vérité se situe au-delà des apparences. Son dédain, son autoritarisme se parent de courtoisie. Chez lui, le fauve royal s'enveloppe de distinction. Il n'en est que plus redoutable. Sa débonnaireté, reconnue, vantée par ses contemporains, n'est qu'un comportement de bonne compagnie.

Ce portrait nous touche d'autant plus qu'il se rapporte à un personnage dont le règne fut jalonné d'événements si intenses, dont la vie fut un tel roman que l'on s'étonne qu'il n'ait inspiré aucun cinéaste. Aucun des ingrédients n'y manque : ni l'en-

fance délaissée, ni l'exil et la prison, ni l'amour triomphant de la raison d'État, ni les retournements du sort, ni la fin tragique, ni même l'éclat de fêtes jamais vues alternant avec des batailles où se jouait l'avenir du royaume, avec les bûchers où s'amoncelaient les braises qui allumeraient les guerres de Religion, ni même les monuments qui furent les témoins de cette histoire aux rythmes puissants.

L'histoire du roi des gentilshommes, du plus gentilhomme de nos rois.

PREMIÈRE PARTIE

LE PRINCE HUMILIÉ

1519-1547

I

VIES PARALLÈLES

D'entrée de jeu on serait tenté de faire la part belle aux astrologues et devins, personnages révérés, voire redoutés par les grands de cette époque, et, sinon, de se livrer au petit jeu qui consiste à rapprocher les dates, pour en faire naître des coïncidences troublantes. Je tairai les prophéties, parce que suspectes par nature et le plus souvent formulées dans un style si obscur qu'il autorise toutes les interprétations. Et je me bornerai à signaler que le futur Henri II et Catherine de Médicis, future reine de France, naquirent tous deux en 1519, à moins de deux semaines d'intervalle. Cette année-là, combien néfaste pour le royaume, Charles Quint fut élu empereur. J'ajouterai qu'à peu près au même âge — celui de l'innocence —, Catherine et Henri connurent les rigueurs de la prison et la cruauté des adultes.

Le futur Henri II, fils de François Ier et de la reine Claude, naquit au château de Saint-Germain-en-Laye, le 31 mars 1519, vers sept heures du matin. On lui donna le prénom d'Henri, pour complaire au roi Henry VIII d'Angleterre dont François Ier sollicitait l'appui [1].

1. Voir *François Ier*, du même auteur, même éditeur.

Ce prénom n'était guère usité dans la Maison de France. Un seul roi l'avait porté : Henri Ier (1031-1060), petit-fils d'Hugues Capet. L'enfant fut tenu sur les fonts baptismaux par Thomas Seymour, représentant le roi d'Angleterre. Rien ne le destinant à régner, les renseignements sur sa prime enfance font défaut ou sont dénués d'intérêt. Il avait un frère aîné, le dauphin François, né en 1518 et une sœur, Charlotte, née en 1516. La famille s'agrandira de Madeleine en 1520, de Charles en 1522 et de Marguerite en 1523. Henri reçut le titre de duc d'Orléans. Les Enfants royaux vivaient à Amboise, à Blois, à Saint-Germain-en-Laye ou dans quelque château réputé pour son agrément et pour le bon air qu'on y respirait. Ils étaient servis par une domesticité nombreuse et zélée, placée sous la surveillance du Grand maître. Le roi n'omettait pas de leur rendre visite, entre ses « voyages » incessants. La reine Claude leur manifestait sa sollicitude, autant que ses grossesses quasi continuelles et le train de la cour le lui permettaient. On leur contait alors que leur père était le plus grand roi du monde, le monarque le plus redouté de l'Europe : le soleil de Marignan semblait ne jamais devoir s'éteindre, il éclairait les âmes et haussait les cœurs ! Leur petite enfance fut bercée par le récit des prouesses paternelles. Cependant le vent de la politique tourna. Ils durent apprendre quelque chose de la trahison du connétable de Bourbon. Lorsque le roi partit pour l'Italie, afin de venger son honneur et de reconquérir le Milanais, certainement ils crurent avec tout le royaume qu'il renouvellerait l'exploit de Marignan. Il fallut bien leur apprendre la défaite de Pavie (1525) et la captivité de leur père dans la tour de Madrid. Ils se retrouvaient orphelins, car leur mère était morte l'année précédente. Mais Louise de Savoie, leur grand-mère, veillait sur eux. Elle veillait aussi sur le royaume, dont son fils bien-aimé lui avait confié la régence. Que surent-ils de l'épouvantable lutte qu'elle mena pour maintenir l'ordre, refaire une armée, assainir les finances et battre en brèche l'omnipotence de Charles Quint en nouant une coalition contre lui ? Certes, on ne pouvait tout leur dire. Ils durent pourtant savoir que le roi captif était si malade qu'on craignait pour sa vie ; on les faisait prier pour sa guérison. Charles Quint consentit enfin à le libérer après lui avoir extorqué l'humiliant traité de Madrid, et sous condition que ses deux fils aînés lui fussent livrés en otages ! Le dauphin avait alors huit ans et son frère puîné, à peine sept. Lorsque Louise de Savoie ordonna leur départ, quelles explications embarrassées, faussement rassurantes, leur furent données ? En ce temps-là, on ne mentait pas aux enfants, dans le louable souci de forger leur caractère, de ne pas égarer leur jugement. Il est à croire qu'on leur déclara qu'en acceptant de les échanger contre leur noble père, l'empereur Charles Quint leur faisait un bien grand honneur. Et il est non moins probable qu'ils acceptèrent avec cœur. On inculquait à ces

Enfants royaux une exacte notion de leurs devoirs. Ils entraient dans la carrière politique dès le berceau ! Au surplus, la séparation était relative. Leur gouverneur, M. de Cossé-Brissac, une suite nombreuse, devaient les accompagner en Espagne.

Partis d'Amboise, les voilà donc par les chemins de France avec une escorte digne de leur rang. Leur grand-mère est du voyage, ce qui raccourcit les étapes, car le chagrin, les craintes, les soucis minent sa santé. Ceux qui les voient passer s'apitoient sur leur âge : huit et sept ans ! Pourtant nul n'imagine que l'empereur sera assez vil pour les jeter en prison, pour les traiter comme de dangereux criminels ! A Bayonne, le cœur déchiré, ravalant ses larmes, Louise prend congé de ses petits-fils. Elle se sent si lasse qu'elle redoute de ne plus les revoir. L'une des dames de sa suite s'approche, embrasse les deux petits frères : c'est Diane de Poitiers, femme de Louis de Brézé, grand sénéchal de Normandie. Ce baiser maternel, Henri ne l'oubliera jamais ! Il restera en lui comme un grain de blé dans le sillon, prometteur de quels épis ! Henri n'oubliera pas davantage l'étincelante beauté de la Grande sénéchale. L'étrange chose qu'un cœur d'enfant sevré de tendresse...

Le 17 mars 1526, on les conduisit sur la rive de la Bidassoa. On les mit dans une barque, cependant qu'une autre barque se détachait de la rive opposée. Sur un ponton amarré au milieu du fleuve, ils retrouvèrent leur père, lequel en les voyant ne put s'empêcher de pleurer. Il leur fit ses recommandations, leur promit une prompte délivrance et les bénit. Un moment après, ils étaient en Espagne, cependant que leur père galopait vers Saint-Jean-de-Luz. On les confia à la garde de deux grands seigneurs : le duc de Frias, connétable de Castille, et son fils, le marquis de Berlanga. Ils furent ensuite conduits à Vittoria, où les attendait la future reine Éléonore, sœur de Charles Quint, fiancée au roi de France. L'empereur croyait alors tenir son rival. Mais, comme on sait, ce dernier dénonça le traité de Madrid comme illégal [1]. Il refusa surtout de livrer la Bourgogne et, reprenant la politique de Louise de Savoie, dressa l'Europe contre son vainqueur. Charles Quint se permit de l'insulter et de le défier. Il ordonna à Frias de mener le dauphin et son frère au château de Villalba. Cependant il autorisa leur gouverneur et leurs domestiques à les suivre : l'entretien de tout ce monde incombait à François Ier ! Frias mourut au début de 1528. Charles Quint en profita pour modifier le régime de détention des petits princes. Il leur enleva leurs serviteurs français. Ceux-ci, sans excepter Brissac, furent emprisonnés. Les Enfants royaux furent alors incarcérés dans la forteresse de Villalpando, sous la garde d'un certain capitaine Peralta. Leur suite, réduite à une trentaine de per-

1. Car extorqué à un prisonnier.

sonnes, était exclusivement composée d'Espagnols. Malgré les consignes les plus sévères et les précautions prises par Peralta, des espions parvinrent à entrer en contact avec les captifs, à les apercevoir au cours de leurs rares promenades, à connaître leur état de santé, leur emploi du temps. Bien que le roi François filât le parfait amour avec Anne de Pisseleu, future duchesse d'Étampes, et manifestât une activité débordante au plan de la politique, il se souciait extrêmement du sort de ses fils. Leur transfert à Villalpando, leur isolement au milieu de serviteurs espagnols, laissaient craindre le pire, en tout cas dévoilaient les intentions malveillantes de Charles Quint : il n'osait faire disparaître les prisonniers, mais il tentait de les énerver, de dénaturer leur caractère à l'âge même où se forment les premières pensées personnelles. Charles eut peur d'un enlèvement et les envoya au château de Berlanga, puis à Castelnuovo, enfin dans la forteresse médiévale de Pedrazza de la Sierra, perdue dans les montagnes.

C'est alors que débute la période la plus dure pour les deux petits princes, qu'on les traite réellement en criminels d'État. Les fenêtres sont grillagées. Le capitaine Peralta couche dans la pièce voisine. Le mobilier est misérable. La chère sinon mauvaise, du moins grossière et frugale. Quelques enfants du village sont parfois admis à jouer avec les captifs. Les geôliers sont des soudards obtus. Peralta n'est pas un méchant homme, mais l'infortune des Enfants royaux n'appelle aucune compassion de sa part. Il tremble de s'attirer les foudres de ses supérieurs, du nouveau connétable de Castille. Les seules distractions des captifs sont les offices religieux et de courtes promenades sous forte surveillance. Où sont les splendeurs des châteaux de la Loire, les fêtes éclatantes, les accents de la langue natale ? On les oblige à parler espagnol. L'été torride succède à l'hiver glacé. La sierra couverte de neige et battue par les vents se change en un désert de rocailles brûlantes. Les saisons passent ainsi. C'est en vain que François Ier tente de recouvrer ses fils. L'Europe entière s'intéresse à eux, condamne la cruauté de Charles Quint. Ce dernier refuse de rendre ses otages. Qu'espère-t-il ? Il n'a pas su profiter de la victoire de Pavie et il a manqué la paix. Il s'obstine à garder le dauphin et son frère, retournant contre eux l'amertume de son échec. L'impératrice Isabelle essaie de le fléchir, vainement ; elle ne peut qu'améliorer leur ordinaire et les vêtir décemment : ils portaient toujours leurs vieux habits, bien qu'ils eussent beaucoup grandi !

La Paix des Dames négociée par Louise de Savoie et par Marguerite d'Autriche (tante de Charles Quint), signée le 5 août 1529, permit d'espérer la prompte libération des Enfants royaux. Pourtant ils restèrent à Pedrazza de la Sierra jusqu'à ce que leur colossale rançon fût réunie. Ils reçurent entre-temps la visite de Jean Bodin, huissier de Louise de Savoie. Après avoir surmonté toutes sortes de difficultés, subi d'affligeantes vexations, Bodin parvint à Pedrazza et fut autorisé à voir les princes. Il put constater leur dénuement, la pauvreté de leur cellule et son état de saleté. Feignant d'avoir oublié le français, le dauphin et Henri lui répondirent en espagnol. Le lendemain, Bodin put leur remettre des bonnets de velours brodés à leur intention. Peralta les confisqua. Afin d'inquiéter Bodin, il vanta en ricanant les dons de dessinateur du dauphin. La cour de France s'émut. Pressé de toutes parts, peut-être un peu honteux, Charles Quint libéra Brissac et ses compagnons. Les princes retrouvèrent leurs serviteurs, premier pas vers la liberté. Ils devaient cette faveur à Éléonore, leur future belle-mère, impatiente de rejoindre son royal fiancé. Le 1er juillet 1530, ils aperçurent enfin la terre de France. On les échangea contre trente mulets chargés d'écus d'or ! Sur le ponton ancré au milieu de la Bidassoa, le connétable de Castille demanda pardon au dauphin de ne l'avoir pas traité selon son rang, bien qu'il eût bonne volonté de le faire. Le dauphin le lui accorda courtoisement. Le connétable présenta les mêmes excuses à Henri. Ce dernier lâcha un vent et lui tourna le dos. Réponse péremptoire ! Sur la rive française, on se pressa autour d'eux. La maigreur du dauphin inquiéta. Henri était moins grand, mais bien râblé. Le dauphin s'appliquait à paraître aimable. Henri ne prenait pas la peine de cacher sa sauvagerie, aggravée d'une tristesse bizarre...

Dans le même laps de temps, celle qui allait être sa femme avait connu les mêmes affres, couru les mêmes dangers sinon pis. Catherine de Médicis était née le 13 avril 1519, à Florence, dans le palais bâti par Michelozzo, via Longa. Elle était la fille de Laurent II de Médicis, potentat de Florence et duc d'Urbin, et de Madeleine de La Tour d'Auvergne. Le pape Léon X, oncle de Laurent, et le roi François avaient négocié ce mariage hautement politique mais qui se convertit en mariage d'amour. Les fêtes avaient été superbes, en tous points dignes de la magnificence du roi François : dix épuisantes journées de ripailles, de bals et de tournois ! Comble d'honneur, le duc Laurent avait tenu le dauphin [1] sur les fonts baptismaux, au nom de Léon X. François Ier croyait se donner un allié durable et tablait sur la loyauté de Léon X. Bientôt Laurent tomba malade. Il eut à peine le temps d'entrevoir Catherine et mourut en pleine jeunesse. Quant à sa femme, terrassée par une fièvre puerpérale, elle le suivit au tombeau. Catherine fut donc orpheline dès le berceau. Elle grandit sous la surveillance d'Alfonsa Orsini, sa grand-mère, puis de sa tante, Clara Strozzi, dans le palais-musée des Médicis. On l'appelait la duchessina. Parlant au nom de Florence, l'Arioste lui dédia ces vers : « Une seule branche reverdit,

1. Le dauphin François, frère aîné du futur Henri II.

avec un peu de feuillage ; entre la crainte et l'espoir, je reste incertaine, me demandant si l'hiver me la laissera ou me la prendra. » Le pape Léon X mourut en 1521. Il eut pour successeur Adrien VI, un Flamand. Celui-ci détestait les Médicis. Il leur enleva le duché d'Urbin et le rendit aux Della Rovere, ses détenteurs légitimes. On continua pourtant de nommer Catherine la duchessina, par courtoisie. Adrien VI mourut subitement. Le cardinal Jules de Médicis manœuvra si habilement le conclave qu'il fut élu pape ; il prit le nom de Clément VII. La duchessina passait pour sa nièce ; elle n'était en réalité que sa cousine. Seule héritière des Médicis, elle intéressait vivement le nouveau pontife, d'où la sollicitude qu'il manifesta à son égard. Clément VII avait une partie difficile à jouer. Tout laissait prévoir que la pauvre Italie serait à nouveau le théâtre de grosses batailles. Il louvoya entre les deux « Grands », aussi longtemps qu'il le put, puis joua la mauvaise carte en s'alliant à François Ier, juste avant Pavie ! L'empereur le punit en confisquant Modène, Parme et Plaisance. Clément VII s'empressa d'adhérer à la coalition fomentée par le roi de France en 1526. Il s'exposait cette fois à de sérieuses représailles, mais il était persuadé que Charles Quint serait finalement vaincu. Cette erreur d'appréciation provoqua indirectement le Sac de Rome (1527) par les reîtres du connétable de Bourbon. Cet événement compte parmi les épisodes les plus ignobles de l'époque : profanations, pillages, incendies, massacres, rien ne fut épargné aux malheureux Romains. Enfermé au château Saint-Ange, Clément VII frôlait chaque jour une mort ignominieuse. Mis à rançon par l'empereur, il se déguisa en jardinier et s'évada. Les nouvelles de Rome terrifièrent les habitants de Florence. Ils redoutaient l'arrivée des reîtres et, s'estimant mal gouvernés, décidèrent d'assumer leur propre défense et d'agir sans retard. La ville était administrée par le cardinal Passerini, agissant pour le compte du pape. Il était aidé dans sa tâche par deux bâtards Médicis : Hippolyte et Alexandre le More, tous deux détestés. Le peuple se souleva, institua le gouvernement révolutionnaire des « Dix de la Liberté ». Le palais Médicis fut envahi par les insurgés. Passerini, Hippolyte et Alexandre ne purent que fuir par une porte dérobée. La duchessina fut conduite au couvent dominicain de Santa Lucia, dont les sœurs étaient hostiles à sa famille. Elle n'était plus qu'un otage aux mains des Dix. La peste fit son apparition. Catherine fut transférée au couvent des Murates, bénédictines cloîtrées. On tenait à la conserver en bonne santé. Elle sut, par sa gentillesse et sa grâce juvénile, se faire adorer de ces pieuses filles qui la gâtèrent plus que de raison et même se compromirent pour elle. Plus tard, devenue reine de France, Catherine leur gardera une inviolable amitié. Cependant Clément VII avait fait sa paix avec l'empereur. En bon Médicis, il n'aimait pas perdre et veillait à régler ses comptes. Les Florentins méritaient à ses yeux une sévère correction. Il obtint de Charles Quint une armée suffisante pour assiéger la cité rebelle. Le 24 octobre 1529, les reîtres tant redoutés dressèrent leurs tentes et leurs machines sous les murs. La terreur des habitants se changea en haine contre la duchessina. Un des chefs de la faction au pouvoir, Baptiste Céi, proposa d'exposer l'enfant nue sur le rempart, en face des canons. Un autre suggéra de l'envoyer dans une maison publique. Un autre, de la faire violer par les soldats. N'était-elle pas l'ultime rejeton de la race exécrée ? On jugea plus utile de la garder comme otage. Mais, comme on suspectait les Murates de complaisance, on décida de leur retirer Catherine. Un envoyé des Dix, Silvestro Aldobrandini, se présenta au couvent et réclama la duchessina. Elle se présenta au parloir en habit de religieuse et répondit :

— « Allez, et dites à mes maîtres que je deviendrai nonne et passerai toute mon existence auprès de ces respectables mères. »

Puis, se tournant vers les sœurs, elle ajouta :

— « Je suis vôtre. Quel est l'excommunié qui osera arracher du cloître une épouse de Jésus-Christ ? »

L'épouse avait dix ans !

Pris de court, Aldobrandini ne sut que répliquer. Il lui répugnait d'employer la force. Il se retira sans insister davantage. Le lendemain, les Dix le renvoyèrent aux Murates, avec un ordre impératif. Bon gré, mal gré, il se saisit de la duchessina et la ramena au couvent de Santa Lucia. Elle y vécut comme une prisonnière, par surcroît à la merci d'une émeute ou d'un enlèvement, jusqu'à la fin du siège. La famine, les épidémies décimaient la population. Les chefs trahissaient. Il fallut se rendre. Alexandre le More, bientôt nommé duc héréditaire de Florence par Charles Quint, se saisit du pouvoir. Un Médicis était à nouveau maître de la ville. Il importait peu à Clément VII que ce fût un bâtard ! Un moment, il songea même à lui donner Catherine pour épouse, afin de légaliser en quelque sorte son usurpation. Puis il rappela la duchessina à Rome et l'installa au palais Salviati, en compagnie d'Hippolyte, son cousin par la main gauche, fringant cavalier, récemment promu cardinal. Après ces années d'épreuves, pour ne pas dire de transes quasi continuelles, elle pouvait enfin goûter la sécurité, satisfaire sa curiosité d'esprit et sa soif de s'instruire, s'adonner à l'équitation, son sport favori. Cette liberté qu'elle savourait, elle savait pourtant que ce n'était qu'un leurre. Que son « oncle » se servirait d'elle à la première occasion et lui choisirait un mari conforme à ses vues politiques. Qu'elle n'était qu'un pion sur l'échiquier international !

Rien apparemment ne destinait l'un à l'autre Henri d'Orléans, fils du noble roi de France, et Catherine de Médicis issue de banquiers florentins, eux-mêmes sortis, disait-on, d'un apothicaire : d'où les pilules de leur blason, complaisamment dénommées tourteaux. Il est vrai que, depuis la boutique de l'apothicaire, les Médicis avaient fait leur chemin ! Ils possédaient l'une des plus grosses fortunes d'Europe et, depuis Côme l'Ancien, ils étaient les maîtres de Florence. Laurent le Magnifique avait porté leur réputation, sinon leur gloire, à son zénith ; ç'avait été un mécène de génie, un collectionneur passionné. Par ailleurs, Catherine descendait quelque peu des Capétiens : par sa mère, Madeleine de La Tour d'Auvergne, née Bourbon-Vendôme. Or les Bourbons avaient pour ancêtre le comte de Clermont, cinquième fils de saint Louis. Hélas, dans les veines de la duchessina, la gouttelette de sang capétien se mêlait aux tares héréditaires des Médicis, au mal qui avait tué son père et que sa mère avait contracté ! Mais qui se fût alors inquiété de cela ? Elle était le plus beau parti d'Europe, bien qu'Alexandre le More l'eût dépossédée de Florence. On pouvait croire que cette dépossession serait provisoire, tant la situation restait mouvante et confuse, faire fond sur un échec de l'empereur modifiant à nouveau la carte d'Italie. Catherine restait donc un point de mire. Il était difficile de la prétendre belle : elle avait le « museau des Médicis », leurs traits lourds, leur peau mate et leurs yeux de grenouille. Mais on vantait sa grâce juvénile, son sourire, son intelligence précoce, sa culture déjà vaste et son goût pour les arts. N'avait-elle pas grandi au milieu des tableaux peints par des maîtres prestigieux, des antiques achetés en Grèce, des bustes de Césars et de patriciens de l'ancienne Rome, des sculptures de Donatello et de Michel-Ange ? Tout ce que l'Italie avait enfanté de prodiges, ou presque tout, on le trouvait dans le palais de la via Longa, berceau de la future reine de France.

II

« J'EN VEUX FAIRE MON GALANT »

Il revenait au Grand maître, responsable des maisons royales, de régler et de surveiller le train de vie des Enfants de France. Cette charge était assumée par le maréchal Anne de Montmorency, qui tenait par ailleurs le rôle de principal ministre de François Ier. Tout fut mis en œuvre pour effacer dans l'esprit du dauphin et d'Henri l'amer souvenir des prisons d'Espagne. Leur maison fut augmentée. Si on leur laissa l'aimable et fidèle Brissac pour gouverneur général, on leur attribua des gouverneurs particuliers : d'Humières pour le dauphin et Saint-André pour Henri, tous deux quinquagénaires et gentilshommes de haute réputation. Le roi François voulait qu'ils jouissent d'une liberté presque entière, qu'on ne les contredît point, qu'on les laissât agir, en bien comme en mal, ainsi qu'ils l'entendaient. Il croyait effacer ainsi les duretés de Peralta et du connétable de Castille, rendre ses fils à eux-mêmes, c'est-à-dire à leur alacrité native. Inutile de dire que ces principes d'éducation étaient déplorables et ne donnèrent pas les résultats escomptés. Malgré l'indulgence qu'on leur montrait, la présence de compagnons de jeu et d'étude, les distractions qu'on leur dispensait, les jeunes princes restaient moroses et méfiants. Prisonniers pendant quatre ans, ils avaient oublié les visages de la cour, et ses usages. La gaieté générale — en dépit des revers que l'on avait connus, des sacrifices que l'on avait consentis, des deuils qui avaient frappé les familles — les décontenançait. L'austérité des Castillans, leur gravité pompeuse les avaient profondément marqués. Le dauphin s'isolait avec quelques camarades de son choix, afin de piocher la terre, comme un tâcheron. Il conservait cependant en public des réflexes de politesse, voire de courtoisie. Henri demeurait timide, sauvage, fuyant la compagnie des garçons de son âge, dédaignant quelque peu leurs puérilités. Les prisons d'Espagne avaient précocement mûri son caractère. Les courtisans s'alarmaient de son mutisme, de son visage de bois. En réalité, quand il était en confiance ou ne se sentait pas observé, il riait et bavardait comme tout un chacun. Consentait-il à parler aux adultes, sa franchise brutale déconcertait. Il avait alors presque douze ans. Noir comme un corbeau, le teint mat et l'œil sombre, déjà musclé, il ne s'intéressait qu'au sport. A cheval, à la chasse, à la paume et autres jeux, il pouvait rivaliser avec les grands et ne s'en privait pas. « Il se révéla en sa jeunesse, dit Brantôme, un des meilleurs sauteurs de la cour et même au plein saut, et que nul ne lui tenait le pied que Bonnivet, et ne se pouvaient vaincre l'un à l'autre de deux doigts, quelquefois l'un et quelquefois l'autre, selon que les hommes sont journaliers ; et même qu'ils se plaisaient fort à sauter des fossés de vingt-deux et trois pieds qu'ils franchissaient souvent ; et ledit Bonnivet s'y fût noyé une fois dans un plein d'eau si le roi mon maître ne l'eût sauvé. » Henri montrait un goût semblable pour la lutte et pour les exercices militaires. Il était éperdu d'admiration pour le fils de son gouverneur, Jacques d'Albon de Saint-André, écuyer tranchant. A dix-huit ans, Jacques avait tout ce qui manquait encore au jeune prince : l'assurance, l'élégance, une réputation de grande bravoure. Il s'était distingué au cours de la campagne de Naples. Il daigna manifester de l'intérêt pour Henri, répondre à ses questions, l'encourager et le guider. Henri se prit d'affection pour lui. Ce fut le début d'une grande amitié, et de la fortune de Saint-André. Il aimait aussi le jeune comte d'Aumale, fils de Claude de Lorraine, duc de Guise, prestigieux soldat. Les Guise formaient la branche cadette des ducs de Lorraine, princes indépendants. Ils étaient alors en pleine ascension et, ayant misé sur la France, ne rêvaient que batailles afin de se pousser. On verra plus loin quelles étaient leurs prétentions et quelles en furent les conséquences. La mode était alors chez ces jeunes gens d'imiter les héros des romans de chevalerie, comme avaient fait leurs pères. Ils avaient tous, peu ou prou, la cervelle farcie d'exploits imaginaires, extravagants, où les fées, les enchanteurs et les devins tenaient leur rôle. Dans leurs rêveries adolescentes, ils s'attribuaient la gloire des anciens preux. Les plus âgés pratiquaient déjà l'amour courtois, ou ce qu'il en restait ; ils avaient chacun une Dame de leurs pensées, ce qui n'excluait nullement les premières expériences sexuelles. Cette tendance se trouvait renforcée chez le dauphin et son frère par le fait qu'en Espagne ils avaient lu et relu l' *Amadis des Gaules*, insipide galimatias chevaleresque, tiré des anciens romans de la Table Ronde par un certain Ordoñez de Montalvo. C'était le best-seller de l'époque, proposant aux nobles un véritable code de l'honneur et quelques exemples assez fâcheux. Il avait bien fallu que Montalvo accommodât ses héros au goût du jour et assaisonnât de sensualité l'amour platonique, épuré, qu'ils pratiquaient. Par suite de sa timidité excessive, Henri n'osait pas approcher les femmes, encore qu'il fût de complexion vigoureuse et drue. Il se contentait alors d'écouter Saint-André lui narrer ses conquêtes amoureuses, à la vérité faciles. Mais il aimait en secret, sans espoir, la resplendissante Grande sénéchale. La Dame de ses pensées n'était autre que Diane de Poitiers. Nouvel Amadis, il n'osait lui déclarer son amour. Elle tenait pourtant la meilleure place dans ses rêves d'adolescent. Mariée comme on a dit au sieur de Brézé, mère de deux filles, elle avait environ trente ans. D'une haute taille, avec un torse épanoui, une taille fine et une carnation florale, elle impressionnait Henri. Nulle autre femme de la cour — où cependant les beautés ne manquaient pas — ne lui paraissait plus digne d'être admirée, mais aussi révérée. Car, dans ce milieu passablement dissolu, où le roi François encourageait les aventures par manière de divertissement et pour se donner bonne conscience, Mme de Brézé restait au-dessus de tout soupçon, bien qu'elle fût mariée à un vieillard, tant elle apportait de régularité à sa conduite. Ces vertus morales plaisaient à Henri, en même temps qu'elles rendaient son idole inaccessible. Ce qu'il ambitionnait alors, c'était de devenir son chevalier servant. Or les héros de romans, fussent-ils affligés de la pire timidité, finissaient toujours par déclarer leur flamme, à tout le moins par se signaler à l'attention de leur dame de façon ou d'autre. Son petit manège d'amoureux transi ne pouvait échapper à la sagacité des courtisans, de Diane et du roi. A l'issue du couronnement de la reine Éléonore, à Saint-Denis, on donna un tournoi. Le dauphin et son frère furent autorisés à y prendre part. Avant d'entrer en lice, Henri abaissa sa lance devant Diane de Poitiers : il se proclamait ainsi son chevalier servant. On s'en amusa. Le roi n'en prit pas ombrage, au contraire ! Il demanda même à Diane de s'occuper de lui, espérant qu'il écouterait ses conseils.

— « Fiez-vous à moi, lui répondit-elle, j'en veux faire mon galant. »

En tout bien tout honneur, c'est ce qu'il faut comprendre ! Le roi François ne demandait pas à Mme de Brézé de déniaiser son fils ; il avait trop d'estime pour elle. Il pensait que son influence serait bénéfique ; que cette grande dame, si parfaitement éduquée, polirait le caractère fruste du garçon. Et Diane l'entendait ainsi.

Elle tenait trop à sa réputation d'épouse exemplaire, elle avait trop de principes et assez d'empire sur elle-même pour n'être pas troublée par les compliments maladroits de son amoureux. Sans doute était-elle, malgré tout, secrètement flattée. Henri put dès lors la voir librement, se confier à elle, solliciter ses avis. Pour l'heure, il s'estimait comblé, ne demandait rien de plus. Diane refit son éducation et dissipa sa tristesse. Elle sut lui inspirer confiance en lui-même, exalter son ambition. Bref, elle lui servit de seconde mère et lui montra assez d'affection pour entretenir, involontairement, les braises qui couvaient en lui. Ce fut un vrai prince qui sortit de ses mains expertes. Un prince subjugué, « enchanté » pour la vie ! C'est là une histoire presque incroyable, cependant véridique.

Il va sans dire qu'en agissant ainsi Diane se conformait point par point aux vues politiques du roi. Ce dernier ne renonçait pas à l'Italie. Il s'était naguère mis en tête de réitérer le mariage de Laurent de Médicis et de Madeleine de La Tour d'Auvergne. Il avait alors jeté son dévolu sur Catherine, l'héritière des Médicis. En 1530, il reprit ce projet. Ses ambassadeurs sondèrent les intentions de Clément VII. Il commença par dire que sa « nièce » avait déjà plusieurs demandes en mariage. Toutefois il ne repoussa pas les offres du roi de France, car tel était son intérêt du moment. Les négociations commencèrent. Elles aboutirent l'année suivante à un accord de principe. La cour de France, le conseil royal étaient divisés. Unir le sang de France à celui des banquiers florentins paraissait insensé, presque monstrueux à certains, non des moindres ! Il leur importait peu que Catherine fût riche et nièce du pape Clément. Louis de Brézé, consulté par François Ier, se déclarait au contraire en faveur du mariage. C'est que, par son grand-père (qui avait épousé une La Tour d'Auvergne), Diane était parente de Catherine de Médicis. L'union d'Henri d'Orléans et de la duchessina la rapprocherait donc de la famille royale. Louis de Brézé avait loyalement servi quatre rois ; il était de bon conseil, mais enfin il ne perdait pas ses intérêts de vue ! Quant au roi François, il voyait dans ce mariage une occasion de reprendre pied en Italie, fût-ce en la personne de son fils cadet. La mésalliance invoquée par les détracteurs du projet ne comptait guère à ses yeux. Il était trop artiste pour ne pas envier la gloire de Laurent le Magnifique. Après de délicates négociations, le pape donna son accord, mais, à tout hasard et pour ménager l'avenir, il suggéra de différer la cérémonie jusqu'à la puberté de sa nièce. François Ier n'y vit pas malice. En réalité, Clément VII tenait à ce que le mariage pût être consommé et devînt par là même indissoluble. Il se donnait ainsi le moyen de ne pas tenir ses engagements, tout en assurant l'avenir de Catherine à moindres frais ! De son côté, Diane sut faire miroiter les avantages de cette union, convaincre son amoureux de l'accepter de bon cœur, en lui montrant les brillantes perspectives qu'elle lui ouvrait. Ne serait-il pas le protecteur de la duchessina ? A ce titre, il lui incomberait de revendiquer ses droits sur Florence et sur Urbin. Quelles promesses de beaux faits d'armes ! Dans le cadre de l'amour courtois, il n'était pas interdit d'être marié et de « servir » une autre dame elle-même en puissance d'époux. L'arrivée de Catherine ne changerait donc rien à l'amour platonique d'Henri pour Diane.

Ce qui changea, en 1531, ce fut la position de l'aimée. Louis de Brézé mourut à soixante-douze ans, au terme d'une existence en tous points réussie. Diane le regretta. Il semble bien qu'elle ait eu pour lui mieux que du respect et de l'affection, malgré la différence d'âge et bien qu'il fût un peu bossu. Elle lui fit des funéraille quasi royales : il est vrai qu'il était petit-fils de Charles VII et d'Agnès Sorel ! Ce fut alors qu'elle adopta ces vêtements de veuve qu'elle conservera toujours et qui soulignaient si bien l'éclat de son teint et de ses cheveux blonds. Les obsèques de Louise de Savoie, mère du roi François, et dont elle était l'une des dames d'honneur, la tirèrent de sa retraite. Elle reparut à la cour. Libre de ses actes et de sa personne, elle s'y établit définitivement, pour la plus grande joie du prince Henri. On admirait l'élégance de ses robes noires et la discrétion de ses parures. Sa conduite restait irréprochable. Le mariage d'Henri avait été une nouvelle fois repoussé et l'on commençait à douter de la sincérité de Clément VII. C'est que le bon « oncle » s'était momentanément rapproché de Charles Quint, pour mieux le duper lui aussi. Il jeta soudain le masque et publia le prochain mariage de Catherine et le montant de sa dot : 300 000 ducats. A la fin de mai 1533, la cour se mit en route. On se rendit d'abord à Lyon, par le Berry et le Bourbonnais. On traversa ensuite le Massif Central et l'on gagna la Provence, non sans avoir itinéré par le Rouergue et le pays albigeois. On arriva à Marseille le 8 octobre. Le pape et sa nièce faisaient escale à Villefranche.

Le 11 octobre, les galères furent signalées à l'ouvert de la rade marseillaise. Clément VII et Catherine voyageaient séparément, ainsi que le protocole l'exigeait. Les canons et les cloches, les trompettes, les tambours et les fifres saluèrent le débarquement du pape, accueilli par le Grand maître Montmorency. Le 12, Clément fit son entrée dans la ville, escorté par le dauphin et par Henri. Le lendemain, ce fut au tour du roi François de cavalcader. Ces solennités le comblaient d'aise. Le 23, parut enfin Catherine montant une haquenée caparaçonnée de velours cramoisi. L'élégance de sa robe, la somptuosité de ses bijoux, la grâce de son sourire firent bonne impression sur la foule. Quand elle arriva devant le noble roi de France, dans la chambre du pape, elle sut parfaitement dominer son émoi. Consciente de l'honneur qu'on lui faisait en l'acceptant dans la Maison de France, elle, fille de banquiers, elle ne se contenta pas de saluer profondément son futur beau-père ; elle se prosterna à ses pieds. Il la releva prestement et l'embrassa. Cette attitude modeste lui plaisait. Elle laissait apercevoir le tact de cette fillette de quatorze ans, comprendre qu'elle se plierait aisément aux usages de la cour. Chapitré par Diane, Henri se montra aimable, autant qu'il lui était possible, car cette fillette un peu courte, un peu noiraude, avec un visage sans finesse et une bouche épaisse, manquait de séduction. Cependant elle avait des yeux admirables, pétillant d'intelligence, la main belle et le pied petit. Tout de suite le grand garçon qu'on lui donnait pour époux lui plut extrêmement. Son mutisme, sa froideur la déconcertaient un peu ; elle pouvait toutefois les mettre sur le compte de la timidité. D'entrée de jeu, malgré l'aisance de ses manières, la grâce de ses sourires, le fait qu'elle parlait agréablement le français, les courtisanes la jugèrent cruellement. Elle n'était à leurs yeux qu'une « marchande », une « fille d'apothicaire », une « épicière », bien qu'elle fût nièce du pape. On ne comprenait pas pourquoi le roi François donnait l'un de ses fils à cette petite moricaude sans quartiers de noblesse. Tout cela bien entendu masqué par les sourires et les compliments de commande.

Le pape et le roi logeaient à peu de distance. Ils se rencontraient souvent, entre les festivités. Certes, le contrat de mariage n'était pas encore signé ; des points de détail restaient à régler et chacun finassait de son mieux. Mais, surtout, François voulait convaincre Clément VII, l'associer à ses projets de reconquête, s'assurer de son appui, l'amener à souscrire des engagements fermes. Le pape atermoyait, se dérobait, semblait gagné, se rétractait en partie, tout en feignant de partager les vues de son partenaire. La candeur, l'enthousiasme de celui-ci l'amusaient, mais il n'en laissait rien paraître et jouait à merveille la comédie de l'amitié. Le roi ne soupçonnait pas sa fourberie. On finit par se mettre d'accord. Le contrat fut signé le 27 octobre. On pouvait désormais célébrer le mariage. Pendant ces conversations, les fiancés avaient lié connaissance. Catherine semblait heureuse ; en tout cas elle affichait un air de bonheur ; sa gaieté juvénile fut remarquée. Quant à Henri, il remplissait consciencieusement son rôle et s'appliquait à briller, ne fût-ce que pour se conformer aux instructions de Diane. Mais la petite Médicis n'était pas de taille à rivaliser avec la Dame de ses pensées. Diane, avec son clair regard et son corps de chasseresse, effaçait toutes les beautés de la cour, du moins aux yeux d'Henri. Il faisait néanmoins contre mauvaise fortune bon cœur, persuadé qu'un grand destin lui était promis, dont ce mariage politique était la clef.

Le 28 octobre, Clément VII célébra la messe de mariage. Une fresque de Vasari retrace la scène, fort inexactement. Le roi vêtu de blanc resplendissait. Quant à Catherine, habillée de brocart doré et de velours violet, elle arborait, outre sa couronne ducale, de tels joyaux, une telle joie illuminait ses traits et son regard, qu'elle paraissait presque belle. Le pape offrit ensuite un grand banquet, suivi d'un bal masqué. L'heure fatidique approchait, où les mariés allaient se retrouver seul à seule. Non point vraiment, car on les conduisit pompeusement jusqu'à la chambre nuptiale, où le roi demeura un moment. On imagine la scène, mais tel était l'usage ! Henri et Catherine firent ce qu'ils purent. Le lendemain, lorsque le pape vint les saluer, ils affichèrent un contentement réciproque. Clément VII tenait extrêmement, et pour les raisons que l'on a déjà dites, à ce que le mariage fût consommé. Il prolongea son séjour à Marseille pour s'en assurer. Au moment de prendre congé de sa nièce, il lui aurait donné ce conseil qui fait rêver sur sa mentalité :

— « Une fille d'esprit sait toujours avoir des enfants. »

III

LE DAUPHIN

Ce maître fourbe de Clément VII rendit l'âme un an après les noces de Marseille : le 25 novembre 1534. La dot de Catherine n'était pas entièrement versée, les engagements diplomatiques n'avaient pas été tenus, le pape ayant différé astucieusement leur exécution. François Ier aurait dit : « J'ai eu la fille comme toute nue. » Il n'était point la seule dupe de Clément. En vrai disciple de Machiavel, ce dernier avait si bien trahi et berné les Romains qu'ils profanèrent nuitamment son tombeau. Cet événement rendit encore plus délicate la position de Catherine à la cour de France. Elle perdait sa qualité de nièce du pape. Les espérances qu'avait fait naître son mariage, quant à l'Italie, s'effondraient. L'opinion la rendait responsable de la duplicité de Clément et condamnait unanimement la mésalliance. Nul ne pouvait alors supposer que « l'épicière » assurerait plus tard le salut du royaume ! On la méprisait. Pourtant le roi ne lui tenait pas rigueur de sa déconvenue et la rassurait de son mieux. Il était même le seul à lui montrer de l'affection. Elle avait su lui plaire. Elle adorait son jeune mari ; il ne pouvait l'aimer. Leur commune destinée ne les rapprochait guère. Les leçons qu'ils avaient tirées de leurs « prisons » étaient différentes, suivant la pente de leurs natures respectives. Henri y perdit sa gaieté, en revint défiant et grave pour toute sa vie. Catherine y apprit la ruse, l'utilité de l'hypocrisie, mais elle conserva son humeur joyeuse et même primesautière. En insultant à leur innocence, les adultes leur avaient révélé, à l'un comme à l'autre, l'envers du monde. Les épreuves d'Henri avaient pris fin : Diane l'avait à peu près libéré de ses complexes. Celles de Catherine se poursuivaient sous une autre forme. L'hostilité des dominicaines de Santa Lucia, elle la retrouvait, plus agissante et perfide, chez les dames de la cour. Tout leur était prétexte à moqueries : son « museau Médicis », ses yeux saillants, son accent italien, sa petite taille. Le pire était qu'elle se sentait une intruse, quand bien même on la traitait avec un respect apparent. Sous les propos feutrés, sous les compliments mêmes, elle percevait le dédain. Ces hautes dames, dont la généalogie faisait tout le mérite, ne lui pardonnaient pas ses origines. Sa parenté avec Diane de Poitiers ne lui servait à rien. Elle souffrait déjà cruellement des longues conversations d'Henri avec la Dame de ses pensées, de l'admiration inconditionnelle qu'il lui vouait, des sentiments qu'il ne savait dissimuler et qui expliquaient son indifférence polie. La reine Éléonore était une Habsbourg ; elle ne pouvait avoir de considération pour une fille de banquiers. Une autre à la place de Catherine se fût désespérée. Mais elle avait autant de volonté que de finesse. Puisqu'elle n'était rien, il lui convenait donc de paraître effacée, modeste et discrète, malgré son rang. De se faire oublier, mais de rester présente, d'ouvrir l'œil et l'oreille, d'étudier tout un chacun afin de déceler les fausses réputations, les faiblesses ! Et, quoi qu'elle en eût, de garder sa bonne humeur. Elle eut le courage de paraître docile, soumise, obéissante envers tous, et prévenante. Cette attitude désarma peu à peu ses détracteurs. Catherine conquit la famille royale, d'autant plus facilement que le roi l'appréciait infiniment. Sa culture l'avait ébloui : elle connaissait quatre langues, dont le grec et le latin. Elle avait des notions de mathématiques et d'astrologie. Mais aussi une éducation raffinée, mais encore le goût des fêtes et des plaisirs de la cour, mais enfin la passion de la chasse et de l'équitation. Tant de qualités ne pouvaient que séduire le Roi-Chevalier et le Protecteur des arts. Sentant qu'elle plaisait au roi, elle avait misé sur cette carte. Elle était de toutes les parties et, intrépide, galopait à la suite du roi. Ayant la jambe belle, elle avait inventé une nouvelle manière de monter à cheval. Bref, elle fit tant que François ne put se passer d'elle et la traitait comme sa véritable fille. Il comprenait mal l'attitude de son fils, mais ne s'alarmait pas encore de sa liaison platonique avec Mme de Brézé. Au contraire, il comptait sur Diane pour amener le prince à de meilleurs sentiments. Elle s'y employait de son mieux, l'incitant à rejoindre sa femme et à l'honorer comme un mari doit faire. Il obéissait sans conviction, bien que Catherine aimât l'amour et fît son possible pour le retenir.

La politique menait son train. L'affaire des Placards, en 1534, agita la cour. On y comptait déjà nombre de sympathisants, sinon d'adeptes, à la Réforme, à commencer par la reine de Navarre, Marguerite, sœur du roi. Le procès, le supplice des réformés étaient un avertissement, même pour Catherine dont l'esprit de tolérance était connu. Par surcroît l'horizon politique s'assombrissait. On savait la guerre inévitable. On s'y préparait. Le souvenir de Pavie faisait craindre beaucoup : on ne se croyait plus invincible ; on savait que la « furia francese » ne suffisait pas toujours. En 1536, l'amiral de Brion occupa la Savoie et le Piémont, sans rencontrer de résistance. Quelques mois après, Charles Quint envahissait la Provence avec une grosse armée. Il était décidé à en finir. François Ier confia le commandement en chef au maréchal de Montmorency. Ce dernier transforma la Provence en désert, fit détruire les récoltes et empoisonner les puits. Puis il établit un formidable camp retranché près d'Avignon. Les Impériaux s'avancèrent jusqu'à Marseille, dont ils tentèrent en vain de s'emparer, puis ils rebroussèrent chemin et retraitèrent à travers les terres brûlées, jonchant les chemins de cadavres et de matériels. Le désastre de l'empereur fut sans appel ; il effaçait la défaite de Pavie. Une fois de plus, la Fortune renvoyait les adversaires dos à dos, et l'on se demandait si le duel entre les deux Grands finirait jamais ! Le roi et ses fils s'étaient transportés à Lyon, base logistique des opérations depuis Charles VIII et Louis XII. Ce fut là que la mort frappa le dauphin François. A la fin d'une partie de paume âprement disputée, il demanda à boire. Son secrétaire, Montecuculli, lui apporta une cruche d'eau glacée. La fièvre terrassa le dauphin. Le 10 août, il était mort. Selon leur habitude, les médecins parlèrent d'empoisonnement. La douleur du roi fut immense. Il fit appeler Henri et l'investit, sans autre formalité, du titre de dauphin et de comte de Bretagne, en lui recommandant d'imiter son frère. Montecuculli fut arrêté, interrogé, soumis à la question. Il avoua tout ce qu'on voulut : avoir jeté de l'arsenic dans la cruche d'eau et même être venu en France dans l'intention de tuer le roi. On l'écartela en place publique. L'opinion accusa aussitôt Charles Quint d'avoir inspiré ce crime. De mauvaises langues insinuaient qu'après tout la mort du dauphin François profitait au prince Henri et à « la marchande ». François regrettait d'autant plus amèrement son fils aîné qu'il retrouvait en lui son alacrité, son appétit de vivre et sa popularité. On disait que le défunt ressemblait au Père du peuple (Louis XII) par sa sollicitude envers les humbles. En réalité, le premier dauphin était, comme son père, un extraverti et montrait les mêmes aptitudes à gagner les sympathies. Tel n'était pas le cas du nouveau dauphin, dont l'attitude réservée passait pour de la froideur. Quoi qu'il en soit, désormais le dauphin Henri et sa femme tenaient à la cour le premier rang après le roi et la reine Éléonore. Cette promotion brutale ne conforta que brièvement la position de la dauphine. Elle était bréhaigne : on ne tarderait guère à le lui reprocher.

Henri n'était certes pas préparé à tenir ce nouveau rôle. N'étant pas destiné au trône, on ne l'avait pas éduqué en conséquence. Il restait en arrière de la main, situation convenant d'ailleurs à sa nature. Il lui fallait désormais apprendre son métier de roi. En 1537, connaissant son goût pour l'état militaire, son père lui donna le commandement nominal de l'armée de Picardie, le commandement effectif étant assumé par Montmorency. L'armée s'empara de quelques places. Montmorency apprécia la conduite d'Henri et l'écrivit à François Ier. Puis l'armée fut envoyée en Piémont, Henri restant placé sous la tutelle du maréchal. Pendant cette campagne, d'ailleurs couronnée de succès, le dauphin se signala par un geste de cruauté qui donnait à penser : il fit exécuter la garnison d'une petite place, coupable d'avoir un peu trop résisté. Pendant toutes les opérations, son endurance et sa bonne volonté furent remarquées, de même que son indifférence au danger. Il ne manifestait point d'irritation à l'encontre du maréchal, écoutant ses avis avec attention, s'éprenant pour lui d'amitié admirative. Avait-il la vocation guerrière ? Serait-il un roi conquérant ? Ses compagnons le berçaient de cette illusion. Montmorency était trop fin courtisan pour démentir. Il couvrait d'éloges son royal élève. Était-ce uniquement pour flatter le roi ? Quant au dauphin, souffrant de la désaffection gentille de son père, il ressentait quelque fierté d'avoir su plaire à ce rude soldat.

Survint alors un incident auquel personne n'attacha d'importance. On venait de prendre la petite ville de Moncalieri, dont un écuyer piémontais était originaire. Il se nommait Gian Antonio Duci et servait la France. Il invita le dauphin à visiter sa maison, habitée par sa sœur Filippa. Henri passa la nuit avec la jeune fille et l'engrossa. Les soldats en campagne étaient coutumiers de tels exploits. Le dauphin n'avait fait qu'imiter ses compagnons, dans l'ivresse de la victoire. Il était parti le lendemain, sans se soucier autrement de Filippa...

La conquête définitive du Piémont et de la Savoie remplissait d'aise le noble roi François. Il pensait les échanger ultérieurement contre le Milanais. Il éleva Montmorency au rang de connétable. Le dauphin se disait que ses propres services trouvaient ici, par personne interposée, leur récompense. Il ne jalousa pas Montmorency ; au contraire, il ne l'en admira et ne l'aima que davantage. Ce qui le réjouissait extrêmement, c'était d'avoir découvert en Montmorency une parfaite identité de vues. Or il avait alors dixneuf ans et le connétable était un homme mûr (quarante-cinq ans), plein de sagesse et d'expérience. Charles Quint n'ayant plus d'argent ni d'armée accepta la médiation du pape Paul III. Une trêve de dix ans fut signée à Leucate ; elle équivalait à la paix. Le dauphin retrouva la cour, Catherine et Diane. On l'accueillit en vainqueur. Il savourait sa gloire toute neuve et prenait de l'assurance. On apprit alors que Filippa Duci était enceinte. Henri s'enorgueillit de sa paternité ; elle le soulageait d'un grand poids. On murmurait en effet qu'il avait un défaut de conformation. On expliquait ainsi la stérilité de Catherine. Il venait de prouver qu'il pouvait être père, qu'il était parfaitement normal. Des ordres furent donnés pour assurer la surveillance et l'entretien de Filippa. Elle mit au monde une fille que l'on prénomma Diane et qui fut conduite en France, cependant que sa mère, confortablement dotée, entrait au couvent pour toute la vie ! Le prénom de la fillette avait été choisi par le dauphin pour honorer la Dame de ses pensées. Par surcroît Mme de Brézé se chargea de l'élever. Cela fit jaser. On susurrait que l'enfant était bel et bien la fille de l'altière veuve et du dauphin ; que l'histoire de Filippa Duci n'était qu'un conte bleu.

Or, si Diane de Poitiers n'était pas encore la maîtresse d'Henri, elle allait le devenir. A la vérité, on ignore, et l'on ignorera toujours, le jour où Diane succomba : cette précision n'a de fait qu'une importance secondaire. Sur la liaison de François Ier avec la comtesse de Châteaubriant, puis avec la duchesse d'Étampes, les documents abondent, lettres et poésies. Il ne reste presque rien des amours de Diane et d'Henri, hormis ce qu'ils en laissèrent paraître et une pièce de vers dont voici un extrait :

Voici vraiment qu'Amour un beau matin
S'en vint offrir fleurette très gentille...
Car, voyez-vous, fleurette si gentille
Était un garçon frais, dispos et jeunet.
Ains, tremblotante et détournant les yeux,
« Nenni », disais-je. « Ah ! ne soyez déçue ! »
Reprit l'Amour et soudain à ma vue
Va présentant un laurier merveilleux.
« Mieux vaut, lui dis-je, être sage que reine. »
Ains me sentis et frémir et trembler,
Diane faillit et comprenez sans peine
Duquel matin je prétends reparler.

La pièce n'est pas datée. On peut situer la scène en 1538, peut-être au château d'Écouen qui appartenait au connétable de Montmorency. Il est à croire qu'en dépit de sa rigueur morale et religieuse, le vieux courtisan était plus ou moins complice. Ayant décelé l'influence que Diane exerçait sur le dauphin, il s'en était fait une alliée. Jusqu'ici, Mme de Brézé, quoique flattée par les assiduités du prince, et bien qu'avec les années elle eût pris quelque sentiment pour lui, avait réussi à maintenir leur liaison dans les limites de l'amitié amoureuse, toutefois sans décourager le prétendant. L'amour platonique ne pouvait plus suffire à ce dernier. Il était revenu du Piémont en conquérant. Il tirait fierté de sa brève aventure avec la pauvre Filippa Duci, plus encore de sa paternité. Les dames de la cour ne lui ménageaient pas leurs avances. Fine mouche, Diane comprit qu'elle devait les devancer, si elle voulait garder la faveur du jeune homme. Calculatrice et froide comme elle était, on peut être certain qu'elle décida de céder et ne succomba point à un entraînement. Le fait qu'elle ait su rester une veuve irréprochable, malgré sa beauté et le libertinage de la cour, donna à son abandon les apparences d'une victoire. On peut cependant admettre qu'elle éprouva le tremblement et le frémissement dont elle parle si joliment. Quant au dauphin, c'était un triomphe pour lui que de posséder enfin son idole. Cependant Diane jouait à quitte ou double en devenant sa maîtresse. Elle avait à peu près le double de son âge et pouvait craindre de le décevoir, ou de le perdre à bref délai ! Il n'en fut rien. L'amour du dauphin, son ardeur, redoublèrent. Il fut encore plus heureux d'avoir conquis Diane que la province de Piémont.

Mais Catherine de Médicis ? Elle souffrit doublement. Certes, Diane de Poitiers tenait à conserver sa réputation. Elle fut assez adroite pour empêcher Henri d'afficher leur liaison. Elle exigea qu'il détruisît les billets qu'elle lui envoyait : seuls les quelques vers cités plus haut échappèrent à l'holocauste. Mais elle ne pouvait masquer entièrement le bonheur qu'elle ressentait, ni l'épanouissement d'une femme qui se sait aimée. Il est probable qu'Henri avait réveillé en elle une sensualité longtemps contenue. Ce changement, Catherine dut le constater, s'en émouvoir, comprendre qu'Henri lui échappait. Elle feignit sans doute d'ignorer et ne se permit pas de reproches en dépit de la jalousie cuisante qu'elle éprouvait. Pour elle il y avait pis que de s'abaisser à répondre par des sourires aux sourires de sa rivale ! La petite fille née des amours d'Henri et de Filippa était autrement dangereuse. Elle démontrait sa propre incapacité à donner un héritier au trône. On pouvait, à la rigueur, tolérer que l'épouse du duc d'Orléans restât stérile, non pas la dauphine. Son devoir impérieux était d'enfanter un héritier mâle. On ne lui pardonnait pas sa naissance. On tolérait sa présence et l'on consentait à lui donner son titre de dauphine, parce que telle était la volonté de François Ier. Elle avait cru, par son attitude modeste et serviable, gagner les cœurs. Elle n'avait gagné que le roi, sensible à ses qualités, à son exceptionnelle culture et à son entrain de bon aloi. Elle put constater bientôt la vanité de ses complaisances et de ses efforts. On parla de répudiation. On dit à la cour qu'il était monstrueux de sacrifier pareillement l'avenir du royaume. Dévorés d'ambition, les Guise proposaient déjà l'une de leurs sœurs, l'autre ayant épousé le roi d'Écosse, fameux précédent ! Le conseil royal se montrait favorable au divorce. Tel n'était pas l'avis de Diane de Poitiers. Non point qu'elle eût pitié de sa cousine et victime, mais, ayant vingt ans de plus que son amant, elle redoutait une rivale possible, et surtout la petite Guise qui était très belle ! Elle tremblait de perdre son beau jouteur, plus encore l'empire qu'elle avait sur lui et dont elle entendait tirer le plus grand profit, de façon ou d'autre. Montmorency avait l'œil et l'oreille du roi. Il pouvait faire pencher le plateau de la balance, mais s'abstint prudemment. Non point qu'il voulût servir les intérêts de Mme de Brézé, mais l'ambition des Guise l'inquiétait. Les choses en étaient là, lorsque la dauphine prit une initiative qui la sauva et qui montre d'ailleurs son extraordinaire habileté. Elle joua son va-tout, avec une intrépidité et une clairvoyance qui en disaient long sur son caractère. Les yeux pleins de larmes, la gorge pleine de sanglots, elle vint se jeter aux pieds de son beau-père et, tenant embrassés ses genoux, déclara qu'elle connaissait la sentence qui la menaçait. Pour épargner au roi de lui annoncer la répudiation, elle préférait se retirer de sa propre volonté. Puisqu'elle était indigne de son époux, elle offrait d'achever ses jours dans un couvent. Elle acceptait même, si le roi l'exigeait, d'être dame d'honneur de la nouvelle dauphine. Elle remerciait humblement de l'honneur qu'on lui avait consenti, malgré l'obscurité de sa naissance, en l'admettant dans la Maison royale. Le roi François avait le cœur généreux. Il n'aimait pas voir pleurer les femmes. Par surcroît il estimait infiniment Catherine et appréciait sa compagnie. Il la releva et, la tenant embrassée, répondit :

— « Ma fille, puisque Dieu a voulu que vous soyez ma bru et la femme du dauphin, je ne veux qu'il en soit autrement, et peut-être Dieu voudra-t-il se rendre à vos désirs et aux nôtres. »

La décision du roi eut pour effet inattendu de rapprocher Catherine de Diane. Leurs intérêts coïncidaient, momentanément. Catherine feignit d'accepter le partage. Brantôme n'avait pas tort de souligner son ambition, son appétit de pouvoir ! François Ier vieillissait. Ses abcès au périnée le tourmentaient de plus en plus fréquemment. Il avait déjà failli en mourir. Cette santé déclinante alarmait la duchesse d'Étampes, maîtresse en titre, qui songeait à l'avenir. L'assiduité du dauphin auprès de Diane déconcertait la cour. Certains voulaient croire qu'Henri continuait d'être le chevalier servant de sa Dame. D'autres avaient flairé la vérité et compris que la sensualité ajoutait du piquant aux rencontres. Tous s'étonnaient, plus ou moins, de la fidélité du dauphin à une femme qui aurait pu être sa mère. Les mieux disants prétendaient qu'Henri lui vouait un amour filial et tiraient argument de son attitude respectueuse. Il est vrai que les deux amants se montraient si discrets, si précautionneux que, dix années après le fameux « matin », certains ambassadeurs s'interrogeaient encore sur la nature de leur liaison.

Cependant deux clans divisaient la cour. La duchesse d'Étampes avait ses amis, parmi lesquels l'amiral de Brion. Diane comptait Montmorency et les Guise au nombre de ses fidèles. Ces derniers préparaient l'avenir, misaient sur la favorite du dauphin. La subtile Catherine louvoyait entre les deux partis, courtisant la duchesse d'Étampes et prêtant une oreille complaisante aux conseils de la Grande sénéchale, s'appliquant à plaire au roi et à ne pas déplaire à son mari. Méthode qu'elle pratiqua à plus grande échelle quand, plus tard, elle gouverna le royaume au nom de ses fils. A coup sûr, on la méprisait, en raison de sa servilité, d'une complaisance dont on méconnaissait le caractère et l'étendue. Elle était en réalité, comme son oncle, le défunt Clément VII, une adepte de Machiavel. Son but immédiat, exclusif, était alors de durer. En même temps, elle faisait l'impossible pour avoir un enfant. Ses astrologues et ses physiciens lui donnaient à absorber drogues et philtres de leur invention. Ces remèdes, améliorés d'incantations et de formules magiques, ne la tuèrent pas, mais se révélèrent inefficaces. Elle eût vendu son âme au diable pour être enceinte et donner enfin un héritier au royaume ! On la consolait en rappelant que les femmes de sa famille tardaient généralement à enfanter.

La duchesse d'Étampes et Diane de Poitiers étaient devenues rivales, comme on pouvait le prévoir. La duchesse crut discréditer la Grande sénéchale et ruiner sa position, en l'attaquant par son point faible. Elle prétendait être née l'année même du mariage de Diane : ce qui était inexact. Que celle-ci devait sa beauté à quelque eau de jouvence, à quelque philtre sentant le soufre, en clair à quelque diablerie. Elle l'appelait « la vieille » et fit versifier par un poète à sa dévotion un portrait caricatural de l'ennemie. Rien n'y manquait : ni les rides, ni les cheveux teints, ni les fausses dents, ni les yeux chassieux et injectés de sang ! Diane eut l'habileté de ne pas répliquer. Elle était sûre de sa beauté et de la passion du dauphin. Tôt ou tard, elle savait qu'elle remplirait l'emploi de la belle Anne d'Étampes et qu'elle réglerait ses comptes. Cette certitude lui donnait le courage d'ignorer ces piqûres d'épingle. Le dauphin venait de lui adresser un poème de sa façon (quelque peu laborieuse) :

A nouveau prince (ô ma seule princesse !)
Que mon amour qui vous sera sans cesse
Contre le temps et la mort assuré,
De fosse creuse ou de tour bien murée
N'a pas besoin de ma foi forteresse,
Dont je vous fis dame, reine et maîtresse
Parce qu'elle est d'éternelle durée !

Henri ne mentait pas, ne s'abusait pas sur lui-même, ne flattait pas. La foi qu'il avait donnée à Diane, il la garderait intacte jusqu'à son dernier jour, malgré les vingt ans d'écart entre eux ! Incompréhensible amour ! Passion qui fait penser à celle de Tristan pour Yseult, et dont il est, certes, d'autres exemples, non chez les rois. A la même époque, l'ambassadeur Cavalli croyait devoir écrire à ses maîtres : « Il a pour elle une vraie tendresse, mais on pense qu'il n'y a là rien de lascif, que c'est comme entre mère et fils ; on affirme que cette dame a entrepris d'endoctriner, de corriger, de conseiller M. le Dauphin, et de le pousser à toutes les actions dignes de lui. »

IV

LES DEUX FRÈRES

Diane « endoctrinait » en effet son amant. Elle l'incitait à se rapprocher de Catherine, à lui manifester plus d'affection, à dormir plus souvent avec elle. Elle avait désormais partie liée avec la dauphine, qui bénéficiait de ses complaisances et montrait publiquement qu'elle lui en savait gré. Inversement, Diane profitait des informations glanées par Catherine auprès d'Anne d'Étampes et de ses amis. Le parti de Diane s'étoffait au détriment de sa rivale. Sa puissance augmentait. De plus, elle pouvait se flatter d'être devenue l'amie de Catherine. Pour l'amadouer, elle multipliait les prévenances et les signes de respect. Les courtisans pensaient que Mme de Brézé agissait par esprit de famille et défendait ainsi la position de sa cousine. Elle manifestait tant de dévouement qu'on ne put l'empêcher de soigner le dauphin quand il tomba malade (en 1540). Catherine toléra ce zèle intempestif. Elle devait par la suite avaler bien d'autres couleuvres ! Ce qu'elle pensait réellement, ce qu'elle dissimulait avec tant de soin et avec une hypocrisie si parfaite, Diane dut attendre la fin du règne d'Henri II pour l'apprendre à ses dépens. Toujours aussi docile, en apparence, Catherine entourait son séduisant mari de soins attendrissants, remerciait la Grande sénéchale de le savoir si bien distraire en organisant de petites fêtes et de l'encourager à bien faire. Sur la requête d'Henri et pour mieux amadouer Diane, elle cessa de faire sa cour à la duchesse d'Étampes. C'était courir le risque d'indisposer le roi, alors qu'elle le révérait à l'égal d'un dieu. Diane s'intéressait à l'art des sages-femmes. La dauphine suivait ponctuellement ses conseils. Tant d'obstination et de patience portèrent finalement leurs fruits. Catherine put enfin annoncer qu'elle était enceinte. Le 15 janvier 1544, elle mit au monde son premier fils. Exultation du roi qui se saisit de l'enfantelet et décida sur l'heure de lui donner son prénom de François ! Marguerite de Navarre, apprenant cette grande nouvelle, s'empressa d'écrire à son frère cette émouvante lettre : « Regardant les larmes qui, je suis sûre, saillent de vos yeux, par une joie d'autant plus grande que celle que je vous vis à la naissance de votre premier-né, que celle-ci était plus attendue et moins espérée ; je vois tout votre royaume fortifié de cent mille hommes, enrichi d'un trésor infini. La maladie serait bien forte qui ne se tournerait en santé, ou qui me garderait de m'en aller à la procession faire avec le peuple des feux de joie. »

Ce « trésor infini », c'était le futur François II. Désormais, quasi chaque année, Catherine mettra un enfant au monde. Elle en donnera dix à son époux. Diane continuera, imperturbablement, à remplir secrètement la charge de gouvernante de la nichée, choisissant elle-même les nourrices, soignant les petits malades avec dévouement, veillant plus tard à leur éducation, conjointement avec leur véritable mère. On voit que, par ses contradictions et sa complexité, le caractère apparemment sans faille de la Grande sénéchale ne cédait rien à celui de son amant. Quand le maître était absent et que les deux femmes étaient libres d'agir à leur guise, le manège continuait. On eût dit qu'elles ne pouvaient se passer l'une de l'autre.

Moins par inclination que par devoir, le roi associait de plus en plus le dauphin aux affaires. Il respectait en lui le roi qui lui succéderait. Mais il ne pouvait oublier le premier dauphin. La gravité intangible d'Henri, son attitude quelque peu guindée l'irritaient, non moins que son goût du détail et sa défiance. Henri n'avait pas l'esprit de repartie, ni le propos gaillard, ni le désir de briller. Il parlait peu. De plus, il n'appréhendait point d'un coup les problèmes, raisonnait longuement avant de se former une opinion. Cette lenteur déconcertait son père qui avait l'esprit vif, la réplique prompte, des talents de conteur. Il reportait son affection sur Charles, son troisième fils. Charles était plus brillant, mieux vivant, plus ouvert, avec des appétits fort semblables à ceux de son père. Henri avait vécu dans l'ombre du premier dauphin, sachant que ce dernier était le fils préféré. Devenu dauphin, il sentait qu'il n'occupait pas la première place dans le cœur du roi, et souffrait de cette frustration. Charles, qui portait désormais le titre de duc d'Orléans, avait été pour lui un bon camarade. Il était en passe de devenir un rival et ne faisait rien pour apaiser les appréhensions de son frère aîné. Bientôt Henri le soupçonnera d'agir pour son propre compte, au mépris des intérêts du royaume.

La première faille dans leur amitié se manifesta lors du voyage en France de l'empereur, à la fin de 1539 et dans les premiers mois de 1540. A la suite de la trêve de Leucate, François Ier et Charles Quint s'étaient rencontrés à Nice, sous l'égide du pape. Le vieil aigle avait joué, faute de mieux, la comédie des retrouvailles avec la Maison de France. Il avait ouvert les bras, embrassé le roi, la reine et leurs fils. Puis il avait paru consentir à investir le prince Charles du Milanais, sous certaines conditions. Ayant appâté François Ier, il exprima le désir de traverser la France, afin de châtier la révolte des Gantois. C'était pour lui l'itinéraire le plus sûr, en raison des troubles qui agitaient alors l'empire ! Le dauphin et son frère furent chargés de l'accueillir à la frontière d'Espagne et de l'accompagner tout au long du voyage. Le prince Charles se montra fort aimable, en quoi d'ailleurs il suivait sa nature. La bienveillance appuyée de l'empereur à son égard fut notée. Ces complaisances réciproques agaçaient Henri. Lui, ne pouvait oublier les geôles espagnoles. La haine qu'il avait rapportée de Pedrazza restait intacte. Il acceptait sans doute, par devoir d'État, d'envelopper ses sentiments personnels de courtoisie, mais il manquait probablement de conviction, en dépit des conseils de Montmorency et de Diane, tous deux fervents partisans d'une entente avec le Habsbourg. Il ne pouvait croire que ce dernier fût sincère, alors que, détenant le roi captif à Madrid, il avait essayé de démembrer le royaume afin de récupérer l'héritage du Téméraire. Il ne comprenait pas quel jeu subtil menait le vieil homme au nez crochu, au menton en galoche. Ni pourquoi le connétable de Montmorency voulait à tout prix la paix. Charles Quint admirait tout, s'extasiait sur tout mais ne promettait rien. Cependant il traitait le prince Charles comme son propre fils. Le dauphin put se dire qu'il avait déplu, malgré sa gravité et ses vêtements dignes d'un hidalgo ; qu'une fois de plus on lui préférait son frère. Il se demanda surtout quel était le but poursuivi par celui-ci. Il était aisé d'exciter sa défiance.

La faveur de Montmorency culminait. Il avait été l'artisan du rapprochement avec le Habsbourg, il ne doutait pas de la bonne foi de Charles Quint et répétait au roi qu'il ne fallait s'inquiéter de rien, considérer comme acquise la rétrocession du Milanais en faveur du prince Charles. L'empereur tergiversait, à son habitude, formulait des contre-propositions la plupart inacceptables. On apprit brusquement qu'il avait investi le futur Philippe II du Milanais. François Ier avait perdu sa peine et son argent : quelles sommes n'avait-il pas englouties dans les réceptions ! Furieux, il retourna sa colère contre Montmorency, qui perdit son crédit et dut se retirer dans son château de Chantilly. Montmorency conserva sa connétablie, mais n'exerça plus aucun commandement effectif. Le dauphin souffrit de cette disgrâce. Il n'avait point approuvé la politique de Montmorency, s'il en admettait l'opportunité. Mais chez lui l'amitié l'emportait sur toute autre considération, ce qui était assurément un point faible de son caractère. Le connétable avait naguère évincé l'amiral de Brion ; il l'avait même accusé de concussion. Brion revint aux affaires. La duchesse d'Étampes triomphait, sans ménagements, du parti de Diane de Poitiers. Ce n'étaient là qu'intrigues de cour ; elles n'entamaient point sérieusement l'autorité quasi absolue du roi.

L'assassinat de deux ambassadeurs français en Italie fournit le prétexte d'une nouvelle guerre. François Ier avait mis sur pied trois grosses armées et arrêté son plan de campagne : notre allié Guillaume de Clèves envahirait le Brabant ; le duc Charles d'Orléans, avec pour lieutenants les Guise, attaquerait le Luxembourg ; le dauphin prendrait Perpignan et occuperait le Roussillon. Les armées du nord firent merveille en Luxembourg et en Brabant. L'armée du midi, sous le commandement d'Henri, arriva trop tard à Perpignan, perdit du monde et dut retraiter. Cependant, jaloux de son frère, le duc Charles avait quitté son commandement et rejoint Perpignan, sans y être autorisé. Le Brabant et le Luxembourg furent perdus aussi vite qu'ils avaient été pris. Le roi François pouvait douter des capacités de ses fils, et plus encore de celles de ses généraux. Le dauphin avait des excuses : la concentration de ses troupes avait été trop lente ; on lui avait donné comme chef d'état-major le pusillanime Annebault, quand il aurait voulu Montmorency. Charles Quint avait eu le temps de pourvoir Perpignan d'une énorme artillerie. La faute commise par Charles d'Orléans était beaucoup plus grave. Il savait que son père tenait surtout à la conquête du Roussillon, les opérations du Brabant et du Luxembourg devant faire diversion. Il estimait donc que le dauphin s'était réservé la part du lion. Il enviait sa belle armée : 50 000 hommes. Il réclamait en somme une part de sa future gloire. Or, étant le cadet, il devait rester au second rang, obéir aux ordres et ne point chercher à accroître sa réputation personnelle. Son attitude était non seulement suspecte, elle laissait mal augurer de l'avenir. Pourtant le roi lui pardonna, peut-être sur les instances de la duchesse d'Étampes.

En 1543, Henri VIII d'Angleterre déclara la guerre à la France. Tout laissait désormais prévoir une invasion prochaine du royaume. Charles d'Orléans fut envoyé dans le Nord et, aidé par les Guise, reconquit le Luxembourg. Le dauphin ne reçut pas de commandement. Il avait espéré poursuivre les opérations en Roussillon. Il en voulait à son père d'avoir renoncé à la prise de Perpignan. Il était en butte aux critiques sournoises du clan adverse, celui de la duchesse d'Étampes. Catherine de Médicis et Diane de Poitiers n'échappaient pas aux sarcasmes de la favorite. Les succès de Charles d'Orléans n'empêchèrent point les Impériaux d'envahir le royaume, en 1544. La France fut sauvée par une retentissante victoire et par un siège mémorable. En Piémont, le jeune comte d'Enghien (François de Bourbon) écrasa les Impériaux à Cérisoles. Le dauphin avait demandé en vain l'autorisation de rejoindre l'armée de Piémont. En mai, les troupes de Charles Quint reprenaient le Luxembourg et commençaient le siège de Saint-Dizier le 8 juillet. Cette place fut vaillamment défendue par le comte de Sancerre. La présence de l'empereur exacerbait l'héroïsme des assiégés. Ils résistèrent jusqu'à l'extrême limite de leurs forces et de leurs munitions. Sancerre ne capitula que le 17 août, encore était-ce au vu d'une fausse information. La défense de Saint-Dizier avait immobilisé l'armée de Charles Quint pendant plus d'un mois. Ce délai avait permis à François Ier de rassembler 40 000 hommes. A nouveau malade, il en confia le commandement au dauphin. L'empereur s'était mis en tête de prendre Paris. Il n'en avait plus les moyens. Ses troupes, ne recevant pas leur solde, commencèrent à déserter, se répandirent dans la campagne, au grand dam des habitants. Il suivit néanmoins la vallée de la Marne, s'avança jusqu'à Château-Thierry qu'il incendia. Le dauphin couvrait la capitale. Il s'établit à Meaux et à La Ferté, décidé à livrer bataille dans les meilleures conditions. Il avait des chances sérieuses d'écraser les Impériaux. Force fut à l'empereur de battre en retraite. Le dauphin eut le courage de ne pas le poursuivre, d'obéir ponctuellement aux ordres de son père, qui étaient de ne prendre aucun risque, de conserver une armée intacte, d'éviter les pièges éventuels de l'adversaire. Il y eut quelque mérite, car ses lieutenants brûlaient d'en découdre. Les diplomates entrèrent en action, avec l'appui de la reine Éléonore. Charles Quint frôlait le désastre, une fois de plus ; il était disposé à négocier. Les pourparlers aboutirent à la signature du traité de Crépy-en-Laonnois (18 septembre 1544). Cette paix hâtive, dictée par les circonstances, en particulier par la maladie du roi, profitait au seul Charles d'Orléans. Elle était dangereuse, lourde de conséquences pour le royaume et pour l'avenir du futur Henri II. La clause principale en était le mariage de Charles d'Orléans soit avec l'infante Marie, fille de Charles Quint (avec la Franche-Comté et les Pays-Bas en dot), soit avec une fille de Ferdinand, frère de l'empereur et roi des Romains (avec le Milanais). Dans l'un et l'autre cas, François donnerait à son fils les duchés de Bourbon, d'Angoulême et de Châtellerault, outre le duché d'Orléans. Charles Quint renonçait à la Bourgogne ; François Ier, à la Savoie et au Piémont. C'était un marché de dupes, encore qu'il parût satisfaire les deux partis. L'intention de l'empereur était cependant claire : en agrégeant Charles d'Orléans aux Habsbourg, il comptait l'opposer tôt ou tard à son frère. Les vastes duchés détenus par Charles eussent à peu près coupé le royaume en deux, affaiblissant la couronne et paralysant par avance les moyens de défense. Il opposait ainsi les deux frères avec un cynisme parfait. A tout le moins suscitait-il entre eux une rivalité haineuse. Mais, en même temps, il éprouvait pour Charles une espèce d'affection. Ce dernier s'empressa d'accompagner la reine Éléonore et la duchesse d'Étampes à Bruxelles, pour remercier son futur beau-père.

La mort dans l'âme, le dauphin consentit à ratifier le traité, par ordre du roi, non sans protester avec véhémence. Lassé par ses récriminations, François l'expédia devant Boulogne, livrée aux Anglais par l'incapable Vervins. La mauvaise saison abrégea les opérations. En décembre, à Fontainebleau, Henri signa une protestation solennelle contre le traité de Crépy, l'estimant contraire à l' « universel état du royaume ». Il s'engageait à empêcher l'évacuation de la Savoie et du Piémont, selon son pouvoir et dès qu'il serait « hors de la puissance paternelle ». A son instigation, les parlements de Paris et de Toulouse élevèrent des protestations semblables. Le dauphin aggrava son cas en proposant le rappel de Montmorency. Le roi s'émut. Il crut que Diane de Poitiers travaillait pour le connétable et, connaissant son influence sur Henri, l'exila au château d'Anet. Le dauphin cessa, momentanément, d'assister au conseil. Charles Quint gagnait sur tous les plans : il semait indirectement la zizanie dans la famille royale et dressait une partie de l'opinion contre François Ier. Ce dernier vit clair dans son jeu. Il apaisa l'irritation du dauphin, en lui dévoilant le fond de sa pensée : le mariage de Charles était la seule clause du traité qu'il entendait respecter ; il convenait donc de feindre jusque-là. Il lui montra aussi que Charles ne nourrissait aucune intention mauvaise et ne songeait qu'à l'agrandissement du royaume.

Henry VIII n'avait point signé la paix de Crépy. On espérait alors lui reprendre Boulogne et Calais. Pendant la campagne de 1545, le roi eut la satisfaction de constater que ses deux fils se comportaient à nouveau fraternellement et se divertissaient de compagnie, ainsi qu'ils le faisaient naguère. A vrai dire, l'un et l'autre étaient éloignés de leurs coteries respectives et menaient la dure existence du soldat. On attendait toujours la décision de Charles Quint. Donnerait-il sa fille ou sa nièce à Charles d'Orléans, céderait-il les Pays-Bas et la Franche-Comté, ou le Milanais ? Il fit enfin connaître sa décision : c'était le Milanais qu'il sacrifiait ! La date du mariage fut fixée au 18 septembre. Soudain survint la catastrophe. Charles d'Orléans mourut, le 9 septembre, après quelques jours de maladie, aussi mystérieusement et brièvement que le premier dauphin. On ne parla pas d'empoisonnement, car une épidémie sévissait dans la région. Sa disparition brutale ruinait le traité de Crépy. Accablé par ce nouveau malheur, François Ier renonça à ses projets de reprendre Boulogne et Calais. Il préféra traiter avec Henry VIII, lequel accepta de « vendre » Boulogne contre 800 000 écus d'or, trop heureux de s'en tirer à si bon compte et de rentrer dans ses frais. Ainsi, bien qu'elle eût été envahie, la France sortait grandie de la terrible épreuve. Au zénith de sa puissance, Charles Quint n'avait pas réussi à prendre Paris. De nouveau à court d'argent, il était contraint de s'en tenir au statu quo. Parviendrait-il jamais à ses fins ? Cependant on pouvait tout craindre de sa ténacité et se préparer à la guerre. Ce que fit le roi François, en dépit de son chagrin, de sa mauvaise santé et des saccages provoqués par les dernières campagnes. « On ne pourrait décider, écrit Ferronius, si dans cette guerre les paysans furent plus cruellement vexés par les ennemis ou par les soldats français eux-mêmes. Les uns comme les autres égorgeaient toutes les vaches, tous les moutons ; car le bétail que les soldats pouvaient atteindre devait fournir à leurs repas ; partout où ils s'arrêtaient, des ruines marquaient leur passage ; ils détruisaient les moissons dans les champs, ils pillaient les maisons, ils enlevaient également les jeunes filles et les mères de famille ; les jeunes garçons eux-mêmes n'étaient pas en sûreté contre les soldats italiens qui servaient le roi. Toute la Champagne et cette partie de la Belgique à laquelle on donne à présent le nom de Picardie, ces provinces autrefois si bien cultivées et dont l'aspect florissant réjouissait les yeux, étaient si dévastées que, dans les districts les plus abondants, on ne trouvait plus de vivres. Les laboureurs étaient entièrement ruinés, les champs à l'abandon, les bourgeois chassés des villes et plusieurs gentilshommes, ayant perdu tous leurs biens, étaient forcés de venir mendier leur pain dans le reste de la France et jusqu'aux extrémités de l'Aquitaine, en portant leurs malheureux petits enfants avec eux, pour émouvoir la compassion. »

Ces malheurs de la guerre, imputables aux mœurs de la soldatesque plus encore qu'au manque de ravitaillement, la politique « milanaise » de François Ier et de ses prédécesseurs les avait longtemps épargnés au royaume. L'Italie les avait connus, ô combien, pendant une cinquantaine d'années ! Mais aussi l'Allemagne troublée par la lutte des réformés et des catholiques, de l'empereur et des princes protestants. Mais encore la Hongrie conquise par les Turcs de Soliman. A la vérité, l'Europe n'avait guère cessé d'être une fournaise. Victoires, défaites se succédaient sans profit. Les faits d'armes masquaient la misère des peuples pressurés par les impôts et ruinés par le passage des troupes, agrégats de soldats de métier, dont le cynisme égalait la cupidité. Cependant il faut souligner qu'hormis la Picardie et une partie de la Champagne le royaume des lys restait à peu près intact, avec ses riches plaines et ses villes en pleine croissance. La guerre n'avait fait que l'effleurer.

Un autre mal le guettait de l'intérieur. La splendide Renaissance finirait dans un bain de sang. Le roi François pressentait-il cet avenir ? La lassitude le gagnait, encore qu'il s'efforçât de paraître vaillant et, par son attitude courageuse, abusât les observateurs étrangers.

V

LA FRASQUERIE DE BRIANDAS

Ceux qui approchaient le roi, ses parents, ses intimes, savaient que ses jours étaient comptés. Pourtant le vieux monarque donnait le change en assistant aux fêtes de la cour, en allant à la chasse, en courant d'un château l'autre. Il s'occupait même de fortifier ses places frontières. En réalité, il laissait les rênes du pouvoir au cardinal de Tournon et au maréchal d'Annebault, tous deux créatures de la duchesse d'Étampes. Le massacre des Vaudois de Provence était l'un de leurs méfaits, qui venait de ternir la fin du règne. Le dauphin ne ménageait point ses critiques, encore qu'il parût assagi. Il suivait son père par devoir, évitait les incidents dans la mesure du possible et par affection pour lui. Mais il évitait aussi de présider le conseil à sa place, refusant d'assumer la responsabilité des actes du cardinal de Tournon et du maréchal d'Annebault. Il craignait en effet que ces actes lui fussent reprochés quand il deviendrait roi. François laissait faire, mettant l'absentéisme d'Henri sur le compte d'un manque d'application. Le dauphin feignait de se désintéresser des affaires et se divertissait avec ses amis. Au cours d'un dîner, peut-être trop copieusement arrosé — c'est Vieilleville [1] qui rapporte le fait — il se mit à parler de ce qu'il ferait à son avènement. Un tel serait nommé maréchal de France ; un autre deviendrait chambellan et un autre, grand maître de l'artillerie, cependant que le connétable de Montmorency serait rappelé d'exil. Un fou de cour, nommé Briandas, écoutait cette tirade. Il s'en alla trouver le roi qui était à table et lui dit :

— « Dieu te garde, François de Valois ! »

— « Ho, Briandas, répondit le roi, qui t'a appris cette leçon ? »

— « Par le sang Dieu, tu n'es plus roi ; je viens de le voir. Et toi, monsieur de Thiais, tu n'es plus grand maître de l'artillerie, c'est Brissac... Et toi, tu n'es plus chambellan, c'est Saint-André... »

Et ainsi de suite. Puis, s'adressant au roi :

— « Par la mordieu, tu verras ici monsieur le connétable qui te commandera à la baguette et t'apprendra à faire le sot. Fuis-t'en : je renie Dieu, tu es mort ! »

Le roi le prit à part, le questionna, apprit les propos du dauphin, connut le nom des gentilshommes qui assistaient au dîner. Ivre de fureur, il prit avec lui le capitaine de la garde écossaise et une trentaine d'archers et se précipita vers l'appartement du dauphin. La salle était vide, car Henri avait été prévenu de la dénonciation de Briandas. Le roi, dit Vieilleville, « passa son courroux sur ce qu'il trouva de valets de chambre et de garde-robe, de pages, de laquais et de poursuivants, faisant sauter ce qu'il en put attraper à coups de hallebarde par les fenêtres, semblablement les lits, coffres, tables, chaises, tapisseries et tout ce qui était dans l'antichambre et garde-robe... ».

Le dauphin ne reparut pas à la cour pendant un mois. Sans doute s'était-il réfugié à Anet, près de la Dame de ses pensées. Catherine de Médicis s'employait en vain à réconcilier le père et le fils. Elle n'ignorait point l'entêtement d'Henri, mais elle comprenait aussi combien le roi s'estimait offensé par l'attitude du dauphin. Il eût certainement excusé ce qui n'était après tout que propos de table. Mais il ne connaissait que trop les intentions de son fils et les appétits de ses amis. Cependant quelle mouche l'avait soudain piqué ? Pourquoi ce scandale et ce saccage ? Ce prince, tellement majestueux et maître de ses nerfs, empoignant une hallebarde et brisant des meubles ! Craignait-il pour sa vie, ainsi que le suggère Vieilleville, qui ajoute : « Il n'y a chose en ce monde plus domestique, ni familière à un grand prince, que le soupçon, principalement quand il vient à la déclinaison de sa vie ; car il se forge des opinions ou qu'on le veut empoisonner, ou que l'on dresse des

1. Voir Notices biographiques.

entreprises pour le détruire, et mille autres imaginaires appréhensions où il se rend sujet par fantaisie... »

Le roi pardonna à son fils, mais interdit à ses amis (Saint-André, Andouin, Dampierre, Escars, Brissac et les autres) de reparaître à la cour jusqu'à nouvel ordre. Ils obéirent, sachant bien qu'ils n'auraient pas longtemps à attendre. La colère de François s'étant calmée, car, s'il était jaloux de son autorité, il oubliait vite ses vindictes, ils réapparurent un à un, mais évitèrent d'accompagner le dauphin. Ils craignaient « que les huissiers de chambre ne leur fissent quelque rudesse ou affront ». Le roi feignait de les ignorer... Mais, prétend Vieilleville, « il ne les put voir ni aimer depuis cette frasquerie découverte par Briandas ». C'était surtout l'avenir qui inquiétait François. Il estimait naturel, et même souhaitable, que le dauphin prît du bon temps avec ses amis, mais il ne comprenait pas ses choix, oubliant qu'en sa propre jeunesse il s'était montré aussi peu perspicace dans ses amitiés. Comme il est de règle, il voulait éviter à son fils les erreurs qu'il avait commises, l'empêcher de confondre mérite et courtisanerie. Peut-être voyait-il en Saint-André quelque nouveau Bonnivet, provoquant par ses flatteries intéressées un désastre analogue à celui de Pavie. Pour lui, le pire était que le dauphin se dérobât toujours à la discussion, feignît d'écouter les conseils et, dans son for intérieur, ne démordît point de ses opinions. De plus, il regrettait amèrement de l'avoir confié aux bons soins de la Grande sénéchale, et pour deux raisons. Il ne pouvait ignorer la liaison d'Henri avec Diane, et jugeait scandaleux, voire grotesque, qu'un prince de son âge restât l'amant d'une « vieille » femme. Il avait tenté vainement de les séparer. En amour comme en amitié, Henri se voulait d'une fidélité absolue. Cette situation irritait d'autant plus le roi qu'il aimait Catherine de Médicis et souffrait de la voir pareillement humiliée. Il y avait plus grave. Il connaissait assez bien l'intelligence de Diane et son esprit d'intrigue pour redouter l'influence qu'elle avait prise sur Henri. Cette influence, renforcée par les plaisirs charnels, s'exercerait-elle toujours à bon escient ? Si préoccupé qu'il fût par la politique extérieure, il percevait l'existence d'une opposition larvée, dont le dauphin était la tête. Que Diane se posât en rivale de la duchesse d'Étampes, c'était dans l'ordre des choses. Mais il ne pouvait tolérer qu'elle prétendît incarner l'avenir, dicter ses directives à Henri et lui imposer le rappel de Montmorency. Les attaques sournoises dont la reine Éléonore et la duchesse d'Étampes faisaient l'objet, depuis la signature du traité de Crépy, lui étaient insupportables. La lassitude le gagnait ; pourtant il se résignait mal à ce que le dauphin représentât désormais l'espérance aux yeux de la cour et du peuple. Il avait oublié que, dans les dernières années du règne de Louis XII, on attendait avec la même impatience l'avènement de François de Valois !

Ses forces s'épuisaient, mais il voulait mourir debout, régner jusqu'à sa dernière heure ! Il continuait à légiférer, à prendre des décisions, à présider le conseil, malgré des accès de fièvre de plus en plus fréquents. Il chassait et voyageait, trompant les ambassadeurs par ses activités incessantes. Il apprit soudain la mort d'Henry VIII d'Angleterre, son vieux camarade, tour à tour ami et ennemi selon les fluctuations de la politique. En mars 1547, il s'arrêta à Rambouillet, chez Jacques d'Angennes, pour y chasser et s'y reposer. Son abcès le tourmentait à nouveau. Une fièvre presque continue minait ses forces. Cependant personne ne le croyait encore si près de la fin. Le 15, il s'alita pour ne plus se relever. Les médecins firent ce qui était en leurs moyens, mais l'infection se généralisa. Se sentant perdu, il se résigna courageusement à mourir et fit appeler son fils. A la vérité, le dauphin était accouru à Rambouillet, suivi d'une partie de la cour, quand il avait appris la maladie de son père et bien que le cardinal de Tournon et l'amiral d'Annebault l'eussent dissuadé de venir ! Les paroles exactes du roi François à son fils n'ont pas été rapportées. On en connaît l'essentiel par divers témoignages. Il recommanda au dauphin d'alléger les impôts, d'autant qu'il lui laissait 400 000 écus d'or et un quartier de revenus à percevoir. Il déclara que cette bonne situation du Trésor résultait de la prudente gestion du cardinal et de l'amiral. Il l'invita à profiter de leurs conseils, en clair à les maintenir dans leurs fonctions. En revanche, il le mit en garde contre la pernicieuse politique du connétable de Montmorency, par trop favorable à l'empereur, et lui déconseilla fortement de le rappeler aux affaires. Il lui dit de se méfier de l'ambition dévorante des Guise et de leur esprit aventureux. Il souligna le peu de confiance qu'il avait en Saint-André, déplorant la faveur dont il bénéficiait et les promesses qu'on lui avait faites. Touchant aux amis d'Henri, il le pria de ne pas les avancer avec trop de précipitation, de peser soigneusement les mérites de chacun avant de décider. A cette heure si grave, ce n'était certes pas la « frasquerie » de Briandas qui lui revenait en mémoire, contrairement à ce qu'affirme Vieilleville. Il connaissait trop bien l'obstination de son fils. Ce dernier, qui ne savait pas mentir, prit la défense de ses amis, surtout de Saint-André, et dit :

— « Si les hommes font et exercent les charges, les charges aussi font et dressent les hommes. »

On ignore si le roi fit allusion à Diane de Poitiers et à ses intrigues. Et s'il appela la bienveillance d'Henri à l'égard de la duchesse d'Étampes qui serait bientôt privée de tout soutien, en butte à ses ennemis. Il l'entretint certainement de Charles Quint et du Milanais, mais là-dessus les relations sont muettes.

Quelle était l'attitude du dauphin ? Au moment de perdre ce père qui l'avait mal aimé et s'était parfois montré injuste à son égard, il éprouvait un violent chagrin et ne cherchait pas à retenir ses larmes. Il découvrait soudain combien il le révérait et l'admirait. Pourtant telle était sa nature qu'elle ne lui permettait pas d'abuser le moribond de fallacieuses promesses.

Ici, je me dois de relater une scène dont la véracité me paraît fort douteuse. Alors que le dauphin s'était jeté sur le lit de sa femme et que les deux époux mêlaient leurs soupirs et leurs larmes, Diane de Poitiers et le comte d'Aumale (futur duc de Guise) se tenaient debout dans la même chambre. La douleur de Catherine de Médicis faisait peine à voir, mais les deux comparses, jugeant d'après eux-mêmes, doutaient de sa sincérité et pensaient que le chagrin de la dauphine était une déploration à l'italienne. La Grande sénéchale, sentant approcher sa toute-puissance, ne prenait pas la peine de dissimuler son contentement. Le comte d'Aumale déambulait par la chambre et, de temps à autre, entrebâillait la porte pour avoir des nouvelles. On l'entendit dire :

— « Il s'en va, le galant... »

Cette insolente réflexion ne saurait être admise sans réserve. Qu'elle traduisît assez bien le cynisme des courtisans et l'impatience des protagonistes, il se peut. Mais elle n'était pas dans la manière des Guise, si férus d'honneur et chevaleresques. D'autres auteurs la prêtent à Diane de Poitiers ; c'est oublier un peu vite qu'il s'agissait d'une très grande dame, rompue aux usages de la cour, et non d'une quelconque gourgandine. Et surtout, que le dauphin n'eût pas toléré de tels propos, même venant de ses familiers ! Diane l'avait naguère séduit par sa rigueur morale et par l'élévation de ses sentiments. Elle se donnait un trop grand rôle pour risquer de décevoir son amant par de stupides paroles. Enfin, on ne peut méconnaître la vénération dont les nobles entouraient, par vocation, la personne royale. Vénération alourdie de regrets par la proximité du trépas. Pour en finir, je dirai que cette calomnie fut l'ouvrage des ennemis de Diane, peut-être de sa rivale, la duchesse d'Étampes.

Après avoir été congédiée par le roi qui allait recevoir l'extrême-onction, celle-ci fut renvoyée de Rambouillet par le dauphin, sans ménagements :

— « Vous, ôtez-vous de là ! » lui aurait-il dit.

Elle s'en fut à Limours, accompagnée de son oncle, l'évêque de Condom. L'idole était renversée de son piédestal. Elle s'était fait tant d'ennemis, par ses exigences et ses caprices, qu'elle pouvait tout craindre des jours futurs, et moins la vindicte de Catherine de Médicis que celle de Diane de Poitiers ! Regrettait-elle le roi ? Elle pleurait surtout la grandeur évanouie, car, d'ores et déjà, elle n'était plus rien.

J'ai relaté, dans l'ouvrage que je lui ai consacré, les derniers instants du Roi-Chevalier. Il mourut le jeudi 31 mars 1547, au début de l'après-midi, jour anniversaire de la naissance de son fils. Henri venait d'avoir vingt-huit ans. Il était désormais le roi Henri II. On comprendra qu'il m'ait fallu, pour la clarté du récit et la compréhension du caractère d'Henri, retracer, fût-ce brièvement, les événements dans lesquels il se trouva directement impliqué, notamment les diverses campagnes contre les Impériaux, en Piémont, à Perpignan, dans le Luxembourg, en Picardie et en Champagne. J'ai cependant veillé à ne pas me répéter. L'apprentissage d'un roi explique son règne. Les déconvenues d'un adolescent éclairent presque toujours le caractère de l'homme. Le bilan qu'Henri II pouvait tirer des années passées n'était certes pas exempt d'amertume. Sa plus grande fierté était d'avoir engendré un dauphin. Son plus grand succès, d'avoir conquis Diane de Poitiers. Le roi François avait commis une lourde faute en ne lui donnant pas suffisamment confiance en lui. Diane ne l'avait pas entièrement guéri de sa timidité, ni libéré de tous ses complexes. Elle seule savait quelle sensibilité brûlante se cachait sous les apparences un peu guindées et le mutisme d'Henri. Elle savait aussi qu'il rêvait d'être un grand roi, ne fût-ce que pour lui faire présent de sa gloire.

DEUXIÈME PARTIE

L'AVÈNEMENT

1547-1548

I

DEUX ANECDOTES

Henri II quitta le château de Rambouillet après la mort de son père, et se rendit à Saint-Germain-en-Laye, en compagnie de la reine. Son premier acte de souverain fut de convoquer le connétable de Montmorency, afin d'organiser avec lui le gouvernement du royaume. Il prit, sans désemparer, les plus graves décisions et perpétra une véritable révolution de palais. Mais, avant d'entrer dans les détails, je veux en terminer avec le défunt roi et rapporter deux anecdotes concernant ses obsèques. Elles éclairent les mentalités du temps.

La dépouille de François Ier avait été laissée à la garde des officiers de la couronne, comme le voulait l'usage. Les entrailles furent extraites et inhumées au monastère des Hautes-Bruyères. Le corps, après avoir été embaumé, fut transporté au château de Saint-Cloud. Henri II prescrivit de splendides funérailles. Elles eurent lieu le 24 mai, et ce fut, comme je l'ai écrit, le cortège triomphal d'un César. Henri ne pouvait y paraître, selon les exigences du cérémonial, mais il voulut le voir et, dans ce but, fit louer à Paris une fenêtre dans une maison de la rue Saint-Jacques. Le cortège devait emprunter cette rue pour se rendre à la basilique de Saint-Denis, ultime étape du somptueux voyage funèbre. Voici donc le roi Henri aposté à cette fenêtre, en compagnie de son cher Saint-André et de quelques familiers. La scène est rapportée par Vieilleville qui s'attribue un long discours, encore qu'il se trouvât pour l'heure chargé d'une ambassade en Angleterre ! Mais il était ami de Saint-André qui lui rapporta la scène. Donc le cortège approchait et l'on apercevait les chars transportant le feu roi, le dauphin François et le duc Charles d'Orléans. Henri II avait décidé de faire inhumer les deux princes à Saint-Denis en même temps que leur père. Tout à coup, Henri se retira de la croisée. Le cœur lui « haussait » ; il ne put retenir ses larmes. L'un de ses amis — probablement Saint-André — entreprit de le consoler.

— « Sont-ce les louanges et remerciements que vous devez à Dieu, Sire, d'une telle succession qui vous est advenue par sa divine providence ?... »

N'était-ce pas en effet cette Providence qui avait emporté le premier dauphin « en sa fleur de jeunesse » ?

— « Quant à M. d'Orléans, ajouta-t-il, je ne pense pas qu'il vous en doive tomber au cœur un seul regret ; car il ne naquit, il y a plus de trois cents ans, un plus pernicieux prince pour la France que celui-là... »

Et il affirma que, s'il avait épousé la fille ou la nièce de Charles Quint, il serait devenu le plus cruel ennemi du royaume :

— « Car je proteste à Dieu, et le jure devant Votre Majesté, qu'il ne vous aima et n'estima jamais... Vous souvient-il, Sire, quand par la folâtrerie de Châtaigneraie, Dampierre et d'Andouin, feu M. le Dauphin et vous, tombâtes en la Charente, et que le bateau se renversa sur vous. Genlis le vint incontinent annoncer au roi, qu'il vous avait vu noyer tous deux : nouvelle qui troubla toute la cour et principalement le roi, qui entra dans sa chambre et mena un deuil désespéré. M. d'Angoulême, que vous verrez tantôt passer pour duc d'Orléans [1], entra en la sienne, saisi d'une telle joie qu'il en fut malade. Mais, quasi tout aussitôt, j'arrivai en toute diligence frapper, sans le respect accoutumé, à la porte de la chambre du roi, lui dire que vous étiez tous deux vivants, et que vous en étiez quittes pour avoir bu à cœur saoul. Le roi, qui me crut manger de caresses, me commanda d'aller dire à M. d'Angoulême qu'il chassât Genlis de son service. Et, frappant à la porte de sa chambre de la même insolence [2], je criai tout haut : « Bonnes nouvelles, monsieur ! Messieurs vos frères sont en vie ; vous les verrez bientôt, car les Suisses les apportent... » Si je fusse venu, Sire, pour entreprendre quelque chose contre son service, voire contre son honneur, il ne m'eût pas fait un pire visage ; et, m'ayant répondu fort

1. M. d'Angoulême reçut le titre de duc d'Orléans lorsque le futur Henri II devint dauphin à la mort de leur frère aîné.

2. Sans attendre qu'on lui dît d'entrer.

froidement qu'il en était très aise, et prié de retourner dire au roi qu'il l'allait trouver pour en louer Dieu avec lui, il se détourna vers Tavannes ; mais il ne me donna pas le loisir de sortir de la chambre que je n'entendisse éclater cette parole : « Maugré en ait Dieu de la nouvelle ! Je renie Dieu ! Je ne serai jamais qu'un bélître... »

— « O le méchant naturel et courage de frère ! s'écria Henri. Je vous avoue que mon principal deuil était à cause de lui ; car le roi était si grièvement persécuté de sa maladie que j'ai pleuré cent et cent fois avant sa mort. »

Il rappela que Charles d'Orléans lui avait juré de le servir toujours en bon frère et de rester à jamais son allié, au point de combattre à ses côtés, s'il était nécessaire.

— « Il était encore plus traître, rétorqua Saint-André, de vous enjôler de cette promesse ; car il avait fait ligue avec le prince d'Espagne (Charles Quint) pour vous courir sus après la mort de votre père. »

Henri demanda par quels moyens cette intrigue s'était nouée. Saint-André affirma que la duchesse d'Étampes servait d'intermédiaire. Il s'engagea à lui montrer le chiffre qu'elle employait, chiffre que lui avait remis un certain Clairefontaine, secrétaire de Charles d'Orléans. La tristesse d'Henri fit place à la colère. Lorsque le chariot qui transportait Charles, passa sous la fenêtre, il gronda :

— « Voilà donc le bélître qui mène l'avant-garde de ma félicité ! »

L'histoire est un peu longuette. Et, sinon, il faut admettre que le cortège progressait bien lentement ! Que ces propos aient été tenus en présence d'Henri II, par l'un ou par l'autre de ses amis, rue Saint-Jacques ou ailleurs, on n'en saurait douter. Il est, par contre, incroyable qu'Henri se fût abaissé jusqu'à insulter l'effigie de son frère. Vieilleville — ou plutôt le rédacteur de ses Mémoires — bouleverse parfois la chronologie et ajoute fréquemment son grain de sel. Cependant il n'a pas inventé l'accusation précise qui était portée contre la duchesse d'Étampes. Quant à Charles d'Orléans, Henri II savait ce qu'il fallait penser de son ambition et de ses intrigues. Mais la scène est instructive et piquante ! La cour était devenue un nœud de vipères. Le roi François croyait la dominer et, par là, la rendre inoffensive. Désormais c'était à son fils d'imposer son autorité aux factions. Y parviendrait-il ? On pouvait se le demander.

Les obsèques du feu roi suscitèrent une autre anecdote, non moins significative. Pierre Castelan avait été chargé de prononcer l'oraison funèbre, redoutable honneur qui lui fit des envieux. Il eut l'imprudence de dire qu'à son avis la très pieuse mort du roi l'avait dispensé de l'épreuve du purgatoire et qu'il se trouvait d'ores et déjà au paradis. Fureur des docteurs de l'Université, qui ne pardonnaient pas à François Ier d'avoir protégé les humanistes et créé le Collège de France. Ils estimèrent la proposition de Castelan entachée d'hérésie et envoyèrent une commission à la cour pour se plaindre de lui. Elle fut reçue par le maître d'hôtel du défunt, qui fit cette réponse :

— « Vous venez, Messieurs, pour débattre avec M. le Grand aumônier le lieu où peut être l'âme du défunt roi, mon bon maître ? Si vous voulez vous en rapporter à moi, qui l'ai mieux connu qu'homme au monde, je puis vous assurer qu'il n'était pas homme à s'arrêter longtemps en quelque lieu que ce fût, lors même qu'il y était à son aise, et qu'ainsi, s'il a été au purgatoire, il n'y aura guère demeuré, et qu'il n'aura fait tout au plus qu'y goûter le vin en passant, selon sa coutume. »

Les funérailles du roi François laissèrent un grand souvenir. Elles avaient été dignes de sa vie et de la grandeur que la monarchie avait acquise au cours de son règne. Henri II les voulut telles à la fois pour honorer la mémoire de son père et pour affirmer sa propre puissance. Il est vrai que, selon la tradition, les Parisiens avaient largement contribué à la dépense. D'ailleurs le défunt avait su se faire aimer, malgré ses erreurs et ses prodigalités. Il avait été populaire. On se rappellerait longtemps ses reparties vives et malicieuses, son rire communicatif. On lui pardonnait tout, ses échecs comme ses galanteries, et c'était d'un cœur unanime que le royaume l'avait pleuré. Qu'en serait-il de son fils ? Ils étaient l'un et l'autre si différents ! Mais tout nouveau règne est une promesse. On était heureux d'avoir un roi de vingt-huit ans, bel homme, robuste et bien découplé, élégant et courtois, vaillant et réfléchi, déjà père d'un beau dauphin. Sans doute n'avait-il pas le sourire aussi spontané que François « Grand nez », mais la gravité convient à une personne royale. S'il se montrait moins disert, on pouvait supposer qu'il détestait parler pour ne rien dire. Et, surtout, ce n'était pas un débutant : il avait l'expérience de la guerre et de la politique ; il appartenait depuis longtemps au conseil ; il avait donc eu le temps de s'initier aux affaires. On ne lui connaissait pas d'aventures galantes. La reine Catherine paraissait lui suffire, encore qu'elle ne fût pas d'une grande beauté. On doutait pourtant qu'un Valois pût se contenter de mener la vie de famille. L'existence de Diane de Poitiers était connue, mais elle tenait un emploi à la cour et l'on ignorait la place exacte qu'elle occupait dans le cœur du roi. Il l'avait choisie comme Dame de ses pensées et, selon le rite chevaleresque, il ne manquait pas d'arborer ses couleurs ; toutefois rien n'avait encore transpiré de leur liaison charnelle. Certains imaginaient qu'il serait un nouveau Père du peuple, et, prenant leurs désirs pour des réalités, lui trouvaient des points de ressemblance avec Louis XII. A dire vrai, on le connaissait peu. Dans les manifestations officielles, fêtes ou défilés, le roi François retenait toute l'attention.

Mais le dauphin Henri était devenu Henri II, maître du royaume des lys ! Ceux qui eurent le privilège de l'approcher dans les premières semaines de son règne, notamment les ambassadeurs, notèrent le changement qui s'était opéré en lui. Il avait le teint plus coloré, l'œil plus vif, le sourire plus fréquent, un enjouement soudain. Cet air de mélancolie qui, naguère, déconcertait les observateurs, laissait place à une expression plus vivante, plus ouverte. Certes, sa gravité persistait, assortie de quelque raideur castillane, mais elle formait un contraste saisissant avec une jubilation qu'il ne parvenait pas à celer. On le sentait heureux et fier d'être roi, enfin libre de ses actes et de ses choix, libre d'évincer les personnages qui lui avaient déplu, dont il avait subi quelque humiliation ou qu'il estimait insuffisants, mais aussi de combler ses fidèles de bienfaits, et de révérer à l'égal d'une déesse la Dame de ses pensées ! Jadis, Louis XII avait su oublier les outrages infligés au duc d'Orléans. Henri II n'oubliera jamais les blessures d'amour-propre du dauphin. En héritant du royaume, François de Valois, conscient de son inexpérience, avait maintenu en place la totalité de l'équipe gouvernementale, tout en promouvant quelques-uns de ses amis. Henri II avait décidé de faire peau neuve et de s'entourer d'hommes à lui. Il entendait cependant continuer pour l'essentiel la politique de son père, extérieure et intérieure, en freinant au besoin le bellicisme de ses amis. Nombre de jeunes seigneurs ralliaient la cour depuis son avènement, faisant fond sur l'appétit de gloire du nouveau roi. Ils venaient grossir les factions divisant son entourage. Elles se disputeraient bientôt les places et les honneurs. Il avait résolu d'exploiter leurs rivalités, mais en secret, afin, croyait-il, d'asseoir son autorité. Diane l'aiderait dans ce jeu subtil. Il avait toute confiance en sa loyauté, et dans la rectitude de son jugement.

A cette époque, il ne supposait même pas que sa femme eût elle aussi la passion du pouvoir, possédât des qualités égales à celles de Mme de Brézé, avec en plus le génie de l'intrigue et la dissimulation des Médicis. Diane lui répétait qu'il serait un grand roi. Catherine voulait qu'il le fût, car elle l'aimait pour lui-même. L'avènement de son mari ne modifiait rien à sa situation. Cependant elle portait le titre de reine. Côme l'Ancien, Laurent le Magnifique auraient-ils pu imaginer qu'un jour une de leurs descendantes deviendrait reine de France, porterait la couronne la plus enviée de l'Europe ? Catherine pouvait remercier la Providence qui l'avait tirée du néant, protégée pendant la rébellion des Dix, conduite à Marseille sur les galères de son oncle, fait aimer du grand roi François et qui, après dix longues années de stérilité, lui avait accordé la grâce d'être enfin féconde. La naissance du dauphin la rendait désormais inattaquable, inexpugnable. Elle avait su durer, se maintenir contre vents et marées. Cependant les attaques sournoises, les insinuations perfides, les railleries dont elle avait été l'objet, restaient à jamais gravées dans sa mémoire : elle s'en souviendrait, le moment venu ! Pour l'heure, elle répondait par des sourires aux compliments de ses ennemis de la veille. Compliments dont elle mesurait la perfidie, mais qu'elle acceptait avec un naturel parfait.

On la croyait toujours soumise et obéissante : elle ravalait sa peine et imposait silence à sa colère. Car il lui fallait supporter comme devant la présence envahissante de Diane. Catherine pensait que le temps travaillait pour elle ; qu'il suffisait d'attendre. Bientôt, se disait-elle, en considérant l'âge de sa rivale, les flétrissures mettraient un terme à la passion du roi pour cette femme qui aurait pu être sa mère ! Mais, dans le privé, elle ne pouvait certainement pas toujours mater la nature. Depuis la naissance du dauphin, elle s'était permis des reproches, enhardie jusqu'à la scène de ménage : c'est du moins ce que suggèrent certaines allusions dans sa correspondance. Elle perdait sa peine. Henri était comme envoûté par Diane. Sa passion pour elle n'avait pas décru avec les années. On peut croire que Catherine demanda à ses physiciens-astrologues de brasser quelque philtre de nature à dissiper cet enchantement. Rien ne pouvait dessiller les yeux du roi aveuglé par l'amour. Ce n'était pas un méchant homme. Il avait de l'affection pour sa femme, peut-être quelque compassion. Pourtant il exigeait que, toute reine qu'elle fût, elle s'astreignît à agréer les bons offices de Diane. Il est vrai que celle-ci avait le tact de lui manifester le plus grand respect. Qu'elle l'accablait de prévenances et semblait tenir par-dessus tout à conserver son estime. Et même qu'elle exhortait son amant à remplir consciencieusement son devoir conjugal ! Il existe sur cette période un témoignage éloquent. Il émane d'un ambassadeur italien. « On ne peut voir Sa Majesté s'occuper d'autre chose, écrit-il, que de courtiser à toute heure la sénéchale, après dîner et le soir après souper, de sorte qu'en moyenne ils doivent rester ensemble au moins huit heures et, s'il arrive qu'il sorte de la chambre de la reine, il l'envoie chercher, au point que chacun se lamente et remarque qu'il se tient plus mal que le feu roi. » Dans le même temps, Cantarini, autre diplomate et témoin du même manège, estimait que Diane conseillait utilement le roi et qu'il n'y avait rien de « lascif » dans leurs fréquents entretiens. Les avis étaient donc partagés et, à la vérité, on ne savait encore à quoi s'en tenir. Cependant un brave militaire, répondant au nom de Gaspard de Saux-Tavannes, s'émut de la condition de la reine. Plein d'un juste courroux, il s'en vint lui proposer tout bonnement de couper le joli nez de Diane. Catherine lui fit jurer de n'en rien faire, car elle redoutait la colère d'Henri, mais elle y gagna un serviteur fidèle. Quant au roi, il se sentait pleinement à l'aise et se félicitait de la bonne entente qui régnait entre sa femme et sa maîtresse ! Ce que la reine pensait de sa rivale, elle l'écrira plus tard à sa fille, Margot : « C'était le roi et encore je lui faisais connaître que c'était à mon regret, car jamais femme qui aima son mari n'aima sa putain, car on ne peut l'appeler autrement, encore que ce mot soit vilain à dire à nous autres. »

II

RÉVOLUTION DE PALAIS

L'opinion reçue veut qu'après la mort de son père, Henri II, impréparé aux affaires, médiocrement intelligent, se sentît désemparé et préférât se dessaisir du pouvoir entre les mains du connétable de Montmorency. Que ce dernier, dans son exil doré de Chantilly, ait attendu son rappel en toute sécurité, car il faisait fond sur l'indéfectible amitié d'Henri et sur une admiration que rien n'avait jamais démentie. Ce n'est ici que l'apparence des choses, l'interprétation superficielle des faits. Il apparaît au contraire que le rappel de Montmorency ne fut pas seulement affaire de sentiments, mais décision longuement mûrie. Pendant la campagne du Piémont, et ailleurs, Henri II, alors qu'il n'était encore que dauphin, avait eu de longs entretiens avec le connétable. Il avait apprécié ses talents non seulement de soldat mais d'organisateur, et pu constater leur identité de vues pour tout ce qui regardait la politique et la religion. Montmorency était un farouche partisan de l'orthodoxie et de l'absolutisme royal. L'admiration du dauphin n'était donc pas bêtifiante mais raisonnée, car il se retrouvait en lui. Les idées avancées par son aîné raffermissaient les siennes. Par la suite, il avait désapprouvé sa disgrâce et — on s'en souvient — plaidé sa cause avec tant de chaleur qu'il avait irrité le roi François. Lui qui haïssait quasi viscéralement les Espagnols, il approuvait néanmoins la politique de Montmorency à l'égard de Charles Quint, plaçant ainsi les intérêts de l'État au-dessus de ses sentiments. Plus tard, il reprendra cette politique hispanisante à son propre compte, alors que rien ne l'y obligeait et que l'opinion lui était contraire. Cette observation est capitale : elle suffit à montrer qu'Henri II avait, quoi que prétendent Michelet et beaucoup d'autres, l'étoffe d'un roi. Il tombe sous le sens qu'il avait décidé depuis longtemps de faire de Montmorency son principal ministre. D'où la convocation immédiate de ce dernier au château de Saint-Germain-en-Laye, après la mort de François Ier . Cette initiative ne résultait point du désarroi d'Henri II ; elle matérialisait au contraire une décision pleine de sagesse. De plus, il fallait agir vite, si l'on voulait couper court aux intrigues, empêcher les serviteurs du feu roi de nouer une ligue défensive. D'un autre côté, les amis de l'ex-dauphin, ceux que François Ier tenait à l'écart depuis l'incident de Briandas, piaffaient d'impatience. Le dauphin n'avait que trop révélé ses intentions à leur égard, répété qu'il les avancerait dès sa prise de pouvoir. L'abrupt connétable saurait s'interposer, éventuellement décourager les importuns. Montmorency avait alors cinquante-quatre ans, la mine assez rébarbative, la franchise brutale, l'amabilité d'un sanglier surpris dans sa bauge, mais, l'occasion s'offrant, il pratiquait aussi l'art du courtisan. Son désir de servir, son attachement à la royauté étaient incontestables. Ils compensaient un orgueil et des appétits qu'Henri II n'ignorait point. Il manquait de génie et péchait par une certaine étroitesse d'esprit. Mais ne suffit-il pas à un homme d'État d'avoir quelques idées très simples pour réussir, à condition qu'il s'y tienne ? La volonté de Montmorency confinait à l'obstination. Elle s'accordait à celle d'Henri II qui, pour sembler plus discrète, procédait de la même nature autoritaire.

Ils avaient, l'un et l'autre, si bien réfléchi à la situation qu'il leur suffit de deux heures d'entretien, le 2 avril, pour fixer la composition du nouveau gouvernement et pour arrêter les principales mesures. A son lit de mort, François Ier avait recommandé à son fils de maintenir dans leurs fonctions les grands officiers de la couronne, en particulier le cardinal de Tournon et l'amiral d'Annebault. Tous deux furent révoqués. Il en fut de même des secrétaires d'État Gilbert Bayard et Villandry, du général des finances Jean Duval. Du Thier, Marchaumont et Blondet prirent respectivement leurs places. D'autres officiers furent révoqués, certains emprisonnés et menacés de poursuites judiciaires, comme le maréchal de Biez et son gendre Vervins, Longueval, Polin de La Garde, beaucoup d'autres. En revanche, le chancelier Olivier, les secrétaires d'État Bochetel et l'Aubespine conservèrent leurs postes. Le conseil des affaires, où les questions politiques et financières les plus importantes étaient examinées, fut largement remanié. Il y eut des nominations de complaisance, comme celles du roi de Navarre, Henri d'Albret, d'Antoine de Vendôme et du cardinal de Lorraine. Ceux qui dominaient désormais le conseil furent Montmorency, François d'Aumale et son frère l'archevêque Charles de Lorraine, les deux Saint-André, père et fils, d'Humières et La Marck, gendre de Diane de Poitiers. Le financier Villeroy, le juriste Bertrand étaient tous deux « clients » du connétable. Subtil dosage, car la faction des Guise équilibrait l'influence de Montmorency et de ses alliés. Le roi avantageait ses fidèles, tout en préservant son libre arbitre. Le conseil privé subit le même traitement. Le cardinal de Châtillon, les ducs de Nevers et d'Étampes, Philippe de Brissac en furent nommés membres. Quant aux anciens conseillers, si l'on dédaigna de les révoquer, on oublia désormais de les convoquer aux réunions. La nomination du duc d'Étampes, mari de l'ancienne favorite, défraya la chronique ; on en connut bientôt les raisons.

Ces mesures d'épuration firent grand bruit. Certes les personnages révoqués n'étaient pas tous innocents, mais on ne put s'empêcher de remarquer que la plupart d'entre eux appartenaient à la coterie de la duchesse d'Étampes. On en déduisit que les nouveaux promus étaient les créatures de Diane de Poitiers. On fit grief au roi d'avoir appelé Montmorency et les Guise aux affaires, contre la volonté de son père. Ces quatrains circulaient :

Sire, si vous laissez, comme Charles[1] *désire,*
Comme Diane veut trop par trop vous gouverner,
Fondre, pétrir, mollir, refondre, retourner,
Sire vous n'êtes plus. Vous n'êtes plus que cire.

François premier prédit ce point,
Que ceux de la Maison de Guise
Mettraient ses enfants en pourpoint
Et son pauvre peuple en chemise.

Plus tard, Claude de l'Aubespine écrira : « Montmorency et Diane avaient entièrement puissance absolue en ce royaume, le premier sur la couronne, l'autre sur la personne. » Et Tavannes fera chorus : « Le connétable était nocher et patron du navire dont Mme de Valentinois tenait le timon. » Ces deux jugements, sur cette époque du règne d'Henri II, sont fort connus. On les a fréquemment repris et développés, sans examen. Ils appellent cependant de sérieuses réserves, car ils font abstraction de la personnalité réelle du roi, en particulier de son autoritarisme pointilleux, dépassant celui du roi François. Il est cependant compréhensible que la purge brutale qui

1. Charles de Lorraine.

accompagnait sa prise de pouvoir ait surpris et déçu nombre de gens par sa brutalité. Ce n'était pourtant pas le premier avènement qui fût marqué par une révolution de palais !

La chute de la duchesse d'Étampes ne fut pas moins retentissante. Cependant elle était non seulement attendue, mais unanimement souhaitée. Ses caprices, ses insolences, sa fortune, l'influence pernicieuse qu'on lui attribuait (avec exagération) sur l'esprit de François Ier, avaient accru le nombre et la virulence de ses ennemis. Elle s'était, fort imprudemment, attiré la vindicte de Diane de Poitiers, Quant à Henri II, il ne lui pardonnait pas ses réflexions désobligeantes sur « la vieille », les pamphlets qu'elle avait inspirés. Il la soupçonnait d'avoir provoqué la disgrâce de Montmorency et pactisé avec Charles Quint pour avantager Charles d'Orléans, lors des négociations du traité de Crépy, sans craindre de trahir le roi François, de nuire aux intérêts du royaume, de dresser le frère contre le frère. Il résolut donc de la faire juger pour crime de haute trahison, elle et ses complices. D'où les arrestations du 2 avril. Le chancelier Olivier reçut l'ordre d'entamer au plus vite l'instruction du procès. Puis Henri II se ravisa. Peut-être Mme de Brézé craignait-elle pour son propre avenir : la condamnation de la duchesse d'Étampes eût constitué un précédent fâcheux, voire dangereux, pour les favorites royales ! De plus, un tel procès eût provoqué un énorme scandale, révélé des turpitudes qu'il valait mieux taire et terni, de façon ou d'autre, le commencement du règne. Enfin le comte de Longueval s'empressa de céder son magnifique château de Marchez à l'un des Guise, contre certaines sûretés. Finalement l'ancienne favorite échappa à la peine de mort ou à la prison. Elle dut restituer les bijoux de la couronne et un diamant de cinquante mille écus, présents du défunt roi. On lui confisqua le château de Limours et la seigneurie de Beynes. Et l'on s'en tint là, du moins en apparence. Car, brusquement, le mari prit la relève et paracheva cyniquement le naufrage de l'infidèle. Il avait amplement profité des largesses de François Ier, qui l'avait nommé duc d'Étampes, puis gouverneur de Bretagne. Il s'était sagement tenu à l'écart, feignant d'ignorer l'emploi exact de sa femme. Le comte de Châteaubriant s'était comporté de même, fermant les yeux et ouvrant les mains. On disait, à voix basse, qu'il avait tiré une horrible vengeance de son humiliation, en faisant mourir Mme de Châteaubriant à petit feu et sans confesseur. Le duc d'Étampes se montra moins cruel, et plus avisé. Anne ayant perdu son protecteur, il découvrit soudain que, pendant quinze ans, elle avait détourné à son profit les pensions et gratifications dont il était le destinataire légitime ! Il osa plaider en restitution contre sa propre épouse, bravant le ridicule. Il est vrai que sa récente nomination au conseil privé lui donnait toutes les audaces. Et que le roi — ce qui ne motive guère en sa faveur — s'abaissa jusqu'à témoigner contre la maîtresse de son père ! A la suite de quoi, pour faire bonne mesure et pour aggraver la vengeance de Diane de Poitiers, la duchesse fut envoyée au château de La Hunaudaye, sombre bâtisse perdue au fond de la Bretagne ! Anne eut tout le temps de méditer sur ses péchés et de pleurer les grandeurs en allées. Elle attendit pendant dix-huit ans le bonheur d'être enfin veuve et de sortir de La Hunaudaye. Elle haïssait son époux. Mais ni les larmes ni les prières ne pouvaient hâter la fin de celui-ci. Quand elle survint, Anne avait perdu le goût de la cour. Elle ne sortit pas de l'obscurité et mourut en 1580, paraît-il repentante. Elle s'était toujours montrée tolérante envers les réformés, probablement sous l'influence du feu roi et de sa sœur Marguerite. On l'accusa d'être huguenote.

Parmi les amis de la duchesse d'Étampes, réputés coupables d'avoir trop bien servi sa politique, le maréchal de Biez et son gendre Vervins furent les plus durement frappés. On accusait Vervins et Biez d'avoir provoqué l'échec de la campagne de Picardie en 1544. Alors qu'il était dauphin, Henri n'avait pu forcer le blocus de Boulogne par suite des intempéries. Il tenait néanmoins Biez et Vervins pour responsables. Ils l'étaient en partie. Le roi chargea Lizet, président du Parlement, de diligenter l'affaire. Des charges très lourdes pesaient contre Vervins : les habitants de Boulogne lui auraient proposé de sortir de la ville, puisqu'il renonçait à la défendre ; il avait pris langue avec les Anglais, alors que l'arrivée d'une armée de secours était imminente et connue de lui. Quant à son beau-père, on l'accusait d'être son complice. Lizet rendait compte au roi des interrogatoires avec une ponctualité et une soumission fort suspectes, si l'on en croit Vieilleville. Il demanda à Henri si son intention était qu'ils mourussent tous deux, car leur culpabilité paraissait sans excuses. Le roi eût répondu :

— « Oui bien Vervins ; mais le maréchal a fait beaucoup de grands et signalés services que je veux balancer contre son forfait. Mais il faut qu'il soit condamné à mort et confisqué, autrement je ne disposerais pas de son état de maréchal ; car vous savez que les états de connétables, maréchaux et chanceliers de France sont totalement collés et cousus à la tête de ceux qui en sont honorés, que l'on ne peut arracher l'un sans l'autre. »

En dépit du zèle de Lizet, le procès [1] fut plus long qu'on ne l'avait prévu et le roi ne put disposer aussi vite du bâton de maréchal qu'il le désirait.

---

1. Vervins fut condamné à mort et décapité en 1549 ; Biez fut également condamné à mort, en 1551, mais reçut sa grâce. Leurs mémoires furent réhabilitées par Henri III.

grâce. Contre la maîtresse de son père et la sienne, [illegible] pour faire [illegible] de [illegible] d'[illegible] Poitiers, la duchesse fut envoyée au château de [illegible] [illegible] au fond de la Bretagne. [illegible] [illegible] le temps de [illegible] [illegible] [illegible] [illegible] [illegible] elle [illegible] pendant [illegible] ans [illegible] [illegible] de la [illegible] [illegible] [illegible]. Mais [illegible] [illegible] [illegible] [illegible] [illegible] [illegible] de [illegible]. [illegible] elle [illegible] [illegible] avant [illegible] [illegible] [illegible] ne [illegible] pas de l'obscurité [illegible] en 1580 [illegible] [illegible]. [illegible] [illegible] [illegible] [illegible] [illegible] [illegible] [illegible] [illegible] [illegible] [illegible] [illegible] [illegible] [illegible] [illegible] [illegible] d'[illegible].

[illegible] [illegible] [illegible] [illegible] [illegible] [illegible] [illegible] [illegible] [illegible] [illegible] [illegible] [illegible] [illegible] [illegible] [illegible] [illegible] [illegible] [illegible] [illegible] Vendôme [illegible] [illegible] [illegible] [illegible] [illegible] [illegible] [illegible] [illegible] [illegible] [illegible] [illegible] [illegible] Bourgogne [illegible].

III

LES HIRONDELLES DE COUR

Si les mémoires de Vieilleville doivent être acceptés avec circonspection, au moins pour ce qui regarde sa personne, ils restituent fidèlement les mœurs de l'époque et dénoncent sans complaisance les travers des courtisans. Qu'on en juge par cet extrait, où leur auteur évoque avec talent la ruée des nobles gentilshommes vers les emplois, lors de l'avènement d'Henri II :

« ... Il était tant importuné de plusieurs hardis demandeurs et gourmands de gloire et de biens, qu'il ne pouvait satisfaire à tous : ce qui était cause que les modestes et temporisateurs se fiant en leurs services, le perdaient tout comptant ; dont Sa Majesté fut contrainte de dire quelquefois qu'il s'amusait tant au proverbe qui dit : Assez demande qui bien sert, qu'il se trouverait un jour tout gris et à pied.

Si on demande pourquoi ce grand roi ne pouvait avancer un digne serviteur et de mérite qu'il affectionnait, selon la volonté qu'il en avait, il est aisé de répondre que non, quand ceux qui le possédaient étaient effrontés et par trop convoiteux à l'envie de faire fleurir leurs maisons ; car il ne leur échappait, non plus qu'aux hirondelles les mouches, état, dignité, évêché, abbaye, office, ou quelque autre bon morceau, qui ne fût incontinent englouti ; et avaient, pour cet effet, en toutes parts du royaume gens apostés et serviteurs gagés, pour leur donner avis de tout ce qui se mourait, sans épargner les confiscations, pour les demander. Mais bien plus, ils avaient des médecins à Paris, où tous les grands de France abordent, attitrés et comme pensionnaires, qui ne faillaient de leur demander l'issue de leurs patients quand ils étaient d'étoffe ; et bien souvent, sur le goût de mille écus, ou d'un bénéfice de mille livres de rente, on les faisait passer. De sorte qu'il était quasi impossible à ce débonnaire prince d'étendre ailleurs sa libéralité ; car ils étaient quatre qui le dévoraient comme un lion sa proie, jusqu'à ravir ce qu'il avait donné à ses domestiques pour en pourvoir les leurs : savoir, le duc de Guise Claude, qui avait six enfants [1] qu'il fit très grands ; le connétable avec les siens ; la duchesse de Valentinois avec ses filles et gendres et le maréchal de Saint-André, qui était entouré de grand nombre de neveux et d'autres parents tous pauvres, et lui-même qu'il fallait agrandir : et était contraint le roi, s'il voulait particulariser quelque bienfait, de mentir à ceux-ci et dire qu'il y avait déjà pourvu ; encore étaient-ils si impudents qu'ils le débattaient souvent contre lui par l'impossibilité, alléguant la diligence secrète de leurs avertissements. »

Les hirondelles de cour gobaient aussi les bons écus, car le jeune roi accordait avec la même générosité pensions et gratifications. Il croyait le Trésor inépuisable. Montmorency ne l'encourageait pas à l'économie, et pour cause ! D'ailleurs, l'apparente prospérité du royaume pouvait faire illusion sur le véritable état des finances. François Ier avait été prodigue. Henri II voulait gommer le règne précédent et, surtout, récompenser ses fidèles.

C'est ici le moment de nouer plus ample connaissance avec les premiers servis, ceux que Vieilleville dénonce ironiquement : Diane, Montmorency, les Guise et Saint-André. Ils joueront pendant tout le règne un rôle important, chacun à leur manière.

Fille de Jean de Poitiers et de Jeanne de Baternay, Diane était née avec le siècle, en 1499. Elle avait donc quarante-sept ans lors de l'avènement d'Henri II. Son père était seigneur de Saint-Vallier et détenait plusieurs titres de noblesse, dont celui de marquis. La Maison de Poitiers comptait Robert le Pieux, fils d'Hugues Capet, parmi ses ascendants. Jean de Saint-Vallier avait élevé Diane comme un garçon. Toute jeunette, elle montait admirablement à cheval et suivait les chasses avec intrépidité. Chaque matin, quelle que fût la saison, elle se baignait à l'eau froide et galopait dans la campagne, avant de se mettre à l'étude. Elle y gagna un parfait équilibre, un sang riche en oxygène et ce teint de fleur épanouie qu'elle conserva jusqu'à ses dernières années. Jean de Saint-Vallier

1. En réalité six fils et quatre filles.

était vassal du connétable de Bourbon. Il avait gagné l'amitié de son suzerain. Le connétable le fit nommer capitaine de deux cents hommes d'armes : c'était une charge enviée ! Quant à Diane, elle entra au service de la reine Claude. Elle était séduisante et instruite, par surcroît ambitieuse et pénétrée de la grandeur de sa Maison. Ayant le pied à l'étrier, elle ne songea guère qu'à contracter une brillante union. Un grand seigneur demanda sa main. Il s'agissait de Louis de Brézé, Grand sénéchal de Normandie, comte de Maulévrier, vicomte du Bec-Crespin et de Marny, maître de nombreuses autres seigneuries, dont celle d'Anet, et de plus d'extraction royale. Sa mère n'était autre que Charlotte, fille légitimée de Charles VII et d'Agnès Sorel. A vrai dire Charlotte ne brillait pas par la vertu. Son époux l'ayant surprise au lit avec un de ses écuyers perça les amants de son épée. Le meurtre fut mis sur le compte de la passion et l'on passa l'éponge. Apparenté à la famille royale, Louis de Brézé était l'un des grands officiers de la couronne, réputé pour son loyalisme et pour la sagesse de ses avis. Il administrait supérieurement la Normandie, alors principale sénéchaussée du royaume. C'était donc un magnifique parti pour la petite Saint-Vallier. Toutefois le prétendant avait cinquante-six ans ; on le disait fort laid et quelque peu bossu : il était en réalité voûté et, si l'on se réfère à un dessin de Clouet, il avait un visage d'une mâle fierté. Diane était un tendron de seize ans. Son père tint pour négligeable la différence d'âge. De semblables mariages n'étaient pas exceptionnels. Cependant on plaignit Diane d'être pareillement offerte à la convoitise d'un barbon ! Elle avait trop de race pour se rebeller. Elle vit au contraire dans ce fructueux mariage l'occasion d'avancer sa Maison, plus encore de satisfaire sa propre ambition. Elle était grande lectrice de romans et versifiait de son mieux, mais gardait la tête froide et le goût du profit. La fortune de Brézé, sa position à la cour, l'éclat de ses fonctions, effaçaient à ses yeux les quarante ans qui les séparaient. Au surplus, tout donne à penser que, par son industrie, le vieux galant parvint à émouvoir cette jeunesse, et à s'en faire aimer. En tout cas, il la captiva par sa longue expérience de la cour et par la supériorité de son intelligence. Il l'initia aux affaires, lui révéla les dessous de la politique, bref la modela d'une main experte. Il faut dire que Diane avait du répondant et profitait à merveille des leçons de son vieux maître. Bientôt elle put le seconder avec une rare efficacité. Les Brézé formaient un couple irréprochable et des plus en vue. Les courtisans qui prétendirent consoler Diane et suppléer le barbon, furent éconduits. Elle savait le prix d'une bonne réputation. En tous temps, en tous lieux, spécialement à la cour, elle portait sa fidélité comme un étendard. Elle imposait même le respect à François Ier, qui la tenait en grande estime. Soudain, ce bel édifice chancela ! Le hasard voulut que Louis de Brézé fût informé du complot ourdi par le connétable de

Bourbon, visant à démembrer le royaume. Il en prévint immédiatement François Ier, bien que Jean de Saint-Vallier fût l'un des complices du traître. Bourbon put s'enfuir, mais Saint-Vallier fut arrêté, jugé et condamné à la peine de mort. Au moment d'être décapité en place de Grève, il reçut sa grâce : sur l'intervention pressante de son gendre ! Le roi ne pouvait certes pas refuser cette récompense à un serviteur aussi loyal et zélé ! Les médisants répandirent le bruit que Diane de Brézé avait sauvé son père en sacrifiant sa vertu. Cette calomnie engendra la légende que l'on sait...

Dame d'honneur de la reine, Diane résidait tantôt à la cour et tantôt en Normandie. Elle était de tous les « voyages » royaux, de toutes les fêtes, et tenait le premier rang après sa royale maîtresse. Il existe un dessin de Clouet la représentant à cette époque, sur lequel François Ier écrivit : « Belle à voir, honnête à hanter. » C'était le plus bel éloge qu'il pût décerner. On a vu plus haut combien il appréciait les avis des deux époux. Quand il demanda à Diane de s'occuper d'Henri, Louis de Brézé n'y vit pas de mal. Il avait grande confiance en sa femme. On sait comment, après un veuvage exemplaire, Diane reprit sa place à la cour et devint la maîtresse du dauphin.

Désormais maîtresse de roi, on pouvait s'attendre à ce qu'elle exploitât supérieurement la situation. Mais l'intelligence et l'ambition le disputaient en elle à l'avidité : elle avait résolu de jouer un rôle éminent, de veiller à ce que son amant devînt un grand roi. Son amour des richesses fut comblé. Elle n'eut même pas à quémander. Henri II entendait l'élever au rang de presque reine. Il commença par lui donner les bijoux de la couronne et le fameux diamant restitués par la duchesse d'Étampes. Il y ajouta les châteaux et seigneuries confisqués à l'ex-favorite : Limours et Beynes. Ce n'était pas encore assez ! Il lui octroya les 100 000 écus que représentait le don de joyeux avènement : c'était un droit versé par les détenteurs d'offices et de privilèges à chaque changement de règne. « Un tel roi, écrit Brantôme, pouvait faire un tel don à une telle dame ; car c'était une partie casuelle, qui ne touchait point à son revenu, ni de domaines, ni de ses subsides et tailles. Et les rois de ce temps-là étaient fort libéraux de leurs parties casuelles, comme je le tiens de bon lieu. » Brantôme veut dire par là qu'il s'agissait d'une recette extraordinaire non incluse dans les prévisions budgétaires ! Henri ne s'arrêta pas en si bon chemin. Il accorda à Diane la jouissance de divers revenus et la pleine propriété des biens de Louis de Brézé qui, après sa mort, auraient dû revenir à la couronne. En juin 1547, il lui donna le superbe Chenonceaux, naguère confisqué au financier Bohier, et dont Catherine de Médicis avait tellement envie ! Enfin, il la promut duchesse de Valentinois en 1548. Passons sur les autres gratifications plus ou moins secrètes. Henri allait au-devant des désirs de Diane. Mais à la fortune elle préférait encore la griserie du pouvoir : un pouvoir partagé avec son amant ! Dès lors, elle seconda Henri de France comme elle l'avait fait de Louis de Brézé. Toute autre femme, enivrée par la réussite, eût étalé son triomphe. Diane enveloppa de mystère sa toute-puissance, laissa planer le doute tout en recevant les hommages, et sut maintenir sa liaison avec le roi dans les limites de la bienséance. Bien plus, elle incita Henri à mettre fin au dévergondage de la cour. Il fallut, si l'on voulait plaire, se hâter d'adopter le nouveau style, taire les propos gaillards, ne plus afficher les liaisons, apprendre l'hypocrisie. L'atmosphère de la cour fut à la gravité. Henri II proscrivit l'usage des draps d'or et d'argent, des parures extravagantes. Il supprima les concerts et les bals quotidiens, remplaça les dames d'honneur par des suivantes, dont il restreignit le nombre, interdit aux courtisans d'assister au lever et au coucher des filles. La cour devint « espagnole », singea celle de Charles Quint. Mais on était en France et cet ordre nouveau ne pouvait s'installer durablement...

Anne de Montmorency n'avait pas une origine moins illustre que Diane de Poitiers. Il descendait de Bouchard Ier, contemporain d'Hugues Capet. Sa famille avait brillamment servi les rois de France. Mathieu de Montmorency, mort en 1230, s'était distingué à Bouvines et fut surnommé « le grand connétable ». Anne de Montmorency était né en 1493. Compagnon de jeux de François Ier, il avait pris part à la bataille de Ravenne et à celle de Marignan. Fait maréchal de France après La Bicoque (1522), il avait été capturé à Pavie. A son retour de captivité, François Ier l'avait nommé gouverneur du Languedoc et Grand maître de la Maison royale. En 1538, à la suite de la campagne de Provence il lui avait donné la connétablie. Le lecteur sait le reste. Ajoutons qu'Henri II l'éleva, en 1551, à la dignité de duc et pair de France. Montmorency était père de famille nombreuse. Il avait cinq fils et sept filles. L'aîné de ses fils, François de Montmorency, n'avait que dix-huit ans en 1547. L'un des soucis majeurs du connétable était de caser sa progéniture. Il avait aussi d'intéressants neveux. Sa sœur, Louise de Montmorency, avait épousé en secondes noces Gaspard de Châtillon-Coligny, dont elle avait eu trois fils : Odet, Gaspard II et François. En 1547, ces trois garçons, fraternellement unis, étaient dans la force de l'âge et brûlaient de jouer un grand rôle. Odet avait trente ans ; il était déjà archevêque de Toulouse. Gaspard II, futur amiral de Coligny, avait vingt--huit ans. Avec l'appui de son oncle, il allait devenir colonel général de l'infanterie. François, seigneur d'Andelot, avait vingt-six ans. Il prendra en 1551 la suite de Gaspard, lorsque ce dernier deviendra amiral. Les trois frères Coligny étaient pour l'heure à la dévotion du connétable. Il pouvait compter sur leur dévouement et sur leur énergie. Il avait aussi des liens de parenté ou d'intérêts avec les Cossé-Brissac, les Gouffier, les d'Humières. Les Guise ne lui étaient pas encore hostiles ; il pouvait au besoin se servir d'eux. Bref, son influence était considérable et, par la faveur d'Henri II, sa puissance paraissait illimitée.

Il n'était pas moins avide que Diane de Poitiers et le roi ne se montra pas moins généreux à son égard. Il le confirma dans toutes ses charges et prérogatives : connétable, maréchal, Grand maître, capitaine de la Bastille, de Vincennes, de Nantes et de Saint-Malo. Il lui rendit le gouvernement du Languedoc et la châtellenie de Compiègne. Il lui fit don du beau comté de Beaumont-sur-Oise. François Ier avait suspendu le paiement des pensions de Montmorency, lors de sa disgrâce. Henri lui fit verser le rappel, plus une annuité, au total 100 000 écus d'or, somme énorme ! Il fixa rétroactivement le montant annuel de ses pensions à 25 000 écus. Le frère du connétable récupéra le gouvernement de la capitale. Odet de Châtillon-Coligny devint comte-évêque de Beauvais et peu après cardinal. On a indiqué plus haut les promotions de ses deux frères, Gaspard et François.

« Un homme principalement esclave des honneurs et des biens », dit de lui Vieilleville, qui ajoute : « Un seigneur qui en un mouvement de colère eût rabroué le plus brave prince de France ; et (il) n'y avait à la suite du roi âme vivante qui ne le redoutât. » Car, si Diane de Poitiers régnait en secret sur le cœur et l'esprit d'Henri II, Montmorency abusait de la faveur royale et triomphait sans discrétion. Qu'on en juge plutôt. En sa qualité de Grand maître, il faisait « casser ou coucher sur l'état de la maison du roi qui bon lui semblait, tant était grande son autorité, qui s'étendait d'abondance jusque-là qu'il n'y avait ambassadeur, de quelque prince qu'il fût, qui eût su n'avoir audience que par sa faveur : ce qui le faisait rechercher de tous les rois, princes et potentats de la chrétienté, qui lui écrivaient comme au Roi quand ils députaient quelqu'un pour exercer cette charge auprès de Sa Majesté, afin de le favoriser et rendre sa négociation favorable ». S'agissant du principal conseiller d'Henri II, il n'y avait en cela rien que de naturel. D'ailleurs, les « potentats de la chrétienté » ne ménageaient pas non plus leurs flatteries à Diane de Poitiers, sans excepter le pape. Les courtisans le détestaient surtout en raison de son mauvais caractère et de son orgueil. Il tranchait de haut, ne supportait pas la contradiction et ne se mettait pas en frais pour cacher son mépris. On osait à peine lui adresser la parole. Au conseil, il imposait ses vues sans se soucier de ménager les susceptibilités. La brutalité de ses manières indisposait ces seigneurs qui se targuaient de bonne éducation et pratiquaient déjà une politesse raffinée. Mais il entourait le roi d'un respect absolu, quelque peu emphatique, et sa grande force était là. Toutefois ses détracteurs n'avaient pas oublié la façon dont il avait capté l'héritage du comte de Châteaubriant et dont il s'était emparé d'une partie des biens confisqués au contrôleur général

Lambert Mégret. On se défiait de son manque de scrupules, de sa cupidité enrobée de grandeur.

La tribu des Guise n'avait rien à lui envier hormis la première place : ils ne la convoitaient pas encore. Toutefois leur différence avec Montmorency tenait à ce qu'ils préféraient, toutes proportions gardées, la gloire à l'argent. Rappelons que, cadet du duc de Lorraine, leur fondateur, Claude de Guise, était venu chercher fortune en France. Il avait gagné la faveur de François Ier qui l'avait marié à Antoinette de Bourbon, pour récompenser ses services et se l'attacher. Malgré ses titres de duc de Guise, comte d'Aumale, marquis d'Elbeuf et de Mayenne, baron de Joinville, Claude avait acquis moins d'importance que son frère, le cardinal de Lorraine, membre du conseil royal. Les prétentions des Guise à la couronne de Naples (héritage de la Maison d'Anjou), le rang princier qu'ils revendiquaient sans cesse et, le cas échéant, s'attribuaient impudemment, leur rapacité et leurs intrigues indisposèrent le roi François. Le duc et le cardinal furent disgraciés. Ils reprirent leur crédit à l'avènement d'Henri II, comme Montmorency. De son mariage avec Antoinette de Bourbon, Claude de Guise avait eu dix enfants, dont six fils, parmi lesquels François, Charles, Louis, Claude, un autre François et René. Parmi les filles, Marie qui était l'aînée. François de Guise devint le plus célèbre. Il portait déjà le surnom de « Balafré ». En 1549, pendant la campagne de Picardie, le fer d'une lance lui perfora le visage du nez à l'oreille et resta fiché dans la blessure. Le chirurgien Ambroise Paré parvint à l'extraire, grâce à l'extraordinaire courage de François. Henri se prit d'admiration pour le valeureux guerrier. Il n'est donc pas surprenant qu'en 1547 il l'ait promu duc d'Aumale et pair de France et nommé gouverneur de Normandie, bien qu'il fût déjà gouverneur du Dauphiné. Son frère Charles, qui était archevêque de Reims, obtint le chapeau de cardinal : il porta le titre de cardinal de Lorraine. Louis était archevêque de Sens : il accéda également au cardinalat (en 1553) ; on le connaît sous le nom de cardinal de Guise. Claude était le gendre de Diane de Poitiers (il avait épousé Louise de Brézé). Lorsque François devint duc de Guise à la mort de son père, Claude releva son titre de duc d'Aumale. L'autre François, connu sous le nom de chevalier de Lorraine, devint général des galères. René se contenta d'être marquis d'Elbeuf. Marie avait épousé le roi d'Écosse Jacques V en 1538 ; elle était régente de ce royaume depuis 1542, au nom de sa fille unique, Marie Stuart.

Les talents de François de Guise surclassaient ceux de Montmorency. Homme de guerre en tous points remarquable, de plus fin politique, il était aussi courtois que Montmorency était bourru. On vantait l'affabilité de son accueil. Mais le connétable le dépassait par sa volonté de servir. Car, si François avait l'étoffe d'un grand homme d'État, son ambition effrénée, la pugnacité héréditaire des

Guise, égaraient son jugement. Son frère, le cardinal de Lorraine, avait, selon Brantôme, « l'âme fort barbouillée ». Intrigant, ingénieux, peu regardant sur les moyens, il enfourcha promptement le cheval de bataille du fanatisme. La position des Guise à la cour était aussi forte et leur influence aussi étendue que celle de Montmorency. Pour l'heure, hormis quelques « piqueries », ils s'entendaient à merveille. Tout laissait cependant prévoir que cette bonne entente ne durerait pas. Cette rivalité en puissance n'échappait nullement à Henri II. Elle pouvait lui être utile. Les Guise contrebalançaient les Montmorency. Cet équilibre fragile assurait la sécurité du roi. Diane partageait cette façon de voir. L'autorité du connétable l'inquiétait, encore qu'elle eût conquis ses bonnes grâces et se dît son amie. D'où son empressement à marier sa fille Louise avec Claude de Guise. La dot ne lui coûta pas cher. Elle abandonna à son gendre la disposition des héritages vacants dans le royaume, droit que venait de lui céder le roi. Louise eut pour sa part diverses terres récemment confisquées. Diane avantageait en sous-main les Guise, chaque fois que l'occasion s'en présentait, et pouvait les compter parmi ses amis.

Elle s'intéressait également aux Bourbons, à tout hasard. Cette illustre Maison, désormais représentée par la branche collatérale des Bourbons-Vendôme, ne s'était pas encore relevée de la trahison du connétable. Charles de Bourbon avait été fait duc et pair par François Ier. Son fils, le comte d'Enghien, vainqueur de Cérisoles, était mort accidentellement en 1546. Les autres enfants ne jouaient que les seconds rôles. Rien ne laissait prévoir leur prodigieux destin, même à partir du mariage d'Antoine de Bourbon avec Jeanne d'Albret. Diane leur procura quelques avantages, en fit ses obligés. Elle louvoyait ainsi entre les partis, sans doute avec l'accord du roi, et sans marquer de préférences.

Jacques d'Albon de Saint-André était également l'ami d'un chacun car il faisait feu de tout bois par nécessité. Brantôme a tracé de lui ce portrait saisissant : « Ceux qui ont bien connu M. le maréchal de Saint-André, messire Jacques d'Albon, par ses faits de guerre, et qui n'ont ouï parler de sa vie délicieuse, n'ont pu jamais bien juger ni croire qu'il fût été (sic) si grand capitaine qu'il a été ; car il a été fort sujet de tout temps à aimer ses aises, ses plaisirs et grands luxes de table. Ç'a été le premier de son temps qui les a introduits à la cour, et certes par trop excessifs, disait-on, en friandises et délicatesses de viandes, tant de chairs que poissons et autres friands mangers. Pour les superbetés et belles parures de beaux meubles très rares et très exquis, il en a surpassé même les rois, ainsi qu'on l'a vu longtemps paraître en ses maisons, et principalement à Vallery.. Or, si mondit sieur le maréchal se montra un vrai Lucullus en luxes, bombances et magnificences, il s'est montré, durant les guerres, au camp, aux armées, tout pareil en valeur, en cœur et en réputation de grand capitaine. Étant jeune, il fut estimé des galants de la cour en tout, aussi fut-il élu par le dauphin pour un de ses grands favoris... »

Et il le resta ! Henri II le choisit pour chambellan, afin de le garder près de lui. Il en fit son plus intime confident, lui octroya les gouvernements d'Auvergne, du Bourbonnais et du Lyonnais. Montmorency cumulait les charges de connétable et de maréchal. Il dut, bon gré mal gré, céder le bâton que le roi remit aussitôt à Saint-André. Ce dernier partagea en outre le produit de deux décimes sur le clergé avec Montmorency et le duc d'Aumale.

Selon la promesse faite naguère devant Briandas, Charles de Cossé-Brissac reçut la maîtrise de l'artillerie, dont on démit le titulaire, le sieur de Thiais. La reine Catherine ne fut pas oubliée, par respect des convenances peut-être ! Henri lui accorda une dotation de 200 000 livres et divers privilèges. Ses cousins Strozzi, réfugiés en France, furent avancés. Ses serviteurs touchèrent des gratifications. La reine Éléonore, veuve du roi François, annonça son prochain départ. Henri lui assura une rente annuelle de 60 000 écus. Le nouveau règne pouvait commencer.

IV

LE COUP DE JARNAC

Henri quitta Saint-Germain-en-Laye et séjourna chez le connétable de Montmorency à Écouen, château d'heureuse mémoire pour lui. Il s'en fut ensuite au château d'Anet, chez la Dame de ses pensées. Au début de juillet 1547, la cour revint à Saint-Germain pour assister au duel de La Châtaigneraie et de Guy Chabot, baron de Jarnac. Il était à la vérité fort étrange d'inaugurer un règne par cette sanglante rencontre et de donner à celle-ci les allures d'une fête ! Mais le destin d'Henri II voulait que son règne commençât et finît par un duel au dénouement tragique.

C'était apparemment une affaire d'honneur qui opposait Jarnac à La Châtaigneraie[1]. En réalité, elle apparaissait surtout comme un règlement de comptes. Chabot avait le malheur d'être le beau-frère de la duchesse d'Étampes. On le savait peu fortuné. Il affichait néanmoins un luxe et un train de vie sans proportions avec ses moyens. Interrogé par des hypocrites, Chabot eut l'innocence de répondre : « qu'il entretenait fort paisiblement madame de Jarnac, sa belle-mère, et en tirait ce qu'il voulait de moyens pour paraître

1. François de Vivonne, seigneur de La Châtaigneraie.

à la cour » (Vieilleville). Il avait simplement voulu dire qu'il entretenait avec elle les meilleurs rapports, et non qu'elle l'entretenait. On interpréta ces paroles dans leur sens le plus défavorable. Le bruit se répandit, monta jusqu'au dauphin Henri qui s'en gaussa imprudemment en présence de La Châtaigneraie, un de ses protégés. Ce dernier crut plaire en prenant Jarnac à partie, l'accusant publiquement de paillarder et de coucher avec sa belle-mère pour en recevoir des subsides. Jarnac le provoqua en duel, pour laver son honneur et bien qu'il eût très peu de chances de survivre. La Châtaigneraie avait une réputation d'invincible bretteur. C'était une espèce de colosse, dont on racontait que son père lui avait fait absorber quelque potion magique à base de poudre d'or et de fer. Jarnac était un petit homme assez frêle, « qui faisait plus grande profession de courtisan et dameret à se curieusement vêtir, que des armes et de guerrier ». François Ier interdit le duel, peut-être sur l'intervention de la duchesse d'Étampes. De toute manière, il détestait ce genre d'assassinat légal, dont le prétendu juge était Dieu. Il fallait bien plier devant la volonté du roi. Jarnac resta l'insulté. La Châtaigneraie continua son manège. Il supplia le nouveau roi d'autoriser le duel. Henri II acquiesça, fâcheux revirement ! Quelque chose de gothique persistait dans son esprit. Le duel judiciaire remontait aux premiers âges de la chevalerie. L'usage s'en était aboli sous l'influence de l'Église et des rois. Henri n'était nullement choqué par l'inégalité des champions. Il était ravi d'offrir à Diane le spectacle de cette grandiose reconstitution, d'un combat non plus simulé comme celui des tournois, mais réel et, sauf accident, prenant fin avec la mort d'un des combattants. Et puis, sacrifier Chabot, c'était aggraver la déchéance de la duchesse d'Étampes, faire trembler ses derniers fidèles et parfaire la vengeance de Diane !

Vieilleville : « La Châtaigneraie, un mois ou cinq semaines avant d'entrer au combat, était ordinairement accompagné de cent ou six vingts (120) gentilshommes faisant une piaffe à tous odieuse et intolérable, avec une dépense si excessive qu'il n'y avait prince à la cour qui le pût égaler : à laquelle il lui eût été impossible de fournir de ses facultés, si le roi qui l'aimait ne lui en eût donné le moyen ; car elle montait à douze cents écus par jour... »

La générosité d'Henri II envers La Châtaigneraie ne choquait personne. Elle attestait pourtant une partialité indigne d'un roi. On comprit, on admit même volontiers que ce matamore se battrait en somme en ses lieu et place. Par jeu, la cour se divisa en faveur de l'un et l'autre champions. Toutefois Chabot semblait condamné d'avance. La belliqueuse tribu des Guise se prononça hautement pour La Châtaigneraie, afin de plaire au roi et à Diane. François d'Aumale, qui attendait son brevet de duc, se déclara son parrain. C'était une perfidie de sa part. Il espérait qu'après le combat le roi donnerait au vainqueur la charge de colonel général de l'infanterie, promise à Gaspard de Coligny, neveu de Montmorency. Antoine de Bourbon — qui détestait les Guise — annonça qu'il parrainerait Chabot. Le roi le lui interdit. Gouffier de Boisy se substitua au prince. Le roi lui donna son accord : ce n'était qu'un personnage de second rang. L'affaire fut examinée en conseil. Montmorency pressentait que ce duel serait un dangereux précédent, qu'il ferait tache d'huile. Il montra que les nobles avaient mieux à faire qu'à gaspiller leur sang pour de futiles points d'honneur. Il céda pourtant aux pressions d'Henri II : contre la nomination immédiate de son neveu à la tête de l'infanterie ! La date du duel fut fixée au 10 juillet, et publiée à son de trompe.

Chabot se sentit perdu et songea à son âme. Pendant que son adversaire banquetait et se divertissait en proférant mille vantardises, il priait et méditait sur la vanité du monde. Il se fût très volontiers prêté à une réconciliation, malgré les outrages de La Châtaigneraie. On croit qu'il tenta une démarche en ce sens auprès de Diane et qu'elle rejeta sa requête en invoquant la décision du roi. Les maîtres d'escrime, pour la plupart venus d'Italie, commençaient à paraître à Paris. On conseilla à Jarnac de consulter le plus réputé d'entre eux, nommé Caize. Ce dernier l'entraîna au combat et lui enseigna une botte imparable, en tout cas inconnue des Français. Ce qu'apprenant, La Châtaigneraie se troubla quelque peu et, dit-on, prit pour conseiller un autre Italien, Pierre Strozzi, compatriote de Catherine de Médicis et protégé par elle. On insinua, par la suite, qu'il ne déplaisait pas à la reine d'humilier Diane de Poitiers ; ce ne sont là que supputations de courtisans.

On avait dressé les échafaudages habituels, à l'orée de la forêt de Saint-Germain, à l'intention des dames et de leurs chevaliers servants ; et des lices pour contenir la foule. Le 10 juillet, toute la cour était à Saint-Germain, dès l'aube. Une multitude s'agitait sous les ombrages, hobereaux venus de leurs provinces, bourgeois de Paris et des villes environnantes, mais aussi ce que Vieilleville nomme avec dédain la « harpaille », c'est-à-dire : « un infini peuple, comme écoliers, artisans et vagabonds. » Tout ce monde bariolé pique-niquait sur l'herbe en attendant le début du spectacle. Étendards et bannières brillaient dans le soleil de ce matin-là. Les trompettes annoncèrent l'arrivée du roi. On se bouscula pour le voir et les coupeurs de bourses s'activèrent. La cour s'installa sur les estrades somptueusement drapées. On se montrait Sa Majesté entre la reine Catherine et la Grande sénéchale, la première en robe d'apparat avec des perles et des diamants, la seconde vêtue de noir, comme le roi, et coiffée de son « escoffion ». Le héraut d'armes Guyenne, en cotte fleurdelisée, s'en vint, avec la permission du roi, chercher La Châtaigneraie. Il défila avec une suite de jeunes gentilshommes portant ses couleurs. On l'acclama longuement. Il regagna lentement le pavillon qu'il avait fait dresser et tendre de rutilantes draperies. Il répondait avec grâce aux vivats, jouissant par avance de son triomphe. Il était si sûr de lui qu'il avait emprunté leur plus belle vaisselle à sept ou huit grands seigneurs de ses amis, et fait apprêter un repas pour fêter sa victoire. Jarnac était fort peu accompagné. Il déçut l'assistance. Sa tente était modeste.

Le roi ayant agréé les deux champions, la parole était désormais à leurs parrains : Aumale et Boisy. Ce dernier représentant l'offensé avait le choix des armes. Avant la rencontre, il avait envoyé une sorte de mémorandum à La Châtaigneraie afin qu'il se munît de l'équipement nécessaire. La règle le voulait ainsi. On jugera du coût d'un matériel aussi sophistiqué !

« François de Vivonne, pourvoyez-vous des armes que devez porter au jour qui sera.

Premièrement, vous pourvoirez d'un coursier, d'un turc (cheval arabe), d'un genet (cheval d'Espagne) et d'un courtaut (cheval de chasse aux oreilles épointées).

Item, vous pourvoirez, pour assurer votre coursier, d'une selle de guerre, d'une selle de joute, et d'une selle qui soit de deux pieds de haut l'arçon de devant, et d'une selle qui ait des bourrelets derrière.

Item, que ledit genet ait une selle à la turquesque et une selle à la française.

Item, que lesdits chevaux se puissent armer en bardes d'acier de toutes pièces, comme de chanfrein de fer, de crinière de fer, poitrine de fer, flancards et croupières de fer, avec un chanfrein à corne et sans corne de fer.

Item, que pour lesdits chevaux, soyez pourvu de quoi armer de toutes pièces d'acier et de bardes de cuir et de caparaçons, de mailles, avec la crinière de la tête, et les rênes couvertes de lames, et les mettre au poing comme si vous entriez le jour d'une bataille.

Item, vous pourvoirez, de vous aussi, de toutes les pièces qu'il faut pour armer un homme d'armes.

Item, vous pourvoirez d'un harnais à la légère de toutes pièces.

Item, vous pourvoirez d'un écu et d'une salade, d'une targe à l'albanaise, et de boucliers et de targes de toutes sortes et de toutes sortes de salades d'homme de pied qui se peuvent porter.

Item, vous pourvoirez de toutes sortes de gants de fer, de mailles, de lames dénuées, tant de doigts que du demeurant de la main, de prise et sans prise.

Item, vous pourvoirez de vous armer, vous et vos chevaux, de toutes sortes et façons qu'il est possible d'armer, user et accoutumer en guerre, en joute, en débat et en champ clos.

Item, les armes qui ne seront accoutumées en guerre, en joute, en débat et en champ clos, je les porterai pour vous et pour moi, me réservant toujours de croître ou diminuer, et de me mettre en chemise, ou plus ou moins, selon qu'il me semblera... »

Il fallait engloutir une petite fortune pour se procurer une telle panoplie ! Il est vrai qu'Henri II assumerait les frais. Il y avait plus grave ; au vu de ce document, il était impossible de déceler les intentions de Jarnac. Voulait-il combattre à cheval ou à pied ? Armé de toutes pièces ou en chemise, voire torse nu ? Irritant problème pour La Châtaigneraie, malgré son habileté reconnue, son courage et sa connaissance des armes. Cependant il dut se conformer au mémorandum de son adversaire, à peine d'exposer sa vie. Il ne le craignait pas plus « qu'un lion le chien », tout en se demandant pourquoi ce dameret de Jarnac se réservait le droit de modifier les armes au cours du combat. Cela ne l'empêcha point de dépenser à pleines mains pour paraître magnifique, de commander un succulent souper, d'y convier les plus grands seigneurs. « Il lui advint, dit Vieilleville, comme à une femme grosse qui, se sentant près d'accoucher, n'épargne aucune dépense pour décorer et diaprer sa maison et ses couches, cherchant des parrains et marraines d'étoffe pour honorer le baptême de son enfant ; mais, le terme venu de verser, elle et son fruit meurent en l'enfantement. »

Or, le 10 juillet, à la surprise générale, Boisy déclara choisir les plus pesantes épées, un type d'armure périmée, mal articulée, une sorte de gantelet qui entraverait les mouvements de La Châtaigneraie : il avait un bras raidi par une ancienne blessure. François d'Aumale s'opposa véhémentement à ce choix qui désavantageait son filleul. On discuta point par point, sans parvenir à s'entendre. La décision relevait d'une sorte de tribunal d'honneur présidé par Montmorency, en sa qualité de connétable. Les combattants attendaient dans leurs pavillons respectifs, avec leurs amis. Le roi, la reine, la cour attendaient en devisant et en croquant des friandises. La foule attendait aussi, de plus en plus dense et agitée ! On buvait sec, car la journée était chaude. Il était à peu près six heures de relevée, lorsque le connétable rendit un verdict en faveur de Jarnac. La foule murmura. On avait perdu tout ce temps pour revenir au point de départ. Le tribunal n'avait pas le droit de modifier le choix de Boisy. Respectueux de la tradition, ce vieux féodal de Montmorency avait fait prévaloir l'ancienne coutume, en négligeant le bras de La Châtaigneraie.

Les trompettes sonnèrent, au signal du roi. Les combattants, lourdement armés, s'avancèrent l'un vers l'autre. Puis, brandissant des épées d'un autre âge, ils s'assaillirent avec fureur. Contrairement aux pronostics, ce freluquet de Jarnac supporta vaillamment le choc et rendit coup pour coup. La Châtaigneraie était sûr de le tuer quand il le voudrait. Soudain Jarnac dévia, plongea avec une audace extrême, car il était à découvert, et frappa deux fois son adversaire. Cela dura quelques secondes. Le colosse chancela, puis s'effondra, le jarret tranché. Il y eut un énorme silence. L'assistance était stupéfaite. Le roi n'en croyait pas ses yeux. Personne ne comprenait ce qui venait de se passer, tant l'attaque de Jarnac avait été foudroyante et efficace ! Il pouvait achever le vaincu. Il lui demanda de lui rendre son honneur. L'autre refusa. Alors Jarnac s'approcha de l'estrade royale, et vint offrir le vaincu à Henri II qui resta d'abord muet, puis acquiesça. Il ne complimenta même pas Jarnac d'avoir épargné La Châtaigneraie. Il lui permit toutefois, selon l'usage, de prendre place à la tribune et consentit à lui dire :

— « Vous avez fait votre devoir. Votre honneur doit vous être rendu. »

Jarnac pouvait prétendre, selon l'antique usage, à l'honneur du triomphe, c'est-à-dire à faire le tour du terrain avec les gentilshommes de sa suite. Il y renonça, sur le conseil de Boisy. Bien lui en prit car, selon Brantôme, les partisans de La Châtaigneraie eussent franchi la lice et agressé les amis de Jarnac. Une mêlée générale s'en fût suivie, sous les yeux du roi. Ces intrépides jeunes gens, tous vêtus d'incarnat et de blanc, n'attendaient qu'un geste de François d'Aumale pour dégainer. On oubliait le blessé, saignant dans la poussière. Des valets l'emportèrent. Les tribunes se vidèrent. Le soleil se couchait.

Soudain s'éleva un grand tumulte. La « harpaille » s'était ruée vers le pavillon de La Châtaigneraie. On dévora les mets précieux, on vida les hanaps, on renversa les marmites, cependant que de hardis compagnons dérobaient agilement la vaisselle d'argent, les verres, les beaux objets, brisant ce qu'ils ne pouvaient emporter. On avertit le roi. Il envoya aussitôt les archers de la prévôté avec leurs capitaines. A coups de bâton et de hallebarde, ils dispersèrent les pillards. Il y eut des morts et des blessés. La Châtaigneraie se vidait de son sang ; furieux de sa défaite, il avait arraché ses pansements. Tel fut le triste bilan de cette journée de juillet, à Saint-Germain.

« Le coup de Jarnac » est devenu une expression courante. Peu se souviennent de l'occasion qui la fit naître ! Nombre de courtisans plaignirent sincèrement La Châtaigneraie. Ils estimaient déloyale la botte poussée par Jarnac, parce qu'elle n'était pas utilisée en France, et mirent sa victoire sur le compte d'une espèce de traîtrise. Brantôme reproche aux « juges de camp » de n'avoir pas fait leur devoir. « Mais, dit-il, il se sentait si brave, vaillant et courageux, méprisant son ennemi, qu'il lui voulut tout céder sans contredit. Toutefois le malheur de Mars lui fut tel qu'il y perdit la vie, non pas l'honneur. » Il raconte que François d'Aumale, afin de pérenniser la mémoire de La Châtaigneraie, lui fit faire un tombeau à la manière des Romains. Il en donne la traduction :

> « Aux mânes de François de Vivonne,
> chevalier français très valeureux.
> Passant, afin que tu ne sois le seul à passer sans avoir

> regardé, la larme à l'œil, et d'un regret religieux, le deuil d'un roi et de tout un royaume envers François de Vivonne, l'un des premiers chevaliers d'une des premières familles de France, sache que, favorisé des heureux auspices et vœux d'Henri II, roi de France très auguste, mais pourtant par fortune adverse, il combattit armé en un combat singulier qui, sans armes, n'eût cédé à son ennemi. Ah ! quel malheur et quel misérable sort des humains et indigne vicissitude des choses que celui qu'on prétend avoir été vaincu, l'ait été tout armé, (alors) que désarmé il était invincible... »

Brantôme était le neveu de La Châtaigneraie ; il lui cherchait des excuses. Il inséra le récit de sa mort dans son *Discours sur les duels*. Passionnant essai ! Il laisse apercevoir les suites de la rencontre de Saint-Germain. Prendre des leçons des escrimeurs italiens, raffiner sur le point d'honneur, croiser le fer à tout propos, devint une mode combien dangereuse ! Des dizaines de milliers de nobles en moururent. L'erreur d'Henri II portait ses fruits.

V

LE SACRE

La grandiose cérémonie de Reims, la plus belle qu'on eût jamais vue, dépassant encore le faste du couronnement de François Ier, eut lieu le 26 juillet 1547. Elle dissipa l'humiliation de Saint-Germain. Henri souffrait surtout d'avoir mal choisi son champion et déçu Diane de Poitiers. Les courtisans, qui connaissaient le vrai motif du duel, riaient sous cape. Ils feignaient de regretter le matamore par malice pure. Il est vrai que d'autres, comme on l'a dit, plaignaient son infortune. Diane reçut bientôt une compensation. Non seulement, en sa qualité de suivante de la reine, elle était conviée au sacre, mais Henri II avait décidé de l'associer symboliquement et ostensiblement à la cérémonie. Les habits du sacre étant quelque peu défraîchis, il ordonna de les remplacer. La couleur de la tunique et du manteau était traditionnellement rouge ou pourpre, par référence aux Césars romains. Henri II les fit confectionner en satin azur, doublé de satin cramoisi. Les broderies en perles figurèrent des fleurs de lys sans nombre et l'initiale du roi enfermant deux croissants. Signe équivoque, susceptible d'une double interprétation. Les croissants rejoignant les jambages du H formaient des D opposés, première lettre du prénom de Diane. Mais on pouvait y voir aussi l'initiale de Catherine. Nul n'était dupe ; cependant l'honneur de la reine était sauf. Toutefois de mauvais esprits ne manquèrent pas d'observer qu'Henri II ne craignait pas d'officialiser de la sorte son adultère et déplorèrent qu'il choisît pour cela le jour du sacre. On pouvait aussi penser qu'un tel geste de défi traduisait son indifférence religieuse. Or Henri II était un croyant sincère et un pratiquant exact. La vigueur de sa foi l'amènera plus tard à traquer impitoyablement les « hérétiques », à prendre des mesures que jamais son père n'eût envisagées. La religion de Diane n'était pas moins vive et agissante, mais elle s'accommodait de la situation. Ces deux êtres, quand ils étaient séparés, priaient l'un pour l'autre d'un cœur fervent. Ils formaient un couple de parfaits amants, comme liés par un enchantement et vivant sans complexes leur liaison : l'ordre dans le scandale ! Les broderies du manteau azur proclamaient, en ce jour mémorable, aux yeux de Dieu, de son clergé, des hauts seigneurs et du bon peuple de Reims, que Diane avait elle aussi sa part de couronnement ; qu'elle était presque reine et l'égale de Catherine de Médicis ! Cependant le signe révélateur restait obscur, discret : c'était là la manière inimitable de Diane et d'Henri. Il ne se trouva personne dans l'entourage royal, ou dans la prélature, pour élever une objection : le fait est digne de remarque. Montmorency, roide catholique, feignit de ne comprendre pas ; il est vrai qu'il avait besoin de l'amitié de Diane. Partout à Reims, décorant les arcs de triomphe, fontaines, grottes artificielles, et autres machines propres à divertir le populaire, les lys s'entremêlaient aux croissants. Étant dauphin, Henri avait choisi l'emblème lunaire, avec cette devise prometteuse : « Donec totum impleat orbem » (Jusqu'à ce qu'elle emplisse tout le cercle). Mais la lune naissante était aussi l'emblème de la déesse Diane, et le signe personnel de Mme de Brézé. Le monogramme et l'emblème royaux traduisaient donc la même ambiguïté. Le cardinal-archevêque de Reims n'avait pas craint, pour faire sa cour, d'élever en face de son palais une grande pyramide sommée d'un croissant. Qui voulait-il honorer ? Le roi ou la favorite ? Les deux ensemble, indissociés, indissociables. Pour les initiés, la devise royale avait un sens très clair : la gloire naissante d'Henri allait remplir tout le cercle, devenir la pleine lune ; mais, en même temps, Diane occuperait toute la place. Imagine-t-on les fureurs secrètes de Catherine de Médicis, ses souffrances rentrées ? Cependant elle supportait cela avec le reste, attendant son heure, révérant toujours ce bel infidèle qu'elle avait pour mari.

Selon l'usage, on avait envoyé des invitations aux souverains d'Europe, lesquels ne manquèrent pas de députer des ambassadeurs, ne fût-ce que pour observer avec attention le nouveau roi. Charles Quint ne fut pas oublié, encore qu'Henri II continuât à le haïr. Mais le cas de l'empereur était différent. Par le traité de Madrid, François Ier avait renoncé à sa suzeraineté sur la Flandre, suzeraineté illusoire, puisque ce comté se trouvait rattaché à l'empire. Le traité de Madrid ayant été dénoncé par le feu roi, Henri II considéra que Charles Quint, en sa qualité de comte de Flandre, restait vassal de la couronne de France. Et ce fut à ce titre qu'il le convoqua à Reims ! Il dépêcha vers lui Valois, premier héraut de France, pour le sommer de comparaître ; puis, respectant les formes, un huissier du parlement de Paris. Semblable procédé à l'égard d'un si grand personnage frisait l'insulte, ressemblait fort à un défi. Charles Quint répondit ironiquement au héraut et à l'huissier qu'il se rendrait volontiers à Reims... avec une suite de cinquante mille hommes et qu'on pouvait compter sur lui pour faire son devoir ! A tout hasard, Henri II avait pris ses précautions, prescrit la levée de dix mille lansquenets et pistoliers pour renforcer les garnisons de l'Est. Quinze cents hommes d'armes et un corps d'infanterie avaient fait mouvement vers la Champagne, plus précisément vers les villes proches de Reims, « à petit bruit, afin de bien recevoir l'empereur s'il eût tenu promesse ». Vieilleville ajoute, non sans naïveté : « Mais il s'en oublia ou n'osa, jugeant, par la diligence de tels préparatifs, la résolue délibération du roi de combattre. » On verra plus loin que l'empereur avait d'autres chats à fouetter ; que la provocation d'Henri II n'était nullement gratuite, mais répondait à des vues bien précises.

Je n'insisterai pas sur la cérémonie du Sacre (le rituel était inchangé), ni sur les festivités grandioses qui suivirent. En revanche, un incident mérite d'être signalé, car il révèle l'état d'esprit des grands seigneurs. Il montre combien ces derniers restaient « féodaux », c'est-à-dire viscéralement anachroniques, alors que le royaume s'apprêtait à devenir un État moderne. L'antique cérémonial du sacre voulait que l'archevêque de Reims vînt solennellement emprunter la Sainte Ampoule (contenant l'huile céleste qui servait à l'onction des rois) à l'abbé de Saint-Rémy. L'insigne relique était en effet conservée dans ce monastère. Il laissait en gage quatre barons, dont les bannières armoriées devaient être plantées de part et d'autre du maître-autel dans la cathédrale. Elles représentaient symboliquement leurs détenteurs absents de la cérémonie. C'était évidemment un très grand honneur que d'être choisi comme « otage » de la Sainte Ampoule. Il fallait appartenir à la plus haute noblesse. Henri II désigna M. de Montmorency, fils aîné du connétable ; M. de Rieux, comte d'Harcourt ; MM. de Martigues et de La Trémouille. Personne ne contesta ce choix. La querelle éclata à propos de l'emplacement des bannières dans la cathédrale. Le maître des cérémonies, qui se nommait Chemaux, crut respecter la hiérarchie nobiliaire en mettant la bannière du comte d'Harcourt sous celle de Montmorency et, à l'opposé, celle de Martigues au-dessus de La Trémouille. Rieux-Harcourt fut averti et accourut. Il demanda à Chemaux la raison pour laquelle il avait adopté cet ordre. Chemaux lui répondit qu'il connaissait son métier. Vieilleville vint à passer par là, avec quelques gentilshommes. Les bannières furent arrachées, à l'exception de celle de Montmorency. Chemaux, qui avait été passablement bousculé, se plaignit au roi et au connétable. Vieilleville, redoutant les conséquences de son geste, s'en fut aussi trouver le roi. Montmorency le reçut fort mal ; il croyait que sa bannière avait été enlevée. Lorsqu'il apprit qu'on l'avait respectée comme appartenant « au premier baron de France », sa colère s'apaisa subitement. Il reprocha pourtant à Vieilleville d'ignorer les mérites de la Maison de Rieux, réputée « du sang de France ».

Henri II gronda :

— « J'aurais à ce compte beaucoup de parents, si tous les enfants de ceux qui ont épousé des princesses du sang me voulaient apparenter. »

Vieilleville expliqua, laborieusement, l'ascendance des Rieux. Ils étaient sortis du fils puîné d'un duc de Bourgogne, chassé par son père et réfugié en Bretagne. Il avait épousé l'une des filles du duc de Bretagne, qui avait reçu en dot plusieurs grosses seigneuries.

— « Cela, dit le roi, n'avions jamais encore entendu, et ne tenions pas ceux de Rieux de ce rang ni de tel estoc. »

Il fit appeler le chancelier Olivier, « qui savait toutes les races de France ». Olivier confirma les dires de Vieilleville. Intervint alors un certain du Thillot, « autre vieil et plus certain registre des anciennes histoires et antiquités de France ». Il déclara que ce puîné de Bourgogne, prénommé Louis, avait vaincu le duc de Normandie près de Dol et gagné le comté de Tancarville.

— « D'où vient donc, demanda Henri, que ce puîné de Bourgogne laissa son surnom de Bourgogne pour prendre celui de Rieux ? »

— « Il le fit, Sire, par dépit de son père qui l'avait déshérité. De même son grand-père, qui était frère du roi Charles V, avait fait une pareille faute, car il laissa son surnom de Valois pour prendre celui de son apanage. »

Henri se tint pour satisfait. Il ordonna que la bannière de Rieux fût placée en vis-à-vis de celle du premier baron de France, « et qu'il n'y eût faute, car avec la raison il lui plaisait ainsi » : formule proche du fameux « Tel est notre bon plaisir » ! Cependant on aposta des gardes près du maître-autel, pour éviter « quelque remuement ». On voit ici l'importance que revêtaient les préséances, quels palabres et débats oiseux elles suscitaient, avec quelle gravité le roi arbitrait ces conflits puérils !

Henri II offrit à la cathédrale le reliquaire de la Résurrection, contenant une pierre du Saint-Sépulcre. Cette pièce d'orfèvrerie en vermeil, émail champlevé et cuivre doré, représentait le Christ sortant du tombeau, devant les soldats romains. Le socle en forme de muraille crénelée et flanquée de doubles tours était décoré des croissants et des monogrammes du roi, les D étant soulignés de noir et de blanc. Ce reliquaire échappa aux destructions et aux pillages révolutionnaires. On peut le voir au musée du Tau. Il témoigne de l'habileté des orfèvres, mais plus encore des intentions du roi, ou plutôt de ses ambitions, car le Christ porte un manteau de roi ; il triomphe de ses ennemis et, quittant l'obscurité du sépulcre, entre enfin dans sa gloire.

Après le sacre, Henri se rendit au monastère de Corbény, afin de révérer le chef de saint Marcoul. Il toucha ensuite les écrouelles pour la première fois. Ces épuisantes journées n'avaient point entamé sa résistance. Il résolut d'aller aussitôt à Commercy passer la revue des lansquenets et pistoliers fraîchement recrutés. Ils défilèrent fièrement devant lui, fantassins et cavaliers. Il se déclara satisfait et remit à chacun des colonels et capitaines une chaîne d'or à laquelle était suspendue une médaille à son effigie. Ces chaînes variaient avec le mérite et le grade du récipiendaire. Ce fut en somme la première remise de décorations après une revue ! Les troupiers perçurent l' « arriguet », c'est-à-dire une avance sur leur solde. Le roi invita leur chef et ses officiers à se tenir prêts à faire mouvement. On comprit qu'il ne tarderait pas à assiéger Boulogne, toujours aux mains des Anglais, entreprise « qu'il avait merveilleusement à cœur ». Ce n'était pas la seule. Les affaires d'Allemagne le préoccupaient fort. « Quant à l'empereur, écrivait l'ambassadeur de Venise, le roi le hait et montre hautement sa haine ; il lui souhaite tout le mal qu'on peut désirer au plus mortel de ses ennemis : cette maladie est si profonde que la mort seule ou la ruine totale de son ennemi pourra le guérir ! » L'Italie s'agitait à nouveau, sollicitait l'intervention française. Henri II se trouvait à la croisée des chemins, sans illusions sur la fausse paix qui, tant bien que mal, perdurait depuis le traité de Crépy. Aucune des clauses de ce traité n'avait été remplie par les cosignataires. La mort de Charles d'Orléans l'avait anéanti. La France occupait toujours la Savoie et le Piémont malgré les engagements de François Ier. Charles Quint conservait le Milanais. Ne subsistait qu'une suspension d'armes jusque-là respectée, par les deux partis, mais combien fragile ! L'empereur, démuni d'argent et empêtré dans les affaires allemandes, avait intérêt à maintenir cette paix boiteuse, donc à ménager autant que possible la puissance rivale. Tout allait donc dépendre des options prises par Henri II. Était-il en mesure de décider sereinement ? Certains ambassadeurs (pour complaire à leurs maîtres) soulignaient abusivement son indifférence aux affaires. Ils mettaient l'accent sur sa dissipation. Le montraient maniant les tétins de Diane devant Aumale et le vieux connétable, et disant : « N'a-t-elle pas belle garde ? » Ou soulignaient sa soumission à Montmorency et à la sénéchale. Or ce sont leurs écrits que trop d'historiens ont acceptés pour monnaie comptante. Pour ma part, j'insisterai seulement sur un point. Que le roi Henri II ait abandonné les affaires courantes à Montmorency et très volontiers adopté les opinions de Diane, surtout au début de son règne, cela est certain, mais ne prouve pas grand-chose. S'il fut, comme on l'a dit, une pâte facile à pétrir et subit sans regimber les influences de son entourage, il est clair que celles-ci s'exerçaient souvent en sens contraire. Or, et c'est là où je voulais en venir, il est peu de règnes dont la ligne de force soit tracée d'une main aussi sûre, dont l'unité politique soit aussi flagrante. Les Guise voulaient la guerre ! Montmorency temporisait. Diane oscillait entre eux selon la conjoncture. Il fallait donc en fin de compte que le roi décidât, et décidât seul. Il ne partit pas en guerre comme un héros de roman. Il s'y prépara longuement, prudemment, en dépit du bellicisme des courtisans et du clan des Guisards. Inversement, il força la main du connétable pour ouvrir les hostilités, quand il estima le moment opportun. Il mena trois campagnes, toutes positives. La première lui donna Boulogne ; la seconde, Metz, Toul et Verdun ; la troisième, Calais. Toutes acquisitions qui nous restèrent. Ce faisant, il réorienta la politique française car il avait compris que les chimères d'Italie étaient hors de saison. Cet Amadis friand de tournois, ce Tristan attaché à son Yseult, gardait dans les affaires un singulier bon sens. « Il est très net, écrivait Marino Cavalli, très ferme dans ses opinions ; ce qu'il a dit une fois, il s'y tient. » Le véritable Henri II, débarrassé de la légende et de la calomnie, est celui-ci.

VI

L'ENLÈVEMENT DE MARIE STUART

Par le traité d'Ardres, signé le 7 juin 1546, Henry VIII avait accepté de « vendre » Boulogne à François Ier contre huit cent mille écus d'or. Mais depuis cette date les deux rois étaient morts. Les Français n'avaient encore rien payé ; les Anglais n'avaient point livré Boulogne. Le nouveau roi d'Angleterre était Édouard VI. Il n'avait que dix ans. Son père avait pris toutes les précautions imaginables pour organiser la régence. On ne tint aucun compte de ses instructions, en dépit des promesses et des serments. L'oncle du jeune roi, Édouard Seymour, comte de Hertford, renversa le conseil nommé par Henry VIII, se fit nommer duc de Somerset et reconnaître comme Lord Protecteur du royaume. Le roi défunt avait rompu avec Rome et jeté les bases de l'anglicanisme, tout en recherchant un compromis entre catholiques et protestants. Lord Somerset était un luthérien convaincu, militant, de même qu'Édouard VI. Il persécuta maladroitement les catholiques, tenta d'imposer une religion unique, à forte coloration protestante. D'admirables églises furent pillées et saccagées, à son instigation. Un nouveau Livre de prières fut élaboré par Thomas Cranmer ; il eut un prodigieux succès. Cependant une très forte opposition subsistait ; le pouvoir de Somerset était plus tyrannique que solide. Des factions divisaient la cour. Édouard VI n'était qu'un jouet entre les mains du Protecteur. Henri II n'ignorait rien de cette situation. Il savait que Somerset ne pouvait rien entreprendre contre la France, faute de moyens ; notamment qu'une alliance avec Charles Quint n'était pas à craindre. Néanmoins, après son avènement, les ambassadeurs de Somerset réclamèrent avec fermeté le paiement du rachat de Boulogne, faute de quoi la ville ne serait pas restituée. De plus, ils prièrent instamment Henri II de ne pas soutenir l'action des Écossais. Or, depuis le traité d'Ardres, les Anglais n'avaient cessé d'accroître les fortifications de Boulogne, érigeant des redoutes pour battre les alentours et protéger le port. Quant à l'Écosse, il n'était point question de l'abandonner à la vindicte de Somerset : elle était notre alliée traditionnelle et Marie de Guise la gouvernait.

Ouvrons une parenthèse. Constamment menacée par l'Angleterre, l'Écosse réclamait sans cesse l'appui de la France. Pour celle-ci, elle était un poignard dans le dos de l'Angleterre. Nos intérêts coïncidaient. Pour renforcer cette alliance, le roi Jacques V avait naguère épousé Madeleine de France, fille de François Ier. Elle était certainement tuberculeuse, car les brumes d'Écosse la tuèrent en moins d'un an, dans sa seizième année ! Jacques V se remaria avec Marie de Lorraine, fille aînée du duc Claude de Guise, ayant comme telle rang de princesse. Marie venait elle-même de perdre son mari, le duc de Longueville. C'était une jeune femme robuste et vive, assez belle, animée par l'esprit de famille des Guise. Elle mit au monde deux enfants qui moururent en bas âge. En 1542, Jacques V fut battu par les Anglais à Solway-Moss et mourut peu après la naissance de sa fille : Marie Stuart. Apprenant la mort de Jacques V, Henry VIII cessa les hostilités. Chez lui, les gestes chevaleresques étaient rarement gratuits. Ils masquaient en général des desseins fort prosaïques. Marie Stuart était fille unique et seule héritière de Jacques V. Pourquoi ne pas la marier avec le futur Édouard VI, alors âgé de cinq ans et, du même coup, réunir à jamais les deux royaumes ? La reine Marie de Guise n'avait pas le choix : elle accepta les propositions d'Henry VIII. Elle accepta même que, selon la coutume des Maisons royales, sa fille fût élevée à la cour d'Angleterre. Toutefois l'envoi de Marie Stuart à Londres fut différé, en raison de son très jeune âge ! Henry VIII n'aperçut pas le piège. Il avait cyniquement acheté la complaisance du régent d'Écosse, Lord James Hamilton, comte d'Arran, un luthérien. Il se flattait ainsi de contrôler la situation. Lorsque Marie Stuart eut neuf mois, les Écossais la couronnèrent. Le voyage à Londres fut à nouveau repoussé. Les intrigues de Marie de Guise, ardente catholique, portaient leurs fruits. A la fin de 1543, le parlement d'Édimbourg proclama l'alliance de l'Écosse avec François Ier. Henry VIII comprit alors que la reine douairière l'avait amusé de perfides promesses et qu'Hamilton le trahissait. Ce dernier était même revenu à la religion romaine. La colère du roi d'Angleterre se déchaîna. Il confia une grosse armée à Hertford (le futur duc de Somerset), lui ordonna d'envahir l'Écosse et d'y perpétrer tous les meurtres et tous les ravages possibles. Hertford ne s'en priva pas. En mai 1544, puis en septembre, puis en 1545, la pauvre et fière Écosse fut exposée en proie. Ses villes et ses villages brûlèrent. La fureur des Anglais n'épargnait rien ni personne. Les Écossais firent appel à François Ier. Il envoya une petite armée qui reprit le château de Saint-Andrews et repartit. Après la mort d'Henry VIII, Hertford, devenu Somerset et régent d'Angleterre, décida d'en finir avec les Écossais. Mais ceux-ci s'étaient prémunis. Ce fut une armée de 36 000 volontaires, exaltés par les prédications des prêtres catholiques, qui barra la route aux Anglais, le 10 septembre 1547, à Pinkie Cleugh. Dès qu'ils les aperçurent, les Écossais chargèrent comme des furieux, dans le plus complet désordre. Les Anglais attendaient de pied ferme. L'assaut fut brisé net. S'ensuivit un véritable carnage. Cette fois, l'Écosse semblait irrémédiablement perdue. Pourtant l'écrasante victoire d'Hertford resta sans effets. Les Anglais ne purent s'emparer de Marie Stuart. De fidèles serviteurs l'avaient fait sortir clandestinement du château de Stirling et conduite au monastère d'Inchmahone, rude bâtisse perdue dans les feuillages, sur une petite île des Highlands. Elle avait alors un peu plus de quatre ans ; son tragique destin commençait. Hertford était revenu à Londres, au lieu d'achever la conquête de l'Écosse et de pourchasser la petite reine. On s'est interrogé sur le motif de ce retour. On a dit que Somerset avait hâte de jouir de son triomphe. J'incline à croire qu'il redoutait quelque révolution de palais et ne pouvait se tenir plus longtemps éloigné de la capitale. Marie de Guise s'était fait nommer corégente. Partageant désormais le pouvoir avec Hamilton, elle supplia Henri II d'intervenir militairement. Il est superflu d'ajouter qu'elle comptait sur l'appui des Guise !

Tel fut le problème délicat qui se posa à Henri II dès le début de son règne. Les fiançailles de Marie Stuart et d'Édouard VI avaient été un échec pour François Ier, et d'autant qu'elles impliquaient, de façon ou d'autre, l'annexion de l'Écosse par l'Angleterre. La France y perdait un contrepoids à la puissance anglaise, dont, en plusieurs circonstances graves, les effets s'étaient fait sentir. Il y avait donc nécessité de porter secours à Marie de Guise. En revanche, on prenait le risque d'indisposer Somerset et de perdre le bénéfice du traité d'Ardres. Or Henri II tenait par-dessus tout à recouvrer Boulogne. Le vieux duc Claude de Guise, son fils François d'Aumale, son frère l'habile cardinal de Lorraine, poussaient à l'intervention. Henri II n'était pas l'homme des décisions rapides ; il prenait le temps de consulter, de peser le pour et le contre. Il posa comme préalable les fiançailles de Marie Stuart avec son propre fils, le dauphin François (futur François II). On négocia. Le 27 janvier 1548, un accord fut signé avec Hamilton et Marie de Guise. Henri II s'engageait à envoyer un corps expéditionnaire. Les corégents promettaient d'obtenir du Parlement écossais le consentement au mariage de Marie Stuart et du dauphin. Diverses places fortes seraient occupées par les Français. Henri II défendrait l'Écosse comme son propre royaume ; cependant il respecterait son indépendance. Pour plus de sûreté, l'incertain Hamilton fut nommé duc de Châtellerault.

La flotte française, forte de cent quarante navires, appareilla de Brest, transportant six mille hommes. Elle prit terre à Dunbar, le 18 juin 1548. André de Montalembert, baron d'Essé, la commandait. Elle était composée de 2 000 fantassins français sous les ordres de François de Coligny, seigneur d'Andelot, de 1 000 cavaliers sous les ordres de François d'Anglure, seigneur d'Étauge, et de 3 000 reîtres allemands. D'Essé s'était acquis la réputation la plus flatteuse, mais il était d'assez petite noblesse et craignait que son autorité fût contestée. Il crut donc nécessaire de prononcer ce discours devant le front des troupes :

— « Messieurs, je sais bien qu'il n'y a nul guère de vous autres qui ne soit plus grand que moi, et, quand je serai hors d'ici, soit à la cour, soit en France, qui ne soit plus que moi, et qui se veuille dire mon compagnon. Mais puisqu'il a plu au roi m'honorer de cette charge, il faut que je m'en acquitte et que je commande aussi bien au grand qu'au petit, et que l'un et l'autre m'obéissent. Et, au partir d'ici, m'étant dépouillé de cette grandeur, nous serons tous pairs et compagnons. »

Somerset, flairant le danger, avait offert la paix aux Écossais, sous réserve que Marie Stuart fût élevée en Angleterre. Hamilton hésitait, mais le Parlement d'Édimbourg rasséréné par la présence des Français et aiguillonné par Marie de Guise, consentit aux fiançailles de la petite reine et du dauphin de France. On convint en même temps que celle-ci serait conduite en France. Le commandeur de Malte, Nicolas de Villegagnon, qui commandait la flotte, avait reçu commission pour la ramener. Il connaissait assez bien les Anglais pour savoir qu'ils s'efforceraient d'intercepter le convoi et d'enlever Marie, coûte que coûte ! C'était un habile manœuvrier et un bon géographe. Il choisit ses quatre meilleures galères, sortit du port de Dunbar (au sud-est de l'Écosse) et feignit de se diriger vers la France. Parvenu au large, il mit soudain cap plein nord. Les Anglais ne pouvaient supposer qu'un capitaine fût assez hardi pour exposer des galères à la grande et profonde houle de la mer du Nord. C'étaient en effet des navires assez fragiles, bas sur l'eau, conçus pour des évolutions rapides. La Méditerranée leur convenait parfaitement. Leurs légers pavois, percés d'alvéoles pour laisser passer les rames, résistaient fort mal aux lames déferlantes. Le commandeur de Villegagnon en jugea autrement. Toutes voiles hautes, toutes rames battant la mer, les galériens forçant la cadence sous le fouet de la chiourme, les quatre galères cinglaient vers les Orcades. Périlleuse navigation mais les croisières anglaises étaient loin ! Villegagnon doubla les Orcades, se rabattit vers le Sud-Ouest, longea les Hébrides, évita les récifs et les îles éparses de la côte ouest, embouqua l'estuaire de la Clyde et aborda à Dumbarton. Il venait de faire le tour de l'Écosse, rien moins ! Les Anglais le cherchaient toujours dans la mer du Nord et dans la Manche. Il embarqua sa royale passagère et sa suite, aussi discrètement que possible. Les vents contraires l'obligèrent à remettre l'appareillage jusqu'au 7 août. Le plus difficile restait à faire. Sans craindre d'allonger le voyage, ni d'exposer ses hôtes au mal de mer, il piqua résolument vers le large. Les Anglais l'attendaient entre Douvres et Calais. Les galères essuyèrent plusieurs orages, mais tinrent bon. Le 13 août, elles entraient dans le port de Roscoff. Le commandeur de Villegagnon venait d'accomplir un véritable exploit, sans tirer un seul coup de canon ! Pendant tout le voyage, la petite reine (elle avait alors six ans) s'était signalée par sa bonne humeur et par son courage. En pleine tempête, elle ne souffrit même pas du mal de mer. Tel n'était pas le cas des quatre petites suivantes qu'on lui avait données (toutes prénommées comme elle, Marie), ni de son frère naturel James Stuart, ni de sa gouvernante Lady Fleming, ni de sa nourrice, ni même du baron de Levingston et du fier Maillé-Brézé, chargés de la remettre au roi de France. On prit quelques jours de repos à Roscoff et l'on se mit en route pour Nantes. Marie Stuart y fut reçue en grande pompe par le duc d'Étampes, gouverneur de Bretagne. Henri II avait déclaré :

— « Elle est reine couronnée. Je veux qu'elle soit honorée et servie comme telle. »

Elle eut donc une entrée de reine dans la capitale bretonne, avec salves d'honneur, spectacles aux carrefours, défilés d'enfants déguisés en soldats, compliments des autorités de la ville et copieux vivats de la foule ! Toute jeunette, elle était déjà très belle, éperdument blonde, avec des yeux aux couleurs changeantes, comme la mer qu'elle venait d'affronter. Ses sourires, sa gaieté touchaient les cœurs. On était heureux de recevoir cette reinette, tirée des griffes anglaises par M. d'Essé et par le commandeur de Villegagnon, et qui serait un jour reine de France.

Bien que sa mère fût française, l'enfant ne connaissait guère que le parler écossais. Elle était vêtue à la mode de son pays. Sa grand-mère, la duchesse de Guise (née Antoinette de Bourbon), se chargea de la dégrossir et la prit en main. Il faut croire que Marie était douée, car elle apprit rapidement le français, et s'accoutuma en quelques semaines aux manières de la cour. Elle arriva à Saint-Germain-en-Laye le 18 octobre et fit la connaissance de son fiancé, le dauphin François, âgé de quatre ans, de ses sœurs, les princesses Élisabeth (trois ans) et Claude (onze mois). Le dauphin était un enfant chétif, atteint de végétations adénoïdes : on le gourmandait parce qu'il ne savait pas se moucher ! Marie Stuart le prit tout de suite en amitié. Quant à François, il fut ébloui par la petite compagne qu'on lui donnait. « Ils furent dès le premier jour aussi apprivoisés ensemble comme s'ils se fussent connus de tout temps », écrivit Henri II au duc d'Aumale. Lui-même était conquis par cette fillette venue des brumes, auréolée de mystère et, malgré la tragédie de ses premières années, si gracieuse et si gaie ! Elle émouvait son âme chevaleresque. Sa sympathie pour elle ne se démentira jamais.

Pendant ce temps, le brave d'Essé assiégeait toujours Haddington. Somerset mobilisa les milices anglaises et rompit le blocus. Il disposait de 17 000 hommes. Il n'en restait plus que 5 000 à d'Essé. Force fut à ce dernier de refuser le combat et de battre en retraite. Toutefois les miliciens anglais étaient déjà las. Ils commencèrent à rentrer dans leurs foyers. D'Essé les harcelait sans cesse. Une fois de plus, Somerset avait échoué. Mais d'Essé n'avait pas davantage réussi à prendre Haddington. Les Écossais regardaient les Français d'un mauvais œil. Ils regrettaient de leur avoir envoyé leur reine et craignaient pour l'avenir. Le prévôt d'Édimbourg refusa à d'Essé d'établir ses quartiers dans la ville. Des rixes éclatèrent, sans parler des incidents marquant à l'ordinaire le passage des soldats. D'Essé ne commandait pas à des anges, tant s'en fallait ! Les Allemands se conduisaient comme en pays conquis. Cavaliers et fantassins français ne valaient guère mieux. Ce fut alors qu'Henri II, en tant que protecteur de l'Écosse, envoya à Édimbourg l'évêque Jean de Montluc. Il invitait les corégents à le prendre comme chancelier. C'était le plus sûr moyen de contrôler les mesures qui seraient prises. Cette exigence parut intolérable. Les Écossais acceptaient l'aide du roi de France, mais ils refusaient de se soumettre à son autorité. Marie de Guise avertit le roi que, si d'Essé et Montluc n'étaient pas immédiatement rappelés en France, elle ne répondait plus de l'alliance entre les deux pays, en dépit des fiançailles de Marie Stuart avec le dauphin et de sa présence à la cour de France. D'Essé fut remplacé par Paul de Termes, excellent capitaine et meilleur diplomate que son prédécesseur. Il sut plaire aux Écossais, mais non mettre un terme aux rivalités des clans. Ses troupes s'amenuisaient. La guerre contre les Anglais se réduisit à des escarmouches aux confins du Northumberland. C'était assez pour inquiéter Somerset dont la position devenait difficile en face d'une opposition grandissante. Henri II n'en demandait pas davantage. Il ne voulait pas de rupture officielle avec l'Angleterre. Pas encore. A Boulogne, Gaspard de Coligny construisait des forts en face des redoutes anglaises.

VII

« LA BOUILLIE EMPOISONNÉE »

A l'égard de la France, la ligue de Smalkade, groupant les princes allemands hostiles à Charles Quint, jouait le même rôle dissuasif que l'Écosse en lutte avec l'Angleterre. François Ier n'avait pas ménagé son aide aux ligueurs, bien qu'il s'intitulât Roi Très Chrétien et se défiât, non sans raisons, du patriotisme germanique. Il était évident qu'Henri II poursuivrait dans la même voie et soutiendrait le parti luthérien de ses subsides. Les deux chefs de la ligue étaient l'Électeur Jean-Frédéric de Saxe et le landgrave Philippe de Hesse. Ils disposaient de forces considérables, bien armées et bien entraînées. Cependant Charles Quint avait décidé de les attaquer. Avec seulement 16 000 hommes — pour la plupart de vieux routiers espagnols et italiens —, il partit d'Egra, en Bohême, le 13 avril 1547 : donc treize jours après la mort de François Ier. L'Électeur et le landgrave commirent une lourde faute. Ils divisèrent leurs forces, alors qu'ils détenaient une écrasante supériorité numérique et que le bellicisme de leurs troupes autorisait toutes les hardiesses. Ils pourvurent de garnisons d'insignifiantes places fortes, sans intérêt stratétique. Ils croyaient par là retarder la marche de l'empereur et, en prolongeant la résistance, user sa petite armée. Cette tactique déplorable porta ses fruits. Jean-Frédéric de Saxe restait pourtant en mesure d'affronter victorieusement les Impériaux, mais il manquait d'esprit de décision. Il laissa Charles Quint franchir l'Elbe, bien qu'il eût pu l'arrêter. Le 21 avril, les deux armées se trouvaient face à face à Mühlberg. La bataille demeura quelque temps indécise. Malgré son courage, l'Électeur de Saxe ne put empêcher la défaite. Fait prisonnier, il fut conduit devant Charles Quint qui l'insulta et le déféra, en tant que rebelle, devant une cour martiale présidée par le duc d'Albe. Jean-Frédéric fut condamné à mort, mais on différa son exécution. Ce n'était qu'un chantage assez ignoble destiné à effrayer la femme et les enfants du prisonnier, qui s'étaient retranchés dans le château de Wittenberg. Ils capitulèrent et, le 23 mai, Jean-Frédéric dut signer un traité par lequel il renonçait à l'Électorat de Saxe et acceptait d'achever ses jours en captivité. La principauté de Gotha était conservée à ses enfants, avec une rente de 50 000 florins.

Rien n'était encore perdu pour la ligue de Smalkade, car le landgrave de Hesse restait en armes. Or Charles Quint avait promis l'Électorat de Saxe à Maurice de Saxe-Dresde, en récompense de ses bons services. Ce dernier était le gendre du landgrave de Hesse. Il vint trouver son beau-père et l'engagea à se soumettre. Il se portait garant de la bienveillance de l'empereur. Philippe de Hesse se laissa convaincre. La rencontre eut lieu le 18 juin, à Hall, en Saxe ; Charles Quint n'écouta même pas la supplique du landgrave. Il l'accabla d'injures et le fit arrêter, au mépris de ses engagements envers Maurice de Saxe-Dresde. Un tel procédé scandalisa l'Allemagne entière et accrut les haines. L'empereur manifesta le même mépris à l'égard des princes et des députés des villes venus se soumettre. Il était comme enivré par la victoire de Mühlberg. Regardant l'Allemagne comme domptée, il ne se croyait plus obligé de ménager ses adversaires. L'occasion se présentait à lui de réaliser le projet grandiose auquel il n'avait cessé de penser et que les circonstances l'avaient obligé à retarder : circonstances le plus souvent imputables à François Ier ! En la conjoncture, il avait le vent en poupe. Tous les princes protestants, à l'exemple du duc de Wurtemberg, toutes les villes libres se soumettaient. La ligue de Smalkade n'existait plus. Charles Quint pouvait tout faire, transformer en empire héréditaire l'empire électif, et cet agrégat de principautés et de cités indépendantes en État centralisé. Jamais une occasion aussi favorable ne s'était présentée à lui. Il lui suffisait de pardonner après avoir châtié, d'apaiser les craintes, de gagner l'affection de ses sujets. Son mauvais génie l'égara, comme après la défaite de François Ier à Pavie. Il abusa de la victoire. On le vit épurer les magistrats des villes, supprimer les libertés de Magdebourg et de Brême, imposer de lourdes amendes, désarmer brutalement les anciens ligueurs et même les cités catholiques : 500 canons furent de la sorte enlevés à l'Allemagne et conduits triomphalement en Flandre.

En Bohême, son frère Ferdinand, roi des Romains, se conduisit aussi durement envers les Réformés. Ils avaient levé une armée de 30 000 hommes pour secourir les religionnaires d'Allemagne. Le désastre de Mühlberg les désespéra. Ils licencièrent leurs troupes et se soumirent. Ferdinand en profita pour les taxer impitoyablement, supprimer leurs chartes et punir leurs chefs.

Charles Quint se transporta à Augsbourg le 9 septembre, avec ses soldats. Il y avait convoqué la diète de l'empire. Il voulait exploiter à fond sa victoire, au plan de la politique et de la religion. Ce fut là son erreur. On ne pouvait en même temps réunifier les croyances et instituer un État fortement centralisé au bénéfice des Habsbourg. Trop d'intérêts divergeaient. La puissance des princes allemands tenait au système électif de l'empire. Les villes entendaient préserver leur indépendance. L'immense majorité des protestants n'était nullement disposée à apostasier, malgré le désastre de Mühlberg. La dureté de l'empereur envers les vaincus faisait redouter le pire, s'il devenait maître absolu de l'Allemagne... Et pourtant Charles Quint fut près de réussir. Très habilement, dans son discours d'ouverture, il se posa en arbitre des querelles religieuses. Pouvait-il espérer, en effet, établir le pouvoir absolu, s'il n'avait d'abord unifié les croyances ? Mais lui était-il possible d'assumer ce rôle d'arbitre, alors qu'il s'était aliéné l'appui du pape Paul III ? En décembre 1545, le souverain pontife avait convoqué à Trente un concile dont la mission consistait précisément à pacifier la chrétienté en proposant les réformes utiles. Le choix de cette ville à proximité de l'Autriche exposait le concile à subir les pressions de Charles Quint. Paul III avait alors relativement confiance en celui-ci. Il le croyait encore résolu à extirper d'Allemagne l'hérésie luthérienne. Il lui offrit une somme considérable et lui envoya des troupes. Il aperçut ensuite ses véritables intentions et condamna ses vues ambitieuses. En février 1547, il avait rappelé le contingent pontifical. En avril, il transféra le concile de Trente à Bologne, afin de le soustraire à l'influence impériale.

L'embarras de Charles Quint était extrême. Il ne pouvait en effet se substituer au pape en matière de foi, à peine d'encourir l'excommunication. Il se tira ingénieusement de ce mauvais pas. Dans son fameux discours d'Augsbourg, il rappela ses efforts en vue d'obtenir de Paul III la convocation d'un concile œcuménique et il invita les membres de la diète à se soumettre aux décisions qui seraient prises par cette assemblée. Il s'engagea, pour rassurer les hésitants, à user de tout son pouvoir pour faire revenir le concile à Trente. Les princes donnèrent leur accord, par indifférence, ambition ou timidité. Les représentants des villes opposèrent plus de résistance. Le 9 octobre, ils remirent une soumission conditionnelle : ils demandaient que les théologiens protestants eussent droit de vote au concile. L'empereur acquiesça. Ses rapports avec le pape continuaient à se dégrader (on en verra la raison au chapitre suivant). En décembre 1547, Paul III fit voter par les prélats réunis à Bologne une motion très ferme accusant de désobéissance les évêques restés à Trente et les invitant à se joindre à eux sans retard. Charles Quint protesta avec vigueur contre la conduite de Paul III qui semblait prendre à cœur de protéger les hérétiques et d'empêcher la réconciliation de l'Église.

La protestation resta sans suite. Charles Quint conçut alors une manœuvre d'une hardiesse extrême. Il informa la diète du comportement de Paul III, et déclara que, pour autant, il ne renonçait pas à l'espoir de voir un concile assemblé en Allemagne, hors de l'influence romaine, donc impartial et libre. En attendant cet événement qui répondait au vœu général, il proposait un règlement susceptible d'assurer la paix civile et religieuse. Ce règlement serait provisoire ; les décisions du concile y mettraient fin. C'est le texte connu sous le nom d'Intérim d'Augsbourg. L'empereur l'avait fait rédiger par trois théologiens, dont un protestant. Ils s'étaient attachés à exposer, en termes circonspects, les points qui opposaient les deux Églises. Ils avaient conservé l'essentiel de la doctrine catholique, mais accordé quelques concessions à la Réforme : notamment quant au mariage des prêtres et à la communion sous les deux espèces, encore leur application était-elle limitée à certaines régions.

L'Intérim fut lu au cours de la séance du 15 mai 1548. A peine cette lecture était-elle achevée que l'archevêque de Mayence remercia l'empereur, au nom de la diète, de ce qu'il avait fait pour l'Église et pour l'Allemagne. Il déclara que la diète acceptait le règlement. Personne n'osa prendre la parole. Les députés étaient abasourdis. Bien entendu, l'archevêque de Mayence n'exprimait que son opinion personnelle. Le silence des députés fut interprété comme une approbation tacite. L'Intérim fut promulgué comme loi d'empire, publié en latin et en allemand. Il provoqua un tollé général, et dans les deux factions ! Les catholiques accusaient les auteurs de l'Intérim d'avoir déguisé leur foi sous des formules ambiguës, afin de ménager les protestants ; l'empereur, d'avoir usurpé les prérogatives du pape en légiférant en matière de foi. Les protestants considéraient l'adoption de l'Intérim comme une apostasie honteuse. D'autres, interprétant tendancieusement certains articles, montraient que l'Intérim ne les engageait à rien. Tous étaient d'accord pour ne pas appliquer ce règlement, qualifié de « bouillie empoisonnée », et se préparaient à la résistance. Charles Quint avait fait l'unanimité contre lui. Son projet de centralisation, de création d'une assemblée impériale (Reichsbund) s'évanouissait du même coup.

Après la victoire de Mühlberg, il pouvait rêver d'une monarchie universelle, croire qu'il allait restaurer l'antique empire de Charlemagne et vassaliser enfin la France ! Ce rêve se dissipait, lui aussi. Charles ne serait pas un nouveau Charlemagne ; il ne serait pas le vrai maître de l'Allemagne ; il pouvait s'attendre à la rébellion prochaine des princes protestants. En janvier 1548, il eut un accès de goutte si grave qu'on le crut perdu. Il écrivit au futur Philippe II : « Mon fils, le retour de quelques infirmités que j'avais précédemment ressenties, le danger où je me suis trouvé tout récemment encore de perdre la vie et mon incertitude au sujet des desseins de Dieu à mon égard m'engagent à vous tracer ici la conduite que vous auriez à tenir si je venais à quitter ce monde... » Cette lettre était un véritable testament politique. L'empereur recommandait à son fils de maintenir l'orthodoxie et de rester en paix avec les États allemands, les Cantons suisses, l'Angleterre, les princes italiens, le pape et la Sublime Porte. Il n'exceptait que les Français. « Il faut avoir l'œil sur eux », écrivait-il. Et plus spécialement à l'égard d'Henri II : « Il a hérité la haine que ses aïeux ont toujours manifestée aux miens. »

En quoi Charles Quint ne se trompait guère. Henri II suivait de très près les événements d'Allemagne. Il y avait envoyé deux ambassadeurs, Charles de Cossé-Brissac et Charles de Marillac, en les chargeant d'une double mission : connaître les intentions de l'empereur et recueillir le maximum d'informations sur la situation intérieure, le conflit religieux, les forces en présence, etc. Au cours de l'audience qui leur fut accordée par Charles Quint, on fit assaut de politesse, on parla du traité de Crépy-en-Laonnois, de la Savoie et du Piémont auxquels François Ier avait promis de renoncer, de mariage éventuel entre le futur Philippe II et Marguerite de France, sœur du roi. L'empereur atermoya, ne prit pas d'engagements mais ne rejeta rien, et l'on en resta là. Henri II savait fort bien que ses ambassadeurs échoueraient. Cependant ils rapportèrent les renseignements que l'on attendait d'eux. Henri II savait désormais qu'il pouvait intervenir en Écosse et s'intéresser à l'Italie. L'empereur, englué dans les affaires allemandes, ne ferait rien pour Somerset. Il ne contraindrait pas la France à restituer la Savoie et le Piémont à son duc légitime Emmanuel-Philibert. Malgré les contributions de guerre qu'il infligeait aux villes libres, ses finances étaient dans un état pitoyable ; l'apport des lingots d'or et d'argent venus d'Amérique ne comblait même pas le déficit annuel. Il avait besoin, du moins pour un temps, de la neutralité française. Cependant il savait que les agents d'Henri II travaillaient contre lui, tantôt ouvertement, tantôt souterrainement. Après la bataille de Mühlberg, ils avaient repris langue avec certains princes protestants et poussé les villes à la résistance. Ils avaient incité le pape Paul III à se rebeller contre les diktats de Charles Quint, en lui promettant l'appui du roi. Ils étaient les instigateurs du transfert du concile de Trente à Bologne. Tout en protestant de ses bons sentiments, Henri II menait une sorte de guerre froide. Il veillait à éviter les provocations inutiles. Charles Quint agissait de même. Il « ouvrait l'œil ». C'était un trop vieux routier de la politique pour se laisser abuser. Une fois de plus, la France se mettait au travers de son chemin. On aura noté la prudence d'Henri II. Il ne s'engageait pas à la légère. Plusieurs années s'écouleront avant qu'il ne se prononce en faveur des princes protestants, non par esprit chevaleresque, mais contre des avantages substantiels.

VIII

LE VOYAGE EN PIÉMONT

Les mouvements qui agitaient l'Italie retenaient aussi son attention. On estimait alors dans son entourage que, reprenant la politique de ses prédécesseurs, il ne tarderait pas à intervenir militairement. Le parti de Guise l'y poussait, en raison de ses prétendus droits sur le royaume de Naples. Au surplus le moment paraissait favorable. Certes, Charles Quint contrôlait le royaume de Naples, Gênes et le Milanais, et son influence progressait dans les autres États, excepté Venise. Mais les Italiens ne supportaient plus la tyrannie des Espagnols. Avant même l'avènement d'Henri II, Jean-Louis de Fieschi, comte de Lavagna, favorable à la France, avait failli s'emparer de la seigneurie de Gênes. Le vieux dictateur Andrea Doria avait échappé par miracle à l'attentat, où son fils Giannettino avait péri. La mort de Fieschi lui avait permis de reprendre la situation en main. Cependant, détesté par les Génois, il lui serait difficile de se maintenir au pouvoir. En mai 1547, une insurrection éclata à Naples contre le vice-roi Fernando Alvarez de Tolède. Il voulait introduire l'Inquisition dans ce royaume. Les agents français n'étaient pas étrangers à cette révolte. Mal soutenus, les rebelles durent se rendre. Leurs chefs furent exécutés ou exilés et la ville dut verser 100 000 ducats d'or. Mais on ne parla plus d'Inquisition.

Le pape Paul III (Alexandre Farnèse) avait eu un fils, Pier Luigi (Pierre-Louis), avant son élévation au pontificat. Ce fils avait été légitimé par le pape Jules II. Paul III l'avait fait duc de Parme et de Plaisance. Charles Quint protesta ; il soutenait que ces deux villes n'appartenaient plus à l'État du Saint-Siège, mais qu'elles avaient été cédées à l'empire. Premier sujet de discorde entre le pape et l'empereur, et première occasion d'un rapprochement fructueux entre Rome et la France. Pierre-Louis avait l'esprit d'un condottiere. Fervent partisan de la France, il était le maître d'œuvre occulte de la plupart des conspirations nouées contre les serviteurs de Charles Quint : à Gênes avec Jules Cibo, à Naples avec César Mormile, à Sienne, à Milan... On lui prêtait l'intention de s'emparer de cette dernière ville par surprise. Ferrante Gonzague, gouverneur du Milanais, résolut de se débarrasser de lui. Il lui suffit d'encourager quelques seigneurs de Plaisance, dont Farnèse s'était attiré la haine par ses excès. Ils le poignardèrent et pendirent sa dépouille à une fenêtre. Gonzague survint alors avec cinq cents soldats et occupa la ville au nom de l'empereur. Toutefois il ne put s'emparer de Parme. L'assassinat de son fils outra Paul III de colère. Il décida de rompre avec Charles Quint et de s'allier avec Henri II. Le roi lui envoya le cardinal Charles de Guise. Un accord fut signé, prévoyant une aide réciproque, défensive et offensive. L'Italie redevenait une fournaise ardente. Ce n'étaient partout qu'attentats, conspirations, complots. Les projets, les intrigues des Farnèse, portaient leurs fruits ! A Gênes, Jules Cibo, marquis de Massa-Carrara, projetait d'assassiner Andrea Doria et d'ouvrir les portes de la ville aux Français. Il fut dénoncé par sa propre mère, torturé, décapité. D'autres conjurés prirent la relève. Ils furent pareillement dénoncés et mis à mort. A Naples, César Mormile préparait le meurtre du vice-roi et de sa garde ; il offrait de livrer la ville et les principales places fortes à la France. Deux conspirations furent découvertes à Milan, visant à assassiner Gonzague. Leurs auteurs, longuement torturés, avouèrent qu'ils travaillaient pour le compte des Farnèse afin de venger Pierre-Louis, et que le roi Henri II était instruit de leurs projets. L'or français nourrissait les haines et facilitait les intrigues. Le cardinal du Bellay, notre ambassadeur permanent à Rome, tenait les fils de ces conspirations. Il renseignait ponctuellement le roi. Jamais l'influence française en Italie n'avait été aussi grande et jamais, en raison des embarras de l'empereur à Augsbourg, l'occasion d'intervenir n'avait été plus opportune !

Ce fut alors que le roi décida le « voyage » en Piémont, en fait une simple promenade militaire ou, si l'on préfère, une tournée d'inspection sur la frontière du Milanais. Ce voyage pouvait être compris diversement : c'était à la fois une démonstration de force à l'encontre de Charles Quint, une menace contre le vice-roi de Milan, un encouragement pour les Italiens qui réclamaient si fort la présence française. Une telle initiative était certes à la limite de la provocation : cependant elle ne constituait pas un casus belli. En réalité, Henri II n'avait nullement l'intention de reconquérir le Milanais pour rassurer le pape. Il connaisait trop bien la versatilité des Italiens, et leurs querelles intestines. D'ailleurs, si nos diplomates réussissaient à convaincre le duc de Ferrare, le Sénat de Venise refusait de s'engager en dépit de magnifiques promesses.

Henri II partit de Troyes, le 15 mai 1548, suivi de la cour et accompagné d'une forte escorte. Il traversa la Bourgogne, fit ses Entrées à Dijon et à Beaune. La reine et les dames n'allèrent pas au-delà de Lyon. Marie de Médicis s'était vu confier une sorte de régence du royaume pendant l'absence du roi. De Lyon, on s'achemina vers la Savoie. La première Entrée devait avoir lieu à Chambéry, où François Ier avait naguère institué un parlement, marquant par là son intention d'annexer définitivement ce duché. Dans cette ville survint un incident que relate Vieilleville et sur lequel je me permets d'insister, car il témoigne de l'outrecuidance des Guise et des animosités qu'elle leur suscitait.

Comme on prenait place avant le défilé, quelle ne fut pas la stupéfaction du duc de Vendôme, premier prince du sang, en voyant François de Guise (duc d'Aumale) se ranger près de lui.

— « Mon compagnon, lui dit-il, tenons-nous (ce) rang en ce pays-ci ? »

— « Oui, monsieur, répond d'Aumale, et plus qu'en autre pays de France, car étant celui-ci de nouvelle conquête et duquel je suis gouverneur et lieutenant général pour le roi, Sa Majesté veut montrer en quelle estime elle a cette province et m'a commandé de marcher ainsi. »

— « Je le dis, mon compagnon, parce que tout ce que pourrait faire le chef de votre maison serait d'être en ma main. »

— « Je le pense bien, monsieur, en France, mais hors le royaume vous seriez après lui, parce qu'il est souverain et vous ne l'êtes pas, mais sujet et vassal de la couronne de France, et M. de Lorraine ne tient son état que de Dieu et de l'épée. »

Vendôme, « piqué de ce superbe langage », se retira pour éviter une dispute. Le roi fut averti. Il envoya Vieilleville pour l'apaiser et le prier de reprendre sa place. Et, comme Vendôme hésitait :

— « Dites-lui, monsieur, qu'il marche hardiment au rang où il est, conseilla Vieilleville. Que si le roi avait commandé à un laquais de s'y mettre, vous le souffririez et l'auriez très agréable. Jamais vous ne verrez homme si fâché. »

Ce que fit Vendôme, car il avait goûté le trait. D'Aumale avala la couleuvre. Son premier mouvement fut de vider les lieux, mais il était trop « esclave des honneurs et de la gloire » pour ne pas rester. Et Vieilleville de conclure : « Les deux princes toutefois ne laissèrent de souper ce soir-là ensemble, tant sont les courtisans dépravés et nourris en dissimulation. »

Le roi poursuivit le voyage. Pour ménager les ressources des petites villes que l'on traversait, il passait « en chasseur, sa trompe en écharpe ». Mais, à Saint-Jean-de-Maurienne, l'évêque et les autorités insistèrent pour avoir l'honneur d'une Entrée, et promirent d'offrir à Sa Majesté un spectacle inédit. Henri se présenta donc chevauchant sous un dais, accompagné des princes et seigneurs habituels, escorté par ses gardes suisses. Soudain, comme il avait franchi la porte de la ville, s'avança, quatre par quatre, tambours battants et le pieu sur l'épaule, une compagnie de cent hommes déguisés en ours : « têtes, corps, bras et mains, cuisses, jambes et pieds, si proprement qu'on les eût pris pour ours naturels ». Ils séparèrent le roi de ses gardes suisses et le conduisirent à l'église pour y entendre une messe chantée. A la sortie de l'église, il fut conduit à son logis par les mêmes ours faisant « mille gambades, toutes propres et approchantes du naturel des ours ; comme de lutter et grimper le long des maisons et des piliers des halles, et, chose admirable, ils contrefaisaient si naturellement par un merveilleux artifice en leurs cris le hurlement des ours, que l'on eût pensé être parmi les montagnes ». Le roi était ravi et riait de bon cœur. Il se mit à la fenêtre pour les regarder, y prenant « un grandissime » plaisir. Les ours poussèrent tous ensemble un tel cri que les chevaux s'ébrouèrent. Ils rompirent les rênes, brides, croupières et sangles, vidèrent les cavaliers de leur selle, et galopèrent à la débandade. Ce fut « le comble de la risée », bien qu'il y eût quelques blessés : mais ce n'étaient que laquais attendant leurs maîtres ! Les ours dansèrent une carole frénétique, à laquelle les gardes suisses se joignirent : « Car ils sont, dit Vieilleville, comme compatriotes des ours. » Henri déclara n'avoir reçu de sa vie autant de plaisir pour « une drôlerie champêtre et fit un présent de mille écus aux danseurs ».

Laissons là les ours de Saint-Jean-de-Maurienne. Le roi franchit le Mont-Cenis et, par Suse et Villiane, arriva à Turin, capitale du Piémont. Le gouverneur en était le prince de Melfi, maréchal de France. Il détenait les pouvoirs d'un vice-roi. Exécutant avec intelligence les ordres d'Henri II, il venait de terminer une affaire de grande importance. Depuis longtemps, le marquisat de Saluces était considéré par les Français comme la clef de l'Italie. Ç'avait été par ses défilés que les armées de Louis XII et de François Ier avaient fréquemment franchi les Alpes. Le marquis était en principe l'un des feudataires du Dauphiné, donc vassal du roi de France. En fait, il était à peu près indépendant. Or le prince de Melfi avait appris que Gabriel de Saluces négociait avec Charles Quint. C'était un cas de félonie. Melfi reçut l'ordre de l'arrêter. Gabriel fut surpris dans son château de Revel et jeté en prison. Melfi pourvut toutes ses forteresses de garnisons françaises. Gabriel tenta d'échapper au châtiment en testant en faveur du connétable comme avait fait jadis le comte de Châteaubriant. Il mourut bientôt et le roi annexa purement et simplement le marquisat de Saluces et ses dépendances. C'était un affront de plus à l'égard de Charles Quint, mais aussi une précaution élémentaire.

En compagnie du prince de Melfi et de ses lieutenants Strozzi et Termes, Henri visita avec soin les places fortes bordant le Milanais. Les défenses avaient été renforcées, les fossés recreusés, élargis sous la direction de l'ingénieur italien Vimercato. Melfi disposait de 5 000 hommes d'élite, dont beaucoup étaient d'anciens combattants de Cérisoles. Le roi ne manqua pas de les passer en revue. Il distribua des « décorations », nomma des chevaliers de l'ordre de Saint-Michel, accorda des titres d'anoblissement à titre héréditaire et double solde à tous, malgré les récriminations de Montmorency qui soutenait que ces hommes étaient trop bien équipés pour avoir besoin d'argent. Il fit mieux et la décision qu'il prit dut certainement lui gagner le cœur des soldats. Elle mérite en tout cas d'être soulignée. Je cite encore Vieilleville, puisqu'il était présent : « Aux stropiats (estropiés) qui avaient perdu bras et jambes, ou la moitié de la vue, pour son service, il fit donner de l'argent et les reléguа dedans des abbayes en France, ordonnant aux abbés de leur donner pension annuelle pour le reste de leur vie ; et dure cette institution jusques aujourd'hui, que l'on appelle un donne, qui se court et se brigue quand il vaque par tous soldats qui sont fortunés (privés, par infortune) à la guerre de leurs membres, faute desquels ils ne peuvent plus porter les armes : et il y a bien peu d'abbayes en France qui n'en soient chargées. » Pris de compassion pour ces vieux soldats qui avaient versé leur sang pour le royaume, perdu un œil, un bras ou une jambe, il leur procurait un asile jusqu'à la mort, le vivre et le couvert, au lieu de les laisser mendier leur pain et connaître la déchéance. L'institution des donnes préfigure celle des Invalides. Une telle initiative juge un homme.

Au milieu des divertissements et festivités de toute nature que Turin lui offrit, Henri reçut le duc de Ferrare, Hercule II d'Este. Ce dernier avait épousé en 1528 Renée de France, fille de Louis XII et d'Anne de Bretagne. Il venait rendre hommage à Henri II et sceller le mariage de sa fille Anne d'Este avec François d'Aumale. Les Guise tenaient extrêmement à cette union qui les rapprochait encore un peu plus de la Maison royale. Henri II y voyait une garantie de l'alliance contractée avec le duc de Ferrare. Les conditions du mariage furent promptement négociées. C'était un nouveau succès diplomatique, compensant dans une large mesure notre échec auprès du Sénat vénitien.

L'immobilisme — ou la prudence — d'Henri décevait le pape.

De son côté, le roi estimait avoir assez fait pour Paul III. Il avait, sur sa demande, envoyé les cardinaux français à Bologne pour faire pièce à l'empereur ; promis son appui militaire au cas où les Impériaux envahiraient les États du Saint-Siège et, en gage d'alliance, consenti au mariage de Diane de France avec Orazio Farnèse (Diane était la fille qu'il avait eue de Filippa Duci et qu'il avait légitimée ; Orazio, le petit-fils de Paul III). Le pape voulait davantage. Il prétendait chasser les Espagnols du Milanais, réclamait des hommes et surtout de l'argent pour solder ses propres mercenaires. Henri II refusait de s'engager. Il n'entendait point se lancer en quelque aventure chimérique, et d'autant moins que le pape ne pensait qu'à la grandeur des Farnèse. Le roi se souvenait des volte-face de Rome, au temps de François Ier ! C'était Charles Quint, non pas une hypothétique reconquête du Milanais, de Gênes ou du royaume de Naples, qui tenait le centre de ses pensées. Les Italiens, le subtil Alexandre Farnèse lui-même, ne comprenaient pas que ces conspirations sans cesse renaissantes, ces alliances matrimoniales, le servaient en affaiblissant l'autorité de l'empereur et en l'inquiétant. Henri n'avait pas d'autre but. Il réservait l'avenir. Le voyage en Piémont s'avérait à tous égards positif. Il avait indirectement provoqué l'annexion du marquisat de Saluces, d'un évident intérêt stratégique. Exalté le loyalisme des soldats de Melfi et montré combien les Piémontais étaient attachés à la France. Leurs vivats étaient spontanés. François Ier avait doté le duché d'un parlement, d'une assemblée des trois ordres et d'une administration calquée sur ceux du royaume. Henri II avait été à même de vérifier le bon fonctionnement de ces instances adaptées aux usages locaux. Ce que les Piémontais appréciaient surtout, c'était de se sentir protégés des Espagnols. Devant ces bonnes dispositions le roi décida de prononcer l'annexion définitive de cette province.

Il quitta Turin pour se rendre à Lyon. Des troubles avaient éclaté à Paris et dans l'ouest du royaume. Il importait d'y mettre bon ordre.

IX

LA RÉVOLTE DE LA GABELLE

L'émeute parisienne avait été peu grave, limitée aux étudiants. Les moines de Saint-Germain-des-Prés et l'Université étaient copropriétaires du Pré-aux-Clercs, vaste terrain situé en bordure de la Seine. Les moines en lotirent une partie, empiétant sur la part de l'Université. Les étudiants renversèrent les palissades, saccagèrent les jardins et coupèrent quelques arbres. Le Parlement trancha le différend et tout rentra dans l'ordre. Ce n'était qu'un incident sans gravité, dont les moines portaient d'ailleurs la responsabilité.

Autrement grave et significative du point de vue social fut la révolte de la gabelle qui éclata au début de l'été 1548 en Saintonge et en Guyenne. Déjà, en 1541, l'alignement du tarif de la gabelle applicable aux côtes d'Aunis sur celui des autres provinces avait provoqué l'assassinat de quelques gabelous et une émeute à La Rochelle. François Ier avait cru devoir pardonner aux Rochelais. Depuis, le nouveau tarif du sel semblait accepté par les populations. Il n'en était rien. On avait accoutumé d'acheter le sel à un prix très bas. Les sauniers entendaient vendre librement leur production. Or la multiplication des greniers à sel, leur affermage à des particuliers, la rapacité de ces derniers suscitaient une intense contrebande. Les droits exorbitants des gabelous, notamment leur pouvoir de perquisition, contrebattaient ce trafic. Les « faux sauniers » étaient condamnés à de lourdes peines et, en cas de récidive, envoyés aux galères. Or, par suite de la hausse des prix, les conditions de vie des salariés et des petites gens devenaient difficiles. L'augmentation du sel, l'obligation d'en consommer une certaine quantité par famille accroissaient les difficultés. Et, surtout, le zèle déployé nuit et jour par les employés de la gabelle était insupportable ! On les accusait même d'ajouter du sable au sel que l'on était obligé d'acheter et de punir les malheureux qui osaient réclamer.

La révolte éclata en mai 1548 en Angoumois. Elle s'étendit progressivement à la Saintonge, puis à la Guyenne, en juin et juillet. Au début, les « pitauds » — on appelait ainsi les séditieux — s'en prenaient aux seuls gabelous. Ils les chassaient de la contrée et brûlaient les greniers à sel. Puis ils se mirent à les massacrer, s'en prirent aux officiers du roi et aux bourgeois les plus riches. C'étaient, dans leur immense majorité, des paysans. La Roche-Beaucourt, gouverneur de l'Angoumois, n'avait pas de forces suffisantes pour mater cette mutinerie. Il demanda secours à ses voisins, les gouverneurs du Poitou (Jean du Lude) et de Guyenne (Henri d'Albret). Le roi fut prévenu par leurs soins. Il chargea du Lude de la répression. Une compagnie fut envoyée en Angoumois. Elle fut promptement décimée. Les pitauds étaient quatre mille, armés de faux, de fourches, de massues et de bâtons. Ils s'étaient donné des chefs : un bourgeois de Blanzac, nommé Bois-Menier, et le seigneur de Puymoreau, un petit hobereau de campagne. Leur nombre s'accrut avec l'impunité. Ils s'emparèrent de Cognac, de Saintes et de Ruffec. Ils pillaient les domaines, incendiaient les maisons bourgeoises, massacraient les gabelous, après leur avoir infligé d'effroyables tortures. Ils leur brisaient les membres à coups de maillet et les jetaient à l'eau en criant : « Allez, méchants gabelleurs, saler les poissons de la Charente ! » Sur leur lancée, ils brûlèrent plusieurs châteaux. Le maire d'Angoulême, Laurent Journault, s'entremit. Il partit pour Turin demander au roi l'abolition de la gabelle. Cette intervention n'arrêta pas l'insurrection. Les pitauds étaient désormais vingt mille. Ils avaient fait main basse sur des arquebuses et des épées. Ils tentaient de s'organiser. Ils avaient à leur tête une sorte d'état-major. Mais les chefs, bien qu'ils se fussent partagé le commandement et eussent tenté d'organiser cette horde, ne pouvaient imposer une discipline sérieuse. Ils manquaient eux-mêmes d'expérience et se croyaient en sécurité parce qu'ils avaient pris quelques villes et mis les gabelous hors d'état de nuire. Bois-Menier se fit prendre avec ses lieutenants et fut incarcéré à Angoulême. Les pitauds revinrent en masse, cernèrent la ville et obligèrent le gouverneur La Roche-Beaucourt à libérer les prisonniers. Le roi, toujours en Piémont, venait d'accorder une amnistie générale à Laurent Journault. Informé de la libération de Bois-Menier et de ses complices, il prit aussitôt le parti de la répression et expédia un corps de cavalerie en Angoumois. Il avait compris que cette mutinerie dégénérait en jacquerie, prenait la tournure d'une révolution contre le gouvernement royal.

La jacquerie gagnait déjà Libourne et les environs de Bordeaux. La municipalité de cette ville prit peur. Tristan de Moneins, lieutenant du gouverneur, se trouvait à Bayonne. On lui demanda de revenir de toute urgence. A son retour, il reçut une députation qui exigea la libération immédiate des victimes des gabelous et la suppression totale de l'entretien des hommes d'armes incombant à la cité. Moneins crut préférable de se retirer au Château-Trompette, car l'insurrection menaçait et il ne pouvait y faire face. Une délégation conduite par La Chassagne, président du Parlement de Bordeaux, le pria de sortir de cette forteresse, afin d'apaiser les esprits et de reprendre les négociations. Le 21 août, comme il se rendait à l'hôtel de ville, des pitauds le prirent à partie et l'assassinèrent. Détail significatif : ils arboraient le vieil emblème de la guerre de Cent Ans, la croix rouge d'Angleterre ! C'étaient pour la plupart des gens de campagne. Ils regagnèrent leurs villages ; les portes furent fermées derrière eux ; le parlement et la municipalité reprirent la situation en main. Des poursuites furent engagées contre les coupables habitant la ville. On croyait apaiser ainsi la colère du roi ; c'était mal le connaître, mais les Bordelais faisaient fond sur sa prétendue débonnaireté.

Informé de l'assassinat de Moneins, Henri II prit des mesures draconiennes et chargea Montmorency de la répression en le flanquant toutefois de François d'Aumale. Selon Vieilleville, le connétable aurait déclaré que « ce n'était pas de cette heure que ces peuples-là étaient capricieux, rebelles et mutins... qu'il les fallait exterminer et au besoin y planter une nouvelle peuplade pour n'y plus revenir ». Le roi le modéra ! Il ordonna que les rebelles fussent déférés aux tribunaux, et non laissés à la discrétion des soldats et qu'on interdît à ces derniers de piller et de tuer, hormis ceux qui résisteraient. Il envoyait Aumale pour surveiller discrètement Montmorency. L'insurrection bordelaise lui paraissait encore plus alarmante que celles de Saintonge et d'Angoumois. L'emblème arboré par les émeutiers de Bordeaux pouvait faire craindre une intervention anglaise, la Guyenne n'ayant pas oublié les Plantagenêts ! Henri décida de punir d'abord Bordeaux, tête de la rébellion. Des ordres furent donnés pour faire venir une partie des lansquenets stationnés en Picardie, pour lever des troupes en Languedoc et pour bloquer Bordeaux par mer. Quinze cents hommes furent détachés de l'armée royale et suivirent Montmorency. Vingt-deux compagnies de cavalerie furent envoyées dans l'Ouest. Au début d'octobre, les troupes étaient à pied d'œuvre ; elles formaient une armée d'environ 10 000 hommes. La population prit peur. Les rebelles se dispersèrent comme par enchantement. Quelques notables s'émurent, envoyèrent au roi pour implorer sa miséricorde. Il resta imperturbable.

Le connétable approchait de Bordeaux. Croyant l'amadouer, les Bordelais lui offrirent un magnifique bateau, peint d'azur et d'or, avec ses armoiries. Trois ou quatre députés le supplièrent d'y prendre place, pour gagner leur ville. Il leur répondit brutalement qu'il n'avait besoin ni de porte ni de bateau pour entrer à Bordeaux, mais qu'il traînait après lui vingt grosses pièces d'artillerie pour ouvrir une brèche. Les députés rentrèrent à Bordeaux et semèrent l'épouvante. Le bruit courut que « tout devait être abandonné à la force et au pillage ». On redoutait surtout les terribles lansquenets. Les Bordelais avaient assez d'hommes, de canons et de vivres pour résister. Ils crurent habile de décorer les rues comme pour une Entrée triomphale. C'en était une pour Montmorency, mais aux suites funestes. Dix mille soldats en armes défilèrent avec leurs canons, puis occupèrent les principaux monuments et les points stratégiques.

On commença par confisquer les armes des habitants. Les canons furent enlevés des remparts et les munitions, saisies. Le connétable suspendit le parlement : il avait amené avec lui des juges de Paris, de Rouen et d'Aix, et, parmi ceux-ci, le maître des requêtes Charles de Neuilly, réputé pour son inflexibilité. On commença par faire le procès de la ville tout entière. Nulle excuse ne fut admise. Bordeaux fut déclarée atteinte et convaincue des crimes de sédition, de rébellion et de lèse-majesté. Ses privilèges furent abolis. Elle perdit le droit d'élire son maire et ses jurats, de tenir des assemblées, de posséder un sceau, d'avoir un budget municipal, une juridiction propre à la ville. La mairie devait être rasée. Toutes les cloches devaient être enlevées des églises et transportées au Château-Trompette pour être fondues et servir à la fabrication de canons. La ville était en outre condamnée à verser une amende de 200 000 livres et à payer les frais de l'occupation militaire. Enfin, pour expier l'assassinat de Tristan de Moneins, les jurats déchus de leur charge et cent vingt notables devaient assister, en habit de deuil et un flambeau à la main, à l'exhumation du corps. Cette sentence fut exécutée avec la dernière rigueur. Dans les villages des environs, les cavaliers d'Aumale traquaient les rebelles, confisquaient pareillement les armes et descendaient les cloches des églises. Ceux que l'on arrêtait étaient conduits à Bordeaux pour y être jugés. Le tribunal institué par le connétable ne faisait pas de quartiers. Il prononça cent quarante condamnations à mort. Pour frapper la population de terreur, les juges variaient les supplices. On pendit, on décapita, on roua, on empala, on démembra à quatre chevaux, on brûla ! Les juges prenaient à tâche d'infliger aux condamnés les mêmes tourments que, dans leur frénésie, les pitauds avaient fait éprouver aux gabelous ! Trois d'entre eux furent « maillotés », c'est-à-dire qu'on leur rompit les membres à coups de maillet, puis on les jeta encore vivants dans le feu, en leur criant : « Allez, canaille enragée, rôtir les poissons de la Charente que vous avez salés du corps des officiers de votre roi et souverain Seigneur ! » Les notables ne furent pas épargnés, ni les fonctionnaires coupables de faiblesse. Les exécutions durèrent tout le mois de novembre, cependant que les soldats cantonnés dans les différents quartiers se conduisaient comme en ville conquise, malgré les ordres du roi. D'Aumale n'avait rien fait pour modérer l'ardeur de Montmorency. Ce dernier quitta Bordeaux, besogne faite, le 22 novembre, mais en y laissant une forte garnison et un gouverneur à poigne.

La Guyenne, l'Angoumois et la Saintonge restèrent occupés militairement, aux frais des habitants. Il n'est que de se reporter au témoignage de Vieilleville pour imaginer leurs exactions. Il raconte l'histoire d'un pauvre curé de campagne que trois soldats accusèrent d'avoir sonné le tocsin lors de la sédition. Terrorisé, le curé leur donna huit cents écus. Cela ne leur suffit pas. Ayant appris qu'il avait caché ses calices, chasubles et reliques en lieu sûr, ils le forcèrent, le couteau sur la gorge, à révéler « la musse » (la cachette). Le neveu du curé vint avertir Vieilleville de cette « volerie ». Vieilleville accourut comme un furieux, tua le premier des trois, en criant :

— « Poltrons, sommes-nous luthériens pour courir sus aux prêtres et voler les églises ? »

Les deux autres coquins furent abattus par leurs officiers. On trouva le curé attaché sur un banc et gardé par deux valets, « un poignard sur l'estomac pour l'empêcher de crier ». Les prêtres étaient généralement traités avec respect. Mais les artisans, les paysans, les habitants des simples bourgades ? Ils avaient pour seuls défenseurs les petits nobles locaux. Ceux-ci ne pouvaient toujours s'opposer aux violences des soldats ; parfois ils ne se souvenaient que trop des menaces ou des sévices dont ils avaient été l'objet aux beaux jours de la mutinerie. Comme le dit Vieilleville, « l'ordinaire du soldat est de ne jamais payer son hôte, mais plutôt de le rançonner avec blasphèmes exécrables entremêlés d'injures et de coups ». Inversement il relate une découverte qui laisse assez perplexe sur les intentions des rebelles. Au cours d'une perquisition dans une hôtellerie des environs de Bordeaux, ses palefreniers trouvèrent, dissimulés sous la paille et le foin, deux cents piques en bois de Biscaye, quatre-vingts arquebuses, cinquante épieux, quarante hallebardes, et diverses pièces d'armures, casques, corselets d'acier, rondaches et morions. L'hôte prétendit que ses voisins s'étaient défait de cet arsenal avant les troubles, de crainte de se compromettre. Explication tirée par les cheveux, dont Vieilleville, vraiment peu curieux, se serait contenté...

En Saintonge et en Angoumois, le pourchas des rebelles continuait. Le nouveau gouverneur d'Angoulême, M. de Sanzac, faisait diligence. Les principaux meneurs furent arrêtés et suppliciés, dont Bois-Menier, Puymoreau et quelques prêtres coupables d'avoir suivi les mutins. On ignore le nombre exact des condamnations. Les villes et villages frappés de lourdes amendes et obligés de nourrir la troupe paraissaient anéantis. Les officiers du roi étaient eux-mêmes lassés par tant d'excès. Les pitauds avaient cessé d'exister. Ceux qui s'étaient signalés par quelque méfait, tremblaient d'être dénoncés. Les gabelous étaient vengés. Henri II se laissa toucher par les plaintes des habitants, et par les rapports qui lui parvenaient. Il ordonna l'évacuation progressive des garnisons, qui commença en février 1549 pour s'achever en juin. Après ce châtiment exemplaire, il était disposé à négocier. Il réunit une assemblée provinciale qui formula des propositions acceptables. Loin de s'obstiner — en dépit de son entêtement bien connu ! — il abolit la gabelle de 1542 et revint au système antérieur, mais contre une indemnité de rachat. La somme était énorme : près de douze cent mille livres ! Cependant les ci-devant pitauds préférèrent payer : ce qui donne à croire que ces provinces n'étaient pas tout à fait ruinées. En septembre 1549, le roi accorda l'amnistie générale promise naguère à Laurent Journault. Il rendit ses privilèges à Bordeaux, qui recouvra son parlement et ses jurats. Agissant de la sorte, il rétablissait à coup sûr la paix sociale, mais d'une certaine manière, il donnait tort à Montmorency : en tout cas il lui signifiait qu'en dernier lieu il restait le maître.

Cependant il ne faudrait pas imaginer que la rigueur du connétable scandalisât l'opinion dans le reste du royaume. L'assassinat de Moneins et des employés de la gabelle, dans les conditions que l'on sait, les méfaits perpétrés par les pitauds, constituaient des crimes méritant le plus sévère châtiment. On n'eût pas compris que le roi pardonnât trop facilement aux rebelles. Quant aux supplices infligés, ils ne heurtaient point les sensibilités du temps. Les guerres de Religion, en lâchant la bride aux mauvais instincts, engendreront les mêmes raffinements de cruauté. Cependant deux faits méritent d'être retenus. D'une part, l'un des condamnés de Bordeaux fut reconnu coupable de trahison, pour avoir pris contact avec les Anglais. D'autre part, le protestantisme — dont la coloration sociopolitique a été maintes fois soulignée — se développa rapidement dans les provinces insurgées, spécialement en Saintonge et en Angoumois. L'expédition de Montmorency y avait laissé des traces douloureuses, en dépit du pardon d'Henri II. Il en demeura un dicton : « Dieu nous garde des patenôtres de M. le connétable ! » Ce fervent catholique ne manquait pas de prier pour l'âme des rebelles qu'il faisait pendre, à ce que prétendaient ses détracteurs !

X

L'ENTRÉE A LYON

Pendant que ces événements se déroulaient dans l'ouest du royaume, que Montmorency et Aumale chevauchaient vers Bordeaux à la tête de leurs hommes d'armes, Henri II faisait son Entrée à Lyon. Je ne relaterai pas les détails de cette cérémonie. Ils figurent dans les publications du temps, en particulier dans « Le Grand Triomphe fait à l'entrée du Très Chrétien Henri II en sa noble cité de Lyon et de la reine Catherine ». Je suivrai simplement le récit de Brantôme, en ne soulignant que les points forts et surtout l'un d'entre eux montrant combien ces bourgeois urbains se montraient avisés. Cette Entrée eut lieu le dimanche 23 septembre 1548. Celle de la reine, le lendemain. Les festivités se prolongèrent plusieurs jours. Lyon s'était surpassée. Il est vrai qu'elle revendiquait le rang de seconde ville du royaume, se réclamait d'un passé prestigieux dont témoignaient encore les ruines romaines de la colline de Fourvières ; que sa prospérité et ses richesses égalaient celles de Paris. Elle était alors la vraie capitale du commerce et de la banque, en raison de sa situation géographique. Elle abritait dans ses murs de riches colonies étrangères venues principalement de Gênes et de Florence. Cependant elle dut emprunter pour financer ces glorieuses journées. Il fallut en hâte construire des décors extraordinaires, tailler les costumes et les broder, décorer de superbes navires, régler les spectacles, entraîner leurs acteurs, prévoir de monstrueux festins en rapport avec la réputation gastronomique de la cité, acquérir les présents qui seraient offerts au roi, à la reine et à Diane de Poitiers, prévoir le pavoisement des rues, préparer l'hébergement d'hôtes illustres. Tous les corps de métiers furent de la partie. Passons sur le défilé qui fut digne d'un conte des Mille et Une Nuits, avec ses arquebusiers, ses marchands de diverses nations, ses corporations, ses magistrats en longue robe, ses échevins, ses confréries de jeunes hommes caracolant sur leurs chevaux, les gardes suisses, la Maison royale, et le roi lui-même avec les grands seigneurs et les princes.

Le premier spectacle fut un combat de douze gladiateurs, les uns vêtus de satin blanc, les autres de satin cramoisi, « fait à l'antique romaine ». Les uns étaient armés d'une pique, les autres d'une épée, certains d'une dague et d'une targe. La reconstitution était, on le voit, approximative. Ils s'élancèrent, rang par rang, les uns contre les autres avec fureur, « ainsi que firent jadis les Horaces et les Curiaces. Ils simulèrent si bien le combat que leurs armes se brisèrent et que l'on cria de les séparer ». Ce duel à douze n'était qu'une danse aux figures bien réglées. « Le roi y prit un tel plaisir, comme à une chose non jamais de nos temps vue ni accoutumée, pour une chose si dangereuse, qu'il la voulut encore revoir six jours après son entrée, ce qu'il fit. » Et, certes, ce ballet de gladiateurs n'était pas exempt de dangers, en dépit de l'entraînement des faux combattants. Brantôme estime quant à lui qu'il étaient certainement « plus martiaux que bateleurs ni joueurs de comédies ou tragédies ». Et, dans son enthousiasme rétrospectif, il s'écrie : « Ah ! gente ville de Lyon, que vous montrâtes bien là que vous étiez bien gentils, adroits et ingénieux, comme de tout temps vous l'avez été en ce que vous avez voulu entreprendre, non seulement en cet endroit d'entrée et de combat, mais en cette belle chasse de Diane, qui fut aussi une très rare et très plaisante chose à voir... »

Cette chasse de Diane révèle l'opportunisme des Lyonnais. C'était un hommage assez indiscret à Diane de Poitiers. Rien ne pouvait plaire davantage à Henri. Non loin d'un obélisque, les Lyonnais avaient élevé une enceinte de six pieds de haut, remplie de terre. Ils y avaient planté des arbres « de moyenne futaie », des arbrisseaux, des taillis, pour simuler une petite forêt. Et là s'ébattaient des cerfs, des biches et des chevreuils. Des trompes et cornets retentirent. La déesse Diane apparut, chassant « avec ses compagnes et vierges forestières ». Elle tenait à la main « un riche arc turquois, avec sa trousse pendant au côté, accoutrée en atours de nymphe, à la mode que l'antiquité nous la représente encore ; son corps était vêtu à demi-bas, à six grands lambeaux ronds de toile d'or noire, semée d'étoiles d'argent, les manches et le demeurant de satin cramoisi, avec profilure d'or, troussée jusqu'à mi-jambe, découvrant sa belle jambe et grève (genou) et ses bottines à l'antique de satin cramoisi, couvertes de perles en broderie. Ses cheveux étaient entrelacés de gros cordons de riches perles, avec quantité de pierreries et joyaux de grande valeur ; et au-dessus du front un petit croissant d'argent, brillant de menus diamants, car d'or n'eut été si beau ni représentant si bien le croissant naturel, qui est clair et argentin... ».

Les compagnes de la déesse étaient elles aussi vêtues à l'antique. Elles tenaient en laisse des limiers, de petits lévriers et des épagneuls. Les laisses étaient tressées de cordons de soie noire et blanche, « couleurs du roi pour l'amour d'une dame du nom de Diane » ! D'autres conduisaient des chiens courants. Elles portaient des trompes et des cornets de chasse suspendus à des écharpes blanches et noires.

Au moment où parut le roi, un lion mécanique sortit du bois et vint s'agenouiller aux pieds de la déesse. Elle en fit présent à Henri, au nom de la ville de Lyon dont c'était le symbole héraldique. Il remercia de bon cœur. « Or notez, ajoute Brantôme, que cette Diane et toutes ses belles compagnes étaient les plus apparentes et belles femmes mariées, veuves et filles de Lyon, où il n'y en a point faute, qui jouèrent leur mystère si bien et de si bonne sorte que la plupart des princes, seigneurs, gentilshommes et courtisans en demeurèrent fort ravis. » Ils l'étaient surtout de « mirer » les jambes et les genoux de ces dames. Quant au roi, il appréciait l'hommage à la Dame de ses pensées.

Le lendemain, à l'Entrée de la reine, la petite déesse lyonnaise répéta son compliment. Catherine de Médicis subit cette humiliation sans broncher. Diane de Poitiers était parmi les suivantes ; elle dut savourer son triomphe.

La troisième singularité fut une naumachie, organisée à grands frais. Elle opposait deux galères à l'antique et une profusion de plus petits navires, fustes, frégates, esquifs et barques. L'une des galères était noire et blanche : l'autre, verte : la couleur préférée de Catherine de Médicis ! Elles étaient pavoisées d'oriflammes, de banderoles et d'étendards de taffetas et de damas. Des soldats superbement armés les montaient, de poupe en proue, et les canonniers se tenaient, mèche allumée, près des grosses pièces de bronze. Le roi et la reine prirent place sur un bucentaure construit pour ce seul usage et sans doute imité du célèbre Bucentaure de Venise. C'était un magnifique bâtiment aux larges baies vitrées, aux colonnades et aux sculptures dorées. Il y eut trois assauts successifs parfaitement imités. Canons et fusils tiraient à blanc. Pots et lances à feu complétaient l'illusion. Le Rhône semblait embrasé, cependant que retentissaient les canonnades, les arquebusades et les vociférations des combattants. La galère verte fut coulée à fond, « au grand contentement du roi et de la reine, bien que les galères portassent ses couleurs : car elle a aimé et porté toujours le vert jusqu'à la mort du roi son seigneur et mari, qui de son côté portait et aimait fort le blanc et le noir, à cause de cette belle veuve qu'il servait ».

La quatrième merveille fut le spectacle d'une comédie offerte par le cardinal de Ferrare, primat des Gaules, dans le palais archiépiscopal. Elle coûta dix mille écus, car il avait fait venir les meilleurs comédiens d'Italie : « chose que l'on n'avait encore vue, et rare en France, car auparavant on ne parlait que des farceurs, des connards de Rouen, des joueurs de la basoche, et autres sortes de badins et sotteries ». Cette comédie n'était en fait qu'une imitation de Plaute, parfois à la limite de l'obscénité, et entremêlée de scènes mythologiques. Elle faisait fureur en Italie ; un pape s'en était diverti.

Le roi quitta Lyon le 1er octobre, fort satisfait : on le serait à moins. Les Lyonnais l'avaient comblé de leurs acclamations, de leurs prévenances. Ils avaient même aménagé un jeu de paume à son usage, pour le temps de son séjour dans leur ville. Sur toutes les fabriques brillaient le monogramme royal, avec les D bien apparents, et l'équivoque croissant argentin. Diane triomphait sur toute la ligne. On comprend qu'elle se prît à aimer les Lyonnais : ils avaient fait un bon placement ! Ce n'était encore pas assez pour elle. Le roi voulait qu'elle tînt un rang proportionné à l'adoration qu'il lui vouait. Le 8 octobre 1548, il lui octroya le titre de duchesse. Il lui avait précédemment fait don du comté de Valentinois et Diois, naguère cédé à Charles VII contre cinquante mille écus d'or et sept mille florins de rente, d'ailleurs impayés. Diane fut appelée désormais duchesse de Valentinois. Elle prenait place parmi les dignitaires de la couronne. Elle était devenue l'égale des Montmorency et des Guise. Catherine de Médicis but cette honte après les autres, sans se permettre une plainte, tant elle était fine joueuse. D'ailleurs elle ne tarderait pas à prendre sa revanche, ou à recevoir une honnête compensation. Henri II était de ces amants qui, pour avoir la paix, comblent de présents et leur femme légitime et leur maîtresse.

Le 21 octobre, le mariage d'Antoine de Bourbon et de Jeanne d'Albret fut célébré à Moulins. C'étaient l'épilogue d'une longue affaire et une victoire diplomatique pour Henri II. En 1512, Ferdinand le Catholique avait enlevé la Haute-Navarre à la Maison d'Albret et, depuis cette date, cette partie du royaume de Navarre, dont la capitale était Pampelune, restait au pouvoir des rois d'Espagne. Henri d'Albret, roi de Navarre, époux de Marguerite de Valois, ne cessa d'intriguer pour récupérer la Haute-Navarre. En 1540, il négociait dans ce but le mariage de sa fille, Jeanne d'Albret, avec le futur Philippe II. François Ier ne pouvait accepter que la Navarre française devînt espagnole. Il maria quasi de force Jeanne d'Albret avec le duc de Clèves, son allié contre Charles Quint. Mais Jeanne refusa de quitter la France et le mariage, n'ayant pas été consommé, fut annulé. Henri d'Albret reprit ses intrigues, avec l'accord de Marguerite. Pour y couper court, Henri II décida de marier sans retard Jeanne d'Albret. Il lui laissa le choix entre le duc d'Aumale et Antoine de Bourbon-Vendôme. Ce fut ce dernier qu'elle choisit. On sait que le futur Henri IV naquit de cette union assez mal cousue, mais qui agrandit le royaume de la Navarre.

La cour s'installa à Saint-Germain-en-Laye en novembre. On attendait le retour du connétable de Montmorency et de François d'Aumale, pour célébrer deux autres grands mariages : celui d'Aumale avec Anne d'Este, fille du duc de Ferrare, et celui de François de Châtillon-Coligny, sire d'Andelot, avec Claude de Rieux. Anne d'Este avait 150 000 livres de dot, mais Claude de Rieux, héritière des comtes de Laval, était immensément riche. Une fois de plus, les deux clans rivaux étaient quittes. Ces deux mariages, dont le premier fut célébré le 4 décembre et le second, cinq jours après, donnèrent lieu à des réjouissances équivalentes. Le roi tenait la balance égale entre ses favoris.

Il y avait presque deux ans qu'Henri II régnait. Ses sujets le qualifiaient déjà de « grand », de « roi triomphant, beau, très agréable et bénin prince ». La prodigalité de ses débuts, surtout ses dons à Diane de Poitiers, avait déconcerté, voire inquiété. On avait craint de même qu'il résiliât du tout le pouvoir entre les mains du connétable. On apercevait désormais que celui-ci n'était pas un maître tout-puissant et que l'autorité royale prévalait. Henri n'avait point rompu avec la politique de son père, mais il lui imprimait son propre style. On discernait en lui une sagesse, une prudence qui plaisaient au peuple. Le bilan de ses premières actions s'avérait positif. Il avait, en faisant enlever la petite reine Marie Stuart, soustrait l'Écosse à la rapacité des Anglais ; relevé le moral des vaincus de Mühlberg ; créé de sérieuses et continuelles difficultés à Charles Quint, sans aller jusqu'à la rupture. Le traité de Crépy persistait tant bien que mal, mais Henri avait fait sentir le poids de sa puissance. Il avait annexé l'important marquisat de Saluces, inspecté les forteresses du Piémont, accru le loyalisme des Piémontais. L'influence française progressait en Italie. Le duc de Ferrare était devenu notre allié. Le principe d'autorité avait été affirmé, brutalement sans doute et même cruellement, par la répression des pitauds. Henri II s'emploiera à panser les plaies et à trouver un compromis susceptible d'apaiser les esprits et de préserver les intérêts de la couronne. D'Aramon, notre ambassadeur en Turquie, travaillait à rompre la trêve signée par le sultan, le roi des Romains et l'empereur. L'amitié avec les Cantons suisses avait été resserrée : ils s'engagèrent à ne pas entrer au service de Charles Quint. On le constate, les activités diplomatiques primaient les autres.

A la fin de cette même année 1548, Charles Quint nomma Simon Renard ambassadeur en France. Ce Simon Renard était un élève du cardinal de Granvelle, « l'âme » de l'empereur. Natif de Vesoul, il avait alors trente-cinq ans. Il reste de lui un portrait d'Antonio Moro, merveilleux d'intelligence. Charles Quint l'avait chargé d'une mission complexe, rappelant à peu de chose près celle de Brissac et de Marillac en 1547. Il était recommandé au jeune ambassadeur de ne pas négliger les avis de « Monsieur le connétable, lequel le prendrait mal s'il en usait autrement », de faire ses remontrances avec modestie, mais, au besoin, fermement. De bien scruter le roi et d'essayer de connaître ses intentions. De recueillir des informations sur l'état des finances, sur l'armée, sur la flotte. Le statu quo entre la France et l'Empire ressemblait fort à ce que nous appelons aujourd'hui la guerre froide.

Ce fut Simon Renard qui qualifia Henri II de « saturnien », afin de plaire à son maître. Toutefois il se peut que le roi gentilhomme, oubliant sa courtoisie, se renfrognât en apercevant l'envoyé de son rival et repoussât ses insinuantes flatteries.

TROISIÈME PARTIE

LES ANNÉES GLORIEUSES

1549 – 1556

I

JOURNÉES ROYALES

Henri II n'avait pas la fantaisie de son père, ni son irrégularité. « Il veut le bien, écrivait Contarini, et il y travaille ; il est accueillant et ne refuse d'audience à personne. Pendant qu'il mange, il a continuellement quelqu'un qui lui parle de choses particulières et il écoute tout et il répond à tout de la façon la plus courtoise. On ne le voit jamais en colère, sauf quelquefois à la chasse... Aussi peut-on dire que par son caractère il est vraiment très aimé. »

Nous possédons sur son emploi du temps et sur ce qu'il faut bien appeler l'étiquette de la cour une précieuse lettre de la reine Catherine de Médicis à son fils Charles IX, datée de 1563. En été, Henri II se lève au point du jour et, en hiver, à la chandelle, vers sept heures. C'est un matinal ; il n'aime pas s'attarder au lit, même si, la veille, il s'est couché tard ou si la journée précédente a été éprouvante. C'est de plus un homme d'habitudes ; rien ne le fait déroger au programme qu'il s'est fixé. Dès qu'il est éveillé, il demande sa chemise. C'est un insigne privilège que de la lui présenter, privilège réservé au plus haut personnage qui se trouve présent, en général un prince du sang, à tout le moins un duc. Le lever d'Henri II préfigure celui de Louis XIV. J'en profite pour signaler qu'il est le premier de nos rois à se faire appeler « Votre

Majesté », au lieu du « Sire » dont son père et ses prédécesseurs se contentaient. Quand il est habillé, on introduit ceux qui sont admis au « lever » : grands seigneurs, chevaliers de l'Ordre, gentilshommes servants, qui attendaient depuis un moment dans l'antichambre. Ils entrent à la file indienne, selon un protocole rigoureux qui tient compte de la hiérarchie nobiliaire et de l'importance des fonctions. Tout ce monde est fort chatouilleux sur le point d'honneur et les questions de préséance. Henri II utilise au besoin ces rivalités, sans en rien laisser paraître. Les courtisans le saluent fort bas. Il dit quelques mots à chacun, selon son humeur, mais généralement avec une parfaite courtoisie. Il s'agenouille ensuite devant un petit autel portatif et prie quelques instants : il commence toutes ses journées en honorant le Souverain Seigneur. Les courtisans se retirent. Ne restent dans la chambre que les membres du conseil secret : Montmorency, Aumale, Bourbon-Vendôme, les quatre secrétaires d'État. On examine les affaires touchant à la paix et à la guerre, aux armées et à l'administration du royaume. Montmorency est le plus écouté, mais d'aventure Aumale le contrecarre. Le roi tranche le débat. Les délibérations durent plus ou moins, selon la conjoncture. Il consacre ensuite une heure ou deux à la correspondance. Il prend connaissance des mémoires qui émanent des agents diplomatiques ou de souverains étrangers. Il indique aux secrétaires d'État le contenu des réponses à faire. C'est un souverain appliqué et méthodique : le lendemain, les secrétaires d'État doivent lui soumettre ponctuellement lettres et dépêches. Il veille à leur expédition. Comme il est défiant par nature, il a ses propres informateurs, dont les rapports lui permettent de vérifier les activités de ses conseillers, de ses ministres. Il consulte aussi tous ceux qui sont susceptibles de l'éclairer, même s'il s'agit de petites gens. Pour les mettre à l'aise, il leur dit quelques paroles amicales et ne manque pas de s'informer de leur femme, de leurs enfants ; l'effet est immanquable et le procédé vieux comme la politique !

La messe a lieu à dix heures, rarement plus tard. Le roi quitte sa chambre, escorté non plus seulement par les archers de la garde, mais par les princes et les seigneurs de la cour. Henri est un croyant sincère, mais sa dévotion n'a rien d'ostentatoire. Il a comme son père la foi du charbonnier et n'est guère mieux ferré en matière de théologie, bien qu'il se pique parfois du contraire. Pendant la messe, on fait le lit royal, en présence du grand chambellan ou d'un des principaux gentilshommes de quartier.

A la sortie de la messe, si l'horaire le permet, le roi fait une courte promenade hygiénique. Le dîner — que nous appelons déjeuner — commence à onze heures. Il arrive cependant qu'il ait lieu à midi. Dès que le roi est à table, l'écuyer tranchant va chercher le « couvert ». Il revient accompagné des officiers de service et de l'huissier de la salle. Le « couvert » est une pièce d'orfèvrerie renfermant les couteaux et cuillers dont le roi se servira ; l'usage de la fourchette est encore inconnu en France. Le même cortège apporte les viandes et les plats successifs. Il s'est augmenté des panetiers, des échansons, des enfants d'honneur et des pages, du maître d'hôtel. Les venaisons abondent, enrichies d'épices variées : muscade, gingembre, cannelle, poivre. Le roi mange avec les doigts, comme tout un chacun à cette époque. Il essuie à la nappe ses mains et son couteau. Il mange et boit sobrement, car il a une légère tendance à l'embonpoint. Grâce aux sports qu'il pratique, il garde sa sveltesse musclée. Il aime les bonnes odeurs. Le linge est parfumé à l'eau de nèfle et de mélilot. Le parquet est jonché d'herbes et de fleurs fraîches.

Après le dîner, deux fois par semaine ou plus, Henri donne audience. Lui parle qui veut, à condition d'avoir une tenue décente. Nulle faveur n'est plus agréable à ses sujets, et d'autant que, sans morgue aucune, il s'entretient familièrement avec tous. Peut-être en impose-t-il cependant plus que son père. Il est attentif, sérieux, réfléchi. Il ne répond pas à la légère et plaisante rarement. Il sait écouter. Certains regrettent le rire, les boutades du noble roi François. D'autres apprécient l'attention d'Henri. Cependant le cérémonial dont il s'entoure et ce titre nouveau de Majesté impressionnent les timides.

Après les audiences, le roi se rend au cercle de la reine. Il y reste une demi-heure et se retire pour s'occuper des affaires, à moins qu'il ne se rende chez la duchesse de Valentinois. Sur les trois heures, il se promène à cheval avec sa noblesse, en devisant. Il pratique ensuite quelque sport avec ses familiers, en présence de la cour. Deux jours par semaine, il chasse, le cerf de préférence. C'est un chasseur passionné, comme tous les rois. Le souper est pris en famille, mais s'accompagne du même cérémonial. Le roi retourne au cercle de la reine. Il y a bal deux fois par semaine, car il faut occuper les courtisans, et les divertir pour s'en faire aimer. On se couche à dix heures et le coucher du roi est identique au lever. On a fermé les portes du château. On apporte les clefs qui sont placées au chevet du lit, car tel est le rite. La nuit appartient au roi. Il va rejoindre la reine, à moins que ce ne soit Diane : la nouvelle duchesse veille à ce que le partage soit acceptable. De toute façon, les deux amants prennent de si grandes précautions que l'on ne sait toujours pas la vérité sur leurs rapports, ou que l'on hésite. Est-ce un amour de tête, comme beaucoup le supposent, jugeant sur la différence d'âge ? Est-ce une liaison charnelle, en dépit des apparences, des marques de respect prodiguées par le roi à la Dame de ses pensées ? Le masque de la décence ajoute du piquant à leur passion, l'enveloppe de mystère et la rend presque honorable. Mais le connétable, les Guise et quelques autres savent à quoi s'en tenir sur les ardeurs du roi. Quant au peuple, bien qu'il ne puisse juger que sur les on-dit et les apparences, son instinct ne le trompe pas : la Diane des Lyonnais en atteste.

Mais je veux revenir sur les activités sportives d'Henri. Ses dons d'athlète faisaient l'admiration de la cour et des ambassadeurs. Brantôme en sut quelque chose. Je lui laisse la parole : « Au reste, s'il n'était à courir le cerf, il allait aux toiles à la volerie [1] ; s'il ne montait à cheval, il jouait à la paume, et très bien ; mais jamais il ne voulait tenir le jeu, mais secondait ou tierçait, qui sont les deux places les plus difficultueuses et dangereuses : aussi était-il le meilleur second ou tiers (mais meilleur tiers) de son royaume, et il s'y affectionnait fort, non pour l'avarice, car ce qu'il gagnait il le baillait tout à ceux de sa partie ; s'il perdait, autant perdu pour lui, car il payait pour tous : aussi les parties de ce temps n'étaient que de deux, trois cents, ou cinq cents écus au plus, non, comme aujourd'hui, de quatre mille, six mille et deux fois plus... Il se plaisait fort quand la reine sa femme, madame sa sœur [2] et les dames, le venaient voir jouer, comme souvent elles y venaient et qu'elles en donnaient leur sentence, comme les autres, des fenêtres d'en haut. S'il ne jouait à la paume, il jouait à la balle à emporter, au ballon, au pallemaille [3], qu'il avait fort bien en main ; car il était fort et adroit, et en faisait de très belles et longues bottes ou coups.

S'il faisait un grand froid et qu'il eut fort gelé, il fallait aller glisser sur la glace et même sur l'étang de Fontainebleau, où l'on voyait faire de beaux sauts. S'il avait fort neigé, il fallait faire des bastions et combats à pelotes de neige... Voilà les exercices de ce grand roi, avec tant d'autres que je serais trop long à écrire, comme de courir la bague, de piquer [4] sur grands chevaux ou les faire piquer devant lui ; mais pourtant la partie ne s'en faisait guère sans lui, et en voulait toujours piquer un ou deux, trois, quatre, voire six, tant il s'y plaisait : il fallait toujours convier les dames pour voir tous ses ébats.

Quand il pleuvait et qu'il ne pouvait sortir dehors, il fallait audedans choisir force autres passe-temps, dont il n'y avait point manque, ou à jouer avec les dames ou avec les gentilshommes, tirer des armes qu'il avait bien en main... Bref, ce prince ne fut jamais oiseux. Il consommait les matins et les soirs, à son lever et coucher, à traiter de ses affaires et y employait les matins deux ou trois bonnes heures, et les soirs moins ou plus, selon que les affaires le requéraient. »

---

1. Chasse à l'oiseau.
2. Marguerite de France, née en 1523, duchesse de Berry, future duchesse de Savoie.
3. Sorte de golf.
4. Faire galoper.

C'était un grand connaisseur de chiens et de chevaux. Sa meute était composée de chiens gris (dont la race passait pour remonter à Saint Louis) et de chiens blancs, race qu'il avait « mise au monde ». Écuyer remarquable, il possédait de superbes chevaux, élevés dans plusieurs haras, dont celui d'Oiron : on peut voir encore dans une galerie de ce château les traces des panneaux de cuir sur lesquels on les avait peints grandeur nature. Oiron appartenait au Grand écuyer, Gouffier de Boisy. Le roi aimait montrer ses chevaux aux visiteurs de marque. Ce fut ainsi, raconte Brantôme, qu'il promena un envoyé de Charles Quint dans ses écuries. Et comme l'autre s'extasiait :

— « Ce n'est pas tout, dit Henri, car je veux vous montrer encore un plus beau haras. »

Il fit venir ses pages auxquels il avait commandé de se tenir prêts. Ils étaient cent quarante, en fringante tenue.

— « Voilà, dit le roi, mon autre haras de ces pages que j'estime autant que les autres ; car ce sont tous gentilshommes de bonne part de mon royaume, lesquels je nourris [1] ; et, tous les ans, j'en sors hors de pages une cinquantaine que j'envoie soudain aux guerres, ou parmi l'infanterie ou gendarmerie, ou cavalerie légère ; lesquels, en un tournemain, étant ainsi gentilshommes et bien nourris, avec les beaux exemples qu'ils voient devant eux, se façonnent et se font bons soldats et bonnes gens de guerre... »

Brantôme ajoute que le roi « se baignait d'aise », quand il apprenait les prouesses des anciens pages. Il avait une mémoire excellente et se souvenait de chacun d'eux. Précieuse qualité, car il gardait aussi parfaite souvenance de tous ses compagnons de jeux, fût-ce un joueur occasionnel ou le plus mince gentilhomme venu à la cour présenter quelque requête. Lorsque l'un d'eux se distinguait, de façon ou d'autre, il en publiait la nouvelle : « Car c'était le prince qui celait le moins un service à lui fait, ni la valeur de celui qui avait bien fait en quelque guerre ; et surtout n'était point médisant ni moqueur ; aussi gagnait-il par telles façons le cœur de sa noblesse, et possible n'y eut-il roi avant lui qui l'ait mieux possédée, car il était fort affable et doux. »

De même que le roi, Catherine de Médicis était debout à sept heures, qu'elle fût enceinte ou non. Pendant qu'Henri débattait des affaires avec ses conseillers, elle dictait des lettres à ses secrétaires ; parfois, comme le roi lui-même, elle écrivait de sa main. Il subsiste des milliers de lettres de cette correspondance. A dix heures, la reine assistait à la messe. Elle prenait son dîner à onze heures, faisait une brève sieste et accordait des audiences jusqu'à deux heures. Ensuite elle tenait salon. Faisait-il beau, elle partait en pro-

---

1. Élever, éduquer et entretenir.

menade et ne manquait pas d'assister aux exploits sportifs du roi. Pleuvait-il, elle brodait pendant que son époux jouait aux dés ou aux tarots. Elle était passionnée de chasse et ne manquait pas une partie, à moins qu'elle ne fût « fort grosse », c'est-à-dire près d'accoucher. A six heures, c'était le dîner familial, à nouveau suivi du cercle, et sinon de divertissements variés et, deux fois par semaine, du bal. Et il ne restait plus à Catherine qu'à se coucher et à attendre la visite de son seigneur et maître.

Elle était fort différente de la caricature imaginée par les Romantiques. Le portrait que Brantôme trace d'elle, à sa manière pointilliste, est infiniment plus vrai. Il dit qu'elle était d'humeur très gaie et de très bonne compagnie. Qu'elle dansait avec élégance. Qu'elle aimait les fêtes, inventait des jeux ou des motifs de ballets, « étant fort privée (familière), mais aussi fort grave et austère quand il fallait ». Qu'elle aimait aussi le théâtre, mais, en bonne Italienne, préférait les « Zany et Pantalons », c'est-à-dire la commedia dell'arte. Il vante ses talents de joueuse de paume et son adresse au tir : « Toujours, quand elle s'allait promener, faisait porter son arbalète et, quand elle voyait quelque beau coup, elle tirait. » Il rappelle qu'elle avait naguère eu l'honneur d'être admise dans « la petite bande » que François Ier menait aux « assemblées du cerf ». Catherine était des plus hardies. Plusieurs chutes assez graves ne ralentirent point son zèle. Elle monta à cheval jusqu'à soixante ans.

Brantôme note, ici et là, d'autres traits du caractère de la reine : « Quand elle appelait quelqu'un mon ami, c'était qu'elle l'estimait sot, ou qu'elle était en colère. Si bien qu'il y avait un gentilhomme servant, nommé M. de Bois-Février, qui disait bien le mot, quand elle l'appelait mon ami : Ha ! madame, répondait-il, j'aimerais mieux que vous me dissiez votre ennemi, car c'est autant de dire que je suis un sot, ou que vous êtes en colère contre moi, ainsi que je connais votre naturel de très longtemps. » La cour se déplaçait beaucoup, allant d'un château royal à l'autre, à Chantilly ou à Écouen, chez le connétable, ou à Anet, chez la duchesse de Valentinois. Une cavalcade de huit mille chevaux, de litières, de chariots ployant sous les bagages ! Brantôme montre la reine voyageant, par pays, escortée par une cinquantaine de dames et de demoiselles « montées sur de belles haquenées tant bien harnachées, et elle se tenant à cheval de si bonne grâce que les hommes n'y paraissaient pas mieux, tant bien en point pour habillement à cheval que rien plus ; leurs chapeaux tant bien garnis de plumes, ce qui enrichissait encore la grâce, si bien que ces plumes voletantes en l'air représentaient à demander amour ou guerre ».

C'était surtout à tenir salon que la reine excellait. Elle remplissait à merveille son rôle de maîtresse de maison et, malgré son étrange situation conjugale, dominait la cour de toute son intelligence. La

« marchande florentine » était devenue la première Dame de France. Prélats et grands seigneurs, trois cents dames et demoiselles d'honneur (l'escadron volant de la reine) fréquentaient son salon. « La cour de Catherine de Médicis, toujours selon Brantôme, était un vrai paradis terrestre et école de toute beauté, l'ornement de la France. » Catherine y faisait fleurir une distinction et une politesse de conversation et de manières qui se transmirent après elle. Je ne crois pas qu'elle les ait apportées d'Italie d'où elle vint à l'âge de quatorze ans, mais plutôt qu'elle les apprit de François Ier et de sa sœur Marguerite de Navarre, les perfectionnant ensuite par un goût et des qualités qui lui étaient personnels. La chambre de Catherine de Médicis, où se donnaient les concerts, était ouverte à tous les honnêtes gens. Son antichambre n'offrait pas moins de séductions. « Elle était ornée de belles jeunes filles, avec lesquelles on conversait, on discourait, on devisait, tant sagement et tant modestement que l'on n'eût osé faire autrement ; car le gentilhomme qui faillait en était banni et menacé, et en crainte d'avoir pis, jusqu'à ce qu'elle lui pardonnât et fît grâce, ainsi qu'elle y était propre et toute bonne de soi. » La reine Catherine avait fort à faire pour sauvegarder la bienséance dans ces assemblées de galants gentilshommes et de belles « toutes battantes pour mettre un feu par tout le monde ». Mais ces nobles demoiselles cherchaient des maris. Comme le dit Brantôme, « elles avaient le libre arbitre pour être religieuses aussi bien de Vénus que de Diane, pourvu qu'elles eussent de la sagesse et de l'habileté et savoir pour se garder de l'enflure du ventre ». Et il conclut sur une pointe de nostalgie : « Bref, on n'eût rien vu que tout beau, tout éclatant, tout brave, tout superbe, que jamais la gloire de Niquée n'en approcha : car on voyait tout cela reluire dans une salle du bal, au Palais ou Louvre, comme étoiles au ciel en temps serein. Aussi leur reine voulait et commandait toujours qu'elles comparussent en haut et superbe appareil. »

Il est certain que le salon de la reine joua un rôle déterminant quant à l'évolution du goût et des mœurs. Il promut Ronsard et ses amis de la Pléiade. Il fit la réputation de ces musiciens de la Renaissance par trop négligés par les musicologues et producteurs de disques. Toutefois Brantôme a tort d'affirmer que la reine n'importa pas en France les manières d'Italie. Certaines attitudes qu'il était de bon ton d'adopter, certains raffinements de politesse, et même certaines tournures de langage n'avaient pas d'autre origine. Ils annonçaient déjà le monde des Précieuses ridicules et offensaient le bon sens français. Henri II se plaisait au cercle de sa femme. Il était moins lettré qu'elle, mais il aimait la musique et grattait agréablement de « la guitarne » (la cithare). Ils se complétaient, par leurs différences, se rejoignaient dans l'amour des divertissements.

Ils se rejoignaient aussi dans l'amour pour leurs enfants : le dauphin François (cinq ans), Élisabeth (quatre ans), Claude (deux ans) et Louis qui venait de naître. Sans doute la duchesse de Valentinois s'attribuait-elle les fonctions de surintendante des Enfants royaux. Il n'empêche qu'Henri II, père excellent, ne laissait à personne le soin de leur logement. Il redoutait pour eux la pestilence des douves à la saison chaude, les épidémies, et il écrivait directement à M. d'Humières, leur gouverneur. On les transportait de Saint-Germain-en-Laye à Écouen, à Romorantin, à Amboise ou à Blois, à la première alerte. Catherine veillait aux régimes alimentaires. Elle ordonnait à Mme d'Humières de mettre la petite Claude à la panade, « plus saine que la bouillie ». Elle se souciait de la bonne santé des nourrices. De son côté, le roi ne craignait pas de s'abaisser aux plus infimes détails ; il écrivait à d'Humières : « Mon fils ne veut plus aller en femme. Je lui en sais gré et il est bien qu'il ait des chausses à cul (des culottes), puisqu'il en demande. » C'était Diane qui choisissait les nourrices et les prenait chez elle « à l'engrais, afin qu'elles fussent à la hauteur de leur mission ».

Les Enfants royaux ne cessaient d'inquiéter leur entourage. Ils étaient en mauvaise santé, ne se développaient pas normalement. Le dauphin François ne pouvait se moucher ; il avait de fréquents flux de ventre. Claude avait une déviation de la colonne vertébrale. Élisabeth avait des accès de toux et Louis, à peine né, s'étiolait. Les enfants à naître ne seront pas en meilleur état. Les alertes étaient continuelles. Il ne se passait guère de jours où d'Humières n'appelât en consultation l'archiatre Christophe Chrétien pour suppléer Jean Goevrot, médecin ordinaire. Il était facile à ces deux éminents praticiens de prédire le sort des derniers Valois. La reine avait chargé le peintre Germain Le Mannier de faire périodiquement le portrait de ses enfants. C'étaient des dessins au crayon, aussi ressemblants que des photographies. Le Mannier les lui envoyait. Elle jugeait d'après ces documents de la santé de ses rejetons car, par suite des déplacements de la cour, elle ne pouvait les voir autant qu'elle le désirait.

II

LE SACRE DE LA REINE

Ce n'est pas une sinécure que de mener l'existence de la cour, surtout quand on a l'honneur d'être admis parmi les familiers du roi, plus encore quand on a l'obligation d'assister à son lever et à son coucher ! Montmorency, les Guise, Saint-André et les autres doivent se lever avant l'aube, se mettre au lit fort tard, et cela tous les jours, à peine de perdre leur crédit en laissant le champ libre à leurs rivaux. D'aventure, il leur faut suivre les chasses, partager les jeux du roi. Or Henri II est infatigable. Après avoir forcé un dix-cors au terme d'une galopade épuisante, il se rend au jeu de paume et désigne ses partenaires. Que dire des secrétaires d'État et du principal ministre ? On connaît assez bien l'emploi du temps de Jean de Thier, dont ses contemporains vantaient l'efficacité. Dès le matin, bien qu'il soit harassé par les veilles, il se rend au lever du roi, cependant que, sur son chemin, les quémandeurs l'assaillent de toutes parts, qui lui remettant un placet, qui l'entreprenant sur une affaire, qui demandant des nouvelles d'une requête, qui sollicitant une recommandation, un emploi, une promotion, une grâce. Il se débarrasse comme il peut de ces importuns, car Sa Majesté n'attend pas et l'absence d'un secrétaire d'État serait notée. Il participe au conseil secret, met sous les yeux du maître les dépêches et les lettres qu'il a rédigées, reçoit des directives pour la correspondance du lendemain. Après avoir entendu la messe — car Henri ne tolère sur ce point aucun manquement —, il se retire en hâte, dîne au plus vite, dépouille les rapports qu'on lui remet, reçoit les solliciteurs. Le plus souvent, on le convoque pour retourner au conseil. A son retour, il reprend son labeur. Le soir, il assiste au coucher. Il regagne enfin son cabinet, mais pour étudier ses dossiers, dicter à ses secrétaires, revoir leurs minutes, jusqu'à une heure avancée de la nuit. Il doit aussi paraître à certaines cérémonies, et rattraper le temps perdu. Entre toutes ses attributions, il a la charge de la trésorerie du royaume : c'est à lui qu'il appartient de faire entrer le produit des impôts et des taxes dans les caisses de l'État.

Et Montmorency qui suit le roi comme son ombre ? Il cumule, comme on sait, les charges : Grand maître de la Maison royale, connétable, principal conseiller de Sa Majesté. Il se trouve au lever, au coucher, aux audiences les plus importantes. Il a ses propres solliciteurs, sa propre correspondance... Il passe pour capable de dicter à la fois à trois secrétaires et il écrit aussi de sa main. Il a bonne mémoire. Tout le monde le craint, y compris les secrétaires d'État. Pourtant le bonhomme plie devant le roi, ménage la duchesse de Valentinois, sourit aux Guise et fait le plaisant avec la reine. Il a pris aux armées des habitudes d'autorité, voire de brutalité. C'est un fameux redresseur de torts et un « rabroueur » de premier ordre. « Il avait tant vu, pratiqué et retenu que, quand il voyait faire des fautes ou qu'on bronchait devant lui, il le savait bien relever avec belles raisons ! Ah ! comment il vous repassait ses capitaines, et grands et petits, quand ils faillaient à leurs charges et qu'ils voulaient faire des suffisants, et voulaient encore répondre ! Assurez-vous qu'il leur faisait boire de belles hontes, et non seulement à eux, mais à toutes sortes d'états, comme à ces messieurs les présidents, conseillers et gens de justice, quand ils avaient fait quelque pas de clerc. La moindre qualité qu'il leur donnait, c'était qu'il les appelait anes, veaux, sots... »

Brantôme conte la manière dont il reçut l'un des présidents du parlement :

— « Dites donc, monsieur le président, ce que vous voulez dire, et couvrez-vous... Couvrez-vous ! »

— « Monsieur, répond le président, je ne me couvrirai point que vous ne soyez couvert le premier. »

— « Vous êtes un sot, monsieur le président. Pensez-vous que je me tienne découvert pour l'amour de vous ? C'est pour mon aise, mon ami, et que je meurs de chaud. Il vous semble que vous êtes à votre siège présidial. Couvrez-vous, si vous voulez, et parlez. »

L'autre, ébaubi, ne peut que balbutier. Le connétable :

— « Vous dis-je pas, monsieur le président, que vous êtes un sot : allez songer à votre leçon et retournez me trouver demain. »

Il arrivait que le rabroueur fût proprement rabroué. Il vint saluer Mlle de Limeuil, qu'il appelait sa maîtresse, « car le bonhomme n'était pas ennemi de la beauté ni de l'amour, par effets ou en paroles : il avait eu de bonnes pratiques en son temps jeune » ! Elle était de mauvaise humeur et reçut fort mal le barbon.

— « Eh bien, ma maîtresse, je m'en vais, vous me rabrouez fort. »

— « C'est bien raison que vous rencontriez quelque personne qui vous rabroue, puisque vous êtes coutumier de rabrouer tout le monde ! »

— « Adieu donc, ma maîtresse ; je m'en vais... »

Le même homme se donnait un mal infini pour conserver l'amitié du roi, qui ne l'appelait autrement que « mon compère ». Il se montrait fort gracieux envers la duchesse de Valentinois, pour ne pas déplaire à son gendre d'Aumale. Il supportait, en dépit de ses principes, l'immoralité du cardinal de Lorraine, car il redoutait ses intrigues. Il cultivait aussi l'amitié de la reine et tenait extrêmement à son estime, bien que son influence politique fût jusque-là négligeable, mais, à défaut de mieux, elle régnait sur la cour. Il faut cependant éclaircir ce portrait et donner au connétable ce qui lui revient. Il aimait le roi et voulait le bien du royaume. Il déplorait sans doute, en son for intérieur, qu'un si grand monarque se fût attaché à Diane malgré la différence d'âge, et il plaignait la reine. Mais il n'essayait pas de ramener Henri à ses devoirs. En 1550, Diane se cassa une jambe et s'enferma dans Anet. Montmorency en profita pour agencer une intrigue avec Lady Fleming, dame d'honneur de Marie Stuart. Le roi ne supportait pas la continence. La belle Écossaise devint sa maîtresse. Ce n'était qu'une bête : elle se vanta de sa liaison. Elle allait disant :

— « J'ai fait tant que j'ai pu, que, dieu merci, je suis enceinte du roi, dont je me sens très honorée et très heureuse ; aussi je veux dire que le sang royal a je ne sais quoi de plus suave et friande liqueur que l'autre, tant je m'en trouve bien, sans conter les bons brins de présents que l'on en tire. »

La reine et Diane se liguèrent contre elle. Quand elle eut accouché [1], elles la renvoyèrent furieusement en Écosse. La farce se retournait contre le connétable. Il faillit perdre son crédit mais sut lâcher du lest au bon moment. On se raccommoda. Tel était le

1. D'Henri de Valois : reconnu par Henri II, il partit en Écosse avec sa mère. Il revint à la cour et devint Grand prieur de France, sous le nom d'Henri d'Angoulême.

bon plaisir du roi. Sur ses amours avec la duchesse de Valentinois et sur la jalousie de la reine, Brantôme fait cet étrange conte :

« Un roi de par le monde aima fort en son temps une bien belle, honnête et grande dame veuve, si bien qu'on l'en tenait charmé ; car il se souciait peu des autres, voire de sa femme sinon par intervalles, car cette dame emportait toujours les plus belles fleurs de son jardin ; ce qui fâchait fort la reine, car elle se sentait aussi belle et agréable que serviable et digne d'avoir d'aussi friands morceaux, ce dont elle s'ébahissait fort. De quoi, en ayant fait sa complainte à une sienne grande dame favorite, elle complota avec elle d'aviser s'il y avait tant de quoi, même épier par un trou le jeu que joueraient son mari et la dame. Par quoi elle avisa de faire plusieurs trous au-dessus de la chambre de ladite dame, pour voir le tout et la vie qu'ils démèneraient tous deux ensemble : mais elles n'y virent rien que de très beau, car elles y aperçurent une femme très belle, blanche, délicate et très fraîche, moitié en chemise et moitié nue, faire des caresses à son amant, des mignardises, des folâtreries bien grandes, et son amant lui rendre la pareille, de sorte qu'ils sortaient du lit et tout en chemise se couchaient et s'ébattaient sur le tapis velu qui était auprès du lit, afin d'éviter la chaleur du lit et pour mieux en prendre le frais, car c'était aux plus grandes chaleurs.

Cette princesse donc, ayant vu et aperçu le tout, de dépit s'en mit à pleurer, gémir, soupirer et attrister, lui semblant, et aussi le disant, que son mari ne lui rendait le semblable et ne faisait les folies qu'elle lui avait vu faire avec l'autre.

L'autre dame qui l'accompagnait se mit à la consoler et lui remontrer pourquoi elle s'attristait ainsi, ou bien, puisqu'elle avait été curieuse de voir telles choses, qu'il n'en fallait pas espérer moins.

La princesse ne répondit autre chose sinon : Hélas, oui ! j'ai voulu voir chose que je ne devrais avoir voulu voir, puisque la vue m'en fait mal.

Toutefois, après s'être consolée et résolue, elle ne s'en soucia plus et, le plus qu'elle put, continua ce passe-temps de vue et le convertit en risée, et possible en autre chose. »

Brantôme n'a pas inventé cette petite histoire. Les courtisans la colportaient sous le manteau. Imaginaire ou véridique, elle révèle les rages secrètes de Catherine de Médicis. La vanité d'être reine, la fierté d'avoir donné le jour à un dauphin, la passion du pouvoir ne l'empêchaient pas d'être femme. Femme délaissée et humiliée ! Du moins obtint-elle une revanche éclatante sur sa rivale : l'honneur d'être couronnée.

Cette cérémonie avait un sens politique précis : en cas de mort prématurée du roi, elle donnait à son épouse vocation à exercer la régence jusqu'à la majorité du dauphin. Elle se déroula non pas à

Reims, mais à Saint-Denis, le 10 juin 1549. Ce fut le cardinal Louis de Bourbon qui officia. Pour Catherine de Médicis ce n'était pourtant qu'une demi-victoire. Diane, en grand manteau de duchesse, figurait parmi les dignitaires de la couronne. C'était elle qui tenait le cierge pendant l'offrande. Il y eut pis, et le geste scandalisa les cœurs honnêtes ! Le cérémonial prévoyait que la lourde couronne d'or serait enlevée du front de la reine et déposée sur un coussin. Or ce fut l'une des filles de Diane qui l'enleva et la déposa... aux pieds de sa mère ! On ne pouvait être plus clair, mieux donner à comprendre qu'il y avait deux reines de France. Henri II, si féru de protocole, si ferme sur la religion, ne craignait pas d'offenser le Seigneur. Une fois de plus, en associant Diane à cette cérémonie, il tentait de légaliser sa bigamie. Il est vrai que les prélats de l'époque trouvaient des accommodements avec le ciel, quand il s'agissait des princes, ou de leurs propres errements ! Ils célébraient à l'envi l'exactitude d'Henri II aux offices.

Six jours plus tard, le roi et la reine firent leur Entrée à Paris. Ce fut au tour de la duchesse de Valentinois d'être humiliée. Les Parisiens ne l'aimaient pas. Ils détestèrent d'ailleurs toutes les favorites. Diane fut tout simplement ignorée. Point de monogrammes H et D, point de croissants argentins, point de déesses chasseresses, sur les arcs de triomphe et les somptueuses fabriques ! Mais la couronne royale, les lys de France et les tourteaux rouges du blason de Catherine de Médicis. La capitale célébrait la grandeur de la monarchie. Elle n'avait que faire des exploits d'une aventurière. On remarqua surtout dans le magnifique défilé la présence de douze cents « enfants de la ville », en aussi riche équipage et montant d'aussi beaux chevaux que s'ils avaient été « gentilshommes de vingt à trente mille livres de rente ». Ils s'étaient équipés à leurs frais. Ce qui nous vaut ce savoureux commentaire de Vieilleville : « Ce qui fit croire que leurs chevaux n'étaient pas d'emprunt (fut) qu'ils les maniaient à passades, à courbettes et à voltes, comme s'ils eussent été nourris toute leur vie aux écuries des princes. De quoi il ne se faut ébahir, car il y a dans Paris plus de cent maisons de trente mille livres de rente chacune, environ deux cents de dix mille, et une vingtaine, pour le moins, de cinquante à soixante mille livres de rente tant en fonds de terre qu'en rente constituée. » Force était donc à ce brave gentilhomme poitevin de constater que le monde changeait ; que la bourgeoisie parisienne pouvait rivaliser avec la noblesse, acheter et entretenir des chevaux de prix, faire donner à ses enfants des leçons d'équitation par les meilleurs maîtres. Ce fut pour beaucoup une révélation. Vieilleville était décidément en verve, car, bien qu'il fût bon catholique, il envoie ce coup de patte au clergé de Paris : « Je ne comprends pas en ce nombre les églises collégiales, abbayes, couvents, ni autres maisons ecclésiastiques, desquelles il y en a quatre qui sont de plus de cent mille livres de rente chacune, savoir : l'église Notre-Dame et tout ce qui en dépend ; l'hôpital que l'on appelle Hôtel-Dieu ; le couvent des Célestins et celui des Chartreux. A ces derniers la cour du parlement a été contrainte de faire défense de plus acheter, tant ils étaient avides et ardents de se faire grands domaines et possessions. Ce qui est toutefois contre le vœu de la vie monastique, laquelle en général et de quelque ordre que ce soit, n'est fondée que sur la pauvreté, qui les rend plus aptes et capables de jeûne et d'oraison. Aussi qu'ils ne se sont exclus du monde que pour vaquer aux œuvres de piété et contemplation, et non pas aux terrestres. »

Parmi les festivités qui marquèrent l'Entrée à Paris, il y eut un gigantesque tournoi rue Saint-Antoine, non loin du palais des Tournelles où résidait la famille royale. Il opposa la fleur de la chevalerie française et dura plus de dix jours. Henri II s'y distingua par son ardeur et par son habileté. Il était, comme son père, l'un des meilleurs jouteurs du royaume, qui en comptait beaucoup. Les lances étaient épointées, les épées rabattues et les splendides armures damasquinées, niellées d'or ou d'argent, d'une solidité à toute épreuve. Cependant peu de ces rencontres se déroulaient sans accidents. Les fractures et graves contusions étaient fréquentes. Mais le spectacle était exaltant et les dames alignées dans les tribunes applaudissaient aux exploits de leurs chevaliers empanachés. Le roi Henri arborait toujours les couleurs de sa bien-aimée duchesse, une cotte d'armes et de grandes plumes noires et blanches. Son destrier, caparaçonné de noir et de blanc, rendait également hommage à Diane.

Une fête nautique succéda au tournoi. Elle eut lieu de nuit, le 3 juillet. Le roi et la reine y assistèrent en gondole. Sous leurs yeux trente-trois galères et sept galéasses se disputèrent un fort de bois et de toiles peintes bâti dans l'île Louviers. Les milliers de torches, l'éclair des canons, les langues de feu jaillissant des arquebuses, l'éclatement des pots à feu, se réflétaient dans la Seine et produisaient une impression inoubliable. Ce spectacle était inspiré de la naumachie de Lyon, mais il atteignait au grandiose.

Le lendemain, Henri II participa à une immense procession, où toutes les reliques de Paris furent exhibées. Il renouvela le vœu d'extirper l'hérésie luthérienne. Après la messe, les bûchers flambèrent en plusieurs quartiers, non loin du palais des Tournelles, sur la rive droite et la rive gauche de la Seine. Le peuple se disputait les places pour mieux voir. Il se trouvait peu de gens pour condamner ces exécutions, et pour plaindre les malheureux que l'on suppliciait. Paris était farouchement catholique. Quant au roi, il se fût peut-être montré aussi tolérant que François Ier, si le protestantisme n'avait pas continué à s'étendre. L'hérésie constituait à ses yeux un danger pour l'ordre public. Elle remettait en cause le principe selon lequel dans le royaume des lys il n'y avait qu'une loi et une foi, fondement même de la monarchie. Henri pensait que son autorité était menacée, d'où une politique répressive qui ira en s'accentuant.

L'un des suppliciés était, selon de Thou, l'un des tailleurs de la cour, bien connu du roi. Il se nommait Hubert Bourré. Henri l'eût fait appeler, dans le louable dessein de le ramener à la foi catholique. Le bonhomme réfuta ses arguments avec fermeté et respect. Diane, qui se piquait de théologie, crut devoir se mêler du débat. « Madame, eût-il répondu, contentez-vous d'avoir infecté la France de votre infamie et de votre ordure sans toucher aux choses de Dieu. » Ses chances d'être absous par le Parlement étaient minimes et les calvinistes ne pouvaient guère compter sur la bienveillance de la favorite.

L'époque était ainsi, juxtaposant le raffinement et la cruauté, les fêtes, les festins, les supplices, sans solution de continuité. La mort par le feu suivait la messe. On priait avec ferveur, puis on se bousculait aux autodafés. Le roi était en paix avec sa conscience. Il était heureux. Il allait pouvoir entreprendre de grandes choses.

III

LA RECONQUÊTE DE BOULOGNE

Charles Quint n'avait point renoncé à son projet de monarchie universelle. Il regrettait d'avoir naguère laissé élire Ferdinand, son frère, roi des Romains. Mais il espérait que celui-ci accepterait de se démettre de son titre, moyennant des compensations territoriales. Si Ferdinand consentait à se sacrifier pour la grandeur des Habsbourg, le futur Philippe II deviendrait empereur. Dans ce dessein, Charles avait cru opportun de le montrer à ses peuples. Cette vaste tournée de propagande passait par l'Italie, l'Allemagne et la Flandre. C'était de sa part une erreur de plus. Philippe débarqua à Gênes à la fin de novembre 1548. Il avait vingt et un ans, mais aucun des charmes de la jeunesse, ni l'affabilité, ni la bienveillance, ni l'enthousiasme, ni la spontanéité si communs à cet âge où tout commence. A la courtoisie de ses hôtes, il opposait un visage maussade, une morgue tout espagnole. Aux prévenances des autorités, aux vivats populaires, il répondait par l'indifférence, sinon par l'ennui. Les Italiens lui firent une cour assidue : ils avaient l'habitude d'apprivoiser les princes ; ils en avaient vu tellement depuis un demi-siècle, et des plus grands ! Ils savaient séduire, amuser. Mais, que ce fût à Gênes ou à Milan, le fils de Charles Quint adopta une attitude si fermée qu'il déplut. Les Italiens le jugèrent trop « espagnol », et Dieu sait les sévices que leur avaient infligés les gouverneurs, capitaines et soldats de cette nation ! Il traversa ensuite le Tyrol, la Bavière et le Palatinat. Il ne se montra pas sous un meilleur jour et répondit de façon si équivoque aux compliments que les Allemands le trouvèrent trop « italien ». Dans les Flandres, sa hauteur, sa réserve, son fanatisme et sa partialité envers les Espagnols lui aliénèrent pareillement les esprits. Marillac écrivait à Henri, le 20 juin 1549, de Bruxelles : « Tout le peuple est tellement indigné de le voir si affectionné à la nation d'Espagne, que, si le père, sans y donner ordre, venait à décéder, il y aurait quelque apparence qu'ils se soustrairaient à son obéissance. » Les Flamands ne haïssaient pas moins, et pour des raisons identiques, les Espagnols que ne le faisaient les Italiens. Et pourtant, afin de recevoir dignement Philippe, les grandes villes déployèrent tous leurs fastes et puisèrent dans leurs trésors. Anvers avait dépensé 130 000 écus. Bruxelles et les autres opulentes cités la surpassèrent, sans obtenir un remerciement ! Le prince était déterminé à ne rien voir, à ne rien approuver, à ne rien admirer. A ses yeux d'inquisiteur, les Flamands étaient aussi suspects que les luthériens allemands. Il ne songeait qu'à l'hérésie et aux moyens de l'abattre. L'insuccès de son fils déçut Charles Quint mais ne l'incita pas à abandonner son idée : maintenir l'unité de l'empire. Les réticences appuyées de Ferdinand venaient encore compliquer la situation. Les deux frères étaient aussi entêtés l'un que l'autre et ils avaient les mêmes méthodes temporisatrices. Puisque le roi des Romains refusait d'abdiquer, on négocierait. Charles Quint comptait sur son ingéniosité et sur celle du cardinal de Granvelle, son alter ego. On trouverait quelque combinaison de nature à satisfaire les deux parties, ou plutôt à duper Ferdinand. Mais l'empereur et son ministre vieillissaient.

En Angleterre, le Protecteur Somerset était en difficulté. Le peuple, les lords en avaient assez de sa dictature. La mutation brutale qu'il avait opérée en matière religieuse, la répression qui s'en était suivie, le faisaient haïr des catholiques. Les lords eux-mêmes, et du plus haut parage, tremblaient pour leur vie. Il avait osé faire décapiter son frère, Thomas Seymour, coupable d'avoir épousé Catherine Parr, la veuve d'Henry VIII, dont il convoitait les richesses. En 1549, il fit publier le Livre de Prières, rédigé par Cranmer, sanctionnant l'abolition du rituel romain. Cette publication provoqua le soulèvement des comtés de l'Ouest. Les insurgés furent écrasés par Lord Russell. Peu après, une mesure touchant à la clôture des communaux enragea de colère les paysans du Kent. Leur rébellion fut durement réprimée par John Dudley, comte de Warwick. Dès lors, le pouvoir de Somerset chancela. Le Protecteur dut songer à se protéger lui-même, s'il voulait survivre. Il ne pouvait se permettre de répondre aux provocations de la France, encore moins de demander des subsides au Parlement pour financer une guerre.

C'était bien là l'occasion qu'Henri II voulait saisir pour recouvrer enfin Boulogne. Les embarras de l'empereur l'assuraient d'une neutralité contrainte, néanmoins utile. Le traité d'alliance venait d'être renouvelé avec les Suisses, au terme de négociations obstinées. Enfin la ville de Paris avait consenti une avance de 250 000 écus sur le produit de deux taxes. Tout motivait donc en faveur d'une opération rapide sur Boulogne. Comme par hasard, la commission chargée de juger Jacques de Coucy, seigneur de Vervins, rendit à ce moment sa sentence. L'instruction, commencée en 1547, avait été longue. Les commissaires avaient entendu de nombreux témoins, non tous convaincants. Ils espéraient que le courroux du roi s'apaiserait. Il n'en fut rien. Henri avait résolu la perte de Vervins et de son beau-père, le maréchal de Biez. Il continuait à les tenir pour responsables de la perte de Boulogne en 1544. A la veille d'effacer la honte de cet échec, il voulait faire un exemple, et par là signifier aux capitaines de son armée et à leurs soldats qu'il ne tolérerait pas les faiblesses. Vervins fut condamné à mort, bien qu'il eût produit les lettres de pardon et de sûreté que François Ier lui avait délivrées. Il fut décapité aux Halles dans les derniers jours des festivités parisiennes. Son corps fut découpé en quatre quartiers qui furent envoyés à Boulogne et cloués sur des poteaux en face de la ville. Oudart de Biez fut ultérieurement reconnu coupable de lèse-majesté, condamné à la torture préalable, à la peine capitale et à la confiscation de ses biens. Mais il était octogénaire. Le roi commua sa peine en emprisonnement perpétuel.

Henri II avait l'esprit de suite. Il ne se souvenait que trop de son échec devant Boulogne, quand il était dauphin. Dès 1547, il s'était préparé au siège de cette ville. Il estimait intolérable que les Anglais fussent maîtres de ce port, en plus de Calais ! Il en avait inspecté lui-même les défenses, minutieusement. Il avait de même prescrit la construction d'un fort qui servirait à la fois de base logistique et de point d'appui, lors du siège futur. Il avait chargé Coligny de cette construction. Au début de l'été 1549, le fort (appelé Châtillon) était achevé, pourvu d'une importante artillerie et d'une garnison de lansquenets. Le roi avait donné l'ordre au commandeur de Villegagnon de ramener les galères qui stationnaient en Écosse. Elles rallièrent Le Havre. En attendant le déclenchement des opérations sur terre, Villegagnon s'empara de l'îlot de Sercq, dans l'archipel anglo-normand, et opéra une descente à Guernesey. Simples mesures d'intimidation visant à démoraliser les Anglais. Les galères étaient destinées à l'interception des convois qui seraient envoyés pour approvisionner les défenseurs de Boulogne. Il faut reconnaître que le plan d'Henri II était remarquablement conçu. Il est seulement regrettable que son exécution eût été aussi tardive.

Les armées firent en effet mouvement en août. Montmorency, en sa qualité de connétable, en assumait le commandement en attendant l'arrivée du roi. Il les échelonna entre Montreuil-sur-Mer et Ardres. Henri arriva le 17 août au quartier général, en forêt d'Andelot. Ce fut pour recevoir la visite du héraut Flandre, dépêché par Charles Quint. Flandre lui déclara que, si les soldats français s'obstinaient à violer les frontières de l'empire, son maître l'en ferait repentir et le traiterait « en jeune homme ». Le roi se mit en colère et menaça de faire donner les étrivières ou le fouet à cet insolent. Le connétable et le duc de Vendôme l'en dissuadèrent. Henri se contenta de répondre que, si l'empereur le traitait « en jeune homme », il le traiterait « en vieux rêveur ». Néanmoins il crut bon d'envoyer un ambassadeur à Charles Quint pour le rassurer sur ses intentions et justifier son attitude envers les Anglais. Il n'ignorait pas que l'empire et l'Angleterre restaient liés par une alliance défensive. Mais il savait aussi que Charles Quint ne ferait rien pour secourir cet hérétique de Somerset. L'empereur se contenta des explications fournies par l'ambassadeur français et l'on en resta là.

Pendant que le roi séjournait en forêt d'Andelot, survint un incident qui montre combien la sévérité de Montmorency à l'égard de la troupe était justifiée. C'est Vieilleville qui le rapporte :

— « Sire, j'ai un extrême regret de n'avoir pu attraper le bâtard de La Mirandole. »

— « Comment ! dit le roi, a-t-il fait quelque insolence au camp de sa compagnie, car il est assez mutin ? »

— « Ha ! Sire, le méchant a abandonné votre service pour prendre celui d'Angleterre, et y a mené sa compagnie d'Italiens. Que si j'eusse été averti une heure plus tôt de sa perfidie, je l'eusse chargé et défait avec quarante ou cinquante bons chevaux que j'avais pris pour m'accompagner au camp faire ma visite, car il n'avait pas plus de sept vingt (140) hommes épars çà et là, et embarrassés de leur bagage ; mais allant après (le poursuivant), il était déjà sous la faveur du canon du fort de Mont-Lambert. Toutefois j'en ai pris douze qui n'allaient point si vite que les autres... »

Fort courroucé, et surtout inquiet de cette désertion, le roi prescrivit une enquête immédiate. Le comte Louis Pic de la Mirandole, père du bâtard en question, se présenta, éperdu et furieux. Il baragouinait le français :

— « Corps di Dio ! Sire, je son ruinat. Mon forfante de bastardin m'a robat trente mille écous in oro, et tout ce que j'avia de riche et préciaux en quatre coffres ; et s'en est andat con les coffres et miei muletti rendre Anglais. Il n'i a pas mon colliero et mantello de l'Ordre qu'il ne m'a habbia emportat, dispeto di Dio, que ferai-je ? » (Corps de Dieu ! Sire, je suis ruiné. Mon coquin de bâtard m'a enlevé 30 000 écus d'or, et tout ce que j'avais de riche et de précieux en quatre coffres, et il a passé aux Anglais avec mes coffres et mes mulets. Il n'y a pas jusqu'à mon collier et à mon manteau de l'Ordre qu'il n'ait emportés, au mépris de Dieu. Que ferai-je ?)

Le roi ne put s'empêcher de rire. Il préférait « la friandise du larcin » à la désertion. On lui amena les douze soldats capturés par Vieilleville. Il leur demanda si l'argent de France n'était pas aussi bon que celui d'Angleterre. Ils répondirent que le bâtard les ayant amenés avec lui du Parmesan, il était raisonnable qu'ils courussent la même fortune et qu'ils ne pouvaient l'abandonner.

— « Je vous assure, répondit Henri, que vous ferez ainsi. Car si je le tenais, je le ferais irrémédiablement pendre, mais en attendant vous irez devant. »

Et il les fit brancher aux chênes d'Andelot.

Esprit méthodique, Montmorency investissait progressivement Boulogne. Deux postes avancés, Ambleteuse et Mont-Lambert, complétaient le système de défense, au nord et au sud. Les deux postes étaient eux-mêmes flanqués de divers fortins, dont le plus important était celui de Slack. Le bombardement commença, bien réglé, efficace. Slack ne résista qu'une journée. Les Anglais se rendirent et l'on récupéra 22 canons avec une grande quantité de vivres. Deux jours après, Ambleteuse capitulait, avec 25 canons. Dès lors Boulogne ne pouvait être ravitaillée ni par Calais ni par la mer. Les galères de Villegagnon faisaient du bon travail ; elles amarinaient tous les navires anglais qui étaient aperçus. Les Anglais n'essayèrent pas de défendre leurs avant-postes ; ils les évacuèrent le 29 août. Un réseau de tranchées entourait complètement la ville, dont les principaux ouvrages subissaient le feu continu de l'artillerie. Le principal d'entre eux était la Tour d'Ordre, dont les casemates contrebattaient les lignes françaises. Ce fut sur ce point qu'Henri II fit porter l'effort. Le bombardement dura trois semaines, mais la Tour d'Ordre résista aux boulets. Le roi eut la sagesse de ne pas ordonner l'assaut, pour épargner la vie de ses soldats. Pendant ce mémorable bombardement, le marquis d'Espinay, gendre de Vieilleville, soutint un combat singulier contre un gentilhomme anglais. Accompagné d'un trompette et de quelques gentilshommes, il s'approcha d'une des portes de Boulogne. On lui demanda ce qu'il voulait. Il répondit que, si le duc de Somerset était dans la place, il lui donnerait volontiers un coup de lance. On lui répondit que Somerset était en Angleterre.

— « Au moins, dit-il, s'il y a quelque fils de milord qui se veuille éprouver contre un jeune seigneur de Bretagne nommé Espinay, qui n'a pas encore vingt ans, qu'il paraisse ! Afin que lui et moi ne retournions pas au camp sans faire preuve de nos personnes. Car il y va de l'honneur de votre nation si quelqu'un ne se présente. »

Le fils de Lord Dudley — qui était du même âge — sortit de la ville, monté sur un cheval d'Espagne. L'un des suivants d'Espinay, nommé Taillade, dit :

— « Je vous donne ce milord. Ne voyez-vous comme il chevauche à l'albanaise ? Il touche les genoux quasi à l'arçon. Tenez ferme, et ne couchez votre bois qu'à trois ou quatre pas de lui. Car le coucher de loin fait tomber le bout de la lance et perdre la mire à celui qui la porte, d'autant que la vue s'éblouit sous la visière. »

Les deux armées regardaient. C'était un duel à la manière de Bayard et de Sotomayor. Espinay et Dudley ne voulaient autre chose qu'accomplir un exploit qui resterait dans les annales. On aperçoit combien les notions de stratégie et de tactique étaient éloignées des préoccupations de ces jeunes nobles. Espinay suivit le conseil de Taillade et renversa son adversaire au premier choc. Il s'empara de l'Anglais qui avait une légère blessure à l'aine, et de son beau cheval d'Espagne, et s'en fut le présenter au roi. Henri II le complimenta, tira son épée et l'arma chevalier.

Cet exploit, digne des romans de chevalerie et des anciens preux, ne résolvait pas les problèmes de balistique. La mauvaise saison approchait. Le roi décida de resserrer le blocus et de remettre l'assaut au printemps suivant. Déjà les négociations étaient en cours entre Lord Clinton, gouverneur de Boulogne, et Gaspard de Coligny.

On savait que, dans la place, les vivres se raréfiaient et que la famine menaçait. On savait aussi que le moral était au plus bas, car on désespérait de recevoir des renforts d'Angleterre et du ravitaillement. Les Français avaient sabordé des navires à l'entrée du port, sans qu'on pût les en empêcher. Henri II connaissait aussi les difficultés de Somerset. Le Protecteur était aux abois. Le comte de Warwick, cherchant à s'emparer du pouvoir, avait dressé l'opinion contre lui. Le nombre de ses partisans ne cessait d'augmenter. Somerset, se sentant perdu, conduisit Édouard VI à Hampton Court. Et là, au milieu du peuple, il déclara que certains lords en voulaient à la vie du roi. Édouard VI avait alors douze ans et déjà sa santé donnait des inquiétudes. Il n'était pas de taille à rétablir la situation. Il ne sut que répéter, après le discours de Somerset : « Je vous en prie, messieurs, soyez bons pour nous et pour notre oncle ! » Le peuple ne broncha pas. Somerset avait trop méfait, persécuté trop de catholiques ; il s'était enrichi sans vergogne. On le détestait et déjà Warwick le tenait à merci. Le Protecteur avait un autre problème, non moins grave. Il ne cessait de tourmenter Marie Tudor, au nom d'Édouard VI, pour la contraindre à se convertir au protestantisme. Elle s'était plainte à Charles Quint, qui était son oncle. L'empereur réclamait Marie, menaçait Somerset d'une intervention militaire.

Antonio Guilotti, riche marchand florentin établi à Southampton, fut chargé secrètement d'informer Henri II que Somerset était prêt à restituer Boulogne à des conditions raisonnables. Le roi aimait la gloire. Il désirait par-dessus tout reconquérir Boulogne par les armes. Cependant la raison l'emporta, peut-être sous l'influence de Montmorency. Les pourparlers s'engagèrent à la fin de février 1550. La délégation française était conduite par Rochepot, frère du connétable, et la députation anglaise par Lord Russell. L'objectif d'Henri était double : obtenir la reddition de Boulogne et signer un traité de paix avec l'Angleterre. La neutralité anglaise lui était aussi nécessaire qu'à Charles Quint. Ainsi, quoique déchirée par les conflits religieux et affaiblie par la lutte entre Somerset et Warwick, l'Angleterre restait l'arbitre de l'Europe ! Mais il est évident que Somerset n'avait pas moins besoin de la France pour obvier aux menaces de l'empereur. Les Français négociaient donc en position de force. Les discussions furent néanmoins épineuses, car il s'agissait surtout d'argent et les Anglais n'avaient pas l'intention de brader la restitution de Boulogne. Entre-temps, Warwick avait renversé son rival qui était enfermé à la tour de Londres en attendant son jugement. Le nouveau protecteur trouva le trésor à peu près vide. Son pouvoir était encore mal assuré. Il n'était pas hostile au projet de traité. Ses perfidies envers Marie Tudor lui faisaient pareillement redouter Charles Quint. Finalement, la paix fut signée le 24 mars 1550. Par un bel artifice diplomatique, Henri II consentait à payer le rachat de Boulogne 400 000 écus, en compensation de l'artillerie qui serait laissée par les Anglais et des ouvrages de défense qu'ils avaient construits. Le 25 avril, les Anglais évacuèrent la ville. Le 15 mai, jour de l'Ascension, Henri II y fit son Entrée. Le rachat de Boulogne fut célébré comme une grande victoire. Les courtisans, toujours en veine de flatteries, déclaraient au roi qu'elle en présageait d'autres encore plus éclatantes.

IV

LES FARNÈSE

La guerre couverte entre Henri II et Charles Quint continuait. Aucun des deux protagonistes ne prenait l'initiative de rompre la paix de Crépy, mais les signes d'un conflit inévitable et prochain, se multipliaient. L'empereur mettait l'embargo sur les navires français dans les ports de Flandre ; Henri II, sur les navires flamands dans les ports français. Fort judicieusement ce dernier s'efforçait, par le truchement de ses ambassadeurs, de transformer la neutralité anglaise en alliance éventuelle. Il reprenait ainsi la politique de François Ier à l'égard d'Henry VIII. Certes, Édouard VI n'avait alors que treize ans et donnait tout son temps aux études : il lisait Aristote et Cicéron dans le texte et la précocité de son savoir étonnait les diplomates étrangers. Warwick l'encourageait dans cette voie, pour avoir les mains libres. Il était le vrai maître de l'Angleterre, sans porter le titre de Protecteur, et s'était fait nommer duc de Northumberland par le jeune roi. Henri pensait que l'autorité de ce dernier s'affermirait avec l'âge et fit un placement sur l'avenir. Le maréchal de Saint-André, accompagné de dix chevaliers de l'Ordre en grande tenue, remit le collier de Saint-Michel au petit roi, qui se montra extrêmement flatté. Il ne pouvait moins faire que de rendre la pareille au roi de France. Le marquis de Northampton vint, en grand arroi, remettre l'Ordre de Saint-Georges à Henri, qui se déclara infiniment touché. Comme on pouvait s'y attendre, Northampton avait une autre mission. Il sollicita pour Édouard VI la main d'Élisabeth de France, fille d'Henri II. La demande fut agréée et la dot fixée à 200 000 écus, avec un dédit de 50 000 écus au cas où l'un des promis renoncerait au mariage. Élisabeth n'étant encore qu'une fillette, Henri II s'engageait à peu de chose ! On signa sans difficulté un protocole d'accord. Ces fiançailles opportunes établissaient des liens privilégiés entre les deux couronnes. Peu après, Catherine de Médicis mit au monde le futur Henri III. Édouard VI accepta volontiers d'être le parrain. L'enfant reçut les prénoms d'Édouard-Alexandre. Le prénom d'Alexandre était celui du cardinal Farnèse. Le roi ne pouvait ignorer qu'Édouard VI adhérait corps et âme au protestantisme et haïssait Rome quasi viscéralement, ses précepteurs lui ayant insufflé leur propre fanatisme. Il n'ignorait pas davantage qu'après s'être appuyé sur les catholiques pour s'emparer du pouvoir, Northumberland les persécutait encore plus âprement que ne l'avait fait Somerset. Mais il avait de bonnes raisons de se rapprocher des protestants, donc de l'Angleterre. De son côté, Northumberland connaissait l'intransigeance d'Henri II à l'égard des hérétiques, mais il croyait pouvoir l'utiliser, le cas échéant, contre Charles Quint. Il savait aussi que le Très Chrétien roi de France était en conflit avec le nouveau pape, Jules III, allié de l'empereur. En supposant que Jules III anathématisât Henri II, ce dernier serait peut-être amené à se déclarer chef de l'Église gallicane, de même qu'Henry VIII s'était déclaré chef de l'Église anglicane par l'Acte de Suprématie. Cette perspective était encourageante. Elle effaçait les petites différences, faisait oublier les autodafés et autres mesures répressives...

Il était exact que les rapports entre la cour de France et celle de Rome tournaient à l'aigre. Le pape Paul III avait essayé en vain d'entraîner Henri II dans une guerre contre l'empereur. Il s'était lassé des atermoiements du roi et, pour empêcher que Charles Quint s'en emparât, il avait décidé de retirer le duché de Parme à son petit-fils, Ottavio Farnèse. Il lui avait offert en dédommagement le duché de Castro, beaucoup plus modeste. Ottavio se rebella. Il fit savoir que, s'il ne recouvrait pas le duché de Parme, il s'allierait avec l'empereur. Cette nouvelle terrassa Paul III. Il fut saisi d'une fièvre si violente qu'il en mourut, le 10 novembre 1549. Il avait quatre-vingt un ans et occupait depuis quinze ans le trône de saint Pierre.

Dès que la nouvelle fut connue d'Henri II, il donna l'ordre aux sept cardinaux qui résidaient en France de partir sans retard pour Rome, afin de joindre leurs suffrages à ceux des sept cardinaux français y résidant. Il croyait éviter ainsi l'élection d'un pape « impérial ». Parmi les prélats français, deux étaient papables : le vieux cardinal de Lorraine et le cardinal de Ferrare, primat des Gaules. Le conclave s'ouvrit en décembre 1549. Trois factions s'affrontaient : l'impériale, la française et celle du cardinal Alexandre Farnèse. Toutes trois crurent successivement la partie gagnée. Les Français furent victimes, une fois de plus, des combinaisons italiennes ! Soudain, le 8 février 1550, Alexandre Farnèse se désista en faveur du cardinal Jean-Marie del Monte, qui prit le nom de Jules III. Le choix passait l'entendement, car Jules III était l'homme du Sacré Collège le plus décrié pour ses mœurs : à cette époque, il fallait en faire beaucoup dans ce domaine pour être remarqué ! Que fit le nouveau pape ? Son premier acte fut d'attribuer Parme à Ottavio Farnèse, qu'il nomma du même coup gonfalonier de l'Église. C'était le prix convenu pour le désistement du cardinal Farnèse et de ses partisans. Il se montra plein d'attentions à l'égard des cardinaux français et reçut chaleureusement les envoyés d'Henri II. Il s'engagea volontiers à maintenir le concile à Bologne, contre le vœu de l'empereur. Chez lui la perfidie n'avait d'égale que la pusillanimité. C'était un jouisseur ; il entendait profiter paisiblement des avantages du pontificat. En juillet 1550, le nonce Trivulzio vint informer Henri II que le concile serait transféré à Trente, et l'inviter à envoyer les prélats français dans cette ville. Le roi lui répondit qu'ils n'iraient pas ; qu'il n'avait nul besoin d'un concile pour décider des questions de religion ; que le clergé gallican y suffisait et qu'au surplus le royaume était en paix.

Jules III fut irrité par cette réponse, et inquiet. Le précédent d'Henry VIII lui donnait à réfléchir. L'empereur revendiquait les territoires de Parme et de Plaisance. Il offrait de se reconnaître vassal du Saint-Siège pour ces deux duchés. Étrange vassal qui eût imposé ses diktats à son suzerain ! Jules III ne portait que peu d'intérêt aux Farnèse. Il les eût aisément sacrifiés pour enrichir sa propre famille. Il se donna donc à l'empereur. Ottavio Farnèse se sentit perdu. Il se mit sous la protection de la France. Henri II lui promit l'envoi de 2 000 fantassins, de 200 cavaliers, et le versement annuel de 12 000 écus, pour l'aider à se défendre.

Ce traité, signé en mai 1551, outra Jules III de colère. Sans se préoccuper des conséquences du côté français, il accabla Ottavio Farnèse de monitoires, le déclara rebelle et confisqua ses biens. Il fit marcher contre lui les troupes pontificales commandées par son neveu, Jean-Baptiste del Monte, auquel il promit une partie du duché de Parme. Charles Quint profita de la circonstance pour séquestrer la dot de sa fille naturelle, Marguerite, femme d'Ottavio Farnèse. En outre, il donna l'ordre à Fernand de Gonzague, gouverneur du Milanais, d'attaquer Parme. L'ambassadeur de France, Claude d'Urfé, protesta. Jules III condamna véhémentement le comportement d'Henri II et, se laissant gagner par la colère, brandit la menace d'excommunication. Par la suite, il déclara à l'envoyé de Charles Quint qu'il dépouillerait Henri de son royaume et l'octroierait au futur Philippe II. Henri II fit répondre qu'il ne tiendrait aucun compte des sanctions pontificales et se réclama à nouveau du clergé gallican.

Il était malaisé de faire parvenir un renfort à Ottavio Farnèse. Mais il y avait à la cour les protégés de Catherine de Médicis : Pierre Strozzi, Oratio Farnèse et les autres. Oratio, toujours fiancé à Diane, fille naturelle d'Henri II, vivait en France. Il était prêt à voler au secours de son frère Ottavio. Le roi fit mettre 400 000 écus à leur disposition dans une banque vénitienne. Après des aventures rocambolesques, Oratio et Strozzi parvinrent en Italie et levèrent deux petites armées. Elles tinrent en respect les généraux de l'empereur. Henri disposait d'un autre atout. Il savait que la flotte turque approchait des côtes italiennes. D'Aramon, son ambassadeur près de la Sublime Porte, avait décidé Soliman à agir. En décembre 1550, il écrivait au roi : « Voilà l'état des affaires de ce côté, qui pourrait produire, selon mon opinion, quelque beau jeu, lequel je m'efforcerai toujours d'avancer par tous les moyens que je verrai être à propos ; jugeant qu'il n'y a chose plus importante pour votre service que de voir un chacun dans la guerre et vous, Sire, en repos : pour pouvoir y entrer à votre avantage, et quand bon vous semblera. » Le « beau jeu » se produisait en effet. Les galères de Soliman, auxquelles la flotte française s'était jointe, menaçaient les côtes de Romagne. Jules III appela l'empereur à l'aide et lança l'anathème contre Henri II.

Ce dernier riposta en envoyant 10 000 hommes en Piémont, afin de libérer l'Italie. A la cour, ce fut l'enthousiasme ! A nouveau les chimères italiennes obscurcissaient les esprits. « Celui-là, relate Villars, n'eût pas été estimé bon fils de bonne mère, qui ne fût délogé pour aller voir et servir en cette guerre. Et de fait, Sa Majesté ne sut se défendre de donner congé à M. le duc d'Enghien, au prince de Condé, aux ducs de Montmorency, de Nemours, d'Aumale, au marquis d'Elbeuf, au grand-prieur de France, à La Rochefoucauld, Rendam, Genlis, Senectère, Contay et autres, jusqu'au nombre de cinquante ou soixante, tous suivis d'un grand nombre de jeune noblesse. De la venue desquels seigneurs le roi ayant donné avis au maréchal[1], il n'y prit pas grand plaisir, ayant de longue main expérimenté que cette grande compagnie de seigneurs est malaisée à contenir en règle, lorsqu'elle est destituée de la présence du maître. Cette nouvelle lui fut bien encore plus désagréable quand il entendit qu'ils s'en venaient tous en poste, sans armes ni chevaux. »

Le roi n'était pas décidé à gratifier cette belliqueuse jeunesse de sa présence, fût-ce pour la discipline ! Il entendait mesurer son

1. Le maréchal de Brissac.

effort, suivre l'évolution des événements avant de s'engager à fond. Il jouait en même temps une autre partie, infiniment plus délicate et importante, auprès des princes allemands. Brissac s'empara de quelques places du Milanais, obligeant surtout Gonzague à desserrer son étreinte sur le duché de Parme. La flotte turque, augmentée des galères du pirate Dragut, brûla Agosta, ville sicilienne, ne put s'emparer de Malte, mais ravagea l'île de Gorzo et s'en fut mettre le siège devant Tripoli. Cette place, qui appartenait aux chevaliers de Malte, capitula le 15 août 1551. D'Aramon parvint à sauver quarante chevaliers. Les autres furent massacrés. Une clameur universelle s'éleva contre Henri II. On l'accusa, lui, le Très Chrétien, de pactiser avec les musulmans. Le roi fit notifier par ses ambassadeurs un mémoire dans lequel il affirmait cyniquement que « l'empereur s'était lui-même attiré à dos cette armée de mer des Turcs, laquelle avait été préparée dès cet hiver en temps qu'il n'était pas question de Parme, ni pour l'assaillir, ni pour la défendre ou mettre en protection du roi ; qu'il ne s'attendait ni ne pouvait s'attendre lors à la guerre que l'on voit maintenant, parce qu'elle est survenue inopinément... ».

Polin de La Garde, général des galères, rôdait au large des côtes espagnoles. Il intercepta un convoi de vingt-quatre navires chargés de marchandises. Il en prit quinze, dont la cargaison valait 400 000 écus. La zizanie divisa les chefs de notre flotte et c'en fut fini de nos exploits.

Cependant Jules III, misant un peu trop sur l'appui de Charles Quint, avait convoqué le concile à Trente. Les prélats français ne se présentèrent pas. Le concile fut obligé de s'ajourner au 1er septembre 1551. Les Français s'abstinrent à nouveau. L'abbé Jacques Amyot vint notifier la protestation d'Henri II : il ne pouvait regarder comme universelle et compétente une assemblée siégeant sous la puissance de l'empereur et du pape, tous deux ses ennemis. Le 7 septembre, le roi interdit de porter l'argent à Rome. Le 4 octobre, il ordonna au chancelier d'interjeter appel contre toute sanction fulminée par le pape. C'en était trop pour Jules III. Déçu par l'empereur, inquiet de l'avenir, il fit des offres de paix. Henri II ne les repoussa pas, en fils respectueux de l'Église. Le pape suspendit le concile de Trente, demanda à Gonzague, qui commandait les troupes pontificales, de se retirer du duché de Parme. Il rendit ce duché à Ottavio Farnèse et le duché de Castro à Oratio, le frère de celui-ci. Il abolit ses anathèmes et autres censures. Bref, c'était un revirement complet, ou plutôt une capitulation sans conditions et pour Henri II un nouveau succès.

Le plus extraordinaire, c'était que le traité de Crépy restait encore valable ! Henri II avait déchaîné cet orage contre Charles

Quint sans lui déclarer la guerre. Il avait agi, non comme ennemi de l'empereur, mais comme allié d'Ottavio de Farnèse et contre le pape qui l'opprimait.

V

LE TRAITÉ DE CHAMBORD

Toutes les combinaisons de Charles Quint en vue d'assurer la couronne impériale au futur Philippe II avaient échoué. Ferdinand, roi des Romains, refusait d'abdiquer. Au rusé cardinal de Granvelle qui lui offrait des compensations territoriales en Allemagne, notamment le duché de Wurtermberg, il avait répondu fièrement, selon Marillac[1] « que le nom, titre et dignité étaient de telle qualité qu'on n'en pouvait dépouiller les hommes par force ; et que de s'en démettre de volonté, puisqu'il n'y avait en ce monde chose si chère que la réputation et l'honneur, il lui semblait que cela procéderait de grande lâcheté et abjection de cœur ». Maximilien, fils de Ferdinand, partageait les vues de son père et haïssait son cousin Philippe. Charles Quint lui offrit sa fille Maria. Philippe serait alors élu second roi des Romains et succéderait à son oncle Ferdinand. Après Philippe, Maximilien deviendrait empereur. Les Habsbourg d'Autriche acceptèrent ce plan de mauvais gré. Maximilien consentit à épouser l'infante Maria qui résidait en Espagne, mais il n'était pas dupe de la manœuvre de l'empereur. Ce dernier voulait l'éloigner

1. Lettre de Marillac du 29 juillet 1550.

d'Allemagne. Il savait que Maximilien avait des entretiens secrets avec les princes allemands. En réalité, la scission entre les deux branches de la Maison de Habsbourg, l'autrichienne et l'espagnole, était déjà consommée. Rien ne ferait démordre Ferdinand et Maximilien de leur position. C'était sa propre famille qui ruinait le projet de monarchie universelle de Charles Quint ! En juillet 1550, ce dernier réunit une diète à Augsbourg. Il se flattait d'obtenir l'adhésion des princes au pacte de famille qu'il avait imposé aux Habsbourg d'Autriche et par là de les obliger à l'exécuter. Sa sœur Marie de Hongrie, gouvernante des Pays-Bas, vint à Augsbourg pour joindre ses efforts aux siens. Maximilien, bien qu'il eût épousé l'infante Maria, se montra intraitable. Quant aux princes allemands, ils étaient si peu disposés à avaliser la démarche de l'empereur qu'ils négociaient un traité d'alliance avec Henri II. Maximilien lui-même prenait parti contre son oncle : il avait accepté d'être le parrain du fils dernier-né du roi de France. Il ne cachait point ses bonnes dispositions à l'égard de celui-ci.

« Tous les princes germaniques, écrivait le Vénitien Sanuto, sont généralement contraires à la grandeur de César. » Et Cavalli faisait chorus : « On ne peut être en plus mauvais termes que lui avec l'Allemagne. J'ai parlé avec ses amis et avec ses adversaires ; j'estime que tous se plaignent également de Sa Majesté. »

Les princes protestants — qui étaient les plus nombreux et les plus actifs — ne voulaient point d'un empire héréditaire aux mains des persécuteurs de leur religion. Ils avaient mesuré le sombre fanatisme de Philippe et savaient qu'il serait encore pire que son père. Aux Pays-Bas, dont il venait d'être investi, les bûchers flambaient et l'on enterrait des femmes vivantes ! Comment se fier aux promesses qui leur étaient faites par Charles Quint ? Ils récusaient pareillement le rôle d'arbitre qu'il prétendait assumer en matière de foi, pour le bien de la chrétienté. Ils savaient que les réformes qui seraient décidées par le concile de Trente profiteraient à la seule Église catholique, et tôt ou tard, aboutiraient à l'écrasement du luthérianisme. Quant à ses amis et au principal d'entre eux, Maurice de Saxe, ils n'avaient en vue que de préserver leur indépendance et l'abusaient de fallacieuses promesses. Charles Quint aimait Maurice de Saxe presque comme son fils. Il s'obstinait à voir en lui son meilleur soutien en Allemagne. Après la victoire de Mühlberg, il lui avait donné l'Électorat de Saxe ; il l'avait chargé de prendre Magdebourg et Maurice avait contraint la ville rebelle à capituler, mais en lui accordant des conditions fort douces. Ensuite il s'était permis de l'annexer et il avait agrégé les héroïques défenseurs à sa propre armée. On l'accusa de trahison. Charles Quint lui conserva pourtant sa confiance. Lorsque Maurice intervenait en faveur des protestants, lors même qu'il parlait en leur nom à la diète d'Augsbourg, l'empereur imputait cette attitude à la finesse politique ; il était lui-même maître du double jeu. Il tablait sur l'ambition cynique de Maurice, et se trompait. Ce dernier ne lui pardonnait pas de retenir en prison l'ancien Électeur de Saxe et surtout le landgrave de Hesse, nonobstant ses promesses. Il regrettait de l'avoir servi, craignant d'avoir fait un marché de dupe. La tyrannie de Charles Quint lui était devenue haïssable. Le prince Philippe lui déplaisait. Maurice se mit en tête de sauver la liberté allemande, mais il lui fallait un allié. Naguère le roi François Ier avait soutenu la ligue de Smalkade de ses deniers. Maurice trouva naturel de s'adresser à Henri II, persuadé qu'il était dans les mêmes dispositions que son père. L'empereur n'avait point tort de reconnaître en Maurice un politique habile ! Toutefois les accès de goutte, l'usure de l'âge, les déceptions, les tracas, l'obsession de monarchie universelle l'empêchaient de percer à jour les agissements de Maurice. Ce dernier persuadait ses amis que seul le roi de France était en mesure de faire obstacle à l'empereur et qu'il convenait, si l'on voulait obtenir son aide effective, de lui faire des offres concrètes, suffisamment alléchantes pour emporter sa décision. Il avait de mystérieux conciliabules avec les agents français. Marie de Hongrie prévint immédiatement son frère. L'empereur n'en tint aucun compte. Maurice envoya une délégation en France, conduite par le duc de Simmeren (petite principauté du Palatinat). Le roi reçut les députés allemands à Fontainebleau. Vieilleville, qui venait d'être nommé membre du conseil, raconte cette audience solennelle dans ses plus menus détails. Ce qu'il faut retenir de ce récit, c'est la courtoisie extrême du roi, embrassant les principaux envoyés et donnant la main aux autres, sans en omettre un seul. Un grand festin avait été préparé à leur intention dans les superbes salles aménagées dans l'ancien chenil de François Ier. Pendant le repas, les musiciens du roi donnèrent un concert de violons et de hautbois et les chantres de sa chapelle offrirent motets et chansons « sans nombre ».

Les envoyés de Maurice venaient solliciter l'aide militaire et pécuniaire d'Henri II. Ils lui donnaient le choix entre Montbéliard et le comté de Ferrette ou les Trois Évêchés (Metz, Toul et Verdun). Ménageant les scrupules religieux du roi, ils déclaraient que leur but essentiel était de résister à la tyrannie de Charles Quint et, si possible, de le déposer, afin de restaurer les libertés allemandes. Ils laissaient entendre qu'ils faciliteraient éventuellement l'élection d'Henri dans le cas où il voudrait se charger de la couronne impériale.

Ces propositions furent débattues en conseil. Si l'on en croit Vieilleville, Montmorency, « sans autre respect, suivant sa coutume de ne jamais céder à personne, prit incontinent la parole ». Il mit le conseil en garde contre la perfidie des Allemands. Il suggéra d'envoyer sept ou huit « habiles hommes » en Allemagne, afin de vérifier s'il n'y avait pas « quelque venin caché sous telles et si libérales offres ». A son habitude, il cherchait à gagner du temps. Mais aussi les propositions des Allemands lui paraissaient si avantageuses qu'il ne pouvait y croire ! Le conseil ne partagea pas son opinion. Ses membres haïssaient Charles Quint. Tout ce qui pouvait lui porter dommage leur semblait bon. Ils connaissaient d'ailleurs les sentiments du roi. Touchant à la paix de Crépy avec l'empereur, Vieilleville se vante d'avoir dit :

— « Quant à la bonne intelligence que Votre Majesté allègue se pouvoir maintenir entre vous deux, ses vulpines ruses et cauteleux déportements, dont il a usé jusqu'ici, vous en doivent donner toute preuve ; car de sa vie il n'a fait ouverture d'amitié avec le feu roi et Votre Majesté, que pour y gagner quelque avantage et se prévaloir, par cet amusement, des desseins qu'il projette contre cette couronne qu'il a mortellement odieuse ; car toute la chrétienté sait assez que, sans les valeureuses résistances du père et du fils, il en serait aujourd'hui paisible monarque. »

Ces paroles — que Vieilleville n'a certainement pas prononcées, d'autant qu'il assistait pour la première fois au conseil royal — traduisent parfaitement l'opinion d'Henri II et de son entourage. Montmorency, contrebattu par le clan des Guise appuyé par la duchesse de Valentinois, dut se rallier à l'avis général. On convint donc d'accepter dans son principe l'offre des princes allemands. Les Trois Évêchés furent évidemment préférés à Montbéliard et au comté de Ferrette. Henri II envoya ses instructions à son ambassadeur en Allemagne qui était alors Jean de Fraisse, évêque de Bayonne. Il importait en effet de préciser de nombreux détails et d'arrêter un plan d'actions communes. L'entrevue avec les Allemands se termina par un grand souper, suivi d'un bal. Après la « danse royale » ouverte par Henri, on « sonna des allemandes, parce que c'est leur danse ordinaire et qu'ils y entendent mieux ». L'un des ambassadeurs eût emporté le prix de la gaillarde, si « avec ses cabrioles, tours et détours, fleurettes drues et menues, gamberottes, bonds et sauts fort légers et adroits, il eût observé la cadence ». Les envoyés de Maurice étaient de bons vivants et goûtant si fort les vins français qu'ils avaient, selon Vieilleville, emprunté l'itinéraire des grands crus champenois !

Jean de Fraisse négocia du 25 septembre au 5 octobre 1551 avec Maurice de Saxe. Ce dernier, reconnu comme chef et représentant des princes, traitait en son propre nom et en celui de son cousin, le marquis Georges-Frédéric de Brandebourg, de Jean-Albert, duc de Mecklembourg, et de Guillaume, landgrave de Hesse. Après avoir provoqué l'effondrement de la ligue de Smalkade, Maurice l'avait reconstituée, bien évidemment à son profit, tout au moins en préservant ses intérêts. Il trahissait Charles Quint avec un cynisme égal à celui qu'il avait montré naguère à l'égard de ses amis. Ébranlé par les accusations portées par Marie de Hongrie, l'empereur stipendiait, par acquit de conscience, les deux secrétaires de Maurice. Celui-ci fut prévenu. Sans renvoyer les fautifs, il leur communiqua de fausses nouvelles qu'ils vendaient fort cher à Charles Quint.

Le 5 octobre 1551, un protocole fut signé entre Jean de Fraisse et Maurice de Saxe. Les princes y rappelaient très clairement leur double but : sauver la religion luthérienne, « laquelle ils tenaient pour juste, véritable, chrétienne et indubitable », et, avec l'appui du roi de France, mettre fin aux pratiques de l'empereur « employées pour faire tomber leur chère patrie, la Germanie, en une bestiale et perpétuelle servitude, comme il a été fait en Espagne et ailleurs ». Aperçoit-on l'artifice ? L'appui de la France n'était requis que pour combattre l'empereur, non pour sauver le protestantisme ! Maurice de Saxe n'ignorait rien des persécutions d'Henri II à l'égard des religionnaires. Cependant il n'hésitait pas à s'allier avec ce catholique intransigeant. Henri II n'hésitait pas davantage à s'allier avec des protestants, de même qu'il recourait, sans le moindre scrupule, aux bons services de Soliman et du pirate Dragut. Il ratifia le protocole du 5 octobre. Le traité définitif fut signé à Chambord, le 15 janvier 1552.

Le roi s'engageait à verser aux princes une avance de 240 000 écus, qui devait être déposée dans une banque de Bâle le 25 février au plus tard et qui était destinée à couvrir les frais des trois premiers mois de la guerre. Il verserait ensuite 60 000 écus par mois. Il promettait aussi de lever une armée suffisante pour bloquer la frontière des Pays-Bas et pour envahir la Lorraine. Les princes mobiliseraient toutes leurs forces et feraient leur jonction avec les Français entre Moselle et Rhin. On marcherait de conserve sur Mayence. Après avoir capturé Charles Quint, les princes le déposeraient et éliraient un nouvel empereur. Éventuellement, ils donneraient la couronne impériale à Henri II, de préférence à tout autre, et sinon à celui qu'il proposerait. En tout cas, ils plaçaient l'Allemagne sous sa perpétuelle protection. « On trouverait aussi bon, ajoutaient-ils, que ledit seigneur roi s'impatronisât, le plus tôt qu'il pourrait, des villes qui appartenaient d'ancienneté à l'empire, et qui ne sont pas de langue germanique, savoir de Cambrai, Toul en Lorraine, Metz et Verdun, et autres semblables ; et qu'IL LES GARDAT COMME VICAIRE DU SAINT-EMPIRE, auquel titre nous sommes prêts à le promouvoir à l'avenir ; en réservant toutefois audit Saint Empire les droits qu'il peut avoir sur lesdites villes, afin que par ce moyen elles soient ôtées des mains et puissance de l'ennemi. »

Les princes promettaient en outre, après la victoire sur Charles Quint, d'aider Henri II à recouvrer ses possessions patrimoniales en Italie, c'est-à-dire Gênes, le comté d'Asti et le duché du Milanais usurpés par l'empereur. Ce qui dépeint assez bien le caractère de Maurice de Saxe, c'est que le traité prévoyait la libération de l'ancien Électeur de Saxe, à condition qu'il renonçât préalablement à ses droits sur l'Électorat !

Pendant tout l'hiver, Maurice parvint à amuser Charles Quint par diverses tractations concernant la représentation des protestants au concile. C'était en vain que Marie de Hongrie et les évêques catholiques d'Allemagne appelaient l'attention de l'empereur sur l'armée que rassemblait Georges de Mecklembourg. Cette troupe, déjà considérable, était composée des soldats qui avaient assiégé Magdebourg et de ceux qui avaient héroïquement défendu cette ville et que Maurice avait pris à son service. Il tenait en réserve ses bandes saxonnes prêtes à intervenir le moment venu. L'aveuglement de Charles Quint pose problème. Comment le plus fin politique de son temps, l'esprit le plus délié, pouvait-il garder sa confiance à Maurice de Saxe ? Refuser de croire à la trahison des princes ? Se persuader qu'il amènerait les protestants à résipiscence, alors qu'il les persécutait avec une cruauté accrue ? Penser qu'il imposerait ses vues au concile de Trente, alors que le pape capitulait devant le roi de France ? Rêver d'une monarchie universelle, alors que son pouvoir chancelait en Allemagne et que les Habsbourg d'Autriche faisaient dissidence ? Ce comportement ne s'explique que par une oblitération mentale, passagère sans doute, mais suffisante pour égarer le jugement. Il est probable que les accès de goutte répétés et les maux d'estomac en étaient la cause. Mais aussi Charles Quint était le fils de Jeanne la Folle...

En toute sécurité, il s'était installé au château d'Innsbruck, à trois journées de marche de Trente, la ville du concile. Il n'avait conservé que très peu d'hommes pour le garder...

VI

LE LIT DE JUSTICE

Le 12 février 1552, Henri II, accompagné par les grands officiers de la couronne, tint un lit de justice au Parlement de Paris. « Ce jour-là, énonce le procès-verbal de cette assemblée, le roi étant en son siège royal, paré comme de coutume, a dit qu'il avait bien voulu venir en sa cour pour lui faire entendre les grands apprêts de la guerre que l'empereur fait contre lui et son royaume par mer et par terre ; ce qui le meut de dresser une armée suffisante, avec l'aide de Dieu, pour empêcher ses desseins, à quoi il ne veut épargner ni vie ni biens. Et s'il advient qu'il faille qu'il sorte hors de sondit royaume, pour la sûreté et défense de celui-ci, il a voulu auparavant faire entendre les affaires de son État à ceux de ladite cour, comme à ses loyaux et bons sujets, et leur commander et enjoindre expressément trois choses : la première, qu'ils soient soigneux de ce qui appartient à la foi, et d'empêcher et ôter les erreurs par punition exemplaire des dévoyés ; la seconde, qu'ils soient diligents à faire bonne et brève justice à ses sujets, afin que son peuple soit en cela soulagé ; la troisième, que, s'il s'en va, il laissera sa femme régente, avec ses fils et son conseil, et veut qu'ils lui obéissent comme à sa propre personne... »

Le roi fut en réalité plus éloquent et plus précis que le rédacteur du procès-verbal :

« Ce qui nous a mû de voir cette compagnie, déclara-t-il, a été pour vous faire entendre notre délibération sur l'entreprise que nous voulons faire en personne avec une forte armée du côté de notre frontière de Champagne et passer outre, s'il est besoin, avec la bonne intelligence qui est entre nous et plusieurs des principaux princes de la Germanie, pour faire connaître à celui qui, toujours par effets contraires à ses paroles, s'est longtemps ouvertement déclaré notre ennemi mortel, que nous sommes non seulement pour nous ressentir des torts et injures que nous avons reçus de lui, mais aussi pour aider à restituer et rétablir la liberté germanique que par tyrannie il a voulu usurper... »

Les parlementaires, les princes et grands officiers qui assistaient à cette audience solennelle, ne durent pas être peu surpris que le roi confiât la régence du royaume à la reine. C'était pour Catherine de Médicis mieux qu'une marque de confiance : un très grand succès personnel ! Il est probable que la duchesse de Valentinois appréciait modérément cette innovation, mais elle ne pouvait prétendre à la même faveur. Certains bons esprits durent aussi noter l'incroyable contradiction entre l'alliance du roi avec les protestants d'Allemagne et son insistante exhortation à punir les hérétiques français !

Après la péroraison, Henri donna la parole à Montmorency. Celui-ci s'avança, tête nue, et vint s'agenouiller devant le roi qui le releva et le pria de s'asseoir. Le discours du connétable fut celui que l'on attendait. Il rappela la campagne d'Écosse, la reconquête de Boulogne, l'intervention en faveur du duc de Parme, la campagne dirigée par le maréchal de Brissac aux confins du Piémont, les combats sur mer, bref la lutte d'Henri II en faveur des opprimés, particulièrement contre Charles Quint. Il souligna la nécessité de poursuivre le combat, spécialement d'aider les princes allemands à recouvrer leurs libertés. La mercuriale qu'il prononça contre Charles Quint devait lui peser, car, en dépit des offres de Maurice de Saxe et du traité de Chambord, il ne croyait pas à la sincérité des princes et restait secrètement partisan du statu quo avec l'empereur. Mais il y allait de son crédit : ce qui montre qu'en dépit des apparences il n'était point en dernier ressort maître des affaires ! Pour conclure, tout en affirmant que les armées étaient prêtes, il demanda de l'argent.

Il en fallait beaucoup pour couvrir les dépenses engagées et celles que l'on envisageait. Mais, avant même que le roi tînt son lit de justice au Parlement, de nombreuses mesures avaient été prises : pour financer la contribution promise à Maurice de Saxe, la levée d'une grosse armée, son ravitaillement pendant plusieurs mois, et la continuation de la campagne en Piémont. Les ressources ordinaires du Trésor ne pouvaient couvrir pareilles dépenses. Il fallut recourir au « Grand parti de Lyon », important groupe bancaire dont le délégué en France était l'Italien Albisse del Bene (que l'on appelait d'Elbène) : nous reviendrons ultérieurement sur les problèmes financiers du royaume et sur le système adopté pour pallier le déficit. A son avènement, Henri II avait résolu d'éponger graduellement l'énorme dette héritée de son père. Il était contraint de l'alourdir de plus d'un million de livres. Ce n'était pas assez. La contribution des villes closes fut augmentée de douze cent mille livres. On taxa de trois millions, il est vrai remboursables, les églises séculière et régulière. La noblesse elle-même, bien qu'elle dût le service armé et ne lésinât par sur ses obligations, dut contribuer à l'effort commun en offrant sa vaisselle d'argent. Ce qui explique cette petite allusion glissée innocemment dans les mémoires de Vieilleville : « Et quant à moi, je pense être le plus pauvre de la compagnie, sinon des moins aisés ; mais j'ai encore pour quinze mille francs de vaisselle, tant de cuisine que de buffet, blanche et vermeille, que j'offre libéralement mettre en les mains de ceux que vous ordonnerez pour en faire ce qu'il leur plaira, afin de subvenir aux frais de cette si louable entreprise. » Selon les méthodes de François Ier en pareil cas, on recourut à la création de nouveaux offices. Ce fut ainsi qu'une soixantaine de présidiaux furent institués. C'était une mesure décentralisatrice. Elle rapprochait la justice des justiciables. Ces nouveaux tribunaux jugeaient au criminel à peu près tous les crimes, puisqu'ils pouvaient prononcer la peine de mort. Leur compétence, au civil, s'arrêtait aux affaires de 250 livres. Les cours supérieures s'intéressaient surtout aux procès civils, la plupart d'excellent rapport ! Ces présidiaux, composés d'un lieutenant criminel et d'au moins sept assesseurs, impliquaient donc la création d'environ six cents offices fort recherchés. Trois intendants des finances furent institués pour collecter les fonds provenant de la vente de ces charges.

Les places fortes couvrant les frontières des Pays-Bas et de Champagne avaient été approvisionnées et dotées de renforts. Le corps des Suisses (6 000 hommes d'élite) restait à la disposition de la reine-régente assistée de l'amiral d'Annebault, qui serait son conseiller militaire. Dès le mois de mars 1552, l'armée commençait à se rassembler à Châlons-sur-Marne. Sur cette armée, je veux citer deux textes riches d'enseignement tant à propos de sa composition que de l'état d'esprit de ses cadres. Le premier est dû à la plume de François de Rabutin, gentilhomme servant dans la compagnie du duc de Nevers :

— « Pour commencer premièrement par l'infanterie, il y avait trois bataillons carrés : dont le premier était des vieilles enseignes soudoyées et entretenues par le roi dès le temps des guerres du Piémont, de Champagne et de Boulogne, avec d'autres nouveaux capitaines dressés au commencement de ces guerres, sans y comprendre certains braves soldats et jeunes gentilshommes de maison, lesquels y étaient POUR LEUR PLAISIR et sans solde du roi.

Le second bataillon était des Gascons, Armagnacs, Biscayens, Béarnais, Basques, Périgourdins, Provençaux et Auvergnats, faisant montre de dix à douze mille hommes, desquels il pouvait y en avoir de huit à neuf mille portant long bois (pique) et de deux à trois mille arquebusiers. Le troisième était d'Allemands, en nombre, comme j'imagine, de sept à huit mille, desquels était colonel un rhingrave...

Quant à la gendarmerie et à la cavalerie, il y pouvait avoir mille ou onze cents hommes d'armes, avec leur suite d'archers. Les hommes d'armes montés sur gros roussins turcs et chevaux d'Espagne, armés du haut de la tête jusqu'au bout du pied, avec la lance, l'épée, l'estoc, le coutelas ou la masse. Sans compter leur suite d'autres chevaux, sur lesquels étaient leurs coutilliers et valets. Et sur tous paraissaient les chefs de ces compagnies et autres grands seigneurs, armés fort richement de harnais dorés et gravés en toute sorte ; leurs chevaux forts et adroits, bardés et caparaçonnés de bardes et de lames d'acier légères et riches, ou de mailles fortes et déliées, couvertes de velours, de draps d'or et d'argent, d'orfèvreries et broderies en somptuosité indicible. Les archers armés à la légère, portant la demi-lance, le pistolet à l'arçon de la selle, l'épée ou le coutelas... Quant à la cavalerie légère et harquebuserie à cheval, il y pouvait avoir près de deux mille chevau-légers, lesquels étaient armés à la légère de corselets, brassards et bourguignottes (casques légers), la demi-lance ou le pistolet ou le coutelas ou l'épieu gueldrois... Des harquebusiers à cheval y en avait douze à quinze cents, armés de jacques et manches de mailles ou cuirassines, la bourguignotte ou le morion, l'arquebuse de trois pieds de long à l'arçon de la selle... »

L'armée que décrit Rabutin n'est pas encore complète. Ce n'est qu'un corps d'armée. Mais les indications qu'il donne sont précieuses. On constate que les nobles les plus fortunés arborent de merveilleuses armures et de somptueux harnachements. Leur tenue est analogue à celle des tournois. Jamais les armures n'ont été aussi belles ni aussi perfectionnées ; ce sont des chefs-d'œuvre de précision. Malheureusement elles ne protègent plus contre les armes à feu, malgré leurs formes étudiées et la qualité des aciers. Ces superbes chevaliers sont parfaitement anachroniques. Ils ne sont valables que dans les charges, en raison de leur poids, de la masse de fer qu'en rangs compacts ils projettent sur l'ennemi : ils jouent en quelque sorte le rôle de chars d'assaut, mais au prix de quels sacrifices ! Les armes à feu, arquebuses et pistolets, ont accompli d'effrayants progrès par suite de l'emploi de silex remplaçant la mèche. D'où ces corps d'arquebusiers à pied et à cheval et ces escadrons de cavaliers dotés du pistolet. Si la cavalerie garde néanmoins les préférences de la noblesse, on note que l'infanterie s'est considérablement développée : dans l'armée de 1552 le nombre des fantassins sera, à peu près, de dix contre un cavalier lourd et léger. Comme à Marignan, ils sont armés de piques, mais le tiers d'entre eux est doté d'arquebuses qui les rendent encore plus redoutables.

Vieilleville décrit l'enthousiasme général que suscita l'espèce de mobilisation prescrite par le roi :

— « Il ne faut pas demander de quelle allégresse et affection chacun s'excita à s'y préparer. En quoi tout l'hiver se passa ; il n'y avait bonne ville où les tambours ne se fissent ouïr pour faire la levée des gens de pied, où toute la jeunesse des villes se dérobait de père et mère pour se faire enrôler ; et la plupart des boutiques demeuraient vides de tous artisans, tant était grande l'ardeur, en toutes qualités de gens, de faire ce voyage et de voir la rivière de Rhin. Aussi fallait-il bien du monde pour rendre promptement ces compagnies de gens de pied à trois cents hommes chacune... »

Vieilleville exagère un peu. Il fait toutefois resurgir sous nos yeux la classique image du sergent recruteur avec ses tambours. Et il est probable que c'était l'insolite spectacle des enrôlements qui vidait les boutiques. De toute manière, les pauvres ouvriers gagnaient si peu qu'ils ne perdaient rien en servant dans les armées du roi ! Mais voici qui est plus intéressant et sans doute plus véridique. Vieilleville parle des anspessades, qui étaient de jeunes nobles trop désargentés pour s'offrir une armure et servant comme simples soldats, avec certains privilèges. Il y avait douze de ces anspessades par compagnie, à trente livres par mois, et quatre à quarante livres, ce qui « était un assez honnête appointement pour entretenir et dresser beaucoup de braves gentilshommes ». On aura compris que, faute d'école militaire, c'était une pépinière d'officiers d'infanterie. « Et était leur secrète mission, ajoute Vieilleville, d'éclairer les actions des capitaines, n'étant sujets ni obligés à d'autres fonctions que de faire les rondes à leur tour, après lesquelles ils se retiraient en leur logis. » On les exemptait des vingt-quatre heures de garde, « par faveur et par mérite ». Ils portaient le corselet. En tant que nobles, on les dispensait de la hallebarbe, ou de l'arquebuse. Ils récusaient l'état de sergent, encore plus celui de caporal, « alléguant que ce sont charges mécaniques ». Pourquoi dédaignaient-ils ces grades ? Parce que, si un soldat a enfreint les ordonnances ou failli à sa faction, « ils sont tenus de lui mettre la main au collet et bien souvent de l'attacher eux-mêmes au carcan ou collier, ou de l'appliquer à l'estrapade ou bien de l'amener jusqu'au lieu où il faut qu'il passe par les armes ; si c'est par les piques, de le pousser dedans les rangs... ; si c'est par les arquebusades, de l'attacher eux-mêmes au poteau : qui sont traits que le gentilhomme abhorre, pour le moins en notre nation française ». On voit combien la discipline était sévère ; le carcan pour la faute vénielle, pour les fautes graves l'estrapade (on suspendait le condamné par une corde et on le laissait tomber violemment), la mort par les piques ou par la fusillade. Encore était-ce là mourir en soldat. Mais, pour les déserteurs, les traîtres et les pillards, il y avait la pendaison à laquelle le connétable de Montmorency était si prompt ! Ces châtiments rigoureux n'effrayaient pas les candidats à l'enrôlement. L'époque était âpre, avec une tendance appuyée à la cruauté. Ces quelques lignes de Vieilleville, d'autres documents, laissent apercevoir un début de hiérarchie que l'on peut définir ainsi, avec quelques réserves, selon les corps : colonel, premier capitaine tenant lieu d'adjoint au colonel, capitaine de compagnie, lieutenant, cornette ou porte-étendard, anspessade, sergent, caporal, soldat.

L'armée acheva sa concentration en avril, à Vitry. Elle comptait environ 50 000 hommes qui se répartissaient ainsi : l'infanterie sous les ordres de Coligny, colonel général, avec 15 000 fantassins français, dont 5 000 arquebusiers, et 15 000 lansquenets ayant leurs propres officiers et le rhingrave Reckrod ; la cavalerie placée sous le commandement du duc d'Aumale, avec 1 300 hommes d'armes (chevaliers en armure complète), 3 000 chevau-légers, pistoletiers et arquebusiers à cheval, plus la Maison du roi qui comptait 200 hommes d'armes et 400 archers ; le corps d'artillerie déjà bien spécialisé, avec une soixantaine de canons, leurs servants et les pionniers.

Le roi passa la revue de cette belle armée et fut fort acclamé. Il résidait à Joinville, chez le duc de Guise. Pour marquer son passage il érigea l'antique baronnie du sire Jean de Joinville, sénéchal de Champagne et grand ami de saint Louis, en principauté : ce fleuron s'ajoutait à la couronne des Guise. La cour avait suivi Catherine de Médicis et s'était installée dans le beau château de Joinville, de même que la duchesse de Valentinois, en attendant le départ du roi pour la guerre. La Reine tremblait pour lui. Elle écrira plus tard à l'une de ses filles (Élisabeth, devenue reine d'Espagne par son mariage avec Philippe II) : « Oh ! ma mie, recommandez-vous bien à Dieu, car vous m'avez vue contente comme vous, ne pensant jamais avoir autres tribulations que de n'être assez aimée à mon gré du roi votre père qui m'honorait plus que je ne méritais, mais JE L'AIMAIS TANT QUE J'AVAIS TOUJOURS PEUR, comme vous savez. » Elle tomba malade, assez gravement. Alors, elle reçut la plus belle preuve d'amour que l'on puisse donner à une femme. Le roi renonça provisoirement à prendre la tête de l'armée : il en confia le commandement au connétable de Montmorency, se privant d'une gloire à peu près assurée. Il voulut rester au chevet de Catherine jusqu'à ce qu'elle fût hors de danger. Il lui prodigua les marques de la plus vive affection et même d'une tendresse qu'elle ne lui supposait pas. Quant à Diane, toujours présente, toujours active, toujours aussi étrange, elle prodigua ses soins à la reine avec un zèle extraordinaire, la veilla jour et nuit : peut-être pour la protéger des médecins et de leurs remèdes plus nocifs que la maladie. Elle écrivait à l'un de ses amis : « Je vous puis assurer que le roi a fort bien fait le bon mari, car il ne l'a jamais abandonnée. » Tant de sollicitude soudaine, malgré l'ambiguïté de la situation, remit Catherine sur pied. Elle allait pouvoir s'occuper des affaires, exercer ses fonctions de régente, goûter enfin à la politique !

Le roi quitta Joinville le 11 avril. Montmorency l'avait précédé de neuf jours. L'armée avait franchi la Meuse, atteint la Moselle. Les échevins de Toul ouvrirent les portes de leur ville, le 5 avril, sans opposer la moindre résistance. On se dirigea aussitôt vers Metz. Laissons ici le connétable et passons en Allemagne. Maurice de Saxe exigeant la libération du landgrave de Hesse, son beau-père, et des garanties formelles pour les protestants, l'empereur le convoqua à Innsbruck, où il se trouvait encore. Maurice se mit en route, avec les secrétaires qu'il savait être vendus à Charles Quint. Tout à coup, il se déclara malade et suspendit son voyage. Il dépêcha l'un des secrétaires à Innsbruck pour excuser son retard, et rassurer l'empereur qui ne se doutait de rien. Puis il rebroussa chemin et gagna la Thuringe, où, le 18 mars, il se mit à la tête de l'armée réunie par Georges de Mecklembourg : 20 000 fantassins et 5 000 cavaliers. Il lança un manifeste par lequel il se posait en restaurateur des libertés germaniques et en défenseur du protestantisme. Il se dirigea ensuite vers le Tyrol et, à marches accélérées, gagna l'Allemagne méridionale. Les villes lui ouvraient leurs portes, l'accueillaient toutes en libérateur, avec une joie délirante. Et, partout, son premier ouvrage était de rétablir les pasteurs dans leurs temples et les magistrats, naguère révoqués par l'empereur, dans leurs charges. Le 1er avril, il entrait à Augsbourg. Charles Quint souffrait d'une attaque de goutte. Il n'avait plus d'armée ni d'argent. Il avait même licencié ses gardes espagnols. Il attendait Maurice en toute quiétude, estimant son repaire inaccessible et croyant surtout qu'on n'oserait venir le débusquer. Ferdinand, roi des Romains, fut informé de l'entreprise de Maurice de Saxe. Malgré la brouille avec Charles Quint, le sang Habsbourg parla en lui. Il résolut de sauver son frère, en même temps qu'il préserverait le pouvoir impérial. Il rencontra Maurice de Saxe à Linz en Autriche. Maurice l'abusa, en déclarant son indéfectible attachement à l'empereur et son ardent désir de se réconcilier avec lui, mais il maintint ses prétentions quant aux libertés germaniques et à la religion. Ferdinand proposa de se rendre à Innsbruck, pour arrêter avec Charles Quint les termes d'une réconciliation. Il promit de rencontrer Maurice à Passau le 26 mai. Il ne cherchait en réalité qu'à gagner du temps, mais il ignorait que, pendant ces discussions, l'armée rebelle poursuivrait sa progression. Maurice avait accepté le principe d'une suspension d'armes. Ferdinand en fixa lui-même la date d'effet au 26 mai. Maurice comptait bien profiter du délai pour capturer l'empereur et le déposer. Cette puissante diversion facilitait les opérations du « Vicaire impérial », je veux dire d'Henri II.

Henri II, enfant
(Musée de Chantilly)

Henri II,
par François Clouet
(Musée du Louvre)

Catherine de Médicis,
par François Clouet
(Musée de l'Ermitage, Léningrad)

Diane de Poitiers
(Musée des Beaux Arts, Dijon)

Le coup de Jarnac, 1547
(Bibliothèque nationale)

Guy Chabot,
baron de Jarnac

Le connétable
de Montmorency

Le maréchal
de Saint-André

Le duc
François de Guise

Le maréchal
de Brissac

Le tournoi de la rue Saint-Antoine, 1559 *(Bibliothèque nationale)* (en médaillon Henri II)

Le comte de Montgomery

Henri II et Catherine de Médicis
(Tombeau de Saint-Denis)

VII

LE VOYAGE D'AUSTRASIE

Poursuivant son avance, Montmorency entra sans coup férir à Pont-à-Mousson. Il chassa les Impériaux de l'abbaye de Gorze, où ils s'étaient retranchés afin de retarder la marche des Français vers Metz. Dans cette ville, l'opinion avait été adroitement préparée par le cardinal de Lénoncourt ; cependant l'échevinage et une partie des notables restaient favorables à Charles Quint et, sinon, s'estimaient liés par le serment qu'ils lui avaient prêté. Le connétable envoya en députation Bourdillon et Tavannes, tous deux maréchaux de camp (ce grade équivalait approximativement à celui de général de brigade). Tavannes était éloquent et habile. Alternant les promesses et les menaces — discrètes mais précises —, il persuada les autorités de recevoir le connétable avec ses gardes et une « enseigne » de fantassins, soit moins de cinq cents hommes. Son argument essentiel était que, le roi étant allié à Maurice de Saxe et se rendant en Austrasie (en Allemagne) pour y défendre les libertés de tous contre la tyrannie de l'empereur, les habitants de Metz ne pouvaient faire moins que de l'accueillir spontanément. Selon lui, l'intention du roi n'était que de les protéger contre les entreprises de Charles Quint. Une délégation de bourgeois fut conduite devant Montmorency. Il se montra aussi persuasif que Tavannes et amusa les délégués de belles paroles. Il déclara que le roi agissait en qualité de Vicaire impérial et qu'il avait besoin de Metz pour assurer le passage des courriers et du ravitaillement. Rassurés, les Messins donnèrent leur accord. Le 10 avril 1552, Bourdillon entra dans la ville avec sept cents hommes, parmi les meilleurs de l'armée. Tavannes tenait l'une des portes avec une troupe de même importance et formée de soldats d'élite. Les échevins de Metz s'émurent, donnèrent l'ordre de fermer la porte. Le capitaine chargé de la garder, et qui était suisse, jugea la partie perdue et jeta les clefs à la tête de Tavannes, en criant :

— « Tout est choué ! » (joué).

Le connétable fit son entrée, installa son quartier général et organisa l'occupation de la ville. On a parfois écrit qu'il s'était emparé de Metz par trahison. Il est plus juste de dire qu'il avait un peu forcé la main à une partie des notables redoutant les suites d'une reddition trop spontanée. Il faut croire que la grande majorité de la population était francophile, puisque Montmorency ne rencontra finalement aucune résistance. Or Metz n'était pas seulement une grande ville épiscopale ; c'était une forteresse de premier ordre, pourvue d'une bonne artillerie et d'une importante garnison. Elle pouvait se défendre, à tout le moins retarder considérablement la marche des Français. Il y a donc des raisons de penser qu'elle se donna à eux et que le subterfuge de Montmorency ne fit que précipiter la décision. Il ne restait plus qu'à attendre la venue du roi.

Henri II ne perdait pas de temps. Parti de Joinville le 11 avril, après la guérison de la reine, il était à Toul deux jours après. Suivi de sa Maison militaire, accompagné des maréchaux de Saint-André et de La Marck, il se dirigea vers Nancy. La Lorraine était fief d'empire, mais son duc, prince souverain, relevait du roi de France pour le duché de Bar. En 1552, le duc Charles III avait dix ans et sa mère Christine de Danemark, duchesse douairière (et nièce de Charles Quint), exerçait la régence. Elle avait rencontré le roi à Joinville, pour l'assurer de sa neutralité. Elle comptait sur l'appui des Guise pour préserver les États de son fils. Henri II ne fut pas dupe de cette démarche. La duchesse Christine défendait les intérêts de l'empereur. Le roi décida de passer outre. Le 14 avril, ses troupes entraient à Nancy, d'ailleurs précédées par le cardinal de Lorraine. Il n'y eut pas plus de résistance qu'à Metz. Christine de Danemark eut l'autorisation de se retirer en Allemagne. Le comte de Vaudemont, oncle de Charles III, fut nommé régent et prêta serment au roi, ainsi que la noblesse lorraine. Le petit duc fut envoyé en France, pour y être « nourri » avec les Enfants royaux. On convint de le fiancer avec la princesse Claude, une des filles du roi. Ce dernier se déclara « protecteur » de l'État lorrain. Des garnisons françaises occupèrent les places principales. Le protectorat du roi faisait bel et bien entrer cette belle province dans notre mouvance, compte tenu du jeune âge de Charles III. Chose remarquable : il n'y avait pas eu une goutte de sang versée !

Le 17 avril, Henri II était à Metz. Le connétable organisa une superbe revue, en partie destinée à impressionner les habitants de la région, surtout les partisans de l'empereur. L'armée défila devant le roi, bataillon par bataillon, escadron par escadron, cependant que soixante canons tonnaient par intervalles et que l' « escopeterie » répétait ses décharges. Le défilé dura deux bonnes heures et le roi complimenta les chefs sur « la bonne volonté » de leurs troupes. Il fit son Entrée dans la ville, où les échevins le reçurent avec les plus grandes marques de respect. Il y résida quelques jours et réunit son conseil pour examiner les dispositions à prendre avant son départ. Vieilleville prétend que le poste de gouverneur lui fut offert. Il aurait répondu « qu'il n'était pas d'avis que Sa Majesté y établît aucun gouvernement, mais qu'il laissât cette charge aux maire et échevins », en mettant à leur disposition et commandement la garnison française. L'occupation de Metz n'était-elle pas provisoire, uniquement destinée à l'acheminement des provisions et courriers de l'armée ? Le roi n'agissait-il pas en tant que Vicaire impérial et restaurateur des libertés germaniques ? Si Vieilleville tint réellement ces propos, il est permis de douter de son intelligence. Henri II jugeait plus sainement. Metz avait une grande importance stratégique. Il entendait l'annexer au royaume. Il nomma donc un gouverneur : le sire de Gonnor, frère puîné de Brissac, au brillant passé militaire. Les bourgeois de Metz prêtèrent serment d'obéissance, en réservant, par un dernier scrupule et pour ménager l'avenir, les droits de l'empire.

L'armée fut alors divisée en trois corps. L'avant-garde, sous les ordres du connétable (ce qui était le privilège de sa charge), comprenait environ 20 000 hommes. Le corps de bataille, commandé par le roi, réunissait à peu près 25 000 hommes. Une troupe de réserve, forte de 5 000 hommes, resta en Lorraine. Par Raucourt, Lunéville et Blamont, l'avant-garde et le corps de bataille atteignirent Sarrebourg. On entrait en Alsace, où l'on ne parlait plus le « welche » (le français), mais l'allemand. Le franchissement des Vosges fut assez pénible, surtout pour les convois de ravitaillement et de munitions. On était à Saverne le 3 mai. L'approvisionnement posa problème. Vieilleville : « Quand nous fûmes entrés dans les terres d'Allemagne, le Français montra bien son insolence au premier logis, ce qui effraya si bien tout le reste que nous ne trouvâmes jamais depuis un seul homme à qui parler ; et tant que le voyage dura, il ne se présenta personne avec sa denrée sur le passage ; il fallait faire cinq ou six lieues pour aller aux fourrages et aux vivres, mais avec bonne escorte, car dix hommes n'en revenaient pas ; de quoi l'armée souffrit infinies pauvretés. » Ce qui montre assez clairement que les Lorrains se considéraient quasi comme Français, alors que les Alsaciens se sentaient Allemands à part entière et sujets de l'empire. Ce n'était point par caprice que Maurice de Saxe avait offert au Vicaire impérial les Trois Évêchés de langue welche, et rien au-delà. Montmorency avait déclaré au conseil « qu'il entrerait dans Strasbourg et les autres villes du Rhin comme dedans du beurre ; et qu'ils n'étaient pas plus spirituels que ceux de Metz, étant tous de même pâte et nourriture... ». Montmorency se faisait beaucoup d'illusions. Il tenta de renouveler son exploit de Metz. Mais les échevins de Strasbourg se tenaient sur leurs gardes. Le connétable leur envoya le sieur de Lézigny, surintendant des vivres de l'armée, avec une petite suite et un trompette du roi. Les Strasbourgeois le laissèrent entrer fort courtoisement et Lézigny put acheter sans difficulté pour vingt mille francs de provisions, ce « qui rafraîchit merveilleusement l'armée ». Le connétable l'avait chargé d'une mission secrète, qui était de rassurer les principaux échevins en leur expliquant les raisons pour lesquelles les Français occupaient, provisoirement, Metz. Il devait aussi leur faire part du désir du roi de passer par leur ville, en petite compagnie et non avec l'escorte dont un si grand prince s'entourait habituellement. Il déclara aussi que le nonce, les ambassadeurs de Venise, Ferrare et Florence, avaient grande envie de visiter Strasbourg « pour sa beauté ». Les échevins y consentirent fort gracieusement.

Le lendemain, après le déjeuner, les quatre ambassadeurs se présentèrent sous les murs. Mais le connétable leur avait prêté deux cents soldats d'élite pour porter leurs « valises et mallettes ». Ces laquais d'un nouveau genre attirèrent l'attention, d'autant qu'ils étaient accompagnés de touristes ressemblant fort à des traîne-rapières. Les Strasbourgeois les accueillirent par une volée de canons. Dix ou douze laquais mordirent la poussière et les autres prirent le large. On voit que les diplomates de ce temps n'hésitaient pas à se rendre complices d'une ruse de guerre ! Lézigny vint parlementer. Il reprocha aux Strasbourgeois de n'avoir pas tenu parole. Vieilleville : « Ils le rembarrèrent de grande colère, disant que ceux de Metz, parce qu'ils parlaient français, se sont laissé surprendre par les Français : mais eux qui ne parlent qu'allemand ne se veulent laisser tromper par des Franchimants ; et que le connétable ne pense pas avoir affaire à des bêtes. » Toutefois ils accordaient au roi d'entrer dans leur ville, mais avec seulement quarante gentilshommes. Ils ne refusaient pas non plus de vendre des vivres, contre argent comptant. Montmorency fut si fâché de cette réponse qu'il s'alita avec une forte fièvre. Le roi vint le voir. Selon Vieilleville, le connétable eût dit : « Gare le derrière pour les Allemands, car ils n'ont point de tenue ni de résolution. Il ne faut que la vue d'une bouteille pour les faire varier et perdre la souvenance de ce qu'ils ont promis. » Il suggéra au roi de profiter de la permission des Strasbourgeois pour entrer dans la ville avec quarante gentilshommes bien choisis. Henri II rejeta ce conseil, avec raison, et donna l'ordre de marcher sur Haguenau. La conquête de l'Alsace s'avérait plus épineuse que celle de la Lorraine. Haguenau refusa pareillement d'ouvrir ses portes, bien qu'on eût envoyé le rhingrave pour parlementer. Montmorency fit braquer quatorze grosses pièces d'artillerie et aligna 6 000 hommes en tenue de combat. Il fit savoir aux habitants qu'ils disposaient de deux heures pour se rendre, faute de quoi ils seraient tous pendus et leurs maisons incendiées. Il n'avait pas la manière douce ! Une députation se présenta promptement. Le connétable les rabroua et leur reprocha « leur ingratitude », en leur enjoignant d'aller au-devant du roi pour saluer sa venue. Henri les traita en « confédérés ». Il interdit aux soldats d'entrer dans la ville, sauf par petits groupes et pour acheter des victuailles. Plusieurs notables avaient fui et s'étaient réfugiés à Spire, avec femmes et enfants. Ils avaient naguère livré à Charles Quint le colonel Volgberg et quatre de ses capitaines condamnés à mort pour avoir servi la France. Ils craignaient de justes représailles. Henri ne fit pas allusion à cette pénible affaire ; il se contenta d'indemniser les veuves et de prendre les orphelins à son service. Cette mansuétude eut le meilleur effet.

Le reste de la campagne ne fut guère qu'une promenade. Rassurés par l'exemple d'Haguenau, les échevins de Wissembourg ouvrirent spontanément leurs portes. Henri les traita pareillement en « confédérés » et épargna à la population les tracas d'une occupation. Ce fut alors que les difficultés commencèrent. Les Suisses, dont les frontières étaient communes avec celles de l'Alsace, furent les premiers à s'émouvoir. Ils vinrent supplier le roi d'épargner Colmar, Sélestat, Einsenheim et Strasbourg, avec lesquelles ils étaient alliés. Henri II ne pouvait se permettre d'indisposer les Cantons, toujours prêts à lui fournir des mercenaires. Il fit donc droit à leur demande. Ensuite il reçut une ambassade des princes allemands. Ces bons apôtres, oubliant le traité de Chambord et les engagements de Maurice de Saxe, prièrent le Vicaire impérial de stopper son avance : pour éviter les dégâts habituels d'une troupe en marche. Doutant de la sincérité de Maurice de Saxe, Henri II sut prendre la décision la plus sage. Il fit boire symboliquement les chevaux français dans le Rhin et, le 13 mai, ordonna le repli sur la Lorraine.

Que faisait son allié saxon ? Maurice avait quitté Ferdinand, roi des Romains, et rejoint son armée le 9 mai. Les accords de Linz le laissaient libre d'agir jusqu'au 26 mai. Il croyait pouvoir capturer Charles Quint avant cette date. Le 18 mai, il força le passage de Fiersen, qui donnait accès au Tyrol. Il prit ensuite le château d'Ehrenberg. La capture de Charles Quint n'était plus qu'une question d'heures. On prévint ce dernier. Il souffrait toujours de la goutte et la pluie tombait à torrents. Pour échapper aux rebelles, il se fit transporter en litière, suivi de quelques courtisans et du ci-devant Électeur Jean-Frédéric de Saxe qu'il avait « libéré » pour les besoins de la cause. Par d'affreux sentiers de montagne, de mauvaises torches éclairant les précipices, il gagna Villach en Carinthie. Maurice arriva à Innsbruck dans la matinée du 23 mai. Le gibier s'était envolé ! Jamais Charles Quint n'avait couru pareil danger, mais il n'avait pas dit son dernier mot ! Renonçant à le poursuivre, Maurice se dirigea vers Passau pour l'ouverture de la trêve avec Ferdinand.

Le repli d'Henri II vers la Lorraine avait une double justification. Le roi n'avait toujours eu qu'une confiance relative dans la démarche de Maurice de Saxe et de ses alliés. Il avait compris que Maurice, faute de l'avoir capturé, traiterait avec l'empereur en position de force. Il pensait aussi qu'en son for intérieur il regrettait l'avance des Français en terre d'empire. Secondement, il avait appris que l'intrépide Marie de Hongrie avait levé une armée et prétendait faire diversion, donc le prendre à revers. Son armée fit donc mouvement vers le Luxembourg. Elle prit, en quatre jours, la place forte de Damvilliers, cependant pourvue d'une imposante artillerie (plus de soixante canons) et d'une garnison de 3 000 hommes. Puis, en trois jours, le 23 juin, la forteresse d'Ivoy, où le gouverneur du Luxembourg, Mansfeld, s'était enfermé avec ses meilleures troupes. Le marécage qui entourait Damvilliers n'avait guère prolongé le siège. La rivière qui défendait Ivoy n'eut pas meilleur effet. Le roi, qui était un connaisseur en artillerie, veillait en personne à la mise en batterie des canons et donnait des leçons de pointage aux servants. Ce mépris du danger alarmait le connétable.

— « Sire, Sire ! si vous voulez faire cette vie, il ne faut plus que nous fassions état de roi, non plus que d'un oiseau sur la branche, et que nous ayons une forge pour en forger tous les jours de nouveaux, si tous les autres veulent faire tout de même que vous ! »

C'est Brantôme qui rapporte cette réprimande de Montmorency à l'imprudent monarque. Il ne dit pas si Henri obtempéra et délaissa ses beaux canons... Ivoy fut traitée en ville conquise. Le produit du butin fut partagé entre Coligny et le connétable qui recueillit en cette occasion la haine des habitants et la rage des soldats frustrés du pillage ! On marcha ensuite sur Sedan, cependant qu'une partie de l'armée prenait Montmédy. Dans toutes ces places, on avait trouvé abondance d'artillerie, de munitions, de vivres. A Sedan, le roi tomba malade. Inquiète, Catherine de Médicis accourut à son chevet : elle ne pouvait moins faire que de lui rendre la pareille ! Le duché de Bouillon reconquis en quelques jours fut restitué au maréchal de La Marck, un des gendres de la duchesse de Valentinois. Les semaines suivantes, on prit diverses places et plusieurs châteaux. L'armée de Marie de Hongrie n'avait rien pu faire, sinon de se replier en hâte sur le Hainaut pour tenter d'arrêter l'invasion française. Cette année-là, l'été fut très court. La pluie succéda sans transition aux grosses chaleurs. Les épidémies habituelles s'abattirent sur l'armée. Le roi la licencia en grande partie, le 26 juillet. Le sol était déjà si détrempé, il y avait de telles fondrières par les chemins, que les canons et les chariots s'embourbaient. Bref, ce furent les intempéries qui empêchèrent le roi de s'emparer du Hainaut.

Maurice de Saxe négociait toujours, à Passau. Bien qu'il eût consenti à laisser le Vicaire impérial occuper les villes « welches » de l'empire, il soutenait, pour se blanchir, que cette occupation avait un caractère provisoire et jurait, la main sur le cœur, qu'il n'avait point envisagé leur aliénation définitive ! Il savait que, si la vérité était connue, il perdrait son crédit et serait, à juste titre, accusé de trahison. L'ambassadeur d'Henri II, Jean de Fraisse, était à Passau. Suivant les instructions de son maître, il ne fit nullement obstacle à la conclusion de la paix. Il dit textuellement que le roi n'empêcherait point qu'on traitât, « pourvu que les plaies faites à la république fussent guéries, de manière à ne plus se rouvrir ; que les princes prisonniers fussent mis en liberté suivant les conventions de la ligue, et qu'enfin l'ancienne union de l'Allemagne avec la France et la nouvelle alliance fussent confirmées et demeurassent fermes et constantes ». En d'autres termes, le roi se posait toujours en défenseur des libertés germaniques ! Son ambassadeur ne fit pas allusion aux villes occupées ; il demandait cependant confirmation des accords passés avec la ligue, ce qui était clair ! Cependant qu'il tenait ce discours à Passau, d'autres agents français négociaient secrètement avec le marquis Albert de Brandebourg. Ils cherchaient à le détacher de Maurice de Saxe qui, selon eux, s'apprêtait à pactiser avec l'empereur, donc à trahir la cause protestante. Tout ce que voulait Henri II, c'était entretenir l'anarchie en Allemagne. Albert de Brandebourg remplirait cet office à meilleur prix que Maurice de Saxe et ses amis. L'essentiel pour le roi de France, c'était que l'empereur ne vînt pas à bout de ses difficultés.

Les représentants de toutes les villes, de tous les princes et les envoyés de l'empereur s'étant rassemblés à Passau, sous la présidence du roi des Romains, Maurice de Saxe réitéra sa triple demande : libre exercice de la religion, rétablissement des libertés germaniques, libération du landgrave de Hesse. Les députés désiraient la paix. Cependant Maurice de Saxe s'inquiétait de la défection inattendue du marquis de Brandebourg et des prétentions soudaines (suscitées par Charles Quint) de l'ancien Électeur, Jean-Frédéric de Saxe. Il lui fallait aller vite, devancer les événements. L'assemblée presque unanime redoutait la tyrannie de l'empereur : on ne se souvenait que trop des suites de la défaite de Mühlberg.

Ferdinand lui même ne pardonnait pas à son frère d'avoir essayé de l'écarter du trône impérial au profit de Philippe. En outre, les Turcs menaçaient à nouveau la Hongrie ; il importait donc de rassembler toutes les forces au plus vite, pour être en mesure de combattre. Les propositions de Maurice de Saxe furent dont adoptées. On établit un protocole. Charles Quint le rejeta avec mépris, bien qu'il n'eût pas d'armée ni d'argent. Il exigea réparation des injures qu'il avait subies de la part des rebelles. Maurice de Saxe avait prévu ce refus. Il quitta précipitamment Passau, reprit la tête de son armée, s'empara de Morgentheim et, le 17 juillet, mit le siège devant Francfort, qui était restée fidèle à l'empereur.

Charles Quint finit par céder. Il venait enfin de comprendre à quel point ses sujets allemands le détestaient, combien sa tyrannie leur était pesante et que c'en était fait de ses rêves de monarchie européenne. Il comprenait aussi que le roi de France avait admirablement profité des querelles allemandes et qu'en fin de compte il était le seul à tirer les marrons du feu. Il savait que l'occupation des cités welches ne serait point temporaire, malgré les dires de Maurice de Saxe. Partout Henri II avait laissé des gouverneurs et de solides garnisons. Pour chasser les Français de Lorraine, du Luxembourg et du duché de Bouillon, il faudrait mettre sur pied d'immenses armées, et trouver des généraux capables de les commander ! Charles Quint se sentait affreusement vieillir. Pour sauver ce qui pouvait l'être, fût-ce au profit de Ferdinand et de son fils Maximilien, il accepta donc le traité de Passau (2 août 1552), que l'on appela « traité de la Paix publique » et qui consacrait l'effondrement de tous ses projets, extérieurs et intérieurs. Le landgrave de Hesse serait immédiatement remis en liberté. Une diète se réunirait dans un délai de six mois ; elle serait bipartite et s'efforcerait d'accommoder les deux religions. Les anciennes constitutions de l'empire seraient rétablies. Ferdinand et Maximilien seraient les garants des libertés germaniques : ce qui laissait prévoir l'avenir ! Les deux religions coexisteraient sans entrave d'aucune sorte. Les injures seraient oubliées de part et d'autre. Les armées seraient dissoutes à partir du 12 août. Moyennant ces concessions, Charles Quint pouvait conserver un fantôme de pouvoir et le titre désormais presque nominal d'empereur. Il pliait sous la bourrasque, mais ne désespérait point : il avait tant vu, tant provoqué de bouleversements, et n'avait pas encore joué sa dernière carte !

VIII

LE SIÈGE DE METZ

Ce que Charles Quint savait, ce sur quoi il misait, en vieux routier de la politique, c'était le patriotisme germanique. Il avait percé à jour le dessein de Maurice de Saxe et de ses alliés. Maurice avait lutté pour faire prévaloir les libertés civiles et religieuses du vieil empire, non pour démanteler celui-ci. Il n'avait point voulu trancher le lien avec l'empereur, mais seulement contenir le pouvoir de ce dernier dans des limites acceptables. Il était, il restait allemand jusqu'au bout des ongles... En dernière analyse, au terme de tant de luttes stériles, Charles constatait qu'au-dessus des divergences politiques et religieuses persistait, s'affirmait même, l'âme germanique. Que ne l'avait-il compris plus tôt ! Jusqu'à Passau, il croyait pouvoir gouverner les Germains comme les Espagnols et les Italiens. Aussi quelle amertume pour lui ! Car cette intelligence réellement supérieure malgré ses faiblesses, cet homme qui pensait européen au XVIe siècle, apercevait en même temps les conséquences infinies de son échec. La paix de Passau, certes, ruinait ses plans personnels et consacrait indirectement l'éclatement de la Maison de Habsbourg. Là n'était pas son aspect le plus grave. Elle empêchait la constitution d'un pouvoir effectif, fort et centralisé, et différait de trois siècles (jusqu'en 1871 !) l'unification de l'Allemagne. Elle maintenait l'empire au niveau d'un État féodal, dont le maître n'était que le premier des seigneurs, et cela au seul avantage de la France. Aucun des signataires de Passau, sauf l'empereur, n'avait conscience de renier sa patrie. Encore n'avait-il luimême qu'une vue confuse des suites de cette désastreuse Paix publique. Cependant sa haine à l'encontre d'Henri II s'en trouva accrue. Ce vieil homme perclus de goutte et sans cesse fiévreux, incapable désormais de se tenir à cheval, résolut de se venger, c'est-à-dire de reconquérir la Lorraine, Luxembourg et Sedan, dût-il y consommer ses dernières forces et son dernier ducat. Maurice de Saxe, craignant des représailles, n'avait point licencié son armée en dépit de ses engagements. Il l'avait conduite en Hongrie pour combattre les Turcs. Son départ laissait le champ libre au vieil empereur.

Dans le même temps, le margrave Albert de Brandebourg, archétype des seigneurs brigands, pillait indifféremment les villes catholiques et les protestantes. Stipendié par Henri II, il faisait en réalité la guerre pour la guerre. Sans foi ni loi, il mettait les cités à rançon, s'enrichissit prodigieusement. On le surnommait le Fléau des prêtres. Ses bandes menacèrent Strasbourg, puis Mayence. Elles se dirigèrent ensuite vers Florange. L'empereur annonça sa résolution de châtier le coupable. Il demanda le concours des princes. Jean de Brandebourg-Kustrin, parent d'Albert, se mit à son service. La banque Fugger prêta 400 000 ducats. Les banquiers génois et napolitains, 200 000. Il recruta en hâte des mercenaires espagnols et italiens, toujours prêts à vendre leur sang quand on payait bien. L'âme allemande vibra. Charles put quitter son refuge de Villach. Il redevenait empereur. La situation se retournait. Quand il annonça superbement son intention de reprendre Metz, l'enthousiasme fut général. L'effroyable margrave Albert offrit même ses brigands, il est vrai contre une amnistie pleine et entière. Ils étaient 15 000 coupe-jarrets, entraînés à toutes les ruses, aux coups de main les plus risqués, aux assauts sauvages sans préparation d'artillerie. Cette cohorte de bandits forma le fer de lance de l'armée impériale. C'était folie d'entreprendre le siège d'une forteresse pareille par ce mauvais automne ! On prévoyait un hiver rude et précoce. L'état de santé de Charles ne lui permettrait pas de coucher sous la tente, de mener l'inconfortable vie de camp. Mais le duc d'Albe, rude homme de guerre, le remplacerait. Charles pensait qu'en agissant tout de suite il bénéficierait de l'effet de surprise. La vieille âme allemande accepta par avance le sacrifice. Voilà qu'elle se prenait aussi de haine pour la France : une haine qui ne trouvera son dénouement qu'en 1945, après avoir suscité les guerres de 1870 et de 1914, une haine d'ailleurs égale à celle des Français. On ne peut toutefois se retenir d'admirer le vieux César germanique ! Le fugitif de mai se métamorphosait soudain en conquérant : il fallait à cela quelque étincelle de génie !

Mais le roi de France avait prévu la parade, et de longtemps, soit que ses espions l'eussent renseigné, soit qu'il estimât, comme il est probable, que Charles Quint, de façon ou d'autre, essaierait de lui arracher ses conquêtes. Toujours est-il que, dès le 17 août 1552, François de Lorraine se vit confier la défense de Metz et vint s'y enfermer. Depuis la mort de Claude, son père, il avait résilié son titre de duc d'Aumale en faveur de son frère, autre Claude, et pris celui de duc de Guise, sous lequel nous le nommerons désormais. Montmorency fut chargé de veiller à l'approvisionnement. Vieilleville reçut son brevet de maréchal de camp et fut envoyé à Verdun.

Metz, située au confluent de la Moselle et de la Seille, était une puissante cité, enrichie par le commerce, et dont les origines remontaient aux premiers âges de la monarchie. C'était une ville libre, certes rattachée à l'empire mais s'administrant elle-même, comme une petite république. Son principal ouvrage de défense était un robuste bastion érigé dans l'intervalle des deux rivières. Le duc de Guise, dont on connaît déjà les aptitudes militaires, jugea les fortifications insuffisantes pour soutenir un long siège. Il augmenta les remparts existants et construisit de nouveaux bastions mieux adaptés au feu de l'artillerie. Il était aidé dans cette tâche par Pierre Strozzi et par l'ingénieur Camille Marini. Guise était un entraîneur d'hommes. Afin de donner l'exemple aux soldats répugnant aux travaux de terrassement, comme indignes de leur état, on le vit fréquemment porter la hotte et ses lieutenants, Elbeuf, Biron, Gonnor, La Rochefoucauld, Nemours, Martigues, Randan, le vidame de Chartres, l'imitaient malgré leur orgueil de caste. Dès lors, comment les simples arquebusiers ou piquiers eussent-ils pu refuser de prendre la pelle ou la pioche ? Pour faciliter la défense et dégager les environs de la ville, Guise fit démolir cinq des faubourgs, même de vénérables sanctuaires. L'église Saint-Arnoul abritait les tombeaux de Louis le Débonnaire, de sa mère et de plusieurs princes carolingiens. On transporta leurs dépouilles dans l'église Saint-Dominique. La population aidait aux travaux, non par force mais de son plein gré.

L'armée impériale franchit le Rhin, le 15 septembre. Elle comptait 60 000 hommes, peut-être plus. Les lieutenants de l'empereur étaient le duc d'Albe et le marquis de Marignan, plus connus pour leur férocité que pour leurs talents de stratèges. Charles Quint comptait sur l'effet de masse, sur le nombre de ses canons. Henri II avait rassemblé une armée en toute hâte : 40 000 hommes, y compris les cavaliers et les lansquenets du rhingrave. Concentrée à Reims, elle fit mouvement vers le secteur menacé. Le roi établit ses quartiers à Saint-Mihiel. Il était accompagné du connétable, de Nevers, Aumale, Condé, Enghien, Rohan, Saint-André, Villars et Bourdillon. Il hésitait encore sur la tactique à adopter. Chercherait-il la bataille ou laisserait-il les Impériaux s'enliser dans un siège difficile ? Il choisit le second parti, en refrénant ses instincts. Cependant, bien qu'il parût très probable que Charles Quint se dirigeât vers Metz, une incertitude subsistait quant à ses desseins. Il semblait ignorer la présence plus au nord du margrave de Brandebourg et de ses bandes.

Pour le duc de Guise il n'y avait aucun doute. Il poursuivait inlassablement ses préparatifs de défense. Il accumulait les provisions et les munitions. Il installait des ateliers à poudre et des poudrières. Il organisait des hôpitaux pour soigner les blessés, avec le concours du fameux chirurgien Ambroise Paré, lequel écrira une relation du siège. Il mettait des canons en batterie sur les plates-formes des clochers. Pour renforcer ses effectifs, il embrigadait les volontaires, leur enseignait le maniement des armes, et la discipline. Inlassable, dès l'aube on le voyait à l'exercice ou par les chantiers. Quasi doué d'ubiquité, il était partout à la fois, et veillait à tout, communiquant son ardeur aux soldats. Il divisa la ville en dix secteurs, dont chacun fut placé sous la responsabilité des meilleurs officiers. Quand les éclaireurs signalèrent l'approche des Impériaux, il électrisa les courages, affirmant que Metz était en mesure de résister plus de dix mois sans être secourue, annonçant néanmoins la proximité de l'armée royale pour rassurer la population. Il paraissait être le dieu Mars en personne. Metz fut le point de départ de sa haute fortune.

L'investissement de la ville commença le 19 octobre. Charles Quint s'était arrêté à Thionville. Avec le retour de la mauvaise saison, la goutte le tourmentait à nouveau cruellement. Sa santé était si délabrée qu'elle ne lui permettait pas de se rendre au camp ; mais il était plus résolu que jamais à se venger. Qu'il parvînt à reprendre Metz et les Français ne pourraient se maintenir à Toul et à Verdun. La perte des Trois Évêchés désarticulait en effet ses possessions lotharingiennes, car elle fermait le passage entre les Pays-Bas et la Franche-Comté. Charles Quint se retrouvait dans la situation du Téméraire, toutes proportions gardées ; d'où son acharnement, d'où sa volonté d'entreprendre un siège aussi difficile, contre l'avis de ses généraux ! Le margrave de Brandebourg stationnait entre Metz et Verdun. Les Français croyaient encore qu'il était au service d'Henri II. Il leur demandait des vivres, des armes, des munitions, des renforts, avec un parfait cynisme. Il est cependant probable que, si Montmorency avait disposé d'une somme assez forte, le margrave se fût, si l'on peut dire, revendu au roi et eût lâché l'empereur. Le 28 octobre, il jeta le masque, attaqua Aumale par surprise et le captura après lui avoir tué cent cinquante gentilshommes. Blessé, Aumale fut conduit en Allemagne et dut racheter sa liberté contre 60 000 écus d'or ; il était de bonne prise ! Après ce triste exploit, les bandes du margrave rallièrent l'armée impériale sous les murs de Metz. Cette trahison n'empêcha point Vieilleville, le duc de Nevers et quelques autres de se mettre à la tête de détachements, d'attaquer les arrières de l'ennemi, de surprendre les fourrageurs et d'intercepter les convois.

Le 10 novembre, les travaux d'investissement étaient terminés ; le siège commença. Le duc d'Albe et le marquis de Marignan disposaient d'une énorme artillerie : une centaine de pièces de calibres divers ! Le bombardement commença. Il ne cessera pas pendant un mois et demi et les Impériaux enverront 12 000 boulets sur Metz ! Les brèches restèrent sans effet, car le duc de Guise, peu confiant dans la solidité des vieux remparts, bien qu'on les eût réparés, avait fait construire une seconde muraille, flanquée de bastions. Les assauts sectoriels échouaient les uns après les autres, aggravant la démoralisation des soldats. Ils souffraient beaucoup, car le gel avait succédé à la pluie. Ils pataugeaient et grelottaient dans une fange glacée. L'empereur était furieux contre ses généraux. Le 20 novembre, il se fit transporter au camp, en litière, malgré sa fièvre et ses rhumatismes. Il croyait que sa présence redonnerait cœur à la troupe ! Il ordonna, que dis-je, il exigea un assaut général. Les soldats transis de froid obéirent sans conviction. Ils furent repoussés et subirent des pertes sérieuses. Les canons continuèrent à tonner. Les sorties des assiégés, promptes, bien dirigées, devenaient de plus en plus meurtrières pour les Impériaux. La faim, la maladie augmentaient leur désarroi. Si l'armée de Montmorency n'avait pas retraité vers Reims, en grande partie, elle pouvait prendre Charles Quint à revers et l'écraser. Mais le connétable et le roi, tout en organisant la famine des Impériaux, étaient d'accord pour ne pas aventurer la seule armée dont nous disposions. Ils craignaient une invasion par la Champagne et voulaient couvrir Paris.

La neige apparut. Le vieil aigle s'opiniâtrait. Il fit creuser des mines dans la terre gelée. Elles furent sans effet. Quand une brèche s'ouvrait dans les remparts, elle était aussitôt comblée. Le lendemain de Noël, Guise crut discerner un flottement chez les Impériaux : ici et là, ils évacuaient les postes avancés. Les canons se turent enfin. Charles Quint dut se souvenir du Téméraire, son aïeul, dans les neiges de Nancy. Il avait déjà perdu 30 000 hommes, la moitié de son armée. Il décida de lever le siège et donna l'ordre de retraite, pour le 2 janvier 1553.

— « La fortune est femme, dit-il ; elle n'aime pas les vieillards. »

Sur cette retraite lamentable et douloureuse, nous avons deux récits de témoins. Ceux de Rabutin et de Vieilleville.

« L'empereur, écrit Rabutin, se voyant déchoir et diminuer de toutes choses, CRAIGNANT LE RETOUR DE L'ARMÉE DU ROI, et de tomber en plus grande honte et vitupère pour trop attendre, se retira des premiers, laissant au duc d'Albe toute charge pour départir son armée et ordonner de la retraite. Sitôt qu'il fut su par le camp que César était parti, les chemins et les villages à l'entour furent couverts et pleins de ses soldats, qui se retiraient les uns en leurs quartiers, les autres où ils pouvaient, en si grande indigence et misère, que je ne fais point de doute que les bêtes mêmes, voire les plus cruelles, n'eussent eu quelque pitié de ces misérables soldats, tombant, chancelant par les chemins, en extrême nécessité ; et le plus souvent mourant près des haies, et au pied des buissons pour être en proie aux chiens et aux oiseaux... Le duc d'Albe et la plus grande partie de l'armée impériale avaient délogé en un désordre étrange, sans bruit de trompettes ou tambourins, laissant les tentes dressées et grande quantité de toutes sortes de harnais et d'armes, de caques pleines de poudre à canon, un nombre infini de meubles et ustensiles ; ayant caché sous la terre une partie de leur artillerie ; demeurant pour otages une multitude incroyable de pauvres malades, envers lesquels M. de Guise, les princes qui étaient dans Metz, et généralement les autres, jusqu'aux simples soldats français, usèrent de charité très humaine, leur administrant toute nécessité et tels soulagements que pauvres malades étrangers ont besoin... »

Et il ajoute, faisant allusion à la férocité des Allemands : « non avec telle rigueur et austérité que peut-être ils eussent traité les sujets du roi, quand ils fussent tombés entre leurs mains à leur merci ».

Vieilleville est encore plus précis : « Nous séjournâmes en la ville, jusqu'au lundi, en très grande liesse, qui eût été comblée et parfaite sans les grandes pitiés que nous vîmes au camp du duc d'Albe, qui étaient si hideuses qu'il n'y avait cœur qui ne crevât de douleur. Car nous trouvions des soldats par grands troupeaux, de diverses nations, malades à mort, qui étaient renversés sur la boue ; d'autres assis sur grosses pierres, ayant les jambes dans les fanges gelées jusqu'aux genoux, qu'ils ne pouvaient ravoir, criant miséricorde, et nous priant de les achever de tuer. En quoi M. de Guise exerça grandement la charité, car il en fit porter plus de soixante à l'hôpital pour les faire traiter et guérir. Et, à son exemple, les princes et seigneurs firent semblablement, si bien qu'il en fut tiré plus de trois cents de cette horrible misère ; mais à la plupart il fallait couper les jambes, car elles étaient mortes et gelées. »

Car le duc d'Albe et ses lieutenants n'avaient donné aucun ordre pour ramasser les innombrables malades et blessés ! Telles étaient les mœurs militaires de l'époque. Le geste du duc de Guise accrut encore sa réputation : il était exceptionnel. Cet hiver-là, le grand Ambroise Paré fit des merveilles et sauva de nombreuses vies humaines, tout en mettant au point la technique des amputations.

Pour fêter sa victoire, Guise organisa une procession solennelle, à laquelle les soldats et la population furent associés. En France, on chantait des Te Deum. Henri II touchait au faîte de sa gloire. Pendant cette même année 1552, il avait contraint le pape Jules III à capituler et brisé net le gigantesque effort de redressement de l'empereur. Le roi savait que ce dernier n'avait pas de quoi payer les survivants de Metz. Cependant le fait que Charles Quint ait pu rassembler cette colossale armée si peu de mois après l'affaire d'Innsbruck laissait prévoir quelque nouvelle entreprise de sa part.

Les troubles recommençaient en Allemagne. Le margrave de Brandebourg et ses bandes étaient revenus de Metz, amoindris certes, mais encore redoutables. Ils se remirent à rançonner et à piller indifféremment catholiques et protestants. Rentré de Hongrie, Maurice de Saxe se lança à leur poursuite. Il finit par les accrocher près de Siverhausen, dans le duché de Brunswick, les défit complètement, mais fut mortellement blessé et mourut le lendemain. Il avait trente-deux ans. Sa disparition, comme celle du margrave de Brandebourg, étaient opportunes pour Charles Quint. Il n'avait pas les moyens de mettre les brigands du margrave hors d'état de nuire et Maurice de Saxe était le seul des princes allemands qui fût redoutable. Pourtant il ne pouvait espérer un retour à l'ancien ordre de choses. La paix de Passau demeurait valable, malgré la mort de Maurice. L'échec devant Metz avait ébranlé l'autorité impériale. Le vieux César perdait encore de sa crédibilité aux yeux des Allemands, mais l'Espagne et l'Italie restaient pour lui d'inépuisables viviers à soldats. S'il parvenait à contracter de nouveaux emprunts, il essaierait de relever sa réputation.

IX

LA RÉPUBLIQUE DE SIENNE

Ni la trêve conclue avec le pape Jules III en avril 1552, ni l'échec des Impériaux sous les murs de Metz en décembre ne mettaient fin aux hostilités. La France était victorieuse sur tous les fronts, mais Charles Quint ne renonçait pas à vaincre et le duel continuait. Le siège de Metz, les concentrations de troupes et de matériel qu'il avait nécessitées, empêchaient simplement les deux adversaires de s'affronter dans la péninsule italienne. La guerre y continuait, larvée, n'opposant que des effectifs réduits. En Piémont, Brissac ne recevait pas les renforts dont il avait besoin pour mener des actions d'envergure. Il en était de même de Gonzague, gouverneur du Milanais. L'un et l'autre se livraient une guerre d'usure, succession d'escarmouches et de coups de main. On se battait en même temps sur mer, aussi bien en Méditerranée que dans la Manche. Sous l'impulsion d'Henri II, la France était devenue une grande puissance maritime, alignant une centaine d'unités réparties en deux escadres : Ponant et Levant, et commandées par Polin de La Garde qui avait succédé à Léon Strozzi. Les Français interceptaient les convois espagnols et les navires flamands, dans l'Atlantique et dans la Manche. Ils détenaient aussi la maîtrise de la Méditerranée, avec l'appui de la flotte ottomane. Ces victoires navales portaient des coups répétés à l'économie impériale. Je ne sais pour quelle raison on a si peu mis l'accent sur la prospérité de notre marine pendant le règne d'Henri II. Pourquoi l'on passe sous silence l'impulsion qu'il donna aux constructions navales. Il comprit à la vérité, bien avant Louis XIII et Richelieu, l'intérêt qui s'attachait à la maîtrise de la mer, l'efficacité d'actions combinées entre la flotte et l'armée de terre.

On a dit plus haut qu'il se défiait de l'Italie, et ne cherchait point la gloire en Milanais ou à Naples, en quoi d'ailleurs il se montrait plus réaliste que ses prédécesseurs. Mais on a vu aussi qu'il se trouvait entraîné, quasi malgré lui, à intervenir en Italie, ne fût-ce que pour y maintenir l'influence française et inquiéter l'empereur. La guerre ne continuait pas seulement aux frontières du Milanais et du Piémont, mais dans le duché de Parme et dans le comté de la Mirandole. Dans le royaume de Naples, le vice-roi Pedro de Tolède s'était rendu exécrable par ses représailles contre la population. Malgré les exécutions et les confiscations, la révolte grondait. Son chef occulte, le prince de Salerne, s'était réfugié en France. Il crut le moment venu de chasser le vice-roi. Henri II chargea Polin de La Garde de le seconder, avec vingt-six galères et deux mille soldats gascons. La flotte du corsaire Dragut et du capitan-pacha Sinam devait faire sa jonction avec l'escadre française dans la baie de Naples. Mais le vice-roi acheta le départ des Turcs et Polin de La Garde dut hiverner à l'île de Chio.

Les événements qui se déroulèrent à Sienne pendant le même été 1552 furent plus importants. Sienne était une république contrôlant un vaste territoire bordé au sud par les États de l'Église et au nord par le duché de Florence. Ses côtes, dotées des ports de Piombino et de Porto Ercole, faisaient face à l'île d'Elbe et à la Corse. Les Siennois avaient toujours été gibelins, donc dévoués à l'empereur. Charles Quint n'avait pas manqué d'exploiter ces bonnes dispositions. Sous prétexte de protéger Sienne de ses voisins, il y avait introduit une garnison espagnole. Puis il avait privé le sénat de ses pouvoirs en nommant un gouverneur, le duc d'Amalfi, un Napolitain qui lui était tout dévoué. Amalfi s'était entouré de compatriotes aussi vénaux que cupides. Il dédaignait de solder les occupants espagnols qui assuraient pourtant sa domination. Leur chef était Don Diego Hurtado de Mendoza, grand poète, brillant historien de la guerre contre les Maures, romancier, l'un des rénovateurs des lettres hispaniques, et politique impitoyable. D'accord avec Amalfi, il laissait ses capitaines et ses hommes vivre aux dépens de la population. Ils s'excitaient les uns les autres à inventer des moyens d'extorsion, à les appliquer par la terreur, à juguler les velléités de résistance par le parjure et le crime, à imposer la tyrannie la plus odieuse, car elle se moquait de la douleur des occupés. Charles Quint n'ignorait ni leurs exactions ni leurs crimes ni leur luxure éhontée, mais il ne sévissait point, car ce comportement était commun à toutes les garnisons espagnoles d'Italie ; le duc d'Amalfi n'était pas pire que Fernand de Gonzague en Milanais et Don Pedro à Naples. Pour lui, l'essentiel était de débourser le moins possible et d'être néanmoins exactement servi.

Mendoza se mit en tête d'ériger une citadelle pour mieux contrôler la ville. Il vit trop grand et, malgré les amendes et les vols, l'argent lui manqua pour l'achever. La population était à bout. Le 26 juillet 1552, profitant de l'absence momentanée de Mendoza (il se trouvait à Rome), trois mille Siennois, chassés de leur ville par Amalfi, forcèrent l'une des portes et expulsèrent les Espagnols qui n'étaient que quatre cents. Paul de Termes, commandant les troupes françaises stationnant à Parme, accourut à Sienne le 11 août, avec un parti de cavaliers, et plaça la république « régénérée » sous la protection d'Henri II. A vrai dire, il était impatiemment attendu, car c'était au cri de « Francia » que les insurgés avaient chassé Amalfi et les Espagnols. On leur avait formellement promis notre aide. Nul n'ignorait que le protectorat de Sienne provoquerait l'ouverture d'un troisième front obligeant l'empereur à envoyer des renforts, donc à affaiblir son armée d'Allemagne. C'était même le but recherché par Henri II et par ses diplomates en Italie. De fait, en apprenant la perte de Sienne et quoiqu'il préparât alors le siège de Metz, Charles Quint ordonna au gouverneur du Milanais et au vice-roi de Naples de rassembler toutes les forces disponibles et d'envahir l'État siennois. Don Pedro de Tolède s'embarqua avec 2 000 soldats et prit terre à Livourne au début de 1553. Côme, duc de Florence, lui offrit de grandes fêtes. Il ne savait à la vérité quel parti choisir et son attitude ambiguë attirait les soupçons de tout le monde. Pendant les réjouissances Don Pedro mourut. Sa brusque disparition retarda les hostilités. Finalement ce fut son fils, Don Garcias, qui prit le commandement de l'armée. Elle comptait 16 000 hommes, dont 6 000 Espagnols et 2 000 Allemands. Garcias parvint à s'emparer de quelques places secondaires, non sans perdre un temps considérable. En juin, le cardinal Pacheco, qui avait remplacé Don Pedro comme vice-roi, le rappela d'urgence à Naples. Les galères turques étaient signalées, renforcées par l'escadre de Polin de La Garde. La flotte franco-turque ravagea les côtes de Sicile, brûlant les villages, pillant les villes, coupant les oliviers et saccageant les récoltes. Polin de La Garde ne put empêcher le pirate Dragut d'enchaîner les paysans aux bancs de ses galères ou de les enlever pour les vendre comme esclaves. Puis la flotte remonta vers le nord et pilla l'île d'Elbe. L'Italie était frappée de terreur. A Florence, le duc Côme de Médicis mobilisait en hâte, pour défendre ses ports. Il implorait le secours des Espagnols. Sienne était provisoirement sauvée. Le prestige de l'empereur, sérieusement atteint : nul n'ignorait alors le cuisant échec de Metz.

Profitant de ce répit, Paul de Termes s'embarqua sur la flotte franco-turque avec 2 500 hommes. Un capitaine d'aventure nommé San Pietro, l'avait persuadé d'attaquer la Corse, où il se flattait d'entretenir un puissant parti. Paul de Termes en avait référé à Henri II, qui l'avait autorisé à tenter l'expédition. Son but n'était point d'annexer la Corse, mais d'intimider Gênes à laquelle cette île appartenait. Il n'était point en guerre déclarée contre la république de Gênes, mais celle-ci n'avait guère cessé de seconder l'empereur et l'amiral Andrea Doria lui était tout dévoué. Le roi revendiqua soudain sa souveraineté non seulement sur Gênes mais sur les territoires qui lui appartenaient, donc la Corse. Sa tactique ne variait pas d'un pouce : susciter à tout moment, en tous lieux, des embarras à Charles Quint et le contraindre par là à disperser ses forces. L'entreprise de Corse n'affaiblissait point les Français : le corps expéditionnaire ne comprenait que des Italiens.

San Pietro était un personnage extraordinaire, le prototype des soldats de fortune de cette époque qui en compta cependant beaucoup. Originaire de Corse et, dit-on, de naissance obscure, il quitta son île pour entrer dans les fameuses bandes noires du condottiere Jean de Médicis. Il avait pris part à toutes les batailles et s'était acquis une brillante réputation. Il se distingua à Cérisoles et entra au service de la France avec le grade de colonel. De retour en Corse, fortune faite, il épousa l'héritière de l'antique et riche maison d'Ornano et se fit appeler dès lors San Pietro Ornano. Les Génois s'alarmèrent de sa présence en Corse et l'arrêtèrent. Henri II obtint sa libération. San Pietro Ornano reprit alors du service. Il avait accompagné Paul de Termes à Sienne.

Il ne l'abusa point de promesses inconsidérées. A peine débarqué en Corse, il réussit à soulever ses compatriotes contre les Génois. Porto-Vecchio, Bastia, Aiazzo, San Firenze, ouvrirent leurs portes aux Français. Calvi résista et Paul de Termes en commença le siège. Mais il y avait Dragut et ses capitaines turcs. De même que son maître Soliman, il haïssait l'Occident et se moquait des intérêts du roi de France. Tout ce qui l'intéressait, c'étaient le pillage et la capture des chrétiens. Paul de Termes étant occupé par le siège de Calvi, Dragut prétendit mettre à sac Bonifacio. Polin de La Garde ne put l'empêcher de piller cette ville, de voler l'artillerie et d'emmener les hommes en état de ramer sur les galères. Dragut garda même plusieurs Français en otages. Puis il appareilla vers Constantinople sans se soucier le moins du monde de ses alliés. Apprenant le départ des galères turques, l'amiral Doria conduisit en Corse 4 000 soldats fournis par l'empereur. C'étaient des Allemands et des Espagnols. Paul de Termes parvint néanmoins à conquérir toute l'île, avec l'aide des volontaires entraînés par San Pietro Ornano. La Corse était pour les Français une base logistique de grande importance, par suite de sa proximité de l'État siennois. Pour les mêmes raisons sa possession ne pouvait être qu'aléatoire.

Les Siennois ayant prêté serment à Henri II, après avoir récusé le protectorat du pape Jules III, il leur envoya Hippolyte d'Este, avec le titre de lieutenant général, une dotation de 12 000 écus et une armée de 4 000 hommes de pied. Le duc de Florence s'alarma, bien qu'Hippolyte d'Este fît son possible pour le rassurer. Mais, précisément, ses complaisances envers Côme de Médicis éveillaient la suspicion des Siennois. Henri II le remplaça par Pierre Strozzi, cousin de la reine. Catherine avait un compte à régler avec le Médicis. Strozzi était assoiffé de vengeance. Le roi, comme on le verra au chapitre qui suit, avait d'autres préoccupations, plus pressantes, en Picardie. Il laissa pourtant la reine prélever une grosse somme sur sa cassette et consentit lui-même un effort exceptionnel. Quand il apprit l'arrivée de Strozzi, Côme de Médicis fut pris de panique. Précisons que Strozzi était un émigré florentin, dont le père avait péri dans les geôles du même Côme ! Ce dernier, se sentant perdu, tenta vainement de se rapprocher du roi de France. Puis il appela l'empereur à l'aide. De même qu'Henri II Charles Quint avait d'autres projets qu'un affrontement en Italie. Pour éviter la perte de la Toscane après celle de Sienne, il envoya à Florence le marquis de Marignan, qui passait pour être un Médicis. Côme était riche, mais il pressura effroyablement ses sujets. Marignan put recruter 24 000 fantassins et un millier de cavaliers, tant allemands qu'espagnols. Pierre Strozzi s'efforçait lui aussi de lever une armée, mais ses recrues avaient plus de bonne volonté que de courage. Pourtant il prit l'initiative des opérations et, dans l'enthousiasme général, envahit le duché de Florence. Marignan avait la supériorité du nombre et surtout ses soldats étaient pour la plupart de vieux routiers. Les deux armées se rencontrèrent à Marciano, le 2 août 1554. Ce fut un désastre pour Strozzi, qui fut grièvement blessé, perdit 4 000 hommes et ses meilleurs lieutenants. Marignan s'empara méthodiquement des villages et des places fortes de l'État de Sienne, en attendant d'assiéger sa capitale. Appliquant à la lettre les ordres de Côme de Médicis, il brûlait les récoltes et les maisons, faisait pendre les habitants, transformait en désert de riches contrées, multipliait les atrocités. On dit qu'il fit périr 50 000 personnes. Sa cruauté ne désarmait pas les habitants ; partout, il se heurtait à une résistance désespérée. Strozzi, remis de ses blessures, s'était enfermé dans Sienne. Il avait fait savoir à Henri II qu'il pourrait tenir jusqu'en avril 1555. L'essentiel pour le roi restait que Strozzi immobilisât les Impériaux pendant quelques mois. Depuis la défaite de Marciano, le prestige de Strozzi avait beaucoup baissé. Les Siennois le suspectaient de travailler pour son compte personnel, de vider avec Côme de Médicis une querelle de famille, en négligeant la mission dont il avait été investi. Strozzi quitta donc Sienne dont il laissa le commandement à Blaise de Monluc. Il se proposait de harceler les arrières de l'ennemi et, dans ce but, se retira à Montalcino. Marignan bloqua Sienne, fit venir de Florence une trentaine de gros canons et commença un bombardement en règle. Monluc organisa remarquablement la défense et reçut des pouvoirs dictatoriaux. Payant de sa personne, il repoussa de nombreux assauts et sut maintenir le moral des habitants. Mais les vivres s'épuisaient. Quand les Siennois eurent mangé le dernier cheval, le dernier mulet et le dernier setier de froment, ils consentirent à capituler. La ville fut livrée à Marignan le 21 avril 1555. Monluc obtint les honneurs de la guerre. Il obtint surtout que Marignan épargnât la population siennoise. Il a raconté ce siège héroïque dans ses mémoires, en nous épargnant ses habituelles gasconnades.

La même année 1555, Brissac affronta le duc d'Albe, nouveau gouverneur du Milanais. Après avoir pris Volpiano, il força Turin à capituler, puis Moncalvo. Ces victoires en Piémont compensaient largement la perte de Sienne ; elles étaient plus utiles à la France. Mais la diversion de Sienne avait singulièrement gêné Charles Quint, obligé de soutenir le duc de Florence.

Il était nécessaire de ramasser en ce bref exposé les événements qui se déroulèrent en Italie de 1552 à 1555. Ils s'entremêlent chronologiquement avec les campagnes d'Henri II et de Charles Quint en Picardie et en Flandre. Ils éclairent la politique des deux souverains et ils aident à comprendre qu'il s'agissait en réalité d'une guerre générale, sur terre et sur mer.

X

L'AVÈNEMENT DE MARIE TUDOR

Car ce n'était pas, on s'en doute, en Italie que se déroulaient les événements les plus importants, malgré l'acharnement de la lutte. En 1553, Charles Quint était parvenu à refaire de l'argent et à lever une puissante armée. Les agents français recommençaient à agir sur les princes protestants. Ils avaient l'espoir de renouer une ligue anti-impériale. Maurice de Saxe en eût été la clef de voûte, mais on a vu qu'il avait péri en combattant le margrave de Brandebourg. Les autres princes ne donnèrent pas suite aux offres françaises. Ils s'enfermèrent dans une neutralité prudente, laissant ainsi le champ libre à Charles Quint. Celui-ci ne pouvait se permettre un nouvel échec. Il prit donc la décision de devancer Henri II, sachant que l'armée française ne serait prête qu'au début de l'été. De son côté, Henri II était résolu à en finir par une grande bataille. Charles Quint voulait l'éviter, sachant quelles en seraient les conséquences. Les places fortes qui couvraient nos frontières étaient assez bien pourvues en hommes et en matériel pour arrêter les Impériaux et laisser le temps de mobiliser. On observera que la stratégie n'avait pas évolué depuis des décennies. On préférait toujours les sièges aux batailles rangées, tant on redoutait la fortune des guerres. Henri II et Montmorency pensaient que les Impériaux attaqueraient sur la frontière de Champagne. Ils mirent soudain le siège devant Thérouanne. C'était une enclave située dans l'ancien comté d'Artois, bordée au nord par le comté de Flandre et à l'ouest par le Boulonnais. Et une base d'opérations idéale contre les cités environnantes ! Elle avait pour gouverneur André de Montalembert, seigneur d'Essé, le héros de l'expédition d'Écosse (en 1548). On lui avait adjoint le fils aîné du connétable, François de Montmorency. D'Essé souffrait d'une grave jaunisse et il avait soixante-dix ans. Il se déclara heureux d'échanger son lit de malade contre le lit d'honneur [1]. Les Impériaux avaient amené de nombreux canons. Thérouanne fut soumise à un bombardement intensif qui dura dix jours. Les remparts, les maisons, les églises s'écroulaient. Les habitants aidaient les défenseurs à colmater les brèches, participaient aux sorties. Henri II avait donné l'ordre à Antoine de Bourbon de prélever des troupes dans les garnisons de Picardie et du Ponthieu, afin de prendre les assaillants à revers. D'Essé fut tué et, avec lui, nombre de gentilshommes. La ville n'était plus que ruines. François de Montmorency ne put que négocier la reddition. Charles Quint, qui résidait à Bruxelles, ordonna la démolition totale de Thérouanne. En quelques jours, cette ville fut rayée de la carte. Sans désemparer, les Impériaux marchèrent sur Hesdin. Le connétable y envoya en hâte le maréchal de La Marck, avec 2 000 hommes. Les Français occupèrent le château, distinct de la ville. L'empereur avait donné le commandement de son armée à Emmanuel-Philibert, prince de Piémont, et il avait eu la main heureuse. C'était un général de vingt-cinq ans, ambitieux et talentueux. Il ne songeait qu'à recouvrer les biens dont son père avait été dépouillé par François Ier. Charles Quint lui fournissait l'occasion de rétablir les affaires de sa famille. La haute naissance d'Emmanuel-Philibert empêchait les dissensions au sein de l'état-major. Les Français laissèrent les Impériaux occuper la ville de Hesdin. La Marck jugeait plus efficace de défendre le château. Il avait pour mission de retenir les Impériaux le plus longtemps possible. Il résista jusqu'à l'extrême limite, mais dut capituler le 18 juillet. Parmi les morts il y avait Oratio Farnèse : il venait d'épouser, après de longues fiançailles, Diane de France, fille légitimée d'Henri II.

L'armée française était enfin sur pied. Le connétable avait attendu l'arrivée des mercenaires suisses pour faire mouvement. Il péchait toujours par excès de prudence. De plus, il savait que le roi désirait une grande victoire et voulait mettre toutes les chances de son côté. Il pensait que les sièges de Thérouanne et d'Hesdin avaient affaibli l'ennemi. Un premier engagement eut lieu à Doullens, le 13 août. Les Impériaux eurent un millier de tués et retrai-

1. On appelait ainsi le champ de bataille.

tèrent vers Arras. Le 1er septembre, l'armée était à Corbie, où le roi la passa en revue. Motmorency avait l'art d'organiser ces grands défilés militaires et d'en offrir le spectacle à son maître. Mais enfin on perdait un temps précieux. Certains auteurs suggèrent, non sans raisons, que le connétable hésitait à aventurer sa réputation ; qu'il craignait de décevoir la confiance, d'ailleurs excessive, que le roi plaçait en lui. Je crois qu'il attendait que le destin lui forçât la main ; que les Impériaux vinssent lui offrir bataille. Il avait toujours eu tendance à temporiser. A mesure qu'il vieillissait, cette tendance s'accentuait, comme il est naturel. En tout cas, il donne l'impression de n'avoir pas eu de plan bien arrêté. Or Emmanuel-Philibert savait exactement ce qu'il avait à faire ; il avait reçu des instructions précises. Sa tactique serait d'amuser l'adversaire, de décrocher après chaque engagement. Charles Quint voulait que son adversaire consommât pour rien les sommes immenses qu'il avait consacrées à lever une armée de 40 000 hommes ! Or Henri II avait personnellement deux objectifs : anéantir les Impériaux et reprendre Cambrai. Cette ville lui avait été cédée par les signataires du traité de Chambord, au même titre que les Trois Évêchés. L'empereur aurait dû confirmer cette cession. Or il avait attaqué Metz et conservait Cambrai. Le Vicaire impérial avait donc le droit pour lui. Le 8 septembre, les Français arrivèrent devant Cambrai, qui refusa d'ouvrir ses portes. Au bout de six jours, le siège fut levé. On avait espéré y attirer les Impériaux : ils s'étaient abstenus. On fit mouvement vers Cateau-Cambrésis, puis on remonta vers Valenciennes. L'ennemi laissait faire. Il gagnait du temps. Les escarmouches étaient quotidiennes et meurtrières, mais il n'y eut aucune rencontre importante. Les Impériaux reculaient, sans cesser d'observer et d'inquiéter les Français. Montmorency manqua d'initiative, d'esprit de décision. Mais surtout il avait affaire à un adversaire plus habile. La mauvaise saison approchait. Henri II décida de remettre les opérations au printemps suivant. Il licencia son armée le 21 septembre. L'Artois fut évacué, non sans que l'on eût brûlé rageusement le plat pays, selon la triste coutume des soldats de cette époque : faute d'avoir su vaincre, on appauvrissait l'ennemi et on terrorisait des populations innocentes ! Henri II avait montré sa puissance. Son rival n'avait pu l'empêcher d'envahir l'Artois, mais on avait évacué ce comté et, en fin de compte, le bilan de 1553 eût été entièrement négatif sans les succès que nous remportions alors en Italie. Le connétable était si déçu qu'il tomba malade et dut se reposer à Chantilly : il est à croire que les reproches du roi ne furent pas étrangers à cette maladie.

Décidément, la fortune se retournait contre Henri II. Il s'était endetté pour rien et devait d'ores et déjà envisager le difficile financement de la campagne de 1554. Les événements d'Angleterre vinrent brusquement aggraver ses soucis, car ils bouleversaient l'échiquier international. Le jeune roi Édouard VI était mort le 6 juillet 1553, emporté par la tuberculose à l'âge de seize ans. On se souvient que Dudley, comte de Warwick, avait évincé Somerset du pouvoir et, sans prendre le titre de Protecteur, s'était fait nommer par Édouard VI duc de Northumberland. Il avait envoyé Somerset à la tour de Londres, puis l'avait relâché sous la pression de ses partisans, mais pour l'emprisonner à nouveau et l'exécuter (en 1552). Prétendant agir au nom d'Édouard VI, il avait persécuté cruellement les catholiques et tenté d'imposer le protestantisme comme religion unique. Édouard n'était certes pas responsable des pendaisons et décapitations prescrites par Northumberland. Toutefois, élevé dans le fanatisme le plus intransigeant, hanté par la crainte de l'enfer, il ne songeait qu'à assurer son salut et celui de l'Angleterre, et ne désapprouvait point les mesures répressives de Northumberland. Le peuple supportait les excès de ce dernier, car il n'ignorait pas que les médecins condamnaient le jeune roi. Or le défunt Henry VIII avait naguère prévu cette éventualité et désigné Marie Tudor, sa fille aînée, comme héritière du trône, au cas où Édouard VI mourrait sans enfant. C'était précisément ce que Northumberland voulait éviter. Marie avait eu pour mère Catherine d'Aragon, sœur de Charles Quint. Elle était restée fervente catholique en dépit des pressions de son père et des menaces que Somerset et son successeur ne lui avaient pas ménagées. Elle manifestait les mêmes dispositions intransigeantes, le même fanatisme que son frère, mais en faveur de la religion romaine. Northumberland se prétendit alarmé du péril auquel les protestants seraient exposés, et mit tout en œuvre pour écarter Marie du trône. Il n'osait la faire assassiner, ni la déférer devant un tribunal, car Charles Quint la protégeait. Il persuada donc Édouard VI qu'il détenait les mêmes droits que son père à régler sa succession. Il sut lui montrer que son devoir était de sauver la vraie religion. Les arguments juridiques ne lui manquaient pas pour apaiser les scrupules du moribond. Ses deux sœurs (Marie Tudor et la future Élizabeth Ire) avaient été déclarées illégitimes par le Parlement ; les mariages d'Henry VIII avec leurs mères respectives avaient été cassés. Elles ne pouvaient prétendre à la couronne, puisqu'elles n'étaient de ce fait rien de plus que des « bâtardes ». La belle Marie d'Angleterre qui, à peine veuve du roi Louis XII, avait épousé Suffolk, laissait deux filles. L'aînée, Jane Grey, avait l'âge d'Édouard VI. Elle avait été sa compagne de jeux. Elle partageait ses convictions religieuses. Elle était comme lui fort instruite, sachant le grec et le latin. Northumberland lui fit épouser son fils, Lord Guilford Dudley, en mai 1553. Il convainquit ensuite Édouard VI de la désigner comme héritière. Le 11 juin, Édouard testa en sa faveur, non par haine de ses sœurs, mais pour le salut de la religion. Le 14, quinze lords du conseil et quinze grands juges d'Angleterre approuvèrent le testament. Il ne restait plus qu'à le soumettre au Parlement pour en faire une loi d'État. Northumberland touchait au but quand Édouard VI trépassa, inopportunément. Northumberland différa jusqu'au 9 juillet l'annonce de sa mort. Jane Grey perdit connaissance, quand il vint lui dire qu'elle était reine et la prier de recevoir le serment des officiers de la couronne. Northumberland crut la partie gagnée et tenta d'attirer Marie Tudor dans un piège. Il l'eût fait jeter à la tour de Londres et sans doute décapiter comme rebelle. Mais il avait en même temps signifié son congé à l'ambassade de Charles Quint. Le rusé Simon Renard, qui en était le chef, menaça Northumberland de représailles et demeura à Londres. Ses conseils, son appui furent décisifs pour Marie Tudor. Au lieu de répondre à l'invitation de Northumberland, elle se retira à Norwich, où ses partisans affluèrent. Elle lança une proclamation pour soutenir son droit à la couronne. La presque totalité du peuple anglais haïssait Northumberland pour ses excès, et condamnait l'usurpation qu'il venait de perpétrer. Le courage de Marie imposait le respect. Les protestants eux-mêmes n'osaient prendre la défense de Jane Grey. Marie marcha sur Londres à la tête de ses partisans. L'infortunée Jane Grey fut abandonnée par ceux qui l'avaient proclamée et, jugeant la situation perdue, essayaient de se redimer. La pseudo-reine se démit spontanément des insignes de la royauté. Elle ne voulait que vivre et croyait que sa soumission la sauverait de l'échafaud. Northumberland fut arrêté et, le 22 août, on lui trancha la tête. Jane Grey et son mari furent condamnés à mort le 3 novembre, mais leur exécution fut différée. Marie Tudor avait promis d'être indulgente à tous pour mieux se faire accepter et pour désarmer les craintes des protestants. Quand son pouvoir fut affermi, elle fit exécuter les deux époux (le 12 février 1554). Crime inutile, car Jane Grey n'était coupable que de docilité envers son beau-père ; elle n'avait même pas essayé de disputer le pouvoir à Marie. Pendant les dix jours qu'avait duré son règne, elle n'avait été qu'un fantôme de reine, consciente de son usurpation forcée. Charles Quint avait conseillé son exécution. Il se moquait bien de l'existence d'une tendre femme ! La compassion ne l'étouffait pas, quand il s'agissait de la raison d'État. Pour lui, l'accession au trône de Marie Tudor était un extraordinaire retour de fortune et il remerciait Dieu de ne l'avoir pas abandonné ! La reine Marie avait besoin de ses lumières et de son appui pour réaliser ce qui serait la grande pensée de son règne : restaurer l'Église romaine, la replacer dans la subordination du Saint-Siège, et corollairement, extirper l'hérésie. C'était au tour des protestants d'être persécutés, traqués et suppliciés, et, s'ils persistaient dans leur foi, de courir le risque mortel d'offices clandestins. Cependant Charles Quint avait des projets plus immédiats. Marie avait trente-sept ans et devait songer à se marier pour assurer sa succession. Il apprit que le jeune Courtenay, comte de Devonshire, ne lui déplaisait pas et prit les devants. S'il avait été plus jeune, ou mieux portant, il l'eût épousée lui-même. A défaut, il lui proposa son fils, dès le 20 septembre ! Il écrivait au futur Philippe II : « Rien ne peut se présenter en ce moment de plus à propos pour résoudre les difficultés de nos États et de la France. » Philippe avait vingt-six ans. On négociait son mariage avec une infante du Portugal, sœur de sa première femme. Il s'empressa de rassurer son père : « Votre Majesté sait bien que, comme fils obéissant, je ne dois avoir d'autre volonté que la sienne. » Il savait que Marie avait perdu sa beauté depuis longtemps, mais que son intelligence, sa culture (elle parlait cinq langues) et ses qualités morales étaient exceptionnelles. Il comprenait surtout quel enjeu serait l'Angleterre dans le duel contre Henri II !

L'ambassadeur de France à Londres était alors Navailles. Il fit ce qu'il put pour empêcher un mariage qui placerait l'Angleterre dans la mouvance des Habsbourg. Il parvint même à rameuter l'opinion anglaise. Mais il avait un redoutable partenaire en la personne de Simon Renard. Avec l'or d'Henri II Navailles favorisait la candidature de Courtenay, qui était par surcroît de sang royal. La majorité des Anglais souhaitait que la reine l'épousât, et non pas un étranger, encore moins un Espagnol. Les protestants savaient à quoi s'en tenir sur la foi militante du prince Philippe et sur la tyrannie de son père en Allemagne et aux Pays-Bas. D'accord avec Charles Quint, Simon Renard établit un projet de contrat susceptible de désarmer l'opposition. La reine Marie exercerait seule le gouvernement de l'Angleterre. Elle n'admettrait aux emplois que des sujets anglais. Dans le cas où un enfant naîtrait, il régnerait sur l'Angleterre et les Pays-Bas qui seraient alors irrévocablement intégrés à la couronne. Don Carlos, fils premier-né de Philippe, garderait l'Espagne, l'Italie et les colonies américaines. L'empereur verserait une rente de 8 000 livres anglaises aux nouveaux époux. Il donnerait le royaume de Naples en usufruit à son fils, pour qu'il eût un rang digne de sa femme. Enfin, et c'était l'ultime et nécessaire précaution, on prévoyait la séparation de l'Angleterre et de l'Espagne dans l'hypothèse où le couple n'aurait pas d'enfants. Ce contrat fut signé solennellement le 12 janvier 1554. Charles Quint invita aussitôt son fils à se rendre en Angleterre pour la célébration du mariage. Philippe ne se hâta pas, c'est le moins que l'on puisse dire ! Il avait donné son accord, approuvé le contrat, mais il rechignait devant l'obstacle.

Navailles n'avait pas dit son dernier mot. Il lui était aisé de souffler le feu, et de promettre l'appui d'Henri II. Il crut gagner l'appui de la princesse Élizabeth, protestante déclarée, pour cela même fort suspecte à la reine. Une conspiration fut ourdie par Thomas Wyat. Dénoncé, celui-ci dut prendre les armes avant la date fixée. Il fut vaincu par l'armée royale, fait prisonnier et exécuté avec les principaux conjurés. Élizabeth fut épargnée faute de preuves mais sa demi-sœur l'envoya en résidence surveillée à Woodstock. Cette insurrection manquée fournit à Marie un bon prétexte pour dissoudre le Parlement. La nouvelle assemblée entérina enfin le contrat de mariage. Il ne manquait plus que le marié. Son retard pouvait avoir des conséquences regrettables. Marie s'en déclarait offensée et, de dépit, se lançait dans la persécution. Par le truchement de Simon Renard, Charles Quint s'efforçait de l'apaiser et lui conseillait la modération à l'égard des protestants. Il lui montrait combien son trône était encore fragile, quels risques elle prenait en défiant l'opinion. A la vérité, il craignait surtout qu'elle perdît la couronne et que le mariage ne se fît pas. Mais Marie était aussi têtue qu'énergique.

Enfin le futur Philippe II débarqua en Angleterre, les galères du commandeur de Villegagnon l'ayant manqué de peu ! Il épousa Marie à Winchester, le 25 juillet 1554. Le triomphe de Charles Quint fut de courte durée. Les armées d'Henri II convergeaient vers Bruxelles, bousculant tout sur leur passage. Le vieil empereur devait défendre à nouveau sa liberté et sa vie.

XI

VICTOIRE INEXPLOITÉE

Le pape Jules III avait nommé le cardinal Reginald Pole nonce en Angleterre pour y préparer le rétablissement de la religion catholique selon le vœu de Marie Tudor. Pole était un cousin de la reine. On lui prêtait l'intention de se faire relever des ordres pour l'épouser, mariage que les Anglais eussent approuvé. Il était passé par Bruxelles afin de saluer l'empereur. A tout hasard, Charles Quint le retint près de lui et l'amusa par des ouvertures de paix. Il ne l'autorisa à partir qu'après l'arrivée de son fils en Angleterre. Le cardinal Pole crut bon de se rendre à la cour d'Henri II, avant que la campagne de 1554 ne commençât. Il traversa la zone des armées. Il ne vit, selon Rabutin, que « misère et désolation sur l'une et l'autre frontière ; la terre y fumait encore des funestes embrasements que la guerre avait allumés ; les habitants avaient pris la fuite ; on ne trouvait partout que d'affreuses solitudes, on ne voyait plus que des vieillards, des femmes et des enfants que leur faiblesse avait empêché d'abandonner leurs maisons, d'où ils sortirent tous à l'arrivée de Pole, qu'on leur avait annoncé comme un messager de paix, pour parsemer de fleurs le chemin par où il passait ». Henri II reçut le cardinal avec de grands honneurs ; il écouta courtoisement ses propositions de paix, mais le mariage de Marie Tudor et du prince Philippe redoublait sa haine contre les Habsbourg. D'ailleurs il avait pressé la levée de ses troupes pour devancer Charles Quint qu'il savait occupé par les affaires d'Angleterre. Il savait aussi que ce dernier s'était endetté pour conclure et financer cette difficile union. Dès lors, où trouverait-il les ducats pour solder ses mercenaires ? La conjoncture motivait donc en faveur d'une action d'envergure et menée rondement. Le roi disposait de 45 000 hommes, dont 8 000 Suisses et 12 000 lansquenets allemands. Il l'avait divisée en trois corps : le prince de La Roche-sur-Yon commandait le premier, le connétable avait le second, le duc de Nevers était à la tête du troisième. Chacun d'eux disposait d'éléments de cavalerie lourde et légère. Nous avions un plan admirablement conçu et qui fut exécuté point par point, du moins à l'ouverture de la campagne. Il était de nature à tromper l'adversaire sur l'objectif visé, qui était Bruxelles, avec la perspective de capturer l'empereur.

A l'aile gauche, le prince de La Roche-sur-Yon envahit l'Artois, brûlant tout sur son passage et terrorisant les populations. Au centre, Montmorency suivit la rive gauche de la Meuse. A l'aile droite, Nevers suivait l'autre rive. Le 28 juin, le connétable prit Marienbourg, qui fut rebaptisée Henriembourg en l'honneur du roi qui venait de rejoindre l'armée. Nevers, forçant le massif des Ardennes, s'empara d'Agimont, de Dinant et de Bouvignes dont la garnison espagnole fut pendue pour la punir d'avoir résisté à Sa Majesté. Telles étaient les lois de la guerre ! La route de Bruxelles était ouverte. Charles Quint avait enfin compris. C'était à sa personne que s'en prenait Henri II ; il prétendait lui faire subir le sort de François Ier après Pavie, le tenir à discrétion ! On lui conseillait de se retirer à Anvers. Son âge, sa mauvaise santé eussent justifié ce choix. Mais Bruxelles avait été le point de départ de son extraordinaire destin : abandonner cette ville, c'eût été renoncer à lui-même, abdiquer tout orgueil ! Il préférait affronter le péril, laisser ses vieux os dans la folle entreprise. Je le répète, il y avait en lui quelque chose du Téméraire, cette sombre obstination qui conduisit d'une main sûre ce dernier à sa perte. Il leva en toute hâte une armée égale à celle de son rival, en donna le commandement au prince Emmanuel-Philibert de Savoie et monta dans sa misérable litière. Montmorency avait pris Nivelles. Il était aux portes de Bruxelles. Soudain parurent les Impériaux. Le roi voulait choisir son champ de bataille, mettre tous les atouts dans son jeu. Il évita adroitement l'affrontement et donna l'ordre d'obliquer vers l'ouest, vers le Hainaut. Son but était d'opérer sa jonction avec l'aile gauche de son armée progressant en Artois, avant d'engager le combat. Emmanuel-Philibert suivait à distance, sans oser lui-même attaquer et sans empêcher les Français de se livrer à d'affreux pillages, à des destructions systématiques. Le château de la reine de

Hongrie, régente des Pays-Bas, ne fut pas épargné : le roi confisqua les tableaux, les statues, les objets précieux, et fit incendier les bâtiments. « Ainsi, écrit Rabutin, demeura abusé le pauvre populaire, et confiant que leur armée ne nous permettrait de traverser la Sambre [1] sans être combattue ; et fut une grande partie surpris dans les maisons, avec gros nombre de bétail et divers meubles, non sans grande pité, étant tout ce plat pays mis en feu et en proie... Le lendemain, 20 de ce mois, l'armée française commença à faire son entrée dans le pays de Hainaut si furieusement qu'étant ruinée et mise à perdition toute la contrée, brûlait et détruisait tous les bourgs, châteaux et villages, sans qu'il y en eût un seul qui osât faire résistance. » Rabutin, avec la franchise d'un soldat, reproche sans ambages à Henri II d'attacher de la gloire « à laisser toujours après lui, pour ses brisées [2], feux, flammes, fumées et toutes calamités ». Agissant de la sorte, le roi s'appliquait à anéantir méthodiquement les territoires dont Charles Quint tirait ses meilleures ressources. Quant à l'empereur, il avait l'infernal courage de laisser faire, considérant que les pillages et les incendies retardaient la marche des Français et guettant une occasion favorable. Il était à Lillers, au début d'août, lorsque l'armée royale mit le siège devant Renty. Ce n'était qu'un piège tendu à l'ennemi. Henri II croyait par là le faire sortir de son repaire, en finir avec lui. L'avant-garde de Charles Quint attaqua brusquement, le 13 août, mais elle était attendue. Toute l'affaire tourna autour du Bois-Guillaume défendu par le duc de Guise. Ce bois fut perdu, gagné, reperdu plusieurs fois. L'acharnement était tel que les corps d'armée furent engagés les uns après les autres. A la fin, les Impériaux plièrent. Guise proposa de changer leur retraite en débandade. La nuit tombait et le prudent connétable arrêta la poursuite. On l'accusa de lâcheté, à tout le moins de pusillanimité. Ses détracteurs commençaient à dire que, tant que le roi le conserverait à son service et lui confierait la responsabilité des opérations, il ne ferait rien de grand. Certains murmuraient qu'il songeait surtout à son fils aîné prisonner en Allemagne. Et d'autres, qu'il avait partie liée avec Charles Quint et le ménageait. Henri II couvrit, une fois de plus, Montmorency, malgré sa déception. Sans doute estimait-il qu'il avait sagement agi le soir du 13 août, peut-être évité le retour en force des Impériaux dont il ignorait le nombre. Ceux-ci étaient battus, puisqu'ils avaient lâché pied à Renty, mais ils n'étaient pas vaincus. La saison s'avançait. Le roi donna l'ordre de retraite et quitta le quartier général.

1. Rabutin faisait donc partie d'un échelon qui cantonnait au sud de la Sambre et franchit cette rivière, le 20 juillet, pour envahir le Hainaut par le sud.

2. Traces laissées par les cerfs.

Charles Quint put rentrer à Bruxelles, indemne. Les deux armées se tournèrent le dos sans plus rien faire et regagnèrent leurs foyers.

Hormis la prise de quelques places fortes et le saccage du Hainaut, le bilan de 1554 était aussi négatif que celui de l'année précédente. Redoutable était l'armée française, mais elle additionnait les occasions manquées. Montmorency, qui avait gagné le surnom de « Nestor de l'armée » lors de la prise de Metz, tombait en discrédit dans l'opinion travaillée par les Guise. Le soir même de Renty, Gaspard de Châtillon-Coligny et le duc de Guise s'étaient pris de querelle en présence d'Henri II qui s'efforça de les raccommoder. A dater de ce jour, Coligny et Guise, jusque-là simplement rivaux, devinrent ennemis. Les guerres de Religion faisaient ici leurs premières racines. Mais, à leur façon, Charles Quint et Henri les préparaient aussi. L'un et l'autre n'avaient finalement en tête que l'extirpation de l'hérésie : l'empereur parce qu'il prétendait ressouder la chrétienté à son profit, le roi parce qu'il voyait dans le protestantisme une atteinte à la paix civile, c'est-à-dire à son autorité, tous deux colorant leur action de mysticisme. Le temps viendra pour Henri II comme pour le successeur de Charles Quint d'assoupir la querelle entre leurs deux Maisons pour tenter d'abattre le protestantisme.

Quels étaient les projets de l'empereur et du roi au début de 1555 ? Ils ne renonçaient à rien, tant s'en faut, mais la disette d'argent et le sentiment de leur impuissance à triompher l'un de l'autre les forçaient à mettre leurs ambitions en sommeil. On ne peut comprendre certains comportements de Charles Quint et d'Henri II, les brusques abandons, les licenciements prématurés de mercenaires, si l'on néglige la question d'argent. Au cours des décennies précédentes, les princes avaient certes des problèmes de financement ; pour autant ils se préoccupaient assez peu de la situation économique de leurs États et pressuraient leurs sujets sans se soucier des conséquences. La résistance de François Ier aux agressions de Charles Quint s'explique en grande partie par la prospérité de la France, par ses richesses accumulées. L'empereur s'était progressivement ruiné dans ses multiples entreprises. Le montant des dettes qu'il avait contractées était colossal. Le vieux César touchait à la faillite, à n'en pas douter. L'or et l'argent apportés d'Amérique avaient provoqué une hausse générale des prix, dont l'Espagne avait été la première victime. Le recrutement et l'entretien d'une armée, l'achat des vivres, des armes de plus en plus perfectionnées, du matériel et des munitions, dépassaient désormais les moyens des souverains, aggravaient à chaque campagne leur endettement et enrichissaient prodigieusement les banquiers. Ceux-ci devenaient une puissance occulte, avec laquelle il fallait désormais compter. Henri II lui-même avait atteint les limites de la pression fiscale ; il touchait au point de rupture. Jamais les prévisions ne couvraient réellement les dépenses. D'où ces campagnes écourtées, avortées, réduisant à rien les avantages obtenus. Pourtant l'obstination du roi ne cédait rien à l'entêtement du Habsbourg et leurs peuples commençaient à se demander si ce duel prendrait jamais fin.

On continuait à se battre sur les frontières, mais sporadiquement, au hasard de rencontres non toujours recherchées. En 1555, Emmanuel-Philibert de Savoie vainquit dans les environs d'Amiens son cousin, le duc de Nemours, qui commandait les Français. Nemours prit bientôt sa revanche, cependant que le maréchal de Saint-André avait le dessous près de Givet. Les deux partis fortifiaient leurs places frontières. Il n'y eut en fait aucune opération d'envergure, sauf en Italie. On a relaté plus haut le siège de Sienne et la perte de la Toscane française par Pierre Strozzi. Et comment la perte de Sienne fut largement compensée par la conquête de la Corse et par les victoires de Brissac en Piémont. Il devenait évident qu'aucun des deux partis n'était plus en mesure d'imposer sa loi. Charles Quint n'avait pu réaliser son projet de monarchie universelle : son empire se lézardait, en partie par sa faute, en partie en raison de son hétérogénéité. Henri II n'avait pu remporter la victoire décisive qu'il espérait.

Jules III voulait passionnément la paix et multipliait ses démarches. De son côté, le cardinal Pole ne renonçait pas à remplir sa mission, malgré son récent échec à Bruxelles et à Fontainebleau. La reine Marie Tudor voulait aussi la paix. Elle ne songeait qu'à restaurer la religion romaine. Il lui paraissait nécessaire qu'une réconciliation générale précédât l'extirpation de l'hérésie. Ce fut elle qui décida son beau-père à négocier. Henri II ne repoussa pas le principe d'une conférence ; il s'empressa de faire réunir par son chancelier tous les documents de nature à justifier ses prétentions.

XII

LES CORDELIERS DE LA REINE DE HONGRIE

Cependant la volonté de paix n'était pas telle qu'on ne cherchât, de part et d'autre, à surprendre l'adversaire et à récupérer quelque place forte. La conjuration des Cordeliers de Metz en atteste. Il est vrai que l'empereur ne se consolait pas d'avoir perdu cette ville. Henri II y avait nommé gouverneur le sieur de Gonnor, frère du maréchal de Brissac. Ce dernier manquait de fermeté, peut-être de perspicacité. Divers incidents faisaient craindre une entreprise des Impériaux avec la complicité de certains habitants peu désireux de devenir français. Le roi décida le rappel de Gonnor et son remplacement par Vieilleville dans la sagesse et l'énergie duquel il avait toute confiance. Le connétable — on ne sait trop pour quel motif, sinon qu'il n'aimait pas Vieilleville — essaya de l'envoyer en Bretagne. Le roi se fâcha :

— « Je vous prie que je ne sois plus contredit, gronda-t-il, car je veux que cela soit et que l'on ne me donne point d'occasion de me fâcher davantage ; car si Gonnor n'en sort incontinent (de Metz), que Vieilleville, qui sera ici bientôt, ne s'y présente pas pour y entrer, je jure au Dieu vivant que ce ne sera pas tout un ; car je veux être obéi en mon rang, et ne prends nullement plaisir que l'on me donne tant de travers. »

Vieilleville prit donc possession de son gouvernement de Metz. Le rédacteur de ses Mémoires, Carloix, le montre plein de résolution et, d'entrée de jeu, lui prête des initiatives dont la hardiesse surprend un peu. Il oublie simplement de préciser que son maître ne faisait qu'exécuter les instructions d'Henri II. Après l'intérim de Gonnor, il s'agissait désormais de prendre les mesures propres à convertir l'occupation de la ville en annexion définitive, c'est-à-dire à faire accepter l'autorité royale aux habitants.

Dès son arrivée, Vieilleville passa la garnison en revue et constata la présence de nombreux passe-volants : on appelait ainsi les valets et gens de boutique déguisés en soldats pour la circonstance. Par ce moyen les capitaines s'enrichissaient. Touchant la solde globale de leur compagnie, ils ne payaient qu'une partie des soldats et mettaient la différence dans leurs « bouges » (leurs poches). Il faut croire que les capitaines de Metz exagéraient un peu, car Vieilleville « rompit et annula cette coutume comme abusive ». Désormais chaque homme dut se présenter devant le commissaire des guerres pour toucher sa solde. On jugeait de son état et on pouvait ainsi apprécier la valeur combative de la garnison. Le ci-devant gouverneur avait toléré ces abus ; peut-être n'avait-il pas reçu l'ordre de les réprimer. C'était pourtant un administrateur méticuleux, car, avant son départ, il remit à son successeur un état détaillé de « toutes munitions de vivres, poudre, artillerie de calibres, salpêtres, balles, boulets, grenades, cercles et tous autres artifices à feu, et un infini nombre d'aisses (planches) semées de pointes, de dagues et d'épées, chaussetrappes et mille inventions pour la défense d'une brèche ».

Vieilleville procéda ensuite à ce que nous appelons aujourd'hui un sondage d'opinion. Il lui fut aisé de constater la germanophilie des habitants et d'en trouver la cause. D'une part, le comte de Mansfeld, lieutenant général de Charles Quint, tenait la place de Thionville et entretenait des intelligences à Metz. D'autre part, la garnison française se conduisait comme en ville conquise et provoquait le mécontentement général. Nul n'était dispensé de loger l'occupant, ni la noblesse, ni la magistrature, ni le clergé, « avec cette perpétuelle inquiétude d'en avoir toujours ; ce qui ne pouvait se faire sans une grandissime, voire totale ruine de leurs linges, meubles et ustensiles, outre la privation interne de leur particulière liberté, car qui loge soldat n'est jamais maître de sa maison. A quoi il faut ajouter la mortelle appréhension de l'honneur de leurs femmes, filles et autres parentes : de sorte qu'il est plus que croyable qu'ils se fussent précipités en tous dangers pour se tirer d'une telle servitude ». On aperçoit l'ambiance qui devait régner ! Vieilleville mit bon ordre à ces excès. Il réunit les capitaines et leur fit promettre d'exécuter ponctuellement le règlement qu'il avait édicté. Quelques exemples étaient nécessaires. Deux soldats se prirent de querelle au jeu et l'un poignarda l'autre : le mort et le vif furent décapités ! Des garnisaires sortaient de la ville pour aller par les champs tirer du gibier. Ce n'était qu'un prétexte pour dévaliser les marchands. Trois d'entre eux furent pris et torturés. Ils avouèrent et donnèrent le nom de leurs complices. Dix soldats furent condamnés qui au supplice de la roue, qui à la pendaison. Un des laquais de Vieilleville fut également pendu pour avoir ameuté un quartier en brisant la porte d'une « paillarde ». Cette justice distributive produisit le meilleur effet. Il y avait pis que les voleurs et perturbateurs de la tranquillité publique : « .. Dieu sait quel ménage ils font cependant en leurs maisons avec leurs femmes et filles, et il n'y va rien moins que de leur vie si elles font plainte : pour lesquelles s'approprier, il se trouve souvent des pères et maris tués, que l'on fait accroire être advenu par le canon. Par cette impiété, qui n'est que toute gaillardise entre gens de guerre, il se trouva environ six vingts (120), que femmes que filles, dérobées durant le siège, que les capitaines et soldats tenaient cachées, comme prisonnière en chambre, qui répondaient avec menaces à leur pères, maris et frères, qu'elles étaient mortes ; et quelque plainte qu'ils en fissent à M. de Gonnor. » Celui-ci ne pouvait sévir, car il en avait « une qu'il permettait impudemment d'être appelée madame de Gonnor ». Vieilleville enquêta, entendit les doléances des pères et maris, recueillit les noms des coupables. Un matin, escorté de cent arquebusiers, il cerna le logis où l'un de ses capitaines séquestrait la femme d'un notaire nommé Le Coq. Ce qui donna lieu à l'une de ces boutades dont on était friand. En effet, Vieilleville demanda au capitaine de lui livrer la poule qu'il tenait « en mue » depuis huit mois. Le capitaine répondit qu'il n'avait ni poule, ni chapon, ni coq en sa maison. Vieilleville :

— « Malhabile homme que vous êtes, n'avez-vous pas la femme de Me Pierre Le Coq ? Est-ce autre chose qu'une poule ? Rendez-la-moi tout à cette heure, ou je vous ferai demain trancher la tête ; et je le jure et proteste sur mon honneur et sur ma vie ! »

Vieilleville perquisitionna partout, avec ses arquebusiers. Ce dut être un fameux remue-ménage ! Vingt-deux religieuses « de bonne part et d'ancienne noblesse du pays de Lorraine » furent rendues à leurs couvents. Les « grands de l'armée » les avaient enlevées pendant le siège, puis données à leurs favoris. Elles étaient « fort belles » !

Metz était une république dont l'organisation rappelait celle de Venise et autres villes libres. Une oligarchie l'administrait. Sept familles de notables se partageaient traditionnellement l'échevinage, de même que les familles dogales dans la Sérénissime République. Vieilleville avait l'ordre d'abolir « cette espèce de tyrannie et de leur faire perdre la douce mémoire de leur ancienne liberté, qui les pouvait toujours nourrir en quelque espérance du recouvrement de celle-ci, et avoir perpétuellement la grandeur et le support de l'empire en la fantaisie ». Il attendit judicieusement la date du renouvellement de l'échevinage. Les sept familles, comptant une soixantaine de membres, se présentèrent au gouverneur pour l'inviter à l'élection du maître-échevin (du maire).

— « Il me semble, mes amis, répondit Vieilleville, que vous devez plutôt me demander si j'ai agréable cette création, et si elle ne préjudicie en rien à la grandeur du roi et à son service... »

Puis il se lança dans une violente mercuriale contre « Charles d'Autriche », mortel et capital ennemi de la France. Il leur reprocha de lui rester obstinément attachés et d'invoquer les privilèges qu'il leur avait confirmés pour usurper l'échevinage au détriment de la population. Il interdit l'élection projetée et nomma sur-le-champ le bourgeois Michel Praillon maître-échevin pour une année. Inutile de préciser que Praillon était un francophile prononcé.

— « Je veux désormais, trancha-t-il, vous faire perdre à tous le goût et l'appétit de ces mots de TRÈS-SACRÉ EMPEREUR, TRÈS SAINT-EMPIRE et CHAMBRE IMPÉRIALE DE SPIRE, que vous avez si souvent en la bouche, et y mettre en leur place ces braves noms de ROI TRÈS-CHRÉTIEN, TRÈS-REDOUTABLE MAJESTÉ ROYALE, L'INVINCIBLE COURONNE DE FRANCE et LA COUR SOUVERAINE DU PARLEMENT DE PARIS. »

Le cardinal de Lénoncourt, évêque de Metz, avait le privilège de battre monnaie. Il en profitait pour l'altérer et réalisait de gros bénéfices. De plus, il ne cachait pas son hostilité aux mesures prises par le gouverneur. Ce dernier abolit le privilège, fit briser les « fourneaux, alambics, creusets, chaudières et coins », sans tenir le moindre compte des protestations et des menaces du cardinal.

La sévérité du gouverneur n'exceptait personne. L'attitude du sergent-major de la garnison, Nicolas de Bragme, et de Vaurre, le prévôt, éveilla sa suspicion. Cependant Bragme n'avait pas son pareil pour maintenir la discipline militaire et dresser le soldat à l'exercice ; il ne tolérait aucune défaillance. Quant au prévôt, il faisait merveille dans son métier de magistrat et de policier, et n'hésitait pas à risquer sa vie. On vantait ses ruses et son impartialité. Le gouverneur n'avait qu'à se louer de leurs services. En réalité, les deux compères abusaient de sa confiance pour « faire leurs orges ». Des soldats licenciés s'étaient faits brigands, rançonnaient les marchands et les laboureurs. Le gouverneur de Metz et son homologue du Luxembourg s'étaient mis d'accord pour traquer ces pillards. Les capitaines étaient tenus de délivrer des certificats aux soldats licenciés, avec leur nom et celui de leur ancienne compagnie. Tout soldat errant, non détenteur de ce certificat, était passible de la peine de mort. Les Français en arrêtèrent plus de vingt. Ils les remirent entre les mains du sergent-major et du prévôt, auxquels il revenait de faire exécuter les coupables. « Ces deux matois » déclarèrent au gouverneur qu'ils les avaient fait noyer, pour économiser les balles. En réalité, ils leur vendaient fort cher leur liberté et les faisaient sortir de Metz déguisés en paysans. Les soldats retournaient aussitôt à leurs brigandages. Assurés de l'impunité, Bragme et Vaurre en firent évader plus de cent, prétendument noyés. Un capitaine reconnut l'un d'entre eux :

— « Comment, mort-Dieu, tu as été noyé et te voilà encore ? Vertu-Dieu, quelle piperie est ceci ? »

L'autre avoua que le sergent-major et le prévôt l'avaient relâché pour mille écus, mais que, depuis lors, il en avait regagné six fois plus, ayant pris des marchands qui se rendaient à la foire de Reims. Vieilleville fit arrêter et pendre le sergent-major et le prévôt.

En octobre 1555, alors que les plénipotentiaires négociaient une trêve entre le roi de France et l'empereur, survint un fait beaucoup plus grave. Il y avait à Metz un couvent de Cordeliers, dont le gardien se nommait Léonard. Ce dernier était originaire des Pays-Bas. Tout laisse penser qu'il espionnait pour le compte de la régente, Marie de Hongrie. Sous couvert de visiter sa famille, il quittait Metz et s'en allait rendre compte de la situation à la reine Marie. Il lui disait que les notables de Metz ne se consolaient pas d'avoir perdu leurs privilèges ; que les soldats crevaient de rage et de dépit, parce que le gouverneur les avait privés de leurs divertissements habituels et les contraignait, sous peine de prison, voire d'estrapade, de respecter la population. Il avait un plan. Que la reine envoie une trentaine de soldats d'élite à son couvent. Il les habillerait en moines. En même temps, qu'elle expédie des renforts au comte de Mesgues. A la date convenue, les faux moines mettraient le feu à une centaine de maisons : on pouvait être sûr qu'un millier de soldats quitteraient leurs postes pour butiner. M. de Mesgues se rendrait maître de la ville à la faveur du tumulte. En récompense de ses bons offices, le « diable de moine » serait nommé évêque à la place de Lénoncourt. Marie de Hongrie approuva le projet. En moins de trois semaines, tout fut en place. Léonard avait acquis l'adhésion des « moines naturels » en leur promettant des abbayes. Les faux moines psalmodiaient avec leurs frères dans l'église conventuelle. Nul ne pouvait concevoir le moindre soupçon. La conjuration avait toutes les chances d'aboutir.

Mais Vieilleville entretenait un espion « fort habile et très fidèle » dans l'entourage du comte de Mesgues. Il apprit ainsi que Marie de Hongrie venait d'envoyer 1 200 arquebusiers et 800 cavaliers à ce dernier. Que Mesgues avait commandé 20 000 pains de munitions. L'agent occulte avait surpris deux moines en grande conversation avec lui. Il ignorait toutefois à quel ordre ils appartenaient. Vieilleville devait avoir reçu des informations complémentaires, car il se rendit directement au couvent des Cordeliers et demanda Léonard. On lui répondit qu'il se trouvait à Nivelles pour assister à l'enterrement de son frère. Devant le trouble des moines, Vieilleville fit fouiller les chambres. On découvrit deux Cordeliers contrefaisant les malades. Ils portaient des chausses « découpées à la soldate ». Des pourpoints de couleur étaient sur leurs lits. Vieilleville leur fit mettre les pouces dans des chiens d'arquebuse. Ils dévoilèrent le complot et dirent qu'ils attendaient le retour de Léonard pour agir. Le couvent fut aussitôt occupé militairement et l'on poursuivit la fouille. Toutes les portes de la ville furent fermées, sauf une : celle qui donnait sur la route de Luxembourg. Vieilleville s'y installa pour souper au milieu des soldats. Bientôt les sentinelles signalèrent l'approche de deux Cordeliers. Le gouverneur les laissa venir, puis, ayant reconnu Léonard, il prit une hallebarde et dit :

— « Eh bien, monsieur le cagot, vous venez de conférer avec le comte de Mesgues ? Il faut résolument me dire tout ce que vous avez négocié ensemble, ou mourir à cette heure. Si vous confessez la vérité, je vous donnerai la vie, quand bien même vous auriez attenté à la mienne propre. D'aller en votre couvent il n'y a plus d'ordre : il est plein de soldats et tous vos moines sont prisonniers, dont il y en a de faux qui m'ont confessé de l'être point, mais soldats, et qu'ils sont venus par le commandement de la reine de Hongrie. Or sus, dites vite la vérité, ou entre-confessez-vous tous deux, car vous ne vivrez pas une heure. »

Léonard se prosterna devant lui et jura que les deux soldats découverts dans son couvent étaient de ses parents ; qu'ils avaient assassiné leur frère et qu'il s'était permis de leur donner asile.

— « Voyez, s'exclama Vieilleville, si ce méchant sait déguiser le hareng saur ! »

A cet instant, un capitaine informa le gouverneur qu'il venait de prendre six faux Cordeliers ayant sous leurs robes de moines des chausses et des pourpoints « découpés à la soldate ».

— « Eh bien, dit Vieilleville, ceux-là ont-ils aussi tué leur frère ? Je jure au Dieu vivant que vous me direz prestement ce qui couve là-dessous, ou je vous ferai souffrir bien du mal avant de mourir ! »

Le moine se jeta à genoux et, se déclarant soudain déçu « par la gloire du monde et l'ambition », avoua tout pour sauver sa peau. Des échelles avaient été préparées pour faciliter l'escalade nocturne des soldats du comte de Mesgues. Voyant bien que Dieu assistait le gouverneur et gardait la ville pour lui — ce furent ses propres termes — il indiqua le point de concentration des troupes ennemies, l'heure à laquelle aurait lieu l'attaque. Vieilleville sortit sans bruit avec une forte troupe, à la nuit tombée. Il tendit une embuscade au comte de Mesgues. Ses soldats étendus sur l'herbe, cachés dans les broussailles et muets, voyaient l'ennemi entrer dans le bois et s'y rassembler. Ils écoutaient les vantardises des Allemands : « Allez les hâter, mort-Dieu ! car nous tardons trop, il n'y a que des taupes dans ce bois... Mort-Dieu ! nous serons riches aujourd'hui, et le grand service que nous allons faire à l'empereur !... Oui, nous le ferons rougir, car nous prendrons avec 3 000 hommes ce qu'il n'a pu avec cent mille !... Je paillarderai tant cette nuit que j'en mourrai car il y a de fort belles femmes et filles... » Tout ce monde avançait pêle-mêle, les cavaliers au milieu des fantassins. Soudain les Français attaquèrent de toutes parts, aux cris de : « France ! France ! charge ! charge ! Vieilleville ! » Ce fut un massacre. Ce qu'on ne tua pas fut fait prisonnier : la prise était bonne, car nombre de seigneurs et des plus huppés accompagnaient le comte de Mesgues. Ce dernier parvint toutefois à s'enfuir avec une poignée de cavaliers. On dépouilla consciencieusement les morts pour prendre leurs habits ou les vendre — c'était alors le profit du soldat — ; on se saisit des chevaux et des bagages, puis Vieilleville fit sonner la retraite et l'on rentra glorieusement à Metz. Les habitants le festoyèrent ; peut-être faisaient-ils contre mauvaise fortune bon cœur.

Le lendemain, un trompette envoyé par de Mesgues vint demander la liste des morts et des prisonniers. Vieilleville l'invita à parler hardiment et le trompette d'exhaler sa rancœur :

— « Oui, par Dieu, monsieur, nous avons bien eu du moine ! Que maudite soit la moinerie et à tous les diables donnée, quand elle se mêlera d'autre chose que de prier Dieu ! M. le comte, mon pauvre maître, en est au lit malade, et disait ce matin, quand il m'a dépêché, que c'étaient autant d'hommes perdus que de rien entreprendre sur ce lion-vulpe de Vieilleville... »

Le gouverneur lui offrit un spectacle de sa façon. Considérant la hardiesse des trente faux moines introduits dans la place au péril de leur vie, il leur fit grâce de la vie. Mais il les condamna à défiler par toutes les rues de Metz, en habit de cordelier, un bâton blanc à la main, au milieu des archers. Un héraut criait à chaque carrefour :

— « Sont les moines de la reine de Hongrie qui devaient surprendre cette ville et la raser ! Mais Dieu, par sa sainte grâce, y a pourvu ! »

Léonard et les vrais moines attendaient en prison qu'il fût statué sur leur sort. Vieilleville leur ayant promis la vie sauve, ils espéraient s'en tirer avec une peine de bannissement. Le gouverneur fut convoqué par le roi et, pendant son absence, le prévôt de Metz reçut l'ordre de punir les traîtres. Un soir, il vint leur annoncer qu'ils seraient exécutés le lendemain, et les invita à penser à leur conscience. Puis il les laissa, tous les vingt, dans le même cachot. Au lieu de se repentir et de se confesser les uns les autres, ils se prirent de querelle, reprochèrent à Léonard et à quatre des moines les plus anciens de les avoir abusés de fallacieuses promesses et incités à trahir, pour le plus grand scandale de leur ordre. Les coups succédèrent aux injures. Léonard fut tué sur place et les quatre vieux moines eurent les membres rompus. Le lendemain, tout ce beau monde fut pendu devant le couvent, sans excepter le mort et les blessés. Vieilleville fit grâce aux six plus jeunes, qu'il renvoya à la reine de Hongrie conter nouvelles de la bonne ville de Metz !

Le rapport de Vieilleville sur « la journée des embuscades » fut imprimé par ordre d'Henri II qui prit la peine d'en rédiger luimême l'intitulé : « La journée des embuscades, faite par le sieur de Vieilleville, chevalier de l'Ordre du roi, gouverneur et lieutenant général de mondit seigneur à Metz, capitaine de cinquante hommes d'armes de ses ordonnances, et conseiller en son privé conseil, sur le comte de Mesgues et ses troupes de Luxembourg, le 20 d'octobre 1555, entre Metz et Thionville ; ensemble, la mascarade des faux cordeliers de la reine de Hongrie, et de leur folle entreprise. »

Chose qui était très plaisante à voir, déclare le rédacteur des Mémoires de Vieilleville, car on y ajouta en rythme et en prose beaucoup d'autres gaillardises.

XIII

L'ABDICATION DE CHARLES QUINT

Bien qu'il n'eût que cinquante-cinq ans, l'empereur se sentait usé. Il était las des affaires, las de lui-même, las de l'humanité, abandonné par la Fortune. L'avenir l'effrayait. Pour avoir voulu effacer l'antique partage du traité de Verdun (843) et refaire l'empire de Charlemagne, il avait exacerbé les nationalismes, suscité partout une effervescence dont il voyait bien qu'elle ne se calmerait jamais. L'Espagne s'endormait dans sa fausse gloire, alors que son économie périclitait. Le royaume de Naples supportait de plus en plus mal son vice-roi. La Sicile en était au point d'appeler la domination des Turcs. La Lombardie, si prospère au temps des Sforza et des Visconti, avait été ruinée par les guerres successives et par les exactions des gouverneurs espagnols. Les États tributaires étaient épuisés par les contributions forcées. La moitié de la Toscane avait été ravagée. Il en était de même d'une partie de l'Artois et du Hainaut. Les Turcs détenaient la Hongrie presque entière. Mais la France restait debout, et quasi intacte ! Depuis Pavie, l'empire n'avait cessé de régresser. L'or et l'argent venus des colonies américaines n'avaient servi à rien. Au plan de la religion, le bilan était peut-être encore plus tragique pour cet authentique croyant. Il avait tant travaillé à réunifier la chrétienté, surtout en réformant l'Église romaine ! Mais ces réformes, dont il comprenait la nécessité, il entendait les promouvoir à son profit, en assujettissant le pape, en confondant aussi trop souvent la politique et la foi. Tout lui manquait en même temps. Le pape Jules III était mort le 23 mars 1555. L'empereur avait eu beaucoup de mal à faire élire un pape qui lui fût favorable. Le cardinal de Santa-Croce fut élu le 9 avril et prit le nom de Marcel II, mais il ne régna que vingt et un jours et fut remplacé par le cardinal Caraffa, sous le nom de Paul IV. Il haïssait Charles Quint et son fils et n'eut de cesse de fomenter une coalition contre eux. Comble de dérision : il entreprenait de réformer l'Église romaine sans le concours de l'empereur qui se croyait missionné pour cela ! Le traité de Passau passé avec les princes allemands prévoyait la réunion d'une diète dans un délai de six mois. Cette réunion avait sans cesse été remise. Finalement la diète se tint en 1555, à Augsbourg, et Charles Quint laissa son frère Ferdinand, roi des Romains, la présider. Cette abstention volontaire montrait qu'il renonçait au Pacte de famille et laissait d'ores et déjà Ferdinand se comporter en maître de l'empire. Le roi des Romains annonça, dans son discours d'ouverture, qu'il reconnaissait pleins pouvoirs à la diète, puisqu'il n'y avait rien à attendre d'un concile œcuménique. La diète d'Augsbourg, par son recès du 25 septembre 1555, consacra la coexistence des deux religions et avalisa les spoliations perpétrées par les protestants. C'était un échec de plus pour l'empereur. Il avait espéré que Marie Tudor aurait un fils du prince Philippe. Apprenant qu'elle était enceinte, le vieil aigle avait retardé son abdication. Incorrigible, il rêvait de la puissance de cet enfant qui joindrait l'Angleterre aux possessions de son père. Il apprit en juillet que les médecins s'étaient trompés : il ne s'agissait que d'une grossesse nerveuse. Il sut aussi que les Anglais acceptaient mal l'époux de la reine, encore que Philippe s'efforçât d'être habile et de modérer le zèle religieux de Marie. L'empereur se disait que, si ce mariage restait sans fruit, il n'avait plus aucune utilité. Il suggéra à Philippe de menacer la reine de quitter l'Angleterre, à moins d'être reconnu pour successeur éventuel. Marie Tudor était follement éprise de son mari. Elle tenta d'influencer le Parlement. L'opposition fut telle qu'il fallut renoncer. Philippe s'embarqua le 8 septembre — on ne sait trop sous quels prétextes ni sur quelles promesses — et rejoignit son père.

L'empereur, terrassé par une nouvelle crise de goutte, ne quittait plus le lit. Il souffrait beaucoup et se sentait incapable de travailler, de décider. Le père et le fils furent-ils heureux de se retrouver ? Ils avaient si peu vécu ensemble et se connaissaient si mal ! Que se dirent-ils ? Sans doute l'empereur renouvela-t-il les conseils qu'il avait précédemment donnés à Philippe, l'invita-t-il à se défier d'une ambition excessive. Cependant confessa-t-il son amertume de laisser une Europe des nations, alors qu'il avait rêvé de construire un empire européen ? Il est probable qu'il lui conseilla de traiter avec Henri II, pour reprendre souffle et refaire au moins de l'argent... Car les problèmes d'argent furent son ultime souci. Il voulut léguer à Philippe une situation apurée. La dette avait pris de telles proportions que les revenus de tous les royaumes ne suffisaient pas, et de beaucoup, à rembourser les annuités. Ce bureaucrate pointilleux était un mauvais comptable, ou plutôt ses gigantesques projets bousculaient ses principes d'économie. Alors, pour éviter le pire, il endossa une dernière responsabilité : il amputa, unilatéralement, la dette de vingt-cinq pour cent. Cette mesure provoqua la ruine de plusieurs groupes bancaires dont celui des Fugger qui l'avaient tant aidé naguère ! Au moins Philippe était-il un prince selon son cœur ? Même pas. Il le savait médiocrement intelligent, obstiné, maladroit, fou d'orgueil, peu avisé dans le choix de ses favoris, tellement espagnol qu'il ne pouvait dissimuler son dédain des Flamands. Il ne croyait plus à sa réussite. Peut-être Philippe l'engagea-t-il, ne fût-ce que par hypocrisie, à ne pas se démettre de ses couronnes. De toute façon, la décision de Charles Quint était irrévocable. Il l'avait prise, avec soulagement, en apprenant la mort de sa mère, Jeanne la Folle, survenue à Tordesillas le 3 avril 1555. Bien qu'elle fût captive et incapable de se conduire, les Espagnols la considéraient toujours comme leur reine. Charles ne pouvait donc disposer juridiquement de la couronne d'Espagne qu'après sa disparition.

Chose étrange, et qui jette un dernier éclair sur sa personnalité, ce fut d'abord en qualité d'héritier des ducs de Bourgogne, de son aïeul Charles le Téméraire, qu'il voulut abdiquer. Il convoqua les États des Pays-Bas à Bruxelles pour le 25 octobre. Après le déjeuner, les députés se réunirent dans la grande salle du château, avec la cour impériale, les dignitaires, les ministres et les chevaliers de la Toison d'Or en grande tenue. La scène qui allait se dérouler dans cet impressionnant décor, avait un caractère anachronique, médiéval. C'étaient, pour un moment, les fastes, la splendeur des Grands Ducs d'Occident qui ressuscitaient par la volonté de ce vieil homme si moderne par ses méthodes de gouvernement et par ses conceptions politiques, mais resté d'âme gothique ! Peut-être voulait-il faire oublier qu'il avait été plus bourgeois que chevalier. Il prit place sur une estrade, entre Philippe et Maximilien près desquels se tenaient les reines Marie de Hongrie, Éléonore de France (veuve de François Ier) et Marie de Bohême. Philibert de Savoie et la duchesse Christine de Lorraine étaient assis au second rang. Habsbourg d'Autriche et Habsbourg d'Espagne se trouvaient réunis pour la dernière fois. On remarquait toutefois l'absence de Ferdinand, représenté par son fils Maximilien.

Sur un signe de Charles Quint, Philibert Brusellius, président du conseil de Flandre, procéda à la lecture de l'acte d'abdication. Ensuite l'empereur se leva. Il était vêtu de noir. D'une voix chevrotante, s'aidant d'un petit aide-mémoire qu'il avait rédigé lui-même, il parla longuement. Il rappela que, dans cette même salle, quarante ans plus tôt, il avait été déclaré majeur. Qu'après avoir hérité des États de Bourgogne, il avait hérité de l'Espagne et qu'il n'avait brigué la couronne impériale que pour défendre la chrétienté. Il récapitula ses séjours dans ses principaux États, ses guerres en Afrique, en Allemagne, en France, les prodigieux efforts qu'il avait consentis pour faire prévaloir les idées utiles à l'honneur de Dieu et au bonheur des peuples. Il dit encore qu'il avait lutté, presque sans interruption, depuis l'âge de dix-sept ans, contre les luthériens, contre les Turcs, contre les Français et leurs alliés, et qu'il regrettait de n'avoir pu instaurer une paix durable. Il reconnut que ses ambitions excédaient ses moyens et ne put s'empêcher d'évoquer son odyssée d'Innsbruck et surtout la perte de Metz. Il s'était usé à la tâche. Désormais il sentait bien que ses forces, brisées par les infirmités et les travaux, ne lui permettaient plus de gouverner un aussi vaste empire. Il omettait de préciser que l'Allemagne était déjà perdue pour lui et pour son fils, perte dont il était largement responsable en raison de sa tyrannie et de sa cruauté ! Mais, dans un moment aussi pathétique, on comprend qu'il ait tenu à garder le beau rôle... Bref, il avait pris la décision, ne songeant qu'au bien général, de substituer un jeune prince exercé aux affaires et robuste, à un vieux monarque dont les jours étaient comptés. Il renonçait donc à l'empire et à tous ses royaumes, pour se consacrer à la piété et pour se préparer à la mort. Il exhorta l'assistance à conserver à Philippe la fidélité et l'amour qu'elle lui avait portés, à défendre la religion catholique. Il ajouta qu'il aurait abdiqué depuis longtemps si la reine Jeanne n'avait été malade et si le prince Philippe n'avait été trop jeune. Il lui fallait conclure. Il s'en tira dignement et toucha dans cet instant à la vraie grandeur :

— « Je sais, dit-il, que j'ai commis des fautes, soit par l'inexpérience de la jeunesse, soit par la présomption de l'âge mûr, soit par les défauts inhérents à la nature humaine. Mais je n'ai jamais fait, consciemment, une injustice à qui que ce soit. Si pourtant une injustice s'est produite, ce serait à mon insu et uniquement à cause de mon incapacité. Je le regrette publiquement et prie tous ceux que je pourrais avoir offensés de m'accorder leur pardon. »

Il ne put retenir ses larmes, sous le coup d'une émotion non feinte ; l'assemblée pleura. Philippe se découvrit et s'agenouilla devant son père. Il déclara respectueusement qu'instruit par ses conseils et avec l'aide de Dieu, il espérait se montrer digne de lui. Et il lui baisa la main droite. Charles l'embrassa et traçant sur son front le signe de la croix, le proclama prince de Flandre au nom de la très sainte Trinité. Il lui recommanda ses sujets et l'exhorta à toujours servir Dieu et la paix. Le nouveau comte de Flandre ignorait le flamand. Il dit quelques mots en français et demanda à l'évêque d'Arras de parler en son nom. L'évêque assura les Flamands de la grande affection de Philippe, lequel n'oublierait pas qu'ils étaient les plus anciens sujets de sa Maison et renouvelait bien volontiers leurs privilèges. Charles Quint reprit la parole pour inviter l'assemblée à la concorde, à la fidélité envers Philippe et envers la foi de leurs aïeux.

— « Si vous voyez pleurer le vieil homme fatigué que je suis, je vous en prie, ne vous attendrissez pas... »

Et il s'en alla courbé sur une canne, soutenu par Guillaume d'Orange. Pouvait-il sortir de l'Histoire comme il sortait de cette salle ? Le 16 janvier 1556, en présence des seuls grands d'Espagne, il remit à Philippe les couronnes de Castille, d'Aragon, de Sicile et des Indes (les colonies espagnoles d'Amérique). Désormais ce dernier était Philippe II, roi d'Espagne, de Naples, de Sicile, comte de Flandre et duc de Milan. La couronne impériale restait en litige. Dans sa haine furieuse, le pape Paul IV déniait à Charles Quint le droit de s'en dessaisir sans son autorisation ; il contestait de même la dévolution de l'Espagne à Philippe II. Il comptait alors sur l'appui d'Henri II, qui était, comme on le verra, prêt à l'abandonner. Finalement, Charles Quint attendit le 27 août 1556 pour envoyer Guillaume d'Orange porter les insignes impériaux à Ferdinand. Cette fois, la rupture entre les Habsbourg d'Autriche et ceux d'Espagne était définitive. Le songe grandiose de Charles Quint tombait en poussière. Deux jours après, l'ex-empereur quitta la maisonnette qu'il avait fait bâtir et où il vivait, déjà retiré du monde, pour s'embarquer à destination de l'Espagne. La reine de Hongrie qui avait résilié sa charge de régente des Pays-Bas, et la reine Éléonore l'accompagnaient. Il avait eu beaucoup de peine à trouver les fonds pour financer le voyage. Il aborda Laredo en septembre et n'arriva en Estrémadure qu'en novembre. Sa demeure de Yuste n'était pas achevée. Il ne put s'y installer qu'en février 1557. Il mena dans cette demeure, moins austère qu'on ne le croit, mais au contraire agréable et dotée d'un beau jardin, une vie partagée entre les exercices spirituels et les bons repas. Il ne se mêlait plus de rien, mais attendait impatiemment l'arrivée des courriers. Il apprit ainsi le succès et les fautes de son fils. On dit qu'il fit célébrer sa propre messe funèbre et qu'il se délecta à y assister. Les Habsbourg furent toujours sujets aux fantasmes et, parfois, leurs imaginations confinaient à l'extravagance. Si le fait est exact, on peut admettre que le vieux César vit dans cette cérémonie grandiose un sujet de méditation, une image extraordinairement convaincante des vanités humaines. En Espagne, le goût passionné de la vie coexiste avec un sombre amour de la mort ; Charles Quint était plus espagnol qu'il ne le croyait. Il mourut le 21 septembre 1558.

XIV

LA TRÈVE DE VAUCELLES

Les pourparlers en vue de la paix s'ouvrirent à Marcq, entre Gravelines, Ardres et Calais, le 23 mai 1555, sous les auspices du légat d'Angleterre. On se mit aisément d'accord sur l'échange des prisonniers, qui étaient nombreux de part et d'autre. Mais les représentants de l'empereur et ceux d'Henri II ne purent s'entendre sur le fond tant leurs prétentions respectives étaient inconciliables. Charles Quint, bien qu'il ne songeât plus guère qu'à abdiquer, comme on l'a vu au chapitre précédent, avait cependant remis des instructions à ses plénipotentiaires. Il exigeait du roi de France la restitution du Piémont, du Montferrat, de la Corse, des Trois Évêchés (Metz, Toul et Verdun). Henri II réclamait le Milanais et la Navarre espagnole. La délégation française rompit les négociations, d'ordre du roi. Celui-ci avait d'excellentes raisons pour rappeler ses négociateurs. L'attitude belliqueuse du nouveau pape Paul IV, violemment hostile à l'empereur et à son fils, modifiait tout à coup la situation en Italie. La situation du futur Philippe II en Angleterre, le comportement de Ferdinand et de Maximilien en Allemagne, la lassitude de Charles Quint et son intention de se démettre à bref délai de ses couronnes rendaient la conjoncture encore plus favorable. Henri II comprenait que son rival ne voulait, ni ne pouvait, poursuivre la guerre. L'initiative revenait donc à la France. C'est bien pourquoi Charles Quint ordonna à ses plénipotentiaires de renouer les négociations et d'accepter une sorte de statu quo, afin de laisser à Philippe II une situation de paix, tout en réservant l'avenir. On se retrouva en décembre 1555, à l'abbaye de Vaucelles, proche de Cambrai. On régla d'abord la question épineuse de l'échange des prisonniers, la plupart mis à rançon. La délégation impériale réitéra ses exigences. Les Français restèrent sur leurs positions. Mais, sur les injonctions de Charles Quint, ses ambassadeurs cédèrent bruquement. Le traité fut signé le 5 février 1556. Ce n'était pas un traité de paix, mais une trêve de cinq ans. Les deux parties conservaient leurs conquêtes. Charles Quint gardait la Navarre espagnole et le Milanais ; Henri II, les Trois Évêchés, la Corse, le Piémont, le Montferrat, de nombreuses places en Flandre, dans le Hainaut, dans le Luxembourg, en Toscane et dans le Parmesan. C'était une grande victoire pour le roi de France et l'on peut bien dire que la trêve de Vaucelles consacrait l'apogée des Valois. Dès le mois de mars, on échangea les serments d'usage : le comte de Lalaing et la délégation impériale se rendirent à la cour de France, cependant que Gaspard de Châtillon-Coligny et les Français prenaient le chemin de Bruxelles pour y rencontrer l'empereur.

Le secrétaire d'État Claude de L'Aubespine appartenait à la suite de Coligny. Il a laissé une piquante relation de son voyage à Bruxelles. On y aperçoit combien les mœurs diplomatiques étaient différentes et on y saisit l'empereur sur le vif, tout en constatant l'insincérité des acteurs et la précarité de la trêve. Les Français arrivèrent à Bruxelles le 25 mars et furent logés rue des Arènes. Le même jour, vers onze heures du soir, un étrange personnage se présenta à Coligny. Il se nommait François de Villiers et il était secrétaire du surintendant des Finances de Charles Quint. Il déclara froidement que, n'ayant pu faire carrière en France, il était entré au service du surintendant, mais qu'il restait Français de cœur. Il ajouta qu'il n'oublierait point son serment de fidélité à l'empereur, mais que le roi de France était son prince naturel et qu'il estimait avoir des devoirs préférentiels envers lui. Il déclara ensuite que l'empereur nourrissait beaucoup d'illusions sur son fils. Philippe II n'avait en réalité aucune expérience des affaires. Élevé à l'espagnole, il dédaignait toutes les autres nations. On pressentait déjà les divisions, à la cour de Bruxelles, entre les Espagnols et les Flamands. Selon Villiers, une guerre civile ne manquerait pas de s'ensuivre. Il indiqua que l'empereur recommandait à Philippe de ne pas rompre la trêve de Vaucelles, au besoin en abandonnant quelque chose du sien, et bien qu'il fût persuadé qu'Henri II la dénoncerait sous la pression du pape. Il lui conseillait de renouer des intelligences en Italie, particulièrement avec les Farnèse, afin de préserver le Milanais. Villiers savait qu'en cas de rupture de la trêve, les Impériaux se porteraient sur Douai et sur une autre place que, par prudence, L'Aubespine ne désigne pas. Coligny le remercia chaleureusement, le força à accepter cent écus et lui demanda de poursuivre ses bons services. Villiers protesta qu'il n'agissait point par amour de l'argent, mais par dévouement envers Henri II. Et L'Aubespine d'ajouter ce grain de sel : « Il s'est toujours, du reste, conduit de même, refusant tous les dons chaque fois que j'étais chargé de les lui apporter, bien qu'il les eût dignement gagnés. »

Le lendemain, les Français se rendirent au château de Bruxelles, pour la ratification de la trêve par Philippe II. Charles Quint avait abdiqué, mais il dirigeait encore les affaires. En sorte que Coligny dut rencontrer successivement le fils, qui régnait en titre, et le père qui n'avait pas encore tout à fait cessé de régner ! Les Français se sentirent offensés, car, dans la grande salle du château, on avait tendu une tapisserie représentant la capture de François Ier à Pavie. « Ce fatal événement, écrit L'Aubespine, n'avait-il pas eu lieu par la volonté du grand dieu des batailles qui en ordonna comme il lui plaît ; et le mérite du victorieux, sujet lui-même à cette infortune, y était-il pour quelque chose ? Le grand roi François n'avait-il pas acquis plus de gloire en combattant si courageusement dans ce désastre, que le vainqueur qui avait remporté la victoire, non par lui-même, mais par autrui ? » O incorrigibles Français !... Une messe fut ensuite célébrée dans la chapelle par l'évêque d'Arras. Philippe II y assistait dans son oratoire. L'office étant achevé, le roi s'approcha de l'autel et jura d'observer le traité, la main sur le saint Évangile. Le fou du roi Brusquet et son valet accompagnaient Coligny, on se demande pourquoi. Soudain, il se mit à glapir : « Largesse ! Largesse ! » et, puisant dans un sac, à jeter les écus à la volée. L'assistance se précipita pour ramasser « les écus roulants ». Ce fut une belle confusion. Philippe demanda qui se permettait de faire largesse en sa présence et chez lui ! Il aperçut alors le fou et ne put s'empêcher de rire. Hommes et femmes se bousculaient. Ils faillirent renverser les reines douairières de France et de Hongrie, et d'autres grandes dames. Les gardes durent pointer leurs hallebardes pour rétablir l'ordre. Or l'assistance n'était composée que de seigneurs et de notables ! Philippe II exprima le souhait d'avoir près de lui Brusquet pendant le souper. Le fou se livra à ses bouffonneries habituelles. A la fin du repas, il demanda au roi de lui permettre une dernière farce. Il prit les deux côtés de la nappe, sauta sur la table, prit les deux autres côtés et fila en emportant la vaisselle qu'elle contenait. Car c'était aussi un fieffé voleur.

Le dimanche de Pâques fleuries, Coligny et sa suite se rendirent chez l'empereur. Il ne logeait plus au château, mais dans la maisonnette qu'il avait fait bâtir dans le parc, « pour s'isoler du monde ». Cependant, comme il gardait une main sur les affaires, l'évêque d'Arras, son intime conseiller, faisait la navette entre cet ermitage et le château : il allait porter les directives de Charles à son fils. L'Aubespine : « On eût dit la maison d'un simple citadin. Je n'y vis qu'une antichambre qui servait de salle et sa chambre. Chacune de ces pièces formait un carré de vingt-quatre pieds. On y montait par un escalier de dix à douze marches. Dès le pied de cet escalier jusqu'à la fin de l'antichambre étaient en haie double plusieurs seigneurs, les plus jeunes n'ayant pas moins de trente-cinq ans ; les plus âgés ne passaient pas environ quarante-cinq ans. Tous, parés de noir, avaient une grave contenance, et restèrent tête nue tant que les Français passèrent devant eux. » La chambre de Charles Quint était tapissée de drap noir. Son fauteuil était noir. Devant lui, une table d'environ six pieds était couverte du même drap noir. L'empereur était vêtu « d'une petite robe de ville en serge de Florence coupée au-dessus des genoux ; ses bras passaient au travers des manches d'un pourpoint de treillis d'Allemagne, noir. Son bonnet était entouré d'un petit cordon de soie. Sa chemise était à simple rabat. Cette simplicité allait bien à cet illustre prince qui eût été réellement un bien grand homme sans son insatiable ambition ».

L'Aubespine ne dit rien de l'émaciement ni de la pâleur de l'impérial visage. Il en vient tout de suite à l'essentiel. Coligny salua profondément Charles Quint et dit :

— « Sire, le plus grand souhait que le roi Très Chrétien, mon Seigneur souverain, a toujours formé, c'est qu'il plût à Dieu de bénir son règne en le maintenant en paix et amitié avec tous les princes chrétiens ses voisins. Ce désir se réalise avec vous par une trêve convenue le 5 février et qui produira, s'il plaît à Dieu, une paix indissoluble. Il a plu audit Seigneur de me députer vers vous pour être témoin du serment accoutumé qu'il vous plaira de faire pour l'observation de la trêve, ainsi que vous le verrez par les lettres qu'il vous écrit et que je vous présente de sa part. »

— « Monsieur l'amiral, répondit Charles Quint, le roi monsieur mon bon frère me donne un très vif témoignage de sa vraie et parfaite amitié en me faisant l'honneur de m'écrire, et en vous choisissant, vous si digne, pour m'apporter sa lettre. Soyez donc le bienvenu. »

Il prit la lettre et voulut l'ouvrir. Mais elle était fermée d'un lacet plus fort que les lettres ordinaires, selon l'usage des rois quand ils correspondaient entre eux. Il ne parvenait pas à rompre ce lacet. L'évêque d'Arras voulut l'aider :

— « Comment ! monsieur d'Arras, vous voulez me ravir ce devoir ! Je dois au roi mon bon frère d'ouvrir cette lettre moi-même. »

Puis, se tournant vers Coligny, il dit en souriant :

— « Qu'allez-vous dire de moi, monsieur l'amiral ? Quel brave cavalier je suis pour courir et rompre une lance, moi qui ne puis qu'à grand-peine ouvrir une lettre ! »

Quand il eut pris connaissance de la lettre, il la remit à l'évêque d'Arras, en disant :

— « Lisez-la. »

Puis, se tournant vers Coligny :

— « Comment le roi mon bon frère se porte-t-il ? »

— « Fort bien, Sire. »

— « Hé, j'en suis bien aise, mon cœur en est joyeux, et non sans motifs, car je tiens à beaucoup d'honneur d'être sorti du côté maternel de ce fleuron qui porte et soutient la plus belle couronne du monde. On m'a dit cependant qu'il commence à grisonner. Il est pourtant bien jeune ; il me semble qu'il y a trois jours qu'il était en Espagne, jeune prince, enfant sans un poil de barbe. »

— « Sire, à la vérité, le roi a deux ou trois poils blancs, mais bien d'autres plus jeunes que lui en ont aussi. »

— « Ho ! ne vous étonnez pas de cela, c'est moins que rien. Je m'informe de l'état d'un autre, mais je vous veux aussi rendre compte de ce qu'il en était de moi au même âge. Venant de mon voyage de La Goulette, je passai à Naples. Vous savez, monsieur l'amiral, combien la ville est jolie, et la beauté et bonne grâce des dames qui y sont. Le lendemain de mon arrivée, au matin, j'avais fait appeler mon barbier pour me friser et me parfumer ; on présente devant moi un miroir ; je me regarde et j'aperçois la même chose qu'a le roi mon bon frère. Ébahi, étonné, je demande : Qu'est ceci ? Mon barbier me dit : Deux ou trois poils blancs. Il y en avait plus d'une douzaine ! Ote-moi ces poils, dis-je à mon barbier, et n'en laisse aucun. Ce qu'il fit. Savez-vous ce qui m'arriva ? Quelque temps après, je trouvai que, pour un poil blanc que j'avais fait ôter, il m'en était revenu trois. Si j'eusse voulu faire ôter ceux-là, en moins de rien je fusse devenu blanc comme un cygne. »

Il demanda ensuite, comme en se jouant, des nouvelles du connétable de Montmorency, dont il fit l'éloge comme d'un bon serviteur, très utile à son maître. Il s'informa aussi de la duchesse de Valentinois, mais ne parla point de la reine Catherine de Médicis. Il couvrait un chacun de compliments, mais les épines pointaient sous les roses. Il donnait doucereusement à comprendre qu'il était au courant de tout ce qui se passait à la cour de France. D'où ses allusions à la passion d'Henri II pour la chasse, son amitié pour le connétable et pour Mme de Valentinois.

Puis il jeta un regard sur la suite de Coligny et, souriant :

— « Je crois que Brusquet doit être ici, car on m'a dit l'avoir vu... Je ne le connaîs point, mais je crois que le voilà ! »

— « Sire, c'est lui. »

— « Hé bien, Brusquet, tu nous as fait largesse de tes écus ? Comment te portes-tu ? »

— « Sire, répondit Brusquet, vous m'ôtez la parole de la bouche en daignant vous abaisser vers un si petit ver de terre que moi. »

— « Ho, ne te souvient-il plus de la journée des Éperons, devant toi et monsieur le maréchal de Strozzi ? »

— « Oui, Sire, il m'en souvient très bien ; ce fut alors que vous achetâtes ces beaux rubis et escarboucles que vous portez aux doigts. »

Le fou désignait ainsi les nœuds osseux qui déformaient les mains de l'empereur. Ce dernier éclata de rire :

— « Je sais maintenant, grâce à toi, qu'il ne faut pas juger des gens sur ce qu'ils paraissent être : car tu fais le fou, et je t'assure que tu ne l'es pas. »

Coligny prit congé. Charles fit ouvrir les fenêtres de sa chambre. Elles donnaient sur le sentier que devaient emprunter les Français. Il les regarda pensivement s'éloigner, tout en feignant de se montrer à eux et en leur rendant courtoisement leurs saluts. Peu de jours avant cette audience, il était si malade qu'on le donnait pour mort. Les souffrances de la goutte n'atténuaient point son acuité intellectuelle. Il avait amusé les Français en donnant de lui cette image débonnaire et en racontant d'apparentes futilités. Il avait paru touché par la déclaration de Coligny sur les intentions pacifiques d'Henri II. Il savait cependant que le roi de France dénoncerait la trêve à la première occasion. De son côté, Coligny avait appris de Villiers que ni l'empereur ni son fils ne faisaient fond sur la trêve et prenaient leurs mesures en conséquence. Les choses allaient de ce pas en ce mois d'avril 1556, à Bruxelles. On admirera l'aisance du vieil empereur, et son humour. Car, au bout du compte, cette entrevue était une humiliation pour lui. Elle concrétisait à ses yeux le triomphe d'Henri II. Le moins que l'on puisse dire est qu'il savait être beau joueur.

XV

LA PARURE DU RÈGNE

Henri II a maintenant trente-sept ans. Il est en pleine maturité, mais aussi en pleine vigueur ; il ne souffre de rien et il n'a aucune infirmité. Il reste tel que François Clouet l'a peint, dans le tableau évoqué au début du présent volume. C'est toujours un svelte cavalier, tout en muscles, et un bel homme au teint mat (« mouricaud », comme dit Brantôme !), aux cheveux, aux yeux et à la barbe noirs. Il a une légère tendance à l'embonpoint, car, s'il mange légèrement, il aime les « friandises ». Il se voûte un peu, mais redresse la taille et se cambre, à la mode de son temps empruntée aux hidalgos. Son caractère n'a pas évolué, non plus que son comportement. Il est toujours aussi courtois et d'un accueil aussi gracieux. Il a su se faire aimer de son peuple et de sa noblesse, mais sa popularité n'atteint pas celle du roi François. On l'admire et on le connaît mal. Ses détracteurs — ils sont alors peu nombreux — supposent, murmurent qu'il abandonne un peu trop le soin des affaires au connétable de Montmorency. On ignore encore avec quelle inflexible volonté il tient la balance égale entre le clan des Guise et le clan des Montmorency-Châtillon. Sa liaison avec Diane prêterait à sourire, si la duchesse de Valentinois ne conservait l'éclat de sa beauté. Homme d'habitudes, Henri n'a point modifié son emploi du temps. Il partage ses journées entre les séances du conseil, les audiences et les divertissements. Il garde assez de jeunesse pour éclipser ses partenaires au jeu de paume, au passe-mail, à l'estauf (ballon de cuir plein). On le voit coiffé d'un chapeau de paille, vêtu et chaussé de blanc, la tenue du sportsman de l'époque. Il a toujours la même passion pour la vénerie, pour la volerie et pour les exercices d'équitation. Il excelle toujours dans les joutes, la quintaine et la course à la bague, qui sont des exercices d'entraînement aux tournois. A vrai dire, il déborde de vitalité. Ses exploits sportifs font l'admiration des gentilshommes, lesquels, sous leur politesse de langage et leurs raffinements, dissimulent une brutalité, une pugnacité natives. On se devait d'être élégant et cultivé, mais on savait se battre et la force physique en imposait encore.

La reine Catherine a le même âge que son mari. Elle n'est point belle, mais elle a un admirable regard et un séduisant sourire. Dix grossesses en douze ans ont épaissi sa taille, mais elle garde sa prestance et continue de s'habiller avec goût. Ses bijoux font rêver les dames de la cour. Le 24 juin 1556, elle a mis au monde des jumelles (Jeanne et Victoire). Elle a failli en mourir et les petites princesses n'ont pas vécu : l'une est morte en naissant et l'autre, au mois d'août. Elle n'aura pas d'autre enfant. Il lui reste quatre fils (les futurs François II, Charles IX, Henri III et Hercule-François, duc d'Alençon) et trois filles (Élisabeth, future reine d'Espagne, Claude qui sera duchesse de Lorraine et la future reine Margot). Elle les aime avec passion et d'autant qu'ils sont de santé fragile, à l'exception de Margot. Elle reste aussi éprise d'Henri que le premier jour. Il est son amant et son époux. Elle a fini par accepter de le partager avec Diane, du moins en apparence. Sa douceur, sa docilité cachent un extraordinaire appétit de pouvoir. Diane se souvient des leçons du vieux Brézé et croit avoir la tête politique ; ses talents sont sans commune mesure avec ceux que la reine tient en réserve. Catherine a cependant essayé de montrer au roi — certes timidement ! — son aptitude à gouverner. Lors du « voyage d'Austrasie », il lui avait fait l'honneur de la nommer régente du royaume. Mais, quand elle avait pris connaissance de l'acte, elle s'était aperçue que le chancelier était corégent de fait. Elle avait alors prétendu empêcher la publication du document. Mais elle avait dû finalement s'incliner devant la volonté royale. Cependant, prenant son rôle très au sérieux, elle s'était donné bien du mal pour assurer les approvisionnements de l'armée en vivres et en munitions. Il faut croire que les résultats furent décevants, car Henri lui écrivit, non sans humour : « Ma mie, vous m'écrivez que la provision de vivres se continue par-delà, mais je vous avise qu'ici nous ne nous sommes aucunement sentis des secours qui sont venus de votre côté. » Cette demi-confiance d'Henri ne la rebute pas. Quand il part pour la guerre, elle prend des vêtements de deuil, délaisse ses parures somptueuses et ordonne des prières publiques. Elle ne sort de sa neutralité politique qu'en faveur des exilés de Florence. Elle supplie alors le roi d'intervenir dans les affaires italiennes, mais ne peut obtenir qu'il conduise en personne une armée en Piémont.

Mère de sept princes vivants, elle a rempli son contrat envers les Valois. Elle s'est imposée aux courtisans. On vante sa générosité. Elle tient de ses aïeux Médicis le goût du faste et de la fête. Les dames et demoiselles qui composent sa cour sont un délice pour l'esprit et pour les yeux. Elle sait admirablement conduire une conversation. Elle offre des concerts et fait ainsi connaître Clément Janequin, Goudimel, Arcadet, des solistes réputés, des chanteurs, des instruments nouveaux comme l'épinette et le violon. Elle agence des spectacles, offre des bals et des ballets. Elle donne le ton à la cour, où désormais l'élégance le dispute à la gaieté. Tels sont les débuts de cette reine qui fut si grande, à sa manière. Elle commence par des mondanités ; les deuils, les larmes, les luttes implacables suivront et elle sera quasi seule à tenir le timon des affaires. Le royaume vit alors ses dernières années de bonheur, malgré le poids des impôts, les difficultés de toutes sortes et les premières persécutions. La cour n'est pas encore divisée entre clans irréconciliables, semant la haine et la mort le plus souvent par ambition personnelle. Les intrigues n'y sont que des passe-temps, excepté pour quelques-uns, peu nombreux. L'amour et les divertissements suffisent à l'occuper ; ils n'ont pas encore cédé la place aux querelles religieuses.

Catherine a une véritable amie, qui est Marguerite, sœur du roi. C'est une jeune fille attardée — elle a un peu plus de trente ans — ; son frère n'a pas encore réussi à la marier. C'est une lettrée et une femme de cœur, dont le plaisant esprit rappelle celui de François Ier. Elle nourrit pour la reine une indéfectible affection. Au besoin, elle la défend et elle lui donne parfois de sages avis. La reine a aussi une amie forcée : l'inéluctable duchesse de Valentinois. Elle doit toujours supporter sa présence, lui faire bon visage, accepter qu'elle se mêle de tout, y compris de l'éducation des Enfants royaux. Les attentions de Diane, les marques de respect et d'attachement que lui prodigue celle-ci, sont autant de blessures. Catherine les ressent sans se plaindre. Elle s'est habituée, non pas résignée, à cette encombrante amitié. Elle a longtemps cru que l'âge aurait raison de la liaison amoureuse d'Henri ; il lui faut se persuader du contraire.

A cinquante-six ans, Diane reste toujours aussi sculpturale et fascinante. Elle domine toujours le cœur et les sens de son royal amant ! Car, si leur liaison évolue peu à peu vers une sorte de tendresse, si les sentiments que Diane éprouve à l'égard d'Henri ont quelque chose de maternel, elle reste charnellement sa maîtresse. Quant à lui, il demeure aussi épris qu'au premier jour, aussi ébloui par sa conquête. Les preuves en sont irréfutables et abondent. Sont-ils séparés, il lui écrit : « ... Je ne puis vivre sans vous et si vous saviez le peu de passe-temps que j'ai ici, vous auriez pitié de moi. » Ou bien : « Je vous supplie avoir souvenance de celui qui n'a jamais connu qu'un Dieu et une amie. » Ou encore : « Celui qui vous aime plus que lui-même. » Prose de jeune homme romantique, d'homme éperdument amoureux ! Il demande à Diane de prier pour lui. Elle lui envoie des chemises bénies. Dieu est de part dans leur péché : il est vrai qu'ils sont parvenus à magnifier leur amour au point de le croire sans tache. On a dit, répété, que Diane était une froide beauté, agissant par calcul, soumise à sa seule ambition, en se fondant sur le fait qu'il n'existe aucune réponse d'elle aux billets du roi. Il y a là un contresens absolu. Comment admettre qu'elle ait pu feindre pendant tant d'années une passion qu'elle n'eût pas éprouvée et retenir un homme dont tout indique qu'il était avidement sensuel et fortement adonné aux femmes ? En réalité, Diane était comme toute créature, la somme d'appétits mêlés et contradictoires. La griserie de partager la gloire du roi, d'être quasi reine et reconnue pour telle, aiguillonnait l'amour qu'elle portait à l'impétueux athlète qu'elle avait pour amant. Et, plus d'une fois, regardant son miroir, elle dut trembler de le perdre.

Par quel miracle de la nature reste-t-elle aussi attrayante, la cinquantaine passée ? Ses rivales disent qu'elle porte un anneau enchanté, ou bien qu'elle recourt à la sorcellerie, qu'elle use de philtres magiques. Les ablutions à l'eau froide, une stricte hygiène alimentaire, les courses à cheval par n'importe quel temps, au grand air du matin, la maintiennent en bonne santé. Elle n'est jamais malade. Elle garde un corps de jeune femme, aux petits seins écartés, à la taille fine, aux jambes élancées. Ses épaules de sportive et son port de tête altier. Son fin visage au front haut, au nez droit, au regard impérieux, encadré de bouclettes que les teintures certainement ravivent. Et ce teint éclatant, cette peau lumineuse et douce ! Mais enfin, elle ne peut éviter les pattes d'oie aux tempes, ni le perfide réseau des rides. Elle n'utilise aucun fard pour dissimuler les outrages du temps. Cependant Henri conserve le même goût pour elle ; il la voit éternellement jeune, pareille à quelque immortelle déesse. Et c'est là précisément que gît le maléfice, ou l'enchantement. Diane a substitué à sa propre image les innombrables portraits idéalisés qu'elle a fait peindre ou sculpter. Elle a su choisir de très grands artistes, qui étaient aussi des poètes, pour la magnifier, donner de sa personne une inaltérable image, en quelque sorte pour la déifier. Ni Henri II ni la plupart de ses contemporains ne la voyaient telle qu'elle était, mais telle qu'elle voulait paraître : éternellement séduisante. Elle était devenue la

Diane du Primatice au visage félin, au regard aigu. Elle était aussi la Nymphe de Benvenuto Cellini, que l'on destinait au château de Fontainebleau et qui s'en fut décorer l'entrée de celui d'Anet. Elle était surtout la fascinante Diane appuyée sur un cerf que l'on attribue à Jean Goujon ; la déesse enlace tendrement le col d'un magnifique cerf royal et s'appuie sur lui. Toujours s'identifiant à la divine chasseresse et arborant le croissant lunaire, Diane se faisait peindre sur toile, sur verre, ciseler dans le marbre ou les pierres semi-précieuses, et toujours arborant son indestructible nudité. Quand elle consent à se vêtir, elle se donne un sourire énigmatique, un visage troublant de Joconde. On comprend pourquoi le roi la révère comme une déesse. Il est en somme victime de la féerie qu'elle a créée...

Elle parvint à faire de son château d'Anet l'écrin de sa propre beauté. Tout y était conçu pour la célébrer. C'était un hymne à sa gloire et à celle du roi, indissolublement liées, le palais des amants. Ce fut ainsi que cette femme de goût, supérieurement intelligente, imposa le type de beauté qui était le sien, et créa un nouveau style architectural. Ce style s'exprima notamment dans ce château d'Anet qui fut construit par Philibert Delorme de 1547 à 1553. Ce qu'il en reste, car il fut saccagé pendant la Révolution, donne une idée très incomplète de ce qu'il fut. Diane ne sut pas seulement choisir un grand architecte, elle lui imposa ses goûts, sa fantaisie exquise. Le château se composait de trois corps de bâtiments, avec des cours décorées de fontaines, une chapelle en rotonde qui est un chef-d'œuvre, des jardins en contrebas reliés au château par un escalier en croissant, et un vaste parc giboyeux traversé par l'Eure. Cette demeure était le temple élevé à Diane chasseresse ; une crête de croissants surmontait les toits. C'était aussi une maison claire et commode et restant à l'échelle humaine malgré ses dimensions, une sorte de salon au milieu du bois. On avait employé les matériaux les plus riches, les meilleurs ouvriers, les techniques les plus élaborées. Diane avait surveillé le moindre détail. Il n'était pas jusqu'aux serrures, jusqu'aux heurtoirs qui ne fussent ciselés aux armes du roi. Car Anet rappelait avec insistance à la fois le souvenir du vieux Brézé et le triomphe du roi Henri. La fidélité de Diane à l'époux disparu garantissait sa fidélité à l'amant. Lorsque Joachim du Bellay célèbre les charmes d'Anet, il a les accents de La Fontaine admirant Vaux-le-Vicomte, le château de Fouquet :

De votre Dianet (de votre nom j'appelle
Votre maison d'Anet), la belle architecture,
Les marbres animés, la vivante peinture,
Qui la font estimer des maisons la plus belle...

Ce goût architectural fait de sobriété et d'élégance, on le retrouve dans les reliures réalisées pour elle par Claude Picquet, créateur de ce style Henri II que connaissent tous les bibliophiles. Bref, Diane de Valentinois était à la façon de certaines grandes favorites, par exemple la Pompadour, reine des artistes. Elle savait les découvrir et les promouvoir, certes essentiellement dans le but d'exalter la beauté féminine ou plutôt sa propre beauté imposée comme modèle. On ne peut nier la finesse de son goût, non plus que son sens artistique.

Philibert Delorme ne bâtit pas seulement la maison des amants d'Anet. Avant d'être nommé surintendant des bâtiments du roi, à l'avènement d'Henri II, il s'était rendu célèbre en construisant à Lyon l'élégant hôtel d'Antoine Bullioud et en commençant à Saint-Maur-les-Fossés un vaste château pour le cardinal du Bellay. Henri II lui commanda le tombeau de François Ier et de la reine Claude, que l'on peut voir à Saint-Denis et qui est un arc de triomphe en réduction, aux proportions parfaites. Ce mausolée est l'expression de l'admiration que portait le grand roi aux monuments romains. Delorme travailla dans tous les châteaux royaux : Fontainebleau, La Muette, Saint-Germain-en-Laye, Villers-Cotterêts, Chambord, Amboise et Blois. Il acheva la Sainte-Chapelle de Vincennes. Il bâtit l'Arsenal pour entreposer l'artillerie. Il agrandit le palais des Tournelles et le château de Boulogne. Il aménagea le château de Montceaux-en-Brie pour Catherine de Médicis. Il amorça largement Chenonceaux pour la duchesse de Valentinois. Il ajouta un dortoir au couvent des Cordeliers et une aile à l'hôpital des Pèlerins de Saint-Jacques-du-Haut-Pas: pour y loger les soldats estropiés, préfiguration de l'hôtel des Invalides. Il projetait de coiffer le couvent de Montmartre d'un immense dôme dont le dessin rappelle l'actuel Sacré-Cœur, lorsque la mort d'Henri II le priva de sa charge. Pendant ce temps, Pierre Lescot élevait le nouveau Louvre, où le roi n'eut guère le temps de résider. Je ne veux point comparer les mérites de l'un et de l'autre de ces architectes de génie. Je dirai simplement que, disciple fervent de Vitruve, Philibert Delorme ne l'imitait point, mais cherchait sans cesse à inventer des lignes nouvelles. Il inscrivait ses bâtiments dans le paysage, en tenant le plus grand compte de celui-ci : c'est en ce sens que l'on peut comparer Anet à Vaux-le-Vicomte. Il voulait que la pierre s'animât, devînt une substance vivante, et pour cela il inventait des décochements subtils pour retenir la lumière et souligner les parties éclairées par les ombres portées. Il fut un architecte de la Renaissance, mais dégagé de l'imitation servile et naïve des Anciens, soucieux d'élaborer un style proprement français qui sera le classicisme. Maître d'œuvre incomparable, il s'entourait d'une pléiade d'artistes dont les moindres furent le Primatice, Jean Goujon, Niccolo dell' Abbate, Bernard Limosin.

Les dignitaires de la couronne n'étaient pas en reste. Le connétable de Montmorency faisait décorer ses demeures d'Écouen, de Chantilly et de Fère-en-Tardenois. Il en était de même de ses rivaux, les Guise, à Meudon et dans le magnifique château de Joinville. Du maréchal de Saint-André, dans sa demeure de Vallery, près de Sens. Les seigneurs de moindre importance, les officiers de la couronne, les riches bourgeois faisaient de leur mieux pour imiter le roi. Dans ce royaume de France, où les finances publiques et privées posaient de si cruels problèmes, partout on bâtissait, on transformait, on décorait, on mettait au goût du jour, comme dans les plus belles années du règne de François Ier, et sans plus se soucier du lendemain ! Il n'était pas jusqu'aux manoirs les plus modestes qui n'eussent leurs ouvriers. En Poitou, en Touraine, en Bretagne et ailleurs, on ouvrait de larges fenêtres, on accolait des portiques aux rudes façades et la roide maison commençait une seconde existence.

Le mobilier se transformait aussi et s'affinait. Le style Henri II est malheureusement surtout connu par les soi-disant copies qui en furent faites au XIXe siècle. Ces meubles, disgracieux, surchargés, étaient d'ailleurs l'addition malencontreuse de plusieurs époques. Ils obscurcissaient de leurs masses les salles à manger bourgeoises et le nombre de leurs sculptures se proportionnait à l'opulence des familles. Or le vrai style Henri II était élégance, pureté des lignes, sobriété. Il ne devait quasi plus rien à l'Italie. Il suffit pour s'en convaincre de regarder ces lits à fines colonnes torsadées, ces crédences légères, ces fauteuils et ces chaises conçus pour l'agrément, ces coffres décorés de bas-reliefs et les pièces d'orfèvrerie qui sont conservées dans les musées ! On perçoit que les hommes et les femmes de cette époque pratiquaient un véritable art de vivre, demandaient à la beauté de magnifier la réalité quotidienne.

Ces décors alliaient curieusement le paganisme et la piété traditionnelle. Les maîtres de l'École de Fontainebleau peignaient les dieux de l'Olympe, peuplaient les bois de faunes et de nymphes, célébraient la nudité féminine, mais peignaient aussi des Pieta, des Flagellations, des Crucifixions, des Descentes de Croix, des sujets tirés de l'Ancien Testament. Ce qui distingue absolument leurs œuvres, c'est que l'angoisse de la mort, l'effrayante interrogation de l'au-delà se substituent à la méditation sereine de l'artiste, à la contemplation paisible. C'est que les certitudes d'une foi triomphante y font place aux incertitudes et aux tourments de l'âme. Ils expriment la déchirure de la chrétienté. La douleur paroxystique qu'ils traduisent parfois perd son caractère sacré, pour n'être plus que simplement humaine. Cependant la foi restait assez vive pour engendrer bientôt les guerres de Religion. Il est vrai qu'elle suscitait aussi de bien étranges interprétations. Témoins ces vers dédiés à Diane par Joachim du Bellay :

Dieu vous a fait entre vous
Comme un miracle apparaître,
Afin que de ce grand Roi
Vous puissiez posséder l'âme
Et que de son affection
Par votre perfection
Brûlât d'une Sainte Flamme,
Les rois montrent aux humains
De Dieu l'exemple et l'image...

On comprend l'intransigeance des calvinistes ! Pour autant, ceux-ci ne demandaient qu'à révérer la personne royale et, n'eussent été les persécutions, on peut être certain qu'ils eussent fait chorus. Le mouvement intellectuel, amorcé sous François Ier, s'était épanoui au point qu'Étienne Pasquier pouvait écrire vers 1550 : « Vous eussiez dit que ce temps-là était tout consacré aux Muses. » Pendant le règne précédent, les prosateurs (Rabelais, Marguerite d'Angoulême et leurs émules) supplantaient les poètes, à l'exception de Marot. Sous Henri II, naquit et se développa la fameuse Pléiade dont Ronsard était le promoteur, et qui comptait parmi ses membres Joachim du Bellay, Jean-Antoine de Baïf (le théoricien et l'érudit), l'idéaliste Pontus de Tyard, le tendre Rémy Belleau et Étienne Jodelle qui, avec sa *Cléopâtre captive* réinventa la tragédie et ouvrit la voie aux grands auteurs du XVIIe siècle. Ces poètes concouraient à l'œuvre générale, célébraient à l'envi la grandeur d'Henri II et la toute-puissante grâce de la duchesse de Valentinois, voire les mérites de la reine Catherine de Médicis, principalement Ronsard et du Bellay, poètes officiels. Mais Delorme, Lescot, Goujon, Clouet et les autres faisaient-ils autre chose, chacun à leur manière ? Et, naguère, le bon Clément Marot ?

Tout ce monde d'artistes, de créateurs, vivait, produisait, s'exprimait, grâce au mécénat royal. Faut-il s'étonner tellement que ce mécénat fût quelque peu dirigé, comportât certaines obligations ? Nos modernes sponsors oublient-ils de faire figurer leur label ? Les mouvements artistiques et intellectuels convergeaient vers la personne du roi. Ils élaboraient une civilisation nouvelle, émergeant du long Moyen Age et préparant le classicisme. Les fastes de la cour, le luxe des palais, la richesse des costumes et des parures, la prolifération des statues n'étaient point l'expression de la vanité royale. Ils s'inscrivaient dans une politique parfaitement élucidée. Car ils proclamaient le triomphe de la royauté en tant que mode de gouvernement, ainsi que la gloire personnelle du roi. Les Parisiens, les habitants des grandes villes du royaume étaient friands de spectacles : on leur montrait le roi, les princes, les grands seigneurs, dans leur incomparable splendeur. Non pour insulter à la pauvreté, mais pour exalter le sentiment monarchique : certes, on ne peut juger ces choses qu'en les replaçant scrupuleusement dans leur contexte, et non pas en les considérant en citoyens du XXe siècle. La cour était un instrument politique, plus encore que sous le règne de François Ier : ses modes, ses manies, ses travers mêmes, mais aussi son savoir-faire et sa connaissance des usages étaient imités par la bourgeoisie de Paris, copiés par la province. Elle en imposait aux ambassadeurs. Elle donnait de la France l'image la plus flatteuse, persuadait les visiteurs étrangers de sa grandeur et de sa prospérité. Ne disait-on pas qu'elle était la plus belle couronne du monde ? Le respect dont la personne royale était entourée, l'étiquette qui réglait les cérémonies et la vie de cour, augmentaient encore cette impression. Le règne d'Henri II préfigure à cet égard celui du Roi-Soleil. C'est pourquoi du Bellay ne le flattait que fort peu, traduisait même l'opinion commune, quand il écrivait :

On voit beaucoup de rois qui sont grands d'apparence,
Mais nul, tant soit-il grand, n'aurait jamais tant d'heur
De pouvoir à la vôtre égaler sa grandeur :
CAR RIEN N'EST APRÈS DIEU SI GRAND QU'UN ROI DE FRANCE.

QUATRIÈME PARTIE

LA LANCE DE MONTGOMERY

1556-1559

I

LE CARDINAL CARAFFA

Après l'abdication de Charles Quint, le rapport de forces entre les Habsbourg et les Valois se trouva modifié. Philippe II était le maître de l'Espagne et des colonies américaines, du royaume des Deux-Siciles, du Milanais, des Pays-Bas et de la Franche-Comté, mais il ne possédait ni l'Allemagne ni l'Autriche. Il ne pouvait compter sur l'alliance effective de l'empereur Ferdinand ; en contrepartie il n'avait pas à affronter les difficultés internes de l'Allemagne : d'ailleurs, après la diète d'Augsbourg, le pouvoir de Ferdinand se trouvait considérablement affaibli et plus honorifique que réel. Au surplus, tout ce que Philippe II pouvait attendre de son oncle n'excédait pas une neutralité bienveillante, eu égard à leur antipathie réciproque et à l'hostilité de Maximilien. Il avait donc intérêt à respecter la trêve de Vaucelles. Telle était aussi l'opinion de son père, car Charles Quint continuait à lui donner ses avis, à se mêler des affaires, bien qu'il eût abdiqué. En sorte que Philippe II se sentait surveillé, peu libre de ses actes. Cette prudence obligée convenait à son caractère dissimulé. Il tenait de Charles Quint sa ponctualité de bureaucrate, son application, son goût de la réflexion et du raisonnement, mais il n'avait pas sa hauteur de vues et manquait de génie. Sa froideur cachait cependant des passions ardentes, une cruauté quelque peu morbide. Il éprouvait à l'égard des hérétiques une haine inextinguible : le pivot de sa politique fut l'extirpation de la Réforme. Ne songeant point à effacer le vieux traité de Verdun, ni à restaurer l'empire carolingien, il n'avait pas les mêmes raisons que son père de détester les Français. De ce fait, il sentait moins la nécessité de poursuivre le duel opposant les Habsbourg aux Valois depuis un demi-siècle. Il n'empêche qu'il se défiait d'Henri II. Mais il ne se défiait pas moins des insinuations du parti belliciste, notamment des rapports tendancieux de l'ambassadeur Simon Renard. Ce dernier lui écrivait que « le roi de France, de son naturel, est adonné à la guerre et à l'ambition ». Il soulignait non sans exagération l'épuisement du royaume et la ruine de la noblesse par « la continuation des armes ». Mais Philippe II n'ignorait pas que, si les finances d'Henri II n'étaient pas bonnes, les siennes étaient déplorables et l'empêcheraient de longtemps d'entreprendre une action de grande envergure. Dans l'hypothèse d'un conflit avec Henri II, il n'était pas assuré d'une aide effective de l'Angleterre, bien que Marie Tudor ne lui refusât rien. La reine, enragée de catholicisme, ne pensait qu'à allumer des bûchers, au risque de provoquer une guerre civile : en cas de besoin, elle ne pourrait rien demander à son Parlement. Philippe savait que des agents français nourrissaient l'opposition anglaise. Il savait aussi qu'ils reprenaient leurs intrigues auprès des princes protestants d'Allemagne, et qu'ils agissaient en Flandre. Pour toutes ces raisons, il avait intérêt à temporiser et à éviter les provocations, suivant en cela les conseils de l'ex-empereur.

La France avait accueilli avec une joie non dissimulée l'abdication de ce dernier et l'abaissement des Habsbourg qui en était la conséquence. Cependant Henri II n'avait pas moins d'intérêt que le roi d'Espagne à maintenir la trêve de Vaucelles. La paix aurait pu durer, si le pape Paul IV avait eu moins de haine à l'encontre de Charles Quint et de son fils et s'il était resté dans son rôle de Père des fidèles. Profondément religieux, fondateur de l'ordre des Théatins, il avait succédé le 23 mai 1555 à l'éphémère Marcel II qui l'avait appelé à la Curie romaine. C'était un grand vieillard, au visage émacié, au regard de feu. On vantait l'austérité de ses mœurs et l'ardeur de sa foi. Il déploya pourtant un faste extraordinaire lors de son couronnement, car il avait résolu d'être un grand pontife et de faire date dans l'histoire de l'Église ; selon lui, cette glorieuse cérémonie devait, d'entrée de jeu, rendre à la papauté le lustre qu'elle avait perdu et surtout en imposer aux légations étrangères. Il avait conçu deux projets également grandioses : réformer l'Église afin d'en finir avec les protestants et chasser les Espagnols d'Italie. D'origine napolitaine, appartenant à la famille des Caraffa, il avait personnellement subi les humiliations et les exactions perpétrées par les vice-rois de Charles Quint. Il lui était insupportable de voir sa patrie, jadis si glorieuse, foulée aux pieds par les armées occupantes, soumise à la tyrannie des gouverneurs espagnols. Il rêvait, non sans générosité, de secouer ce joug. De plus, il doutait de l'orthodoxie de Charles Quint et le suspectait de ménager les princes protestants par ambition, sinon même d'être secrètement gagné à leur cause. Il ne pouvait donc tolérer que l'empereur s'arrogeât le droit d'arbitrer le conflit religieux de la chrétienté et d'imposer ses vues aux souverains pontifes. Son hostilité à l'empire était si connue que Charles Quint et son fils avaient fait l'impossible pour empêcher son élection. Henri II l'avait au contraire favorisée.

Paul IV décida donc de jouer la France contre l'empire. Ce n'était pas qu'il aimât les Français ; il les jugeait aussi « barbares » que les Espagnols et les Allemands, mais il croyait pouvoir les utiliser en flattant les ambitions d'Henri II. A peine monté sur le trône de saint Pierre, il révéla son caractère hautain et despotique, n'admettant pas la contradiction, considérant toute résistance à ses ordres comme entachée de rébellion et d'impiété. L'un de ses premiers actes fut d'élever au cardinalat son neveu Carlo Caraffa et de lui confier le gouvernement des États de l'Église. Carlo Caraffa était un soldat. Il avait l'âme d'un condottiere, sans scrupule ni pitié. On le soupçonnait d'avoir été tueur à gages. Le choix de Paul IV paraît incompréhensible si l'on considère la pureté de ses mœurs. Son neveu menait une vie dissolue. Mais le pape avait besoin d'une épée pour exécuter ses desseins. De plus, si Carlo Caraffa semblait peu recommandable, il ne manquait ni d'intelligence ni de rouerie, et il partageait la haine de son oncle à l'encontre des Espagnols. Paul IV dépouilla ensuite de leurs biens les princes Colonna attachés au parti impérial. Il put ainsi nommer les deux frères de Carlo duc de Palliano et marquis de Montebello. Comme il était prévisible, les Colonna implorèrent le secours du vice-roi de Naples qui fit avancer des troupes pour les défendre. Le pape accueillit avec dérision la nouvelle de l'abdication de Charles Quint. Puis il s'avisa que l'ex-empereur n'avait point sollicité l'autorisation du Saint-Siège. Il déclara donc l'abdication non valable, et par voie de conséquence le partage de l'empire entre Ferdinand et Philippe II nul et non avenu. Le moment lui parut favorable pour engager la lutte contre les Espagnols de Naples et de Milan. Le cardinal Caraffa fit diligence. Dès le 14 octobre 1555, il signait un projet d'alliance avec l'ambassadeur de France, d'Avanson. Ce projet prévoyait l'envoi par Henri II de 8 000 gens de pied et 1 700 cavaliers, et le versement de 350 000 écus. En contrepartie, Paul IV s'engageait à lui rendre le Milanais et le royaume des Deux-Siciles.

On négociait alors le traité de Vaucelles. Les Guise poussaient Henri II à soutenir le pape ; ils n'oubliaient pas leurs droits sur le royaume de Naples. Le connétable se montrait plus circonspect ;

toutefois il ne lui déplaisait pas de voir les Guise s'enferrer dans une aventure dont l'issue n'était que trop certaine. La reine et les réfugiés italiens ne songeaient qu'à régler leurs comptes avec Côme de Médicis. Henri II laissa, non sans perfidie, ses envoyés négocier à la fois avec Paul IV et l'empereur, sans encore s'engager. Il finit par ratifier, le 16 décembre 1555, le traité par lequel il prenait le pape et les Caraffa sous sa protection, et leur promettait son aide. Le 5 février 1556, il signait néanmoins le traité de Vaucelles, par lequel, il est vrai, les intérêts du Saint-Siège étaient préservés. Le courroux de Paul IV fut extrême, car cette trêve déjouait ses plans. Il feignit cependant de s'en réjouir. Bien plus, il se fit fort de transformer la trêve en paix définitive et, dans ce but, expédia deux cardinaux-légats : Carlo Caraffa à la cour de France et Scipion Rebiba à la cour de Bruxelles. La mission de Caraffa était en réalité de tout mettre en œuvre pour rompre la trêve et pour décider Henri II à intervenir militairement. Il était muni de riches présents, dont une épée bénie pour le roi et la Rose d'or pour la reine. Il avait pouvoir de délier Henri du serment prêté lors de la ratification de la trêve. Caraffa eut gain de cause. Au conseil tenu le 31 juillet 1556, les Guise l'emportèrent. Le roi acquiesça. Il croyait pouvoir profiter de la passation des pouvoirs entre Charles Quint et son fils, de l'inexpérience de Philippe II. La précipitation avec laquelle les plénipotentiaires impériaux avaient cédé sur l'essentiel et signé la trêve de Vaucelles l'abusait. Cependant un reste de prudence le dissuadait d'imiter ses prédécesseurs et de prendre la tête de l'armée d'Italie.

Sans attendre le résultat de l'ambassade de son neveu Carlo, le pape s'était mis en tête d'excommunier Charles Quint et Philippe II. La cause fut introduite le 27 juillet. Quant au duc d'Albe, vice-roi de Naples, il était accusé d'avoir conspiré contre l'autorité du Saint-Siège, avec la complicité des Colonna et de leurs alliés. Il était lui aussi menacé d'anathème. Le duc d'Albe ne s'émut pas outre mesure. Il détacha adroitement Ottavio Farnèse (duc de Parme) de l'alliance entre le pape et la France, ce qui augmentait la difficulté d'acheminer des renforts vers Rome. Le 21 août, il lança un manifeste dans lequel il réfutait les arguments de Paul IV, exposait les griefs de l'empereur et accusait le pape d'être un fauteur de guerre. Puis, au début de septembre, il envahit les États romains avec 12 000 hommes. L'armée pontificale était en nombre égal, mais sa combativité laissait à désirer. Le duc d'Albe rencontra peu de résistance et prit une à une toutes les villes de la campagne romaine. Il laissa ses soldats accomplir leurs cruautés et pilleries habituelles, afin de frapper la population de terreur et d'impressionner la Curie. Il approcha de Rome, dont les habitants furent pris de panique. Le maréchal Strozzi, Monluc avec 2 000 Gascons, étaient arrivés dans la Ville éternelle. Ils ne pouvaient être d'un grand secours, au cas où le duc d'Albe entreprendrait le siège. Paul IV attendait fébrilement l'arrivée d'une armée française. Le 8 novembre, Lansac et de Selve, tous deux attachés à notre ambassade à Rome, le vinrent visiter. Paul IV leur demanda s'ils avaient des nouvelles du roi. Ils répondirent que, depuis deux semaines, ils n'avaient point reçu de lettre de Sa Majesté, preuve que l'on agissait au lieu d'écrire et que l'armée se préparait. Les deux compères notèrent scrupuleusement ses déclarations. Elles valent d'être reproduites ; « Sa Sainteté répliqua qu'il plût à Dieu qu'il en fût ainsi, et qu'il en était grand besoin. Que jamais le roi n'avait eu, ni n'aurait, telles occasions pour la grandeur et l'exaltation de toute sa Maison que celle qui s'offrait ; répétant les propos qu'elle avait plusieurs fois tenus, DE VOULOIR METTRE LA COURONNE DE L'EMPIRE SUR LA TÊTE DE SA MAJESTÉ, et faire son second fils roi de Naples, un autre duc de Milan, ériger ledit duché en royaume et le faire roi de Lombardie ; et un autre, qu'il le ferait dès cette heure cardinal. » Il dit encore que « le roi, s'il voulait, serait adoré comme rédempteur de l'Italie. Qu'il avait telle connaissance de la bonne intention de Sa Majesté, et de l'affection et amour qu'elle lui portait, qu'il tenait pour certain qu'elle ne lui refuserait jamais son aide et sa promesse, si ce n'était par la malice et assassinement de quelques traîtres qui, pour leurs intérêts particuliers, voulaient empêcher la grandeur de Sa Majesté sous le manteau d'une paix qui semblait être une belle chose, mais n'était qu'une invention diabolique pour empêcher la ruine des hérétiques, schismatiques, ennemis de Dieu et de l'Église... ».

Ensuite, pour exhorter les deux diplomates à bien faire, il gronda :

— « Cheminez droit l'un l'autre, car je vous jure le Dieu éternel que, si je puis entendre que vous vous mêliez de telles menées, je vous ferai voler les têtes de dessus les épaules ; et ne pensez pas que j'attende des nouvelles du roi, car la première chose que je ferai sera de faire trancher vos têtes et puis après j'en écrirai au roi. »

Pendant une heure, il vitupéra contre les mauvais conseillers qui avaient provoqué la trêve « maudite et infâme ». Il menaça, jusqu'à en perdre le souffle, ceux qui essaieraient de lui enlever l'amitié du roi : « Je vous jure le Dieu vivant que je mettrai des têtes par terre, et advienne ce qu'il en pourra advenir... »

Mais enfin, après ces rodomontades, il fut le premier à signer une trêve avec le duc d'Albe. On lui annonçait l'arrivée des Français ; il cherchait donc à gagner du temps, tout en amusant les Espagnols d'une perspective de paix. Henri II n'avait point voulu prendre le commandement de l'armée d'Italie. Il l'avait confié au duc de Guise, avec le titre de lieutenant général. Guise était parti de Saint-Germain en novembre. Il n'avait rejoint qu'en janvier 1557 l'armée qui se concentrait en Piémont. Cette armée ne comptait qu'une quinzaine de milliers d'hommes, mais elle devait être renforcée par les contingents du pape et du duc de Ferrare. Charles Quint et Philippe II étant excommuniés, on présentait l'intervention française non comme un acte de belligérance envers leurs États, mais comme une croisade. Le duc de Guise n'agissait pas en tant que lieutenant du roi ; il se disait soldat du pape. Ce fut la raison pour laquelle le commandement théorique de l'armée fut donné au duc de Ferrare (dont Guise était le gendre). Il fallut tout de même lui avancer 100 000 écus pour le décider à accepter. Si le duc de Guise avait été libre de ses actes, il eût commencé par conquérir la Lombardie, d'ailleurs incapable de se défendre. Cette conquête eût emporté la décision des princes irrésolus, tels que le duc de Parme et Côme de Médicis. La République de Venise fût probablement sortie de sa neutralité. Dès lors, la libération de l'Italie pouvait s'accomplir, car le duc d'Albe eût été submergé. La plupart des lieutenants de Guise se rangeaient à cet avis. Le pape ne songeait qu'à Rome et aux États romains ! Il réclamait la prompte venue des Français, afin de contraindre le duc d'Albe à lâcher prise. D'un autre côté, Guise rêvait de conquérir, à son profit, ce royaume de Naples dont la possession n'avait cessé d'être revendiquée par sa famille. En outre, le cardinal de Lorraine tenait extrêmement à conserver la faveur de Paul IV dont le grand âge autorisait bien des espoirs ! Guise était un soldat, peu fait pour affronter les intrigues subtiles des cardinaux et des princes italiens. On peut bien dire qu'il tomba dans tous leurs pièges. Dès qu'il eut résolu de faire mouvement vers l'État romain, son beau-père le lâcha, déclarant qu'il préférait défendre son duché à servir les Caraffa. Ceux-ci ne tinrent aucun de leurs engagements. Ils ne fournirent à Guise ni les hommes ni les provisions qu'il attendait. Il envahit néanmoins le royaume de Naples où le duc d'Albe s'était retiré précipitamment. Le 24 avril, il mit le siège devant la petite place de Civitella del Trento. Le duc d'Albe se rapprocha, avec des forces nettement supérieures. Guise battit l'avant-garde napolitaine, mais jugea préférable de lever le siège. Il réclama vainement l'envoi de renforts à Henri II. Celui-ci devait faire face à une situation autrement préoccupante dans le nord du royaume ! Il avait un peu trop misé sur les talents de Guise. L'expédition en Italie s'avérait décevante ; elle engloutissait des sommes immenses. Cependant on se battait ici et là avec acharnement : l'intrépide Monluc en Toscane, l'habile Brissac en Lombardie et Guise dans l'État pontifical. Tous les malheurs s'abattaient d'un coup sur les Français. Philippe II octroya Sienne et son territoire en fief à Côme de Médicis, à charge pour lui de chasser les Français des places fortes qu'ils tenaient encore. Pour Monluc la partie était définitivement perdue ! Ensuite parvint la nouvelle du désastre de Saint-Quentin ; elle sema la consternation dans le camp français. Guise reçut l'ordre de rentrer en France sans délai. Des galères appareillèrent de Marseille pour transporter son armée. Guise vint prendre congé de Paul IV, qui le remercia en ces termes :

— « Partez donc ; aussi bien avez-vous fait peu de chose pour le service de votre roi, moins encore pour l'Église, et rien du tout pour votre honneur ! »

Mais il venait lui-même de traiter avec le duc d'Albe. Le doge de Venise et Côme de Médicis avaient offert leur médiation. Les plénipotentiaires se rencontrèrent à Palestrina. Le 14 septembre 1556, la paix était faite. Paul IV levait les excommunications et renonçait à l'alliance d'Henri II. Philippe II lui restituait les places qui avaient été prises par le duc d'Albe. Cette année-là, ce fut la duchesse d'Albe qui reçut la Rose d'or !

Henri II avait englouti des sommes considérables, affaibli son armée et s'était privé de son meilleur général, pour rien, sinon pour avoir cru aux promesses d'un vieillard exalté. Désormais, Paul IV ne songeait plus qu'à organiser un grand concile pour réformer l'Église. Il se posait en arbitre de la paix et proposait ses bons offices à Henri II, tout en embrassant sans restriction le parti espagnol. « C'est un homme, disait Marillac, qui n'entend la conduite des affaires qu'en gros, en philosophe... » Il n'avait certes pas le sens des réalités ; sa folle entreprise contre Philippe II et son père le démontrait surabondamment. L'irréalisme est une maladie contagieuse. Henri II et ses conseillers en avaient été les victimes. Ainsi se dissipa l'ultime et coûteuse « chimère d'Italie ». Le royaume avait manqué en périr, non point à Civitella ou à Sienne, mais dans les marécages de Saint-Quentin. Sans remords de conscience, Paul IV multipliait les caresses au nouveau maître. Il nomma Carlo Caraffa légat à Bruxelles. Philippe II joua le jeu et reçut le cardinal-condottiere avec empressement. Il l'accueillit même avec des honneurs exceptionnels, presque indécents. Que lui importait ! L'Italie lui était de nouveau acquise.

II

LA JOURNÉE DE SAINT-LAURENT

La trêve de Vaucelles n'était pas observée. Les incidents de frontière succédaient aux escarmouches plus ou moins incontrôlées. Les Espagnols pillaient les environs d'Abbeville. D'ordre d'Henri II, Coligny tenta de s'emparer de Douai par surprise, puis incendia Lens. Le roi exigea qu'il restituât les prisonniers et le butin. Il tenait à laisser à Philippe II la responsabilité de la rupture. L'Aubespine, son ambassadeur, fut consigné à son domicile. Simon Renard subit le même traitement. La guerre fut déclarée officiellement le 31 janvier 1557. Dès lors chacun se prépara, renforçant les garnisons, procédant aux recrutements habituels. Malgré les informations des espions, on ignorait en France sur quel point l'attaque ennemie porterait. Il est fort singulier qu'Henri II n'ait pas eu l'idée de prendre l'initiative des opérations et de devancer son rival. Il avait cependant plus d'expérience que celui-ci et les succès qu'il avait remportés pendant le « Voyage d'Austrasie » auraient dû lui donner confiance. On reconnaît ici l'influence de Montmorency, sa prudence excessive et sa présomption : en laissant venir l'ennemi, il croyait pouvoir le défaire en une seule grande bataille. Pour son malheur il avait en face de lui l'ardent et habile Emmanuel-Philibert de Savoie, toujours animé de la même haine contre les Français et impatient de recouvrer son duché. Un temps mort suivit la déclaration de guerre, mis à profit par Philippe II. Il convainquit son épouse, Marie Tudor, de la collusion d'Henri II avec les protestants anglais. La reine était si éprise qu'elle n'avait point besoin de prétexte pour lui accorder son aide. Le 7 juin, le héraut d'armes d'Angleterre se présenta à Henri II et lui déclara la guerre au nom de sa souveraine. Le roi lui fit le meilleur accueil et affecta la plus parfaite tranquillité. Il s'empressa toutefois de demander à la régente d'Écosse d'ouvrir les hostilités contre Marie Tudor. Il était évident qu'en déclarant la guerre au roi de France Marie Tudor agissait contre le vœu et les intérêts de son peuple et qu'en dénonçant la paix avec l'Angleterre la régente négligeait par trop l'opinion écossaise. Mais l'une complaisait à son mari, et l'autre à ses frères de Guise. Eu égard à la situation intérieure de l'Angleterre, Marie Tudor n'était guère à redouter. Il n'empêche qu'elle avait promis d'envoyer un contingent d'hommes d'armes à Philippe.

A la fin de juin l'armée de Philippe II se concentraient à Givet, ville bâtie dans une boucle de la Meuse, entre Dinant et Rocroy. Elle était forte de 47 000 hommes (dont le quart formait une imposante cavalerie). Elle s'augmenterait bientôt de 8 000 Anglais. Le duc de Savoie — il portait ce titre bien qu'il ne lui restât pas un pouce de terre — avait deux excellents lieutenants : les comtes d'Egmont et de Mansfeld. Henri II avait donné l'ordre à Gaspard de Coligny, gouverneur de Picardie, et au duc de Nevers, gouverneur de Champagne, de mettre la frontière du nord en état de défense. En effet, on ignorait toujours dans quel secteur les ennemis attaqueraient ; les avis des capitaines les plus chevronnés divergeaient. L'armée française se rassemblait à Attigny. Elle comptait 24 000 hommes, dont 6 000 cavaliers. Henri II avait recruté 10 000 fantassins allemands et 1 000 cavaliers-pistoliers (armés de pistolets). Les Français ne représentaient donc que la moitié de l'effectif. Il faut croire qu'on avait à peu près renoncé à se servir des légions provinciales créées par François Ier et qu'on préférait même les reîtres (cavaliers allemands) à la vieille gendarmerie française. Certains auteurs expliquent cette préférence par un abaissement de la pugnacité française, imputable à la lassitude : depuis des décennies la France ne cessait de guerroyer en Italie et ailleurs. C'est oublier l'armée qui combattait alors dans le royaume de Naples sous les ordres du duc de Guise et dont l'infanterie était en majeure partie composée de Gascons. En réalité, le roi louait les services des reîtres et des lansquenets allemands, parce que c'étaient des soldats de métier parfaitement entraînés. Quoi qu'il en soit, l'armée royale était numériquement insuffisante.

Le duc de Nevers était persuadé que l'ennemi attaquerait Mézières et Rocroy, afin d'isoler le poste avancé de Mariembourg et de s'en emparer plus facilement. Je souligne, une fois de plus, l'inertie des conceptions stratégiques de l'époque. On ne songeait point à faire une guerre de mouvement, à livrer des batailles rangées, mais à conserver ou à prendre les forteresses. La campagne d'Austrasie, si glorieuse et efficace, avait été l'exception qui confirme la règle. Le 23 juillet, le duc de Savoie tenta de surprendre Mariembourg qui résista vaillamment. Puis il se dirigea vers Rocroy, dont il ne put davantage s'emparer. Il incendia Vervins et piqua vers l'Oise. On crut qu'il assiégerait Guise. Cette progression tantôt vers le sud et tantôt vers l'ouest n'était qu'une feinte. On apprit soudain qu'il entrait en Picardie. Le 2 août, il investissait Saint-Quentin.

Le connétable de Montmorency et le maréchal de Saint-André avaient rejoint l'armée royale le 28 juillet. Le stratagème du duc de Savoie, la rapidité de sa marche les avaient complètement abusés. Cependant, apprenant son arrivée à Saint-Quentin, ils réagirent avec promptitude. Coligny déclara que cette ville relevant de son gouvernement, il lui appartenait de la défendre en personne et de s'y jeter avec les troupes qu'on voudrait bien lui donner. Sa présence suppléerait le manque de soldats et de munitions. Le connétable mit à sa disposition quatre compagnies de cavalerie et une bande d'Écossais. Il lui promit de conduire l'armée à La Fère, afin d'être en mesure de le soutenir. Il fallait aller vite, entrer dans Saint-Quentin avant qu'elle ne fût entièrement investie. Coligny partit aussitôt. En passant à La Fère et à Ham, il ramassa cinq bandes de fantassins. Mais cavaliers et gens de pied ne pouvaient progresser de conserve. On avançait d'ailleurs en ordre dispersé. Coligny arriva à Saint-Quentin passé minuit. Le capitaine Breuil, gouverneur de la ville, avait été nommé depuis peu ; il n'avait encore pu prendre aucune disposition pour assurer la défense ; il connaissait mal les abords. Il réussit pourtant à faire entrer l'armée de secours. Elle se réduisait à 700 hommes. Des cavaliers s'étaient égarés. La plupart des fantassins, accablés de fatigue, avaient rebroussé chemin. Le capitaine Breuil ayant lui-même peu de soldats, la tâche de Coligny s'avérait difficile.

La place de Saint-Quentin avait été bâtie en amphithéâtre sur la rive droite de la Somme. Le faubourg de l'Isle la prolongeait à l'est, sur la rive gauche. Elle était entourée d'un rempart médiéval, non pourvu des bastions en usage aux XVIe siècle. Par surcroît, des hauteurs la dominaient au nord-est et au sud-ouest, d'où l'on pouvait diriger un tir plongeant. Des étangs marécageux bordaient au nord et au sud la rivière divisée en plusieurs bras ; ils compensaient en partie la faiblesse des murailles. Le duc de Savoie n'avait point choisi cette place au hasard. Il était parfaitement informé de son manque d'entretien et du peu d'importance que lui attachaient les Français. Mais, précisément, ce choix étrange aurait dû donner l'éveil à Montmorency. Pourquoi l'ennemi attaquait-il Saint-Quentin, dont la valeur stratégique était médiocre, sinon pour attirer l'armée française dont l'infériorité numérique lui était connue ? Coligny inspecta les fortifications. Il constata que le faubourg de l'Isle était intenable, le boulevard sans parapet, la muraille écroulée en plusieurs endroits, sans que les brèches eussent été comblées autrement que par des claies et des balles de laine. Des plantations d'arbres s'étendaient jusqu'au bord des fossés, facilitant l'approche des assaillants. Coligny mit toute son activité et son intelligence à organiser la défense. Il fit colmater les brèches, dégager les abords du rempart, recenser les vivres, les munitions, les armes. Les échevins, la population (7 ou 8 000 habitants) apportèrent leur concours. Les provisions furent stockées et rationnées. Toutefois elle ne permettaient de tenir que trois semaines. Coligny dut faire sortir de nuit 800 femmes et enfants. La réserve de poudre était à peu près nulle et l'arsenal se réduisait à 70 arquebuses. Les Anglais ayant fait leur jonction avec le duc de Savoie, ce dernier disposait dès lors de 56 000 hommes bien équipés et correctement nourris. Coligny ne pouvait espérer sauver Saint-Quentin que si l'armée royale forçait assez vite le blocus. Le duc de Savoie avait les moyens d'investir complètement la ville ; il n'en profita pas ; il laissa même de larges secteurs à découvert. Cette abstention était significative ; elle n'alarma pourtant pas Coligny. Il demanda à son oncle Montmorency de lui envoyer un prompt renfort. Le connétable donna dans le piège. Il détacha 2 000 hommes sous le commandement de d'Andelot, colonel général de l'infanterie. Et il imagina une fausse attaque de cavalerie pour faciliter l'entrée de d'Andelot à Saint-Quentin.

L'entreprise échoua misérablement. Trompé par un guide, d'Andelot s'égara et alla donner dans le secteur tenu par les Anglais. Cerné en un instant, il parvint à se dégager, mais au prix de pertes énormes, et put regagner le camp français avec les débris de sa troupe. Cet échec démoralisa les assiégés. Non Coligny. Il repéra un endroit par lequel on pouvait accéder à la ville, en traversant les marécages et un bras de la Somme. Il en informa le connétable, en lui demandant de se munir de bateaux en nombre suffisant. Bien que Saint-Quentin fût bordée par la Somme, on n'y découvrit en effet que trois ou quatre méchantes barques. Le connétable décida d'intervenir en personne, pour montrer son savoir-faire ! Ce fut en vain que les plus sages de ses capitaines lui remontrèrent que son armée était trop faible pour se mesurer avec celle du duc de Savoie. Il répondit, avec arrogance, qu'il connaissait la disproportion des forces et la tenait pour peu de chose, car il entendait jouer au duc de Savoie « un tour de vieille guerre ». Nul ne sut jamais exactement lequel, car il dédaigna de s'en expliquer et les événements tournèrent autrement qu'il ne l'avait prévu. Or ce n'était pas sans raison que ses officiers doutaient de ses capacités ;

par contre, ils savaient à quoi s'en tenir sur les talents du duc de Savoie. Ils suggérèrent que l'armée de secours profitât de la nuit pour traverser les marécages et le cours d'eau. Montmorency estima l'opération trop aléatoire. Il préféra qu'elle se fît au grand jour et, pour la couvrir, décida d'attaquer le camp du duc de Savoie. Ce plan pouvait réussir, à condition d'être exécuté avec célérité. Or la troupe qui devait entrer à Saint-Quentin avec d'Andelot, s'était bien munie de bateaux, mais elle les avait placés en queue ! D'où un retard et une confusion inévitables ! Le matin du 10 août, jour de la Saint-Laurent, le gros de l'armée royale se trouvait bien en face du camp d'Emmanuel-Philibert, mais le connétable avait négligé de prendre les précautions indispensables. On vint lui signaler l'existence d'une chaussée par laquelle l'ennemi pouvait revenir en force et l'envelopper. Montmorency négligea ce détail. Il avait contraint le duc de Savoie à se replier sur le secteur du comte d'Egmont et savourait déjà son triomphe. L'ennemi revint effectivement par la chaussée. L'armée royale était cernée. Seuls, Nevers et Condé réussirent à forcer le passage. Huit charges de cavalerie disloquèrent l'armée royale. Le connétable rangea l'infanterie en carré. L'ennemi la canonna pendant quatre heures. Il fallut se rendre. Le connétable (blessé à l'aine), le maréchal de Saint-André, les ducs de Longueville et de Montpensier, Montbron, La Rochefoucauld, Gontaud-Biron, Villars et 7 000 hommes étaient prisonniers. On dénombra plus de 8 000 morts, dont Turenne et Enghien. L'armée française était détruite et la route de Paris, ouverte. Car on pouvait compter pour rien la poignée de soldats ramenés à La Fère par Condé et Nevers auxquels s'étaient joints Bourdillon et Sancerre avec les débris de leurs unités ! C'était un désastre aussi grave que celui de Pavie, peut-être plus, sauf que le roi était libre.

A la nouvelle de cette victoire, Philippe II accourut de Cambrai. Le duc de Savoie conseilla de lever le siège de Saint-Quentin et de marcher sans retard sur Paris, assurant qu'une terreur panique s'emparerait des Français et qu'accoutumés à se servir de mercenaires étrangers ils n'opposeraient aucune résistance. Philippe II ne partageait pas son optimisme. Il ne croyait pas au désarroi des Français ; il savait ce qu'il en avait coûté à son père de s'aventurer loin de ses bases. Cette circonspection lui fit perdre la plus belle occasion de son règne. Rien ne put ébranler son obstination. Le duc de Savoie dut se résigner à continuer le siège de Saint-Quentin. D'Andelot y était entré avec seulement 400 hommes ; le reste s'était perdu dans les marécages par suite du retard signalé plus haut. Coligny résolut de résister jusqu'à l'extrême limite de ses forces. Il avait compris qu'en retardant au maximum l'avance de l'ennemi, il donnerait au roi le temps de constituer une nouvelle armée et sauverait sans doute le royaume. Les habitants voulaient se rendre, pour sauver leurs vies et leurs biens. Il les menaça de représailles. L'ennemi creusa des mines, qui furent détruites par des contre-mines. Les brèches ouvertes par la canonnade étaient aussitôt réparées, avec le concours forcé des habitants. Pour en finir, le duc de Savoie mit soixante gros canons en batterie. Ils tirèrent sans répit pendant deux jours. Les capitaines de Coligny se précipitaient sur les brèches avec leurs meilleurs soldats et repoussaient tous les assauts. Philippe II contemplait le spectacle, quand il ne priait pas dans la chapelle qu'il avait fait dresser dans son quartier. Le 27 août, les murailles achevèrent de s'effondrer. Coligny consentit à capituler. Son frère d'Andelot parvint à échapper : il préférait la mort aux prisons espagnoles. Saint-Quentin fut mise à sac. Pendant deux jours, Espagnols, Allemands, Flamands, Anglais perpétrèrent des horreurs que la plume se refuse à écrire. La ville fut non seulement pillée de fond en comble, mais la population presque entière périt sous les coups de la soldatesque déchaînée. Certains furent abominablement torturés. Femmes, enfants et vieillards ne furent même pas épargnés. Philippe II remerciait le Ciel de sa grande victoire. Tardivement ému de compassion pour les innocents que l'on égorgeait, il essaya d'arrêter le massacre et ne put sauver que trois milliers de malheureuses. Elles furent conduites au camp du duc de Savoie en chemise, car on leur avait volé leurs vêtements. L'église Saint-Laurent avait été saccagée. Philippe II en éprouva un sincère remords. Il fit le vœu d'élever un monastère en mémoire de ce saint dont il recueillit pieusement les reliques. Ce sera le palais-couvent de l'Escurial, bâti dans les environs de Madrid et affectant la forme d'un gril pour rappeler le martyre de saint Laurent.

Il laissa une garnison à Saint-Quentin, détacha une partie de son armée qui prit Le Catelet le 7 septembre, et s'en fut assiéger Ham qui capitula le 12 septembre. Après quoi, les difficultés commencèrent. Elles étaient de deux sortes. Faute d'argent, Philippe II ne pouvait payer les arriérés de solde : les Allemands désertèrent en masse ; ce que voyant, les Anglais regagnèrent Calais. Les approvisionnements manquaient et la mauvaise saison approchait, cependant que le roi de France avait refait une armée et que le duc de Guise, accouru d'Italie, approchait de Lyon. Lorsque, dans sa retraite de Yuste, Charles Quint apprit la victoire de son fils à Saint-Quentin, il se contenta de dire :

— « Est-il à Paris ? »

Il n'y était pas ; rien n'était donc joué.

III

LA PRISE DE CALAIS

Ce fut en ces circonstances tragiques qu'Henri II écrivit au duc de Guise : « Reste à avoir bon cœur et ne s'étonner de rien. » Et que, privé de ses conseillers, il montra au grand jour ce dont il était capable. La cour s'était repliée précipitamment de Compiègne à Saint-Germain. L'exode des Parisiens commençait. On suggéra au roi de se retirer sur la Loire. Il repoussa cet avis avec hauteur. Son entourage se laissait gagner par la panique. Saint-Quentin n'était qu'à trois jours de marche de Paris ! Henri II faisait front. Il restait calme et confiant. Il avait écrit au duc de Nevers : « L'avantage que mes ennemis ont eu sur moi n'est pas si grand que je n'aie bonne espérance, avec l'aide de Dieu, d'en avoir de bref la revanche. » Il lui ordonna de rassembler les débris de l'armée à Laon : environ 6 000 hommes, de faire venir des détachements de Champagne et de Metz. Il convoqua le ban et l'arrière-ban et prit à son service les Allemands qui désertaient le camp de Philippe II, attirés par une meilleure solde. Il fit, par précaution, fortifier Compiègne, afin de couvrir Paris : une bande espagnole s'était avancée jusqu'à Noyon, qu'elle avait incendiée. La noblesse répondait en masse à son appel. Toutefois il fallait de l'argent, et beaucoup ! Henri demanda à la reine de se rendre à l'Hôtel de Ville de

Paris. Elle y alla vêtue de noir, avec la sœur du roi, les princesses, les dames d'honneur et les cardinaux. S'adressant au Bureau de la ville, c'est-à-dire au conseil municipal, elle ne s'exprima point en reine. Retrouvant le génie des Médicis et leur art de retourner les foules, pour ne pas dire leur talent de démagogues, elle sut en un instant adopter le ton et développer les arguments susceptibles de toucher le cœur de ces grands bourgeois. Elle fut, non point autoritaire, mais insinuante et pathétique. Elle déclara que le roi son seigneur ne pouvait plus rien demander aux petites gens et qu'il s'adressait à ses fidèles Parisiens, afin de continuer la guerre et d'assurer le salut du royaume. Le greffier de service nota simplement : « Elle demanda humblement d'aider au roi d'argent, pour lever dix mille hommes de pied. » Le Bureau se retira pour délibérer. Il vota les dix mille hommes à l'unanimité et offrit immédiatement 300 000 francs. La reine remercia en pleurant et les conseillers mêlèrent leurs larmes aux siennes, cependant qu'elle les assurait de sa gratitude et de sa protection. Ce fut peut-être ce jour qu'elle devint réellement reine de France, et même tout simplement Française de cœur et d'âme. Paris la découvrait et se mettait à l'aimer. Son allocution fut bientôt connue des Parisiens. Elle provoqua un sursaut de fierté et mit fin à l'exode.

On se battait sur mer. Les actions de la flotte espagnole, des escadres flamandes et anglaises mal coordonnées ne permirent pas à l'ennemi de prendre pied dans l'un quelconque de nos ports, et se soldèrent, en définitive, par la destruction de quelques vaisseaux isolés. C'était bien une invasion générale de la France que Philippe II avait envisagée. Le baron de Polwiller était entré en Bresse et menaçait Lyon. Sur l'ordre d'Henri II, le duc de Guise et son frère d'Aumale lui firent promptement lâcher prise et le contraignirent à se retirer en Franche-Comté.

La nouvelle du retour de Guise réconforta les militaires et acheva de rendre espoir aux populations. Nul n'avait oublié la glorieuse défense de Metz. On mettait l'échec de sa campagne dans le royaume de Naples sur le compte de la perfidie des Caraffa, le pape et les neveux. D'ailleurs on lui savait gré de ramener son armée. « Ce n'est pas tout, écrit Brantôme, que de conduire et avoir des armées, mais il faut les conserver ; et qui peut les rendre et retourner aux logis saines et entières, le capitaine en est digne d'une très grande louange, ainsi que fit ce coup-là M. de Guise qui, étant aussitôt arrivé en France si bien à point et non en secours de Pise (comme on dit), joie s'émut partout de lui et de lui partout une voix se répandit, telle qu'on disait, ainsi que l'a écrit aussi ce grand M. le chancelier de L'Hôpital dans un de ses poèmes latins sur ce sujet et de la prise de Calais : or c'est à ce coup que cet homme nous remettra et restituera la chose toute revirée et contournée à rebours d'un gond à l'autre, et sinon c'en est fait du tout et jamais de nul temps ne verra-t-on la fortune de France relevée, et demeurera méprisée et pour jamais couchée en terre. Cela se disait et s'écrivait alors, comme je l'ai vu. »

Il se peut, encore que chez Brantôme l'exagération soit un procédé fréquent. Cependant, si le duc de Guise ramena son armée — d'ailleurs sérieusement amenuisée —, il trouva celle qu'Henri II avait levée en toute hâte, et celle que le duc de Nevers avait pu rassembler. Il allait disposer d'un effectif total d'environ 50 000 hommes. Il se présenta le 20 octobre au roi. Henri le nomma lieutenant général ; il lui accorda des pouvoirs étendus, mais, contrairement à l'opinion reçue, il ne lui donna pas carte blanche ; tout au contraire, il lui imposa l'objectif qu'il avait choisi ! Il estimait à leur juste valeur les talents militaires de Guise et reconnaissait qu'ils dépassaient les siens. Mais il redoutait son ambition personnelle, plus encore son avidité de gloire. Il savait, lui, que les Caraffa n'étaient pas les seuls responsables de la piteuse campagne en Campanie et dans le royaume de Naples, à quels démons personnels Guise avait cédé. Il le faisait pourtant chef des armées, car il se disait que le noble Lorrain aurait à cœur d'effacer son récent échec. C'était précisément son ambition qu'il entendait exploiter et surtout diriger ! Guise exultait de ne pas être subordonné au connétable de Montmorency. Il n'aurait pas à partager les lauriers avec les frères Châtillon. Tous ses rivaux étaient prisonniers de Philippe II. Il voulait profiter de la mauvaise saison pour surprendre Emmanuel-Philibert de Savoie et d'autant qu'il savait celui-ci dans l'incapacité de solder ses mercenaires. Or Henri II ne voulait pas courir le risque d'un nouveau Saint-Quentin. Guise eût certainement été vainqueur, mais Philippe II eût refait une armée et tenté une nouvelle invasion. Henri II avait un objectif plus limité, plus efficace aussi, par surcroît imprévisible, en tout cas de nature à faire oublier la perte de Saint-Quentin et la tragique Journée de Saint-Laurent. Il avait résolu de reprendre Calais aux Anglais. Guise, qui brûlait d'immortaliser son nom par le gain d'une grande bataille, invoqua l'extrême difficulté d'un siège pendant les mois d'hiver. Il dut s'incliner devant la volonté du roi ; on doit reconnaître qu'il apporta ensuite tout son zèle à l'exécution du projet. Le gouverneur du Boulonnais, Sénarpont, fut consulté. Pierre Strozzi et l'ingénieur Maxime del Bene s'en furent sous un déguisement étudier le système défensif de Calais, au risque d'être fusillés ou pendus. Les indications qu'ils rapportèrent permirent d'élaborer un plan d'une précision quasi géométrique. Guise était homme de méthode, en quoi il s'accordait parfaitement avec le roi. Ce brillant soldat détestait les improvisations hâtives. Il croyait à son étoile, mais préférait ne pas compter sur la Fortune des batailles, sachant fort bien que les défaites ne sont pas fortuites, mais la somme des erreurs commises, de même que les victoires sont le fruit d'une préparation méthodique. Pour que l'opération réussît, il fallait éviter d'alarmer les Anglais et tromper le duc de Savoie sur les intentions des Français. Mais il fallait aussi acheminer une grosse armée et le train d'artillerie vers Calais. On ne pouvait donc passer inaperçu. En tout cas, il importait que chaque corps d'armée suivît ponctuellement l'itinéraire prescrit. C'est pourquoi le duc de Guise rédigea lui-même, sans recourir à son secrétaire, les ordres de marche à l'intention de ses capitaines. Il parvint ainsi à persuader le duc de Savoie que les Français ne songeaient nullement à entreprendre une action offensive, mais au contraire ne se préoccupaient que de couvrir les places les plus menacées. Le duc de Savoie crut que la leçon de Saint-Quentin, la destruction de la principale armée, la capture de Montmorency et de ses lieutenants, l'incendie de Noyon par son avant-garde, avaient réduit l'adversaire à cette extrémité. Quant à Lord Wentworth, gouverneur de Calais, l'idée ne lui vint même pas que sa ville fût menacée. Cependant les activités des vaisseaux français dans la Manche auraient dû pour le moins éveiller ses soupçons. Mais il méprisait les marins français, comme il croyait le port de Calais à jamais intégré aux possessions anglaises. L'une des portes de la ville s'ouvrait sous cette inscription orgueilleuse et ironique : « Les Français prendront Calais lorsque le plomb flottera comme liège. »

Henri II s'intéressait de fort près à la marine. Le plan qu'il avait conçu était une opération terre-mer, c'est-à-dire le blocus simultané de Calais par l'armée de Guise et les vaisseaux de guerre. Il avait ordonné la concentration dans la Manche de ses meilleurs navires de guerre et d'un grand nombre de bâtiments auxiliaires. Quarante gros navires de transport attendaient à Boulogne sous la protection d'une escadre. Une autre escadre s'était rassemblée à Dieppe sous les ordres de Ponsard de Fors. Guise avait envoyé le duc de Nevers en Champagne, avec une partie de l'armée. Lui-même fit mouvement vers la région de Saint-Quentin. Le but de cette manœuvre était évidemment d'inciter le duc de Savoie à surveiller ces deux secteurs, fort éloignés de Calais. Puis il obliqua vers le nord-ouest et s'arrêta à Doullens. En même temps, le duc de Nevers obliquait également vers l'ouest et gagnait Amiens où il faisait sa jonction avec le reste de l'armée. Les différents corps pénétrèrent par échelons dans le Boulonnais. De son côté, Ponsard de Fors débarquait un contingent d'hommes d'armes à Ambleteuse. Lorsque l'escadre de Ponsard commença à donner la chasse aux navires anglais, Lord Wentworth s'inquiéta ; il parvint à alerter la reine Marie Tudor et demanda, à tout hasard, l'envoi d'une flotte. L'armée de terre poursuivait son avance en direction de Boulogne et d'Ardres, assez disséminée pour ne pas donner l'éveil. Wentworth et le duc de Savoie pouvaient croire que Guise mettait ces deux places en état de défense, dans la perspective des opérations de printemps. La reine Marie Tudor avait quasi oublié qu'elle avait déclaré la guerre à Henri II. Elle ne s'inquiéta pas outre mesure en recevant le message du gouverneur de Calais. Elle comptait sur le voisinage de l'armée du duc de Savoie. Elle donna néanmoins l'ordre aux amiraux Chamberlain et Woodhouse d'armer une forte escadre et d'appareiller pour Calais. La progression des Français continuait, toujours aussi discrète. Quand on reporte sur une carte l'itinéraire parcouru en novembre-décembre 1557 par les différents corps d'armée, on est stupéfait des distances parcourues, en dépit des pluies et des gelées. Personne ne récriminait. Tous les témoignages concordent pour souligner la bonne humeur générale, même chez les fantassins trépignant dans la boue ! L'objectif était tenu secret, mais on faisait confiance au duc de Guise. Quand on sut enfin que le roi l'avait chargé de reprendre Calais, on oublia le froid et la fatigue, la bonne volonté fit place à l'enthousiasme. Il y avait plus de deux siècles que les Anglais avaient arraché cette place au roi Philippe VI : on allait rabaisser leur orgueil ! Certes, ni Philippe II, ni Emmanuel-Philibert, ni Wentworth ne pouvaient supposer pareil revirement chez les vaincus de Saint-Quentin !

Pendant la nuit du 31 décembre, les Français arrivèrent sous les murs de Calais. A l'aube du 1er janvier 1558, quelle ne fut pas la stupeur des Anglais en constatant que la ville était déjà complètement cernée et par une armée aussi considérable ! Ils se reprirent assez vite. Ils ne manquaient point de moyens de défense et faisaient fond sur l'intervention de leur flotte, voire du mari de leur reine. Calais était pourvue de remparts solides et bien entretenus, par surcroît flanqués de deux forts extérieurs. Ils étaient admirablement disposés. L'un, celui de Nieulay, commandait la chaussée qui reliait Calais à la terre ferme. L'autre, celui de Risbank, contrôlait l'entrée du port. L'emplacement, la puissance de ces deux forts avaient été soigneusement observés par Strozzi et del Bene. Guise avait bien entendu envisagé l'intervention de la flotte anglaise et celle du duc de Savoie. Il lui fallait agir très vite. Il ne perdit donc pas de temps — comme eût certainement fait Montmorency en pareil cas — à investir méthodiquement la ville. Les Anglais s'attendaient à voir les Français creuser des tranchées, élever des gabionnages et des parapets, selon les habitudes du temps. Or, dès le 2 janvier, le duc de Guise se mit à la tête de 3 000 arquebusiers et s'empara après un furieux assaut d'un retranchement qui couvrait le fort de Nieulay. Au cours de la nuit, il s'en fut avec son état-major examiner les abords du fort de Risbank. Il fit mettre ses canons en batterie, de sorte qu'ils ouvrirent le feu dès le matin du 3 janvier. Les défenseurs des deux forts ne crurent pas à un assaut immédiat ; ils se replièrent pour la plupart dans la ville. Deux assauts déclenchés simultanément permirent d'occuper Nieulay et Risbank dans la même journée. Le 4, l'artillerie bombarda à la fois la citadelle et la porte principale de la ville. Le tir bien ajusté ouvrit plusieurs brèches. La fusillade de l'infanterie empêcha les Anglais de les colmater. Guise avait repéré, certainement sur les indications d'un guide, un passage accessible à marée basse. D'Andelot l'emprunta, avec une bande d'arquebusiers et de pionniers. Ces derniers démolirent le remblai qui retenait l'eau des fossés. Ceux-ci furent bientôt à sec. La citadelle ayant beaucoup souffert, Guise ordonna l'attaque générale pour le lendemain, 5 janvier. Il entra lui-même par la brèche principale avec ses soldats. La garnison fut exterminée, ou plutôt ce qu'il en restait, car nombre d'Anglais s'étaient réfugiés dans la ville avec Lord Wentworth. Les habitants contribuèrent spontanément à la défense, ne connaissant que trop le sort qui les attendait. Estimant toute résistance inutile et désireux d'éviter le pire, le gouverneur proposa de capituler. Il ne lui restait d'ailleurs que 500 soldats. La flotte anglaise, retardée par les vents contraires arriva trop tard. Apercevant l'escadre de Ponsard de Fors et les autres vaisseaux français en ordre de bataille, elle vira de bord. Elle comptait au départ dix-huit unités, mais une tempête l'avait en partie dispersée. Le 8 janvier, le duc de Guise accepta la reddition, mais il en fixa lui-même les conditions. Les soldats et la population auraient la vie sauve. Ceux des habitants qui étaient anglais pourraient regagner l'Angleterre avec les soldats. Le gouverneur et cinquante personnes désignées par Guise resteraient prisonniers. Tout demeurerait sur place, canons, munitions, armes, marchandises, or, argent, bijoux, meubles et objets précieux. Aucune destruction ne serait opérée dans la ville.

Tout se déroula dans un ordre parfait, l'occupation de la ville comme l'évacuation des Anglais. Le duc de Guise était mieux obéi que Philippe II à Saint-Quentin. Il est vrai qu'il avait fait savoir que le butin serait équitablement partagé. Et ce butin était immense ; il dépassait le million d'écus d'or ! A ce prix, les mercenaires pouvaient respecter l'honneur des dames et des demoiselles. De riches cargaisons furent saisies à bord des navires de commerce ancrés dans le port. On trouva d'immenses réserves de vivres dans les entrepôts. Guise ne perdit pas de temps à savourer sa victoire, ni à contempler ces richesses dont il ne conserva rien pour lui. Il fit relever les fortifications et organisa la défense de la ville qu'il pourvut d'une solide garnison. Cette besogne achevée, il se dirigea vers Guines, dont Lord Grey était gouverneur. Les Anglais avaient abandonné la ville pour se réfugier dans la citadelle. La ville ayant été occupée, Guise s'en prit à la citadelle, dont il emporta le bastion avancé, comme il avait fait à Calais. Ses canons tirèrent 9 000 boulets en deux jours ! Les forteresses de cette époque n'étaient plus en mesure de résister à un bombardement intensif, par suite des progrès de l'artillerie. Le 20 janvier, les Français attaquèrent. Le lendemain, la garnison sortit sans armes ni bagages. La reddition de Guines entraîna celle de Ham, dernière place tenue par les Anglais.

La prise de Calais par Édouar III, en août 1347, avait été la conséquence des désastres de L'Écluse et de Crécy. Le roi d'Angleterre avait mis douze mois à prendre Calais. Il ne fallut qu'une semaine à la reprendre. Ainsi l'illustre Lorrain achevait-il l'œuvre entreprise naguère par Jeanne la Lorraine ; il venait enfin de « bouter l'Anglais hors de France » ! La possession de Calais et de ses annexes, Ham et Guines, était importante pour l'Angleterre. Elle était aussi pour ses rois l'ultime prétexte pour s'intituler « rois de France et d'Angleterre ». Elle avantageait sans aucun doute le commerce anglais. Mais surtout Calais était une tête de pont de grande valeur, permettant des débarquements massifs et faciles, constituant pour la France une menace permanente et pour l'Angleterre un merveilleux moyen de chantage. Sa perte porta le dernier coup au prestige déjà chancelant de Marie Tudor. En apprenant la reddition de Lord Wentworth, la reine suffoqua de douleur. Elle déclara qu'à sa mort on trouverait le nom de Calais imprimé dans son cœur, et elle supplia le Parlement de l'aider à recouvrer les places enlevées par Guise. Bien qu'affaiblie par la maladie, elle se mit en devoir de lever une armée et d'équiper une flotte. Ce qu'apprenant Philippe II lui conseilla de songer plutôt à défendre ses côtes menacées par les escadres françaises. Le peuple anglais était furieux contre lui. Il l'accusait d'avoir entraîné la reine dans une guerre contre la France au seul profit des Espagnols. On suggéra à Marie Tudor de conclure une paix séparée avec Henri II, en clair de tenter de récupérer Calais par la négociation. Elle refusa hautement d'abandonner la cause de son époux bien-aimé. Philippe II lui proposa alors, non sans ironie, de reprendre ce que les Anglais n'avaient pas su conserver, mais à condition qu'elle lui envoyât des hommes et de l'argent. Ce fut au tour du Parlement d'opposer un refus catégorique, tout en laissant le roi d'Espagne libre d'assiéger Calais, mais à ses frais ! Il n'en avait pas les moyens et devait se soucier plutôt de défendre ses propres frontières. Après la foudroyante campagne de Guise, Henri II n'avait point licencié son armée. Philippe II pouvait s'attendre à une nouvelle attaque. Il ignorait dans quel secteur Guise allait exercer ses talents.

IV

UN BEAU MARIAGE

Henri II avait le plus grand besoin d'argent. L'état du Trésor ne permettait pas de continuer la guerre, quels que fussent les expédients envisagés. On ne pouvait indéfiniment pressurer le peuple ni créer de nouveaux offices. Le roi s'était donc décidé à réunir, non pas les États généraux du royaume, mais une assemblée de notables. La réunion des États généraux entraînait en effet une procédure complexe : il fallait préalablement élire les représentants des trois ordres. Henri II ne pouvait attendre. Il se borna donc à convoquer les archevêques et les évêques pour représenter le clergé. Les sénéchaux et les baillis furent les députés de la noblesse. Les maires et les échevins, ceux du tiers état. Les présidents des parlements de province et les membres du Parlement de Paris formèrent une section distincte, intermédiaire entre la noblesse et le tiers état : on voit par là la différence existant entre la noblesse de chevalerie et la noblesse de robe, l'une en principe acquise par le sang, l'autre par l'argent ! Cette mesure avait pour but évident d'affaiblir le tiers état. On se disait que les magistrats seraient trop heureux de voter comme la noblesse, afin de s'identifier à celle-ci. La séance d'ouverture se déroula le 5 janvier 1558 dans la Grand-Chambre de Saint-Louis, au Palais de la Cité. Ce même jour, le duc de Guise donnait l'assaut à la citadelle de Calais, après s'être emparé des forts de Nieulay et de Risbank. Cela, le roi et les députés l'ignoraient encore ! Henri II présidait la séance. Son discours, étudié avec soin, fut en tous points remarquable. Il rappela ses efforts constants pour défendre le royaume et veiller à la gloire des Français. Quelles entreprises de ses ennemis il avait déjouées. Les agrandissements de territoire qu'il avait obtenus et les dépenses énormes, excédant les revenus ordinaires de l'État, auxquelles il avait dû faire face en contractant sans cesse de nouveaux emprunts. Il spécifia que les opérations en cours avaient pour seul objectif de recouvrer les territoires usurpés jadis par les Anglais et les places qui avaient été prises récemment par les Espagnols. Il insista sur le fait qu'il avait essayé en vain de négocier un traité de paix. Il ne voulait point alourdir encore les impôts, car il avait pitié de son peuple. Il demandait l'aide des plus riches et promettait de diminuer les charges, dès que les circonstances le permettraient, c'est-à-dire à la fin de la guerre. Le dauphin garantirait pour sa part l'engagement pris par son père.

Parlant au nom du clergé, le cardinal de Lorraine fit l'éloge du roi et offrit, en plus des décimes ordinaires, un million d'écus d'or. Le duc de Nevers, porte-parole de la noblesse, déclara que celle-ci était toujours prête à prodiguer son sang et ses biens pour la défense du royaume. L'offre était généreuse, mais assez vague. François de Saint-André, président du Parlement de Paris, tint à peu près le même langage, tout en remerciant le roi d'avoir constitué un ordre nouveau en faveur de la magistrature. Guillart du Mortier, orateur du tiers état, loua le roi de différer une paix qui ne serait ni glorieuse ni avantageuse pour le royaume. Il déclara que le peuple, quoique accablé de charges, sentait qu'il devait tout à Sa Majesté et qu'il verserait les sommes nécessaires à la continuation de la guerre. Bref, chacun rivalisa de louanges et de belles promesses. Toutefois la seule offre chiffrée émanait du cardinal de Lorraine. A la fin de la séance, le chancelier Bertrand (récemment promu cardinal de Sens) vint s'agenouiller devant le roi et demanda ses ordres. Henri répondit en invitant les députés à rédiger des cahiers de doléances, car il avait la ferme intention de réprimer les abus.

Le lendemain, le cardinal de Lorraine fit savoir que le roi avait besoin de trois millions d'écus pour terminer la guerre. Il déclara que l'Église fournissant à elle seule le tiers de cette somme, il appartenait au tiers état de verser le complément, soit deux millions. Il suggéra aux députés de cet ordre d'établir la liste de deux mille bourgeois, choisis parmi les plus riches des principales villes. Chacun d'eux prêterait au roi mille écus, remboursables au denier douze (c'est-à-dire à un intérêt de huit pour cent). De plus, il laissa entendre que le roi diminuerait la taille et abolirait certaines taxes indirectes sur les marchandises. Les députés se récrièrent. Il leur paraissait insupportable de taxer eux-mêmes les plus riches bourgeois. Ils refusaient d'assumer la responsabilité d'une mesure qu'ils qualifiaient d'inquisitoriale, vexatoire et préjudiciable aux intérêts privés. Ils obtinrent finalement que les échevinages procéderaient eux-mêmes à la répartition de la somme demandée. On tergiversait encore et le vote n'était pas intervenu, quand parvint la nouvelle de la prise de Calais. Un Te Deum fut célébré à la Sainte-Chapelle. Les députés furent conviés à cette imposante cérémonie. L'allégresse était générale. L'Assemblée ne pouvait faire moins que de s'associer à la joie populaire et au triomphe du roi. Les subsides furent votés dans l'enthousiasme, ainsi que l'engagement de les verser dans les plus brefs délais au Trésor. Le roi abolit la taxe sur la circulation des marchandises et réforma le fonctionnement des sièges présidiaux : c'étaient là les revendications essentielles qui avaient été consignées dans les cahiers.

Il partit ensuite pour Calais, où il fit son Entrée le 26 janvier, en compagnie du duc de Guise. Il inspecta avec soin les fortifications et décida la reconstruction immédiate du fort de Risbank, craignant à juste raison un retour en force des Anglais. Il ordonna également la destruction de Guines. Cette place défendant l'ex-frontière anglaise ne présentait plus d'utilité. Il regagna Paris en février, après s'être mis d'accord avec le duc de Guise sur la continuation des opérations.

Le 17 février, les échevins de Paris lui offrirent un gigantesque banquet. Le service d'ordre, assez mal organisé, fut rapidement débordé par une foule en liesse. Le roi, la reine, la famille royale eurent grand-peine à se frayer un passage. Ils durent souper au milieu de milliers de badauds, et plutôt mal que bien, car les mets parvenaient difficilement à la table royale. On pouvait craindre un attentat. L'année précédente, un certain Caboche avait tenté d'assassiner le roi à la sortie de la Sainte-Chapelle, afin de venger ses frères exécutés pour hérésie. Cependant Henri n'avait point peur. Il se savait aimé des Parisiens. Il ne lui déplaisait pas de mesurer sa popularité, ni de constater que le désastre de Saint-Quentin était déjà oublié.

Guise assistait à cette fête. Il était le héros du jour. Henri avait le cœur trop haut pour jalouser sa gloire. C'était lui pourtant qui avait décidé la reprise de Calais et imposé son plan à Guise. On retrouvera cette modestie un peu dédaigneuse chez Louis XIII. Il avait fait présent d'une maison à Guise, en récompense de ses bons services. Le duc se tenait pour honoré de ce présent. A la vérité, il voulait autre chose : obtenir d'Henri son assentiment au mariage du dauphin François avec Marie Stuart. Il se moquait des richesses matérielles, mais, avide d'honneurs, dévoré d'ambition, il ne perdait pas une occasion d'élever sa Maison. L'union de François et de

Marie rapprochait la Maison de Lorraine du trône, l'apparentait de fort près à la famille royale. Qu'elle se réalisât, et la tribu des Montmorency-Châtillon passerait au second rang. Pour une fois les intérêts de Catherine de Médicis, de la duchesse de Valentinois et du connétable de Montmorency (toujours prisonnier des Espagnols) coïncidaient. Marie Stuart avait seize ans ; elle était déjà une jeune fille épanouie. François avait quatorze ans ; c'était un garçon assez fragile, encore qu'il s'efforçât de paraître robuste et s'adonnât furieusement à la chasse pour la plus grande joie de son père. Catherine de Médicis craignait que le mariage compromît sa santé. De plus, elle n'aimait que modérément Marie Stuart, en raison de certaines imprudences de langage de celle-ci. Diane se méfiait de la future dauphine. Elle redoutait qu'à travers Marie les Guise eussent une influence néfaste sur l'esprit de François. Elle comprenait fort bien que Marie n'était et ne serait jamais qu'un pion entre leurs mains. D'où qu'en s'opposant au mariage Diane servait indirectement les intérêts de Montmorency. Henri II hésitait. Les insinuations de sa femme et de sa maîtresse augmentaient son embarras. Il n'était point dupe de la manœuvre de Guise, mais pouvait-il rejeter la demande du vainqueur de Calais ? Il trancha soudain :

— « Je veux que ce mariage se fasse, afin qu'on ne me casse plus la tête et qu'une fois le fait accompli, on s'occupe d'autre chose. »

En réalité, il avait comme toujours longuement pesé le pour et le contre, mûri sa décision. François n'épouserait pas Marie pour complaire à Guise. Ce mariage se traduirait par des avantages substantiels pour la France. Après Calais, il porterait un coup redoutable à l'Angleterre. La régente d'Écosse envoya en France huit plénipotentiaires pour négocier les accords matrimoniaux. Ils étaient membres du Parlement écossais, la plupart protestants. On se mit assez facilement d'accord et le contrat fut signé le 19 avril. Ses clauses principales étaient les suivantes : Marie Stuart s'engageait à respecter l'autonomie et les libertés écossaises ; à laisser la régence à sa mère, tant qu'elle résiderait en France. Le dauphin prendrait le titre de roi d'Écosse, du jour de son mariage. Écossais et Français auraient la même nationalité à compter de la même date. En cas de mort du dauphin, Marie aurait le choix entre rester en France ou retourner en Écosse avec un douaire de 60 000 livres. Si elle décédait sans enfant, la France soutiendrait la candidature au trône d'Écosse de son plus proche parent. Si elle avait un fils, il hériterait des deux couronnes. Si c'était une fille, elle serait reine d'Écosse, mais non de France par application de la loi salique.

Toutefois, dès le 4 avril, on avait fait signer à Marie plusieurs accords secrets. L'un d'eux prévoyait la cession du trône d'Écosse au dauphin dans le cas où elle mourrait sans enfants. Un autre annulait par avance toutes les dispositions qui seraient éventuellement prises en contradiction avec ces engagements. Marie signait n'importe quoi, suivant les ordres de ses oncles de Guise. Cependant, élevée à la cour de France, elle aimait sincèrement sa patrie d'adoption et croyait par surcroît assurer le salut de l'Écosse. Nul ne doutait alors que les Écossais ne fussent honorés et fiers de devenir français : l'amitié entre les deux peuples était si ancienne, marquée par une telle constance de part et d'autre ! Pour Henri II, c'était un succès diplomatique de grande portée. On ne lui ménageait pas les louanges. Le sage Michel de L'Hôpital composa même un épithalame qui était un véritable manifeste politique. Il y exprimait la joie des Écossais à passer sous l'autorité du plus grand roi de la terre. C'était sans doute aller un peu vite ! En tout cas, le mariage Stuart démontrait que ce royaume de France que l'on réputait terrassé par le désastre de Saint-Quentin avait retrouvé sa puissance et repris sa place dans le concert des nations. Charles Quint avait raison de dire que rien n'était fait tant que Paris n'était pas occupé !

Le mariage de François et de Marie fut célébré cinq jours après la signature du contrat, le dimanche 24 avril 1558. Ce fut l'occasion d'une fête splendide, qui laissa aux Parisiens un souvenir ébloui. Le peuple était alors friand de ces grands spectacles. Il s'y portait en masse pour admirer ces superbes cavaliers, ces dames couvertes de diamants et de perles, cet étalage de velours, de plumes, de soieries, de broderies d'or et d'argent, et surtout pour voir le roi, la reine, les Enfants royaux. On se demande pourtant ce que pouvaient penser les bourgeois taxés à mille écus par l'Assemblée de janvier : mais ils n'étaient qu'un petit nombre ! Et puis les Parisiens avaient le sens de la fête. L'un d'eux — un anonyme — a laissé une relation du mariage de Marie et de François. On avait construit une passerelle reliant l'évêché à Notre-Dame. Elle avait près de quatre mètres de hauteur (douze pieds). Devant la porte principale, elle était surmontée d'un dais fleurdelisé. Elle se prolongeait jusqu'au chœur et s'achevait par un grand arc de triomphe décoré de pampre. Ainsi la foule verrait tout à son aise défiler les mariés, les princes et la cour.

La cérémonie commença à dix heures du matin, mais, dès le point du jour, les spectateurs s'étaient massés sur le parvis Notre-Dame et toutes les fenêtres des maisons environnantes étaient occupées. On vit d'abord paraître les gardes suisses, vêtus de leur livrée, portant la hallebarde et précédés par leurs fifres et leurs tambourins. Ce défilé dura une demi-heure. Eustache du Bellay, évêque de Paris, et plusieurs grands seigneurs se groupèrent devant la porte de l'église. Le duc de Guise tenait, en l'absence de Montmorency, le rôle de Grand maître et d'ordonnateur de la cérémonie : il s'y était employé avec le même zèle et la même efficacité qu'il apportait à la préparation d'une bataille. Chacun savait ce qu'il avait à faire, quand et comment ! Il salua « honorablement » l'évêque. Puis, s'avisant soudain que le groupe des seigneurs empêchait le peuple de voir, il les pria de se retirer « en peu de paroles », d'un « signe de la main ». Leur présence n'était pas prévue à cet endroit. Il entra le premier, et seul, dans la cathédrale. Le suivaient les musiciens royaux, en livrée rouge et jaune : trompettes, clairons, hautbois, flageolets, violes, violons, cistes, guitarnes, « sonnant et jouant si mélodieusement que c'était chose fort délectable ». Après les musiciens vinrent les cent vingt gentilshommes de la Maison du roi. Puis les princes, vêtus si « merveilleusement » que notre reporter improvisé renonce à les décrire. Ensuite les abbés, les évêques, les cardinaux et le nonce Trivulce « devant lequel on portait la croix et masses d'or ». Parurent enfin les mariés. Le roi-dauphin (tel était désormais le titre de François, puisqu'en vertu du contrat de mariage il s'intitulait roi d'Écosse) était accompagné par le roi de Navarre et par les ducs d'Angoulême et d'Orléans. Henri II et le duc de Lorraine accompagnaient la reine-dauphine. Elle « était vêtue d'un habillement blanc comme lys, fait si somptueusement et richement qu'il serait impossible de l'écrire ; duquel deux jeunes damoiselles portaient la queue longue à merveille. A son cou pendait une bague [1] de valeur inestimable, avec carcans, pierreries et autres richesses de grand prix ; et sur son chef portait une couronne d'or garnie de perles, diamants, rubis, saphirs, émeraudes et autres pierreries et, spécialement, au milieu de ladite couronne, pendait une escarboucle estimée valoir cinq cent mille écus ou plus ». Suivaient la reine Catherine de Médicis, la sœur du roi, les princesses et dames d'honneur, « vêtues de drap d'or, avec joyaux et pierreries sans nombre, en la plus grande magnificence que jamais l'on eût vue ». Parvenu devant la grande porte de l'église, le roi retira un anneau de son doigt et le remit au cardinal de Bourbon. Marie et François s'agenouillèrent. Et là, devant cette foule devenue soudain silencieuse, ils furent unis par les liens du mariage. L'évêque de Paris fit une « scientifique et élégante oraison ». Une fois de plus, le duc de Guise avait écarté les dames et les gentilshommes, afin que les badauds « vissent plus aisément ledit triomphe ». Guise fit avancer les deux hérauts d'armes vêtus de leurs cottes fleurdelisées. Ils crièrent par trois fois : « Largesse ! » et jetèrent à pleines mains des pièces d'or et d'argent. « Lors vous eussiez vu tels tumulte et cri entre le peuple qu'on n'eût entendu le tonnerre, les uns se précipitant sur les autres par cupidité d'en avoir. Les uns y demeurèrent évanouis, les autres perdirent leurs manteaux, les autres leurs bonnets et autres habits, tellement que

1. Il s'agit évidemment d'un collier.

le peuple cria aux hérauts qu'ils n'en jetassent plus, à cause dudit tumulte. »

Eustache du Bellay célébra la messe. Le roi et la reine avaient pris place à droite du chœur ; le roi-dauphin et la reine-dauphine, à gauche. Les deux couples pouvaient remercier le Ciel, car cette union politique était aussi, par exception, un mariage d'amour. François et Marie avaient grandi ensemble. Ils avaient l'un pour l'autre une touchante tendresse. On souriait de leurs apartés, de leurs caresses innocentes. Ils étaient désormais mari et femme, unis pour le meilleur et pour le pire. Pendant l'offertoire, il y eut à nouveau distribution de deniers d'or et d'argent. Mais, semble-t-il, les largesses du roi ne provoquèrent pas de tumulte. Après la messe, le cortège regagna l'évêché dans le même ordre, sous le contrôle du duc de Guise. Toutefois Henri, « comme prince et roi débonnaire, ayant connu que la plupart du peuple qui était en bas n'avait vu ledit triomphe, fit marcher toute la compagnie par le bord dudit théâtre, se montrant au peuple joyeux et humain ». C'était désormais à la cour de se divertir. Il y eut un banquet dans la grand-salle de l'évêché, suivi d'un bal. On vit le roi danser avec Marie et François danser avec la reine. Vers cinq heures de l'après-midi, on quitta l'évêché pour se rendre au Palais de la Cité. Rude besogne que de se frayer un passage à travers une foule aussi compacte et dans des rues aussi étroites. Mais cette lenteur faisait partie du programme, si je puis dire ! Il fallait que le peuple pût voir de tout près les héros du jour, se repaître du spectacle de cette somptueuse et bruyante cavalcade royale. Les princes et les gentilshommes montaient de grands chevaux couverts de toiles d'or et d'argent. Les princesses étaient dans des litières parées de même. Mais les dames et les demoiselles d'honneur chevauchaient « des haquenées bragardes, accoutrées de velours cramoisi ». Après cette marche triomphale, et épuisante, on soupa à la table de marbre, en présence des magistrats du Parlement en robe rouge. Le duc de Guise veillait à tout, aussi à l'aise que sous les remparts de Calais. Le festin fut suivi d'un bal, puis de « masques, mômeries, ballades, autres jeux et passe-temps », parmi lesquels douze chevaux « artificiels » imitant à s'y méprendre des chevaux vivants et six navires voilés d'argent, tantôt naviguant avec lenteur et tantôt poussés par une tempête factice. Des princes et des hauts seigneurs montaient les chevaux et pilotaient les navires. Pour clôturer la journée et parce qu'on avait affaire à gens de grand appétit, on dressa un buffet, avec « huit ou dix degrés chargés de toutes sortes de vaisseaux d'or, faits à l'antique ou autrement ». La nuit était fort avancée, lorsque la famille royale se rendit au Louvre pour y prendre un repos bien gagné. Les fêtes se prolongèrent bien entendu pendant plusieurs jours. Et l'auteur de la relation — quelque Français moyen de l'époque — de conclure ainsi : « Et faisant fin, nous prierons le roi des rois qu'il lui plaise maintenir lesdits princes en joie, prospérité et amour, afin que le peuple en soit sustenté et en paix gouverné. » On aura noté au passage combien ce brave Parisien se montrait sensible aux attentions du roi, à son « humanité ».

V

LA PAIX DU CATEAU-CAMBRESIS

Un incident fort significatif survint en mai 1558, aggravant certaines inquiétudes d'Henri II. La duchesse douairière de Lorraine était venue à la cour, pour y voir son fils Charles élevé en France depuis la campagne d'Austrasie. Elle avait, comme par hasard, emmené Antoine de Granvelle, ministre et principal conseiller de Philippe II. On parla d'un éventuel traité de paix avec le cardinal de Lorraine. Ce n'était qu'un entretien privé. Toutefois chacun des deux partis formula des propositions. On discuta, sans parvenir à un accord, mais les jalons étaient posés. D'ores et déjà, Granvelle savait ce qu'Henri II pouvait accepter ou refuser. Le cardinal de Lorraine connaissait les exigences de Philippe II, mais aussi les points sur lesquels il serait disposé à céder. Pour Granvelle, la nécessité de mettre un terme à la guerre devenait pressante. Il était persuadé que les protestants, gagnant sans cesse du terrain, ourdissaient en secret un vaste complot contre les souverains catholiques. Il en donnait pour preuve une lettre écrite par d'Andelot à son frère, l'amiral de Coligny, lettre interceptée par ses agents. Elle établissait, de façon non douteuse, l'appartenance d'Andelot à la religion réformée. Charmé de jouer un méchant tour au clan rival des Châtillon-Montmorency, le cardinal de Lorraine s'en fut tout rapporter au roi. Henri flaira un piège tendu par Philippe II pour le priver d'un de ses meilleurs soldats. Il ne pouvait croire que le colonel général de l'infanterie française ait contrevenu aux édits royaux en matière de religion. D'un autre côté, les révélations de Granvelle au cardinal de Lorraine, relativement à l'existence d'un complot contre la chrétienté, corroboraient ses propres soupçons. L'exemple des princes protestants était à cet égard éloquent. N'avaient-ils fini par imposer la paix d'Augsbourg à l'empereur ? Ne formaient-ils pas, avec les adeptes du luthérianisme, un État dans l'État, réduisant à presque rien le pouvoir de Ferdinand ? Henri se reprochait parfois de les avoir aidés, mais il s'était surtout servi d'eux pour s'emparer des Trois Évêchés. Il résolut d'agir franchement avec d'Andelot et le convoqua. Il lui demanda s'il était exact qu'il avait adhéré au protestantisme, en dépit des interdictions. D'Andelot se cabra. Il répondit que, si le roi pouvait compter sur son loyalisme, son âme était à Dieu. Il déclara hautement son approbation de la doctrine calviniste, ajoutant qu'à ses yeux la messe n'était qu'une profanation. C'était plus qu'Henri pouvait entendre. Ivre de fureur, il saisit un bassin pour le lancer à la tête du blasphémateur. Ce fut le dauphin-roi qui fut touché. On vit alors Henri tirer son épée, mais il se maîtrisa dans l'instant et ordonna l'arrestation de d'Andelot. Ce dernier fut déchu de sa charge et incarcéré à Melun. Il fallut lui donner un remplaçant. Ce fut Blaise de Monluc qui fut choisi. C'était un vrai catholique, mais avait-il les talents de d'Andelot ?

La situation devenait à nouveau préoccupante. On avait appris que Philippe II, comptant sur l'aide financière de Marie Tudor, mettait sur pied une grande armée, réunissait une imposante artillerie. On savait aussi que l'empereur Ferdinand s'était engagé à lui fournir d'importantes bandes de lansquenets. Le duc de Guise ne semblait pas impressionné par ces informations. Il soumit à Henri II un ensemble de propositions de nature à protéger Calais, la Picardie et la Champagne. Il se réservait personnellement le siège de Thionville. C'était Vieilleville, toujours gouverneur de Metz, qui avait eu l'idée de prendre cette ville et soumis un plan au roi. Là-dessus Vincent Carloix est formel. Il prétend même avoir été envoyé à la cour à cette fin. Quoi qu'il en soit, Guise reprit l'idée à son compte. Étant lieutenant général du roi, il avait parfaitement le droit de diriger les opérations. Mais la jalousie de Vieilleville est compréhensible. Guise arriva le 4 juin devant Thionville. Il avait un peu moins de 20 000 hommes et pouvait à juste titre craindre une attaque de l'extérieur. Il fit établir le camp en conséquence. Le 6 juin, son artillerie ouvrit le feu contre un bastion avancé. Monluc qui faisait, non sans appréhension, ses débuts de colonel général, s'empara promptement de ce bastion. Comme à Metz, comme à Calais, Guise était partout présent et constamment attentif. Le

20 juin, comme il faisait installer six couleuvrines, le maréchal Pierre Strozzi s'écroula près de lui. Une mousquetade lui avait traversé le corps.

— « Ha ! tête-Dieu ! s'écria-t-il. Monsieur ! le roi perd aujourd'hui un bon serviteur, et Votre Excellence encore. »

Guise l'aimait. Le voyant perdu, il pensa à son âme, lui dit de se souvenir de Jésus.

— « Quel Jésus, soupira le moribond, mort-Dieu ! Venez-vous me rappeler ici ? Je renie Dieu ! Ma fête est finie. »

Guise insista. Il l'exhorta à penser à Dieu. Il lui dit qu'il serait le jour même devant sa Face.

— « Mort-Dieu ! Je serai où sont tous les autres qui sont morts depuis six mille ans. »

Et sur ce, il expira. Vieilleville, qui très probablement le détestait, prétend que la veille il avait dîné chez lui. Le repas fini, et sans doute bien arrosé, Strozzi eût demandé gaiement :

— « Que faisait Dieu avant qu'il fît le monde ? »

Vieilleville lui répondit que la Sainte Écriture ne permettait pas de répondre à cette question et qu'il ne fallait pas s'enquérir des mystères qu'elle taisait.

— « C'est une belle chose, ricana Strozzi. Cette Sainte Écriture est fort bien inventée, si elle était vraie. »

Le cas de Strozzi n'était certainement pas isolé. L'athéisme progressait, particulièrement chez les militaires qui ne pouvaient prononcer une phrase sans la ponctuer de quelque juron et blasphémaient allégrement. Strozzi, réfugié politique, s'était vainement battu, et toute sa vie, pour venger son père et délivrer les Florentins de la tyrannie de Côme de Médicis. Il mourait à la manière stoïque des Anciens. La colère des soldats se déchaîna, car il était aimé en raison de son mépris du danger et de son audace. Conduits par Monluc, qui appartenait à la même espèce d'hommes, ils s'emparèrent des casemates. Guise fit creuser des mines, cependant que le bombardement continuait. Le 22 juin, les assiégés capitulèrent. Guise accorda la vie à la garnison. Il permit aux habitants d'emporter leur argent et leurs objets précieux. Les dames et les demoiselles furent respectées. Comme après le siège de Metz, Guise fit soigner les blessés : ils étaient nombreux. Les canons, les armes, les munitions, les vivres furent laissés sur place. Vieilleville proposa de raser la ville, « en vindicte de Thérouanne », que l'empereur avait naguère fait détruire de fond en comble. Guise entendait garder Thionville, en raison de sa situation avantageuse et de la perfection de son système de défense : elle était réputée imprenable. Il fit donc réparer les brèches, combler les tranchées et démolir les plates-formes de tir. Pendant ce temps, Monluc se dirigeait vers Arlon dont les habitants se rendirent sans combat. La moitié de la ville fut détruite par un incendie accidentel. Le reste fut pillé frénétiquement, « car il n'y eut cave, puits, ni autre lieu secret, qui ne fût fouillé ».

Une médaille fut frappée pour commémorer la prise de Thionville. Elle montrait, pour la première fois, le double profil de la reine et du roi. Depuis le succès de Catherine auprès du Bureau de l'Hôtel de Ville, l'estime et l'affection d'Henri pour sa femme s'étaient accrues. Il la consultait davantage. C'étaient pour Catherine une victoire sur la duchesse de Valentinois et, surtout, une sorte de consécration officielle.

Selon le plan décidé par le roi, le duc de Guise devait, après la prise de Thionville, faire sa jonction avec l'armée de Picardie commandée par le maréchal de Termes. Tout laissait prévoir que l'affrontement décisif se déroulerait dans cette région. Termes avait été chargé d'inquiéter l'ennemi et surtout d'empêcher un éventuel débarquement des Anglais. Il s'empara aisément de Dunkerque et de Bergues, mais ne put empêcher ses soldats de piller méthodiquement ces deux villes et perdit du temps. Le 13 juillet, le comte d'Egmont le surprit à Gravelines. Assailli par terre et par mer, car dix vaisseaux espagnols s'étaient approchés de la côte et bombardaient ses arrières, Termes perdit son armée en quelques heures. Informé de cette défaite, Guise modifia l'itinéraire prévu et gagna le camp de Pierrepont à la limite de la Picardie et de la Champagne. Le reste de l'armée l'y attendait, avec le duc d'Aumale. Henri II jugea sa présence nécessaire. Il établit son quartier général au château de Marchais. Le 7 août, il se rendit au camp de Pierrepont et passa son armée en revue. On apprit alors que les Espagnols se dirigeaient vers Corbie. On pourvut cette place d'une garnison supplémentaire, en toute hâte, puis on fit mouvement vers Amiens. Les deux armées se rapprochèrent simultanément de la Somme. Elles étaient néanmoins séparées par une large plaine et s'immobilisèrent sur leurs positions respectives. Le duc de Savoie connaissait la réputation de Guise ; il n'osait engager le combat, redoutant quelque piège. La défaite de Gravelines rendait le roi circonspect. Une escadre française avait capturé plusieurs navires anglais transportant une centaine de canons, ce qui laissait supposer un débarquement prochain des troupes de Marie Tudor. En Piémont, la situation de Brissac devenait difficile. Faute d'avoir reçu les renforts qu'il demandait et de pouvoir solder ses mercenaires, il avait perdu plusieurs places ; il en était réduit à la défensive. Philippe II avait nommé un nouveau gouverneur du Milanais : Ferdinand de Cordoue, général à poigne. On pouvait s'attendre à de pénibles événements.

La guerre sur mer continuait en Méditerranée, dans l'Atlantique et dans la Manche, contre les Espagnols et les Anglais : avec des fortunes diverses, toutefois souvent à l'avantage des Français. Il n'empêche que les Anglais avaient pu surprendre et dévaster Le

Conquet. Enfin l'ambition et la puissance de Guise inquiétaient le roi. Le duc disposait alors de toutes les forces militaires du royaume et le faisait un peu trop sentir au conseil royal. Le cardinal de Lorraine contrôlait les finances. Un autre Guise commandait les galères. Un autre, les troupes envoyées en Écosse, et c'était encore un Guise que l'on destinait à remplacer Brissac en Piémont. Henri dut user de son autorité pour empêcher son lieutenant général de livrer bataille au duc de Savoie. Encore pouvait-il redouter quelque initiative de sa part. Peut-être le roi eut-il tort. Il se méfiait extrêmement des hommes qui croyaient à leur étoile, lui qui avait toujours douté de la sienne. On ne peut cependant lui reprocher un excès de prudence : il ne pouvait se permettre un nouveau Saint-Quentin, sans courir le risque de voir son royaume amoindri. Et surtout la situation intérieure, les progrès incessants de l' « hérésie » le préoccupaient de plus en plus. Sous cet angle, la continuation de la guerre paraissait sans objet. Revers ou victoires faisaient indifféremment le lit du protestantisme. Mieux valait que les souverains unissent leurs efforts pour l'extirper, s'il n'était pas trop tard. Par ailleurs, les trois millions accordés par l'Assemblée des notables s'amenuisaient et l'on ne pouvait demander un nouvel effort aux contribuables. Henri voulait également la paix parce que, tirant le bilan d'un demi-siècle de luttes entre les Valois et les Habsbourg, force lui était de constater qu'elles n'avaient abouti à rien, sinon à sacrifier des centaines de milliers de vies humaines et à engloutir des sommes immenses. Certes, son prédécesseur avait empêché Charles Quint d'établir son hégémonie sur l'Europe, mais il n'avait pu conserver ni le Milanais ni le royaume de Naples. Enfin il sentait la nécessité de réorganiser les structures du royaume et de réprimer les abus provoqués par l'état de guerre.

« Je mourrai content quand je verrai une bonne paix », écrivait-il à Montmorency. Et il chargea le connétable, toujours prisonnier des Espagnols, d'entamer des négociations officieuses. Accompagné du maréchal de Saint-André, Montmorency rencontra les envoyés de Philippe II. Ce dernier, tout aussi désireux de conclure « une bonne paix » que le roi de France et pour des raisons analogues, laissa les deux prisonniers libres de se déplacer à leur guise. Il ne leur demanda que leur parole de ne point profiter de cette liberté pour passer en France. On a dit parfois que le connétable était disposé à toutes les concessions pour recouvrer sa liberté et son influence auprès d'Henri II. Qu'il redoutait lui aussi l'ambition des Guise. C'est omettre qu'il n'avait cessé d'être partisan de la paix avec les Habsbourg, ni de rechercher des possibilités d'entente, ne faisant la guerre que pour obéir au roi, quasi sous la contrainte et sans vraie conviction. La décision d'Henri le comblait d'aise. Il rendit compte au roi des entretiens préliminaires avec les députés de Philippe II. Le roi accepta le principe d'une rencontre officielle et désigna ses plénipotentiaires, en associant, non sans de bonnes raisons, les Guise aux Montmorency. La conférence s'ouvrit le 12 octobre 1558, à l'abbaye de Cercamp, dans le Cambrésis. Les envoyés de Philippe II étaient le duc d'Albe, le prince d'Orange, Antoine de Granvelle, et quelques seigneurs de moindre importance. Ceux d'Henri II, le cardinal de Lorraine, le connétable de Montmorency, le maréchal de Saint-André, Claude de L'Aubespine, secrétaire des Finances et l'évêque d'Orléans, Jean de Morvilliers. Marie Tudor avait envoyé trois ambassadeurs, dont le comte d'Arundel. Le roi de Navarre et le duc de Savoie avaient aussi leurs représentants. Nul ne contesta l'opportunité ni même l'urgence de la paix et l'on convint assez vite d'une suspension d'armes. Cet armistice fut signé dès le 17 octobre. Il était exécutoire immédiatement et chacun procéda dès lors au licenciement progressif de ses troupes. On se mit ensuite d'accord sur le principe de plusieurs unions susceptibles de sceller la réconciliation générale : Élisabeth, fille d'Henri II, épouserait l'infant Carlos, fils de Philippe II ; la sœur du roi, Marguerite, épouserait Emmanuel-Philibert et lui apporterait la Savoie et le Piémont en dot, à l'exception de quelques places fortes. Mais le contentieux entre Philippe II et Henri était si lourd, les prétentions des deux parties si difficiles à concilier que les négociations durèrent plus de cinq mois. Cependant les deux partenaires n'avaient aucune raison de les rompre ; ils étaient même décidés, comme il est de règle, à sacrifier plus ou moins leurs alliés de la veille. Antoine de Bourbon demandait la restitution de la Navarre espagnole ; mais, acharné à récupérer cette partie de son royaume, il avait eu plus d'une fois une attitude assez peu française. Les plénipotentiaires d'Henri soutinrent mollement ses revendications et finalement se désistèrent. Les envoyés de Philippe II agirent de même à l'égard de son oncle Ferdinand. Ce dernier venait enfin d'être reconnu empereur. Il demandait la restitution des Trois Évêchés, dont il prétendait que le roi de France les avait usurpés par trahison. Granvelle écrivait à ce sujet : « Quant à la restitution des villes de Metz, Toul et Verdun, nous en avons touché quelque chose à Lille, et je crois que mes collègues seront unanimes pour revenir encore sur ce sujet, s'il est donné suite à la négociation, lors même qu'on n'obtiendrait rien. » Ce qui signifiait clairement que la demande de Ferdinand était tenue pour négligeable. Ainsi Philippe II réglait indirectement ses comptes avec les Habsbourg d'Autriche ! Les Français ne pouvaient craindre la réaction de Ferdinand. On le savait hors d'état d'entreprendre quoi que ce fût ; il avait eu assez de mal à imposer son autorité à une partie de l'Allemagne. Henri II consentait à renoncer à ses droits sur le royaume de Naples et le Milanais. La versatilité des princes et des villes italiennes, la politique ondoyante des papes, avaient toujours éveillé sa méfiance. La perte de Sienne, l'échec de Guise à Civitavella l'avaient amèrement déçu. Il ne croyait pas à la volonté des Italiens de se libérer de la tutelle espagnole. Par contre, la question du Piémont, si bien et si longtemps défendu par le maréchal de Brissac, lui tenait à cœur. Le mariage de sa sœur Marguerite et du duc de Savoie aplanissait les difficultés et ménageait son amour-propre. Philippe II exigeait la restitution des biens patrimoniaux d'Emmanuel-Philibert, qui l'avait brillamment et fidèlement servi. En dotant Marguerite de la Savoie et du Piémont, Henri lui donnait satisfaction, tout en sauvant la face. Cet artifice juridique était d'une grande habileté. Il faisait de l'ennemi d'hier un vassal et un allié. Le Piémont et la Savoie lui seraient rendus, sans être réellement détachés du royaume.

Il n'y eut pas de difficultés relativement à la restitution réciproque des places conquises depuis 1552. De même les Français acceptèrent de rendre la Corse aux Génois. Les hostilités ayant pris fin, la possession de cette île perdait beaucoup de son intérêt ; sa conservation eût occasionné de lourdes dépenses. Ce fut sur Calais que la conférence achoppa. L'intransigeance des Français se heurta à celle des plénipotentiaires britanniques. Il était difficile à Philippe II de ne pas soutenir les intérêts de sa femme : elle ne lui avait pas ménagé son aide et il n'avait rien à lui reprocher, sinon de ne pas lui avoir donné d'héritier. Les discussions s'éternisaient et prenaient mauvaise tournure, quand survint un événement d'importance capitale. Marie Tudor mourut d'hydropisie, le 17 novembre 1558, à quarante-deux ans. Son cousin et son conseiller, le cardinal Reginald Pole, mourut le lendemain. Elle laissait un souvenir amer à son peuple, car son catholicisme militant l'avait conduite à détruire la religion instituée par son père Henry VIII et à faire périr en quelques années plus de quatre cents anglicans, dont la moitié par le bûcher. Elle n'avait, dans sa fureur mystique, épargné ni les femmes ni même les enfants. Sa sœur Élizabeth avait failli mourir à plusieurs reprises. Elle n'avait dû son salut qu'à la bienveillance de Philippe II, son beau-frère. Le Parlement la rappela de Hattfield, où elle était en résidence surveillée. Il était entièrement composé de catholiques ; cependant il reconnut unanimement Élizabeth pour reine. En prenant cette décision, il ne faisait d'ailleurs que se conformer aux dispositions testamentaires d'Henry VIII. Élizabeth Ire fut couronnée à Londres, le 15 janvier 1559, en grande solennité. L'un des règnes les plus glorieux commençait. Il apporterait de grands changements dans la situation de l'Angleterre et bouleverserait pour longtemps l'échiquier des nations. Philippe II crut pouvoir miser sur la sympathie de sa belle-sœur et sur la reconnaissance de celle-ci. Il tenta de maintenir l'alliance entre l'Espagne et l'Angleterre. Il offrit même à Élizabeth de l'épouser. Il n'ignorait pourtant pas les sympathies « protestantes » de la nouvelle reine. Mais, l'occasion s'offrant et quand il s'agissait d'un intérêt supérieur, il savait, comme son père, mettre de côté ses convictions religieuses.

Henri II s'alarma de cette demande en mariage, et d'autant que sa belle-fille Marie Stuart avait commis une bévue de première grandeur, inaugurant ainsi cette série d'erreurs politiques qui plus tard la perdraient. A peine eut-on reçu la nouvelle de la mort de Marie Tudor que cette charmante folle prit le titre de reine d'Angleterre et fit peindre ses nouvelles armes sur ses meubles et ses équipages. Non point que ses prétentions fussent sans valeur ! Elle était en effet la petite-fille de Marguerite, reine d'Écosse et sœur d'Henry VIII. Or Élizabeth était fille d'Anne Boleyn, issue d'un mariage canoniquement non valable, donc bâtarde aux yeux de l'Église romaine. Néanmoins cette initiative était inopportune. Henri II n'avait point l'intention d'indisposer la nouvelle reine, en soutenant les revendications dynastiques de Marie ; il voulait conserver Calais.

La conférence de Cercamp avait suspendu ses travaux après la disparition de Marie Tudor. Elle les reprit en février 1559, au Cateau-Cambrésis. Philippe II avait invité Granvelle à ne rompre « en aucune manière » les négociations entamées. Élizabeth Ire n'avait pas encore répondu à son offre de mariage, mais il savait qu'elle ne voulait pas l'épouser. Elle venait de rétablir la religion réformée. Le nouveau Parlement était tout acquis à ses idées. En un mois, elle avait aboli les mesures prises par Marie Tudor en matière de religion. L'Angleterre se séparait à nouveau du Saint-Siège, retombait dans l'hérésie. Dès lors Philippe n'était plus disposé à demander la restitution de Calais. Granvelle reçut des instructions en conséquence. Il préconisa une entente directe entre les Anglais et les Français, pour ne pas retarder la conclusion de la paix. C'est bien ce que comprit la reine Élizabeth. Elle négocia directement avec Henri II. Ce dernier décela vite ses intentions : elle était décidée à céder moyennant quelque satisfaction d'amour-propre, car elle avait besoin de l'appui de la France contre Philippe II. Tout inexpérimentée qu'elle fût dans l'art de gouverner, elle prévoyait que, tôt ou tard, l'Espagne catholique agresserait l'Angleterre protestante. Il y avait dans cette transaction avec Henri II l'amorce d'une alliance qu'on pouvait espérer fructueuse. On convint donc que la France garderait Calais pendant huit ans, au-delà desquels elle rendrait cette place ou verserait un dédit de 500 000 écus. C'était un engagement factice, mais enfin Élizabeth sauvait la face.

Le traité du Cateau-Cambrésis fut finalement signé les 2 et 3 avril 1559 par les représentants des diverses puissances. On ne saurait, à peine de lasser le lecteur, entrer dans le détail de ce document. On se limitera donc aux indications essentielles.

La France restituait à Philippe II les places qu'elle avait conquises : Damvillers, Hesdin, Ivoy, Mariembourg, Montmédy et

Thionville. Au duc de Lorraine, Stenay. Bouillon et Bouvignes à l'évêque de Liège. Elle rendait, sous forme de dot, le Piémont, la Savoie, la Bresse et le Bugey au duc Emmanuel-Philibert qui recouvrait ainsi ses biens héréditaires. Le Montferrat, au duc de Mantoue. Montalcino, à Côme de Médicis et la Corse à la République de Gênes. De plus, elle renonçait à ses droits en Italie. Elle gardait Calais, dans les conditions que l'on a dites, les Trois Évêchés (Metz, Toul et Verdun), Turin, Chieri, Chivasso, Villanova d'Asti et le marquisat de Saluces. Philippe II restituait Saint-Quentin, Le Catelet, Ham, Thérouanne, Saint-Pol et Crèvecœur. Deux mariages sanctionnaient la réconciliation, celui du duc de Savoie avec Marguerite de France et celui de Philippe II avec Élisabeth, fille d'Henri II : car, devenu veuf, le roi d'Espagne s'était tout simplement substitué à l'infant Carlos, son fils !

Le traité fut bien reçu par l'opinion française. Le peuple aspirait à la paix. Il en était de même de la bourgeoisie : le vœu exprimé à ce sujet par l'Assemblée des notables ne laisse aucun doute. On avait besoin de souffler, de se refaire. Il ne faut pas trop se fier aux mémoires des contemporains ; ils émanent pour la plupart de militaires. On comprend leur désapprobation et leur amertume. Le duc de Guise, déçu dans ses espérances, inspirait leurs récriminations. Ce n'est point par hasard que Montmorency et Saint-André furent accusés de trahison et, sinon, de complaisance envers Philippe II. On disait que, la France n'étant pas vaincue, il n'y avait nulle nécessité de traiter. Que les plénipotentiaires français avaient manqué de fermeté et montré trop de hâte à conclure la paix. Que Philippe II se trouvait à nouveau dans un cruel embarras d'argent et que l'on n'avait pas su profiter de la mort de Marie Tudor. « En une heure, écrivit le brave Monluc, et par un trait de plume, il fallut tout rendre, et souiller et noircir toutes nos belles victoires passées, de trois ou quatre gouttes d'encre. » Le maréchal de Brissac, gouverneur du Piémont, protesta hautement contre le traité et refusa de l'exécuter. Il avait victorieusement défendu le Piémont contre les entreprises successives de Charles Quint et de Philippe II. Montmorency qui était, en sa qualité de connétable, chef suprême des armées après le roi, dut le rappeler à l'ordre : « Le roi est le maître ; le mieux que vous sauriez faire est de ne plus différer ni dissimuler ce que vous devez faire pour obéir et satisfaire à ce qu'il vous commande. » Cependant il n'y avait pas unanimité chez les militaires. Vieilleville approuvait au contraire le traité. Il l'estimait de toute nécessité, par surcroît de nature à conforter la réputation et l'honneur du roi. Son secrétaire Carloix imagine un étrange dialogue entre le roi et lui. Il y exprime, sans doute fidèlement, l'avis de son maître. Vieilleville estimait que le roi avait eu raison de traiter avec Philippe II et, même, qu'il avait certainement sauvé son royaume en ouvrant les négociations. Il fait état du mauvais esprit de la noblesse, consécutif à la vie de camp, à l'immobilisme de l'armée. Il cite le cas, fort troublant, de douze compagnies de légionnaires qui étaient rentrées dans leurs foyers sans congé de leurs supérieurs, au lieu de rallier le camp de Pierrepont. Dans le même temps, les grosses villes flamandes envoyaient des troupes au roi d'Espagne. Des reîtres et des lansquenets arrivaient d'Allemagne. Selon lui, l'intention de Philippe II était de livrer bataille ; il n'eût pas, cette fois, renouvelé l'erreur de Saint-Quentin : son objectif était Paris. La perspective du pillage eût provoqué la désertion des mercenaires allemands au service de la France. Tout annonçait donc à ses yeux la submersion et la ruine du royaume.

Henri II n'avait pas eu besoin de la mise en garde de Vieilleville pour prendre sa décision. Il n'avait point donné carte blanche à ses plénipotentiaires, mais conduit les négociations à travers eux. On ne pouvait prétendre qu'il s'agissait d'une paix bâclée : on avait discuté pendant des mois, âprement. Reste que l'on peut interpréter différemment ce traité. Qu'il se traduisît par un abaissement momentané du prestige de la France en Allemagne et en Italie, cela est évident. Mais il est faux de dire qu'il consacra pour un siècle l'hégémonie des Habsbourg. Philippe II ne pouvait soutenir les prétentions de son père, ni combler la brèche qui séparait dorénavant les Habsbourg d'Espagne et ceux d'Autriche. Henri II renonçait aux « chimères » d'Italie. En revanche, il améliorait grandement nos frontières du nord-est par la possession de Calais et des Trois Évêchés. On ne peut insinuer qu'il affaiblissait la frontière sud-est, car les biens restitués au duc de Savoie restaient dans la mouvance française. Il en était de même de la Lorraine, dont Philippe II avait reconnu l'autonomie. Henri II avait fait son choix, sans se préoccuper de l'opinion des militaires, hors de l'influence des Guise et de Montmorency, quelle que fût l'impatience de ce dernier à rentrer en France. Agissant ainsi, il se privait peut-être d'un peu de gloire, mais évitait une aventure pleine de risques, de toute façon dommageable à son peuple. Il se comportait en roi, conscient de ses responsabilités et soucieux de l'avenir, en tous points conforme à ses aïeux capétiens. Dans son caractère, l'irréalisme des Valois cédait le pas au bon sens.

VI

LE *CONTR'UN*

Étienne de La Boétie, futur ami de Montaigne, avait dix-huit ans, quand il composa son *Discours sur la serviture volontaire* ou *Contr'un*. Il était encore étudiant. Il avait lu Tite-Live et Plutarque. Il admirait la république romaine. Bouleversé par la terrible répression de la révolte de la gabelle (1548), il avait écrit ce Discours dans lequel il développait hardiment la thèse de la souveraineté du peuple. « Il y a trois sortes de tyrans, écrivait-il ; les uns ont le royaume par l'élection du peuple, les autres par la force des armes, les autres par la succession de leur race... Je vois bien qu'il y a entre eux quelque différence, mais de choix je n'en vois point, et étant les moyens de venir au règne divers, toujours la façon de régner est quasi semblable. Les élus, comme s'ils avaient pris des taureaux à dompter, les traitent ainsi ; les conquérants pensent en avoir droit, comme de leur proie ; les successeurs d'en faire ainsi comme de leurs naturels esclaves. »

Il démontrait ensuite que les tyrans ne seraient rien sans le concours du peuple et que, si tous se liguaient contre un, celui-ci perdrait le pouvoir de méfaire. Songeant aux malheurs des pitauds du Sud-Ouest et des Bordelais, il s'exclamait : « Pauvres gens et misérables, peuples insensés, nations opiniâtres en votre mal, et aveugles en votre bien, vous vous laissez emporter devant vous le plus beau et le plus clair de votre revenu, piller vos champs, voler vos maisons, et les dépouiller des meubles anciens et paternels ; vous vivez de sorte que vous pouvez dire que rien n'est à vous... Et tout ce dégât, ce malheur, cette ruine vous vient non pas des ennemis, mais bien certes de l'ennemi, et de celui que vous faites si grand qu'il est, pour lequel vous allez si courageusement à la guerre, pour la grandeur duquel vous ne refusez point de présenter à la mort vos personnes. Celui qui vous maîtrise tant n'a que deux yeux, n'a que deux mains, n'a qu'un corps, et n'a autre chose que ce qu'a le moindre homme du nombre infini de vos villes, sinon qu'il a plus que vous l'avantage que vous lui faites pour vous détruire. » Il cherchait comment cet ordre si contraire à la nature a pu s'établir, en attribuant la responsabilité à ceux mêmes qui en sont les victimes : « La première raison de la servitude volontaire, c'est la coutume ; ils disent qu'ils ont toujours été sujets, que leurs pères ont ainsi vécu. Ils pensent qu'ils sont tenus d'endurer la mort et se le font accroire par des exemples ; ils fondent eux-mêmes sur la longueur la possession de ceux qui les tyrannisent. Mais, pour vrai dire, les ans ne donnent jamais droit de mal faire, mais agrandissent l'injure. Toujours en demeure-t-il quelques-uns mieux nés que les autres, qui sentent le poids du joug et ne peuvent tenir de le crouller (le renverser)... Ce sont ceux qui, ayant la tête bien faite, l'ont encore polie par l'étude et le savoir. Ceux-là, quand la liberté serait entièrement perdue et toute hors du monde, l'imaginant en leur esprit, et encore la savourant, la servitude ne leur est jamais de goût, pour si bien qu'on l'accoutre. »

Le *Contr'un* n'était qu'un exercice d'école. Il resta pendant trente ans à l'état de manuscrit. Ce furent les protestants qui le publièrent en 1576 (quatre ans après la Saint-Barthélémy) et en firent, parmi d'autres pamphlets, un instrument de combat contre la royauté. J'ai néanmoins cité ces quelques pages, car elles attestent qu'en 1548 il existait une minorité intellectuelle spéculant à la fois, semble-t-il, sur une réforme de l'État et sur une réforme de l'Église. La Boétie n'avait certainement pas inventé sa thèse de la servitude, mais repris à son compte des propos échangés entre certains étudiants, voire développés par leurs maîtres. Cette fronde intellectuelle n'intéressait alors qu'un nombre infime d'individus. Elle progressera souterrainement pendant le règne d'Henri II et finira, sous Charles IX, par convertir les luttes religieuses en guerre civile.

En 1559, cette tendance était négligeable. Elle s'exerçait même à contre-courant. Depuis le XVe siècle, la monarchie n'avait pas cessé de progresser avec l'assentiment du peuple. Les légistes méridionaux, appelés par les rois, avaient inlassablement œuvré à la construction d'un État au pouvoir fortement centralisé. Ils avaient été formés à l'école du Droit romain. Ils tiraient leurs arguments du *Digeste* et du *Code* de Justinien et surent donner à la vieille monarchie capétienne, essentiellement fondée sur la coutume, une assise juridique, de nature à satisfaire la raison. Ils aidèrent ainsi à promouvoir l'absolutisme. L'avancée politique de la monarchie était déjà très nette au temps de François Ier. Les étrangers, qu'ils fussent Allemands, Italiens ou Flamands, même Espagnols, étaient stupéfaits des pouvoirs détenus par le roi de France sur les personnes et les biens. Dans leurs pays respectifs, l'autorité, quelque forme qu'elle revêtît, se heurtait à des privilèges âprement défendus, voire à des assemblées élues. Dans le royaume des lys, rien ne venait entraver la volonté royale, pas même le Parlement de Paris dont les velléités d'indépendance étaient régulièrement brisées.

Henri II n'était pas moins autoritaire que son père. Alors que François Ier obéissait plutôt à ses instincts, à son flair politique, et laissait agir ses légistes plus qu'il ne les guidait, son fils avait systématisé la centralisation des pouvoirs, et cela dans tous les domaines. L'impulsion qu'il donna à la monarchie fut à cet égard décisive. Ce n'est point un hasard si le régime survécut aux guerres de Religion. Les fondations en étaient alors trop robustes pour être détruites. Les Bourbons établirent aisément leur puissance sur celles-ci. Ce que François Ier avait esquissé, Henri II l'approfondit et l'acheva. Ce lui fut relativement facile. Les Guise et les Montmorency s'opposaient en toutes circonstances, mais ils s'accordaient sur un point essentiel : les uns et les autres étaient partisans convaincus de l'absolutisme monarchique. Ils appuyèrent donc l'action du roi en ce sens.

A son avènement, François Ier disposait de deux conseils. Le conseil privé examinait les questions de gouvernement et d'administration ; il était composé de princes et de grands seigneurs qui siégeaient par intermittence, et de conseillers permanents. Le roi le présidait ordinairement. Le grand conseil était une cour présidée par le chancelier et formée de conseillers permanents, la plupart magistrats. Il connaissait des « évocations royales », c'est-à-dire des procès enlevés à la compétence des parlements et autres tribunaux par décision du roi. François Ier ajouta à ces deux organismes le conseil des Affaires, beaucoup plus réduit et par là plus efficace. Cependant les méthodes de gouvernement restaient empiriques. Les conseillers étaient rarement spécialisés. Les attributions mêmes des conseils étaient aléatoires, sujettes à changements. Le même flottement régnait dans le fonctionnement de la justice et de l'administration. La fantaisie de François Ier s'accommodait assez mal de cadres trop rigides. Tout autre était la mentalité d'Henri II. Il avait le goût de l'ordre et de l'efficacité. Il réorganisa, dès son avènement, le fonctionnement du Conseil royal et définit avec netteté les attributions de ses différentes sections. Le conseil privé compta moins de membres, ce qui facilitait le contrôle et, abrégeant les discussions, accélérait le traitement des dossiers. Le conseil des Affaires eut une place prépondérante. En 1554, l'ambassadeur de Venise le décrivait ainsi : « Le conseil des Affaires est celui dans lequel se traitent les matières d'État. Il se compose de peu de têtes, des plus intimes et des plus chères au roi. » Il ajoutait : « Ainsi le conseil des Affaires est celui où le roi exerce son pouvoir absolu, et le conseil privé, celui où il exerce son autorité ordinaire. » Le conseil des Affaires ne comptait guère que quatre à cinq membres. Il traitait de politique étrangère, de guerre et de finance. Le conseil privé expédiait les affaires courantes. Quant au grand conseil, il connut un regain d'activité, car le nombre des évocations ne cessa de s'accroître, au détriment des juridictions ordinaires. Il était par nature tout ensemble une juridiction administrative, une cour d'appel et une cour de cassation, mais surtout un instrument docile aux mains d'Henri II et de ce fait jouait indirectement un rôle politique important.

Le roi n'avait point de Premier ministre : Montmorency exerçait la fonction mais n'en portait pas le titre. Cependant Henri créa un embryon de ministère, en instituant, dès 1547, quatre secrétaires des Finances qui furent de véritables secrétaires d'État et se partagèrent la haute administration du royaume et des affaires étrangères, chacun d'eux ayant un ressort bien délimité. A leurs débuts, ils rédigeaient simplement les actes et les dépêches du gouvernement et ne faisaient guère plus qu'exécuter les décisions prises par le conseil des Affaires et le conseil privé. Mais leur connaissance des dossiers, l'expérience acquise dans la maniement des affaires accrurent leur influence. On les consultait. On les écoutait. En 1559, leur importance était devenue considérable. On les traitait avec respect. Ils étaient nommément associés aux grandes décisions et aux actes les plus importants du gouvernement. S'ils n'étaient pas vraiment ministres, selon notre acception, ils préfiguraient en tout cas les grands commis de l'État. Henri II appréciait leur efficacité ; il leur accordait plus de confiance qu'aux dignitaires traditionnels de la couronne. Il était sûr que les quatre secrétaires d'État exécuteraient ponctuellement ses ordres sans subir l'influence de l'un ou l'autre clan de la cour.

L'une des principales fonctions du roi était celle de grand justicier du royaume, depuis les origines : la belle image de saint Louis rendant la justice sous le chêne de Vincennes s'inscrit dans ce contexte. Ce rôle de justicier suprême fut l'une des préoccupations d'Henri II. Sous le règne de son père, la justice était coûteuse et lente. Henri chercha à améliorer la procédure et à rapprocher les tribunaux des justiciables afin de réduire les frais incombant à ces derniers. Ce fut ainsi qu'il créa en 1552 soixante présidiaux, dont trente-deux dans le ressort du Parlement de Paris. Ces cours présidiales, composées de neuf conseillers, jugeaient sans appel les affaires dont l'objet était inférieur à 250 livres de capital et 10 livres de rente. C'était alors une très grande innovation. Elle portait dommage aux parlements, puisqu'elle empiétait sur leurs attributions, mais elle avantageait sensiblement les justiciables. On reprocha au roi d'avoir institué ces tribunaux dans le seul but de vendre des offices. Il est vrai que l'opération s'avéra fructueuse pour le Trésor. Cependant les présidiaux répondaient à un besoin évident : ils rencontrèrent d'ailleurs un plein succès. De plus, le prix de vente de ces offices était assez élevé pour écarter les candidatures locales. L'indépendance des juges s'en trouva accrue.

Henri réorganisa dans le même esprit les Grands jours de Bretagne, qui ne siégeaient qu'un mois par an. Il les transforma en parlement, dont il calqua le fonctionnement sur celui de Paris. La moitié de ses membres et ses quatre présidents n'étaient pas bretons, afin d'éviter les collusions, parentés et compromissions. Dans le même esprit encore, il doubla le nombre des parlementaires, siégeant dès lors non l'année entière, mais semestriellement. Cette mesure emplit les caisses de l'État, mais ne donna pas les résultats escomptés. Le roi la rapporta en 1557.

Il institua des lieutenants criminels dans les villes, enlevant ainsi une partie de leurs attributions aux municipalités. Il renforça considérablement les pouvoirs des prévôts à l'égard des voleurs de grand chemin, faux-monnayeurs, braconniers des chasses royales, vagabonds. Désormais les prévots, assistés de « sept bons et notables personnages », pouvaient faire arrêter, torturer et condamner ces délinquants, « sans que pour ce, ils se puissent adresser ni aller chercher remède à nos cours de parlement ». Ces prévôts devinrent permanents à partir de 1559. C'est que la paix du Cateau-Cambrésis et le licenciement des armées qui en avait été la conséquence jetaient sur les routes des bandes de soldats sans emploi ni argent. Pour eux la tentation était grande de se faire brigands ! Depuis le début de son règne, Henri II n'avait cessé de se préoccuper de la sécurité publique. Un édit de 1547, visant à réduire la mendicité, menaçait du fouet les femmes et des galères les hommes qui refusaient le travail qui leur était offert. Un autre condamnait les meurtriers au supplice de la roue, sans atténuation possible.

Une ordonnance rendue à Fontainebleau, en février 1550, compléta la grande ordonnance de Villers-Cotterêts, notamment quant aux obligations des geôliers et à l'écrou des prisonniers. Deux édits de la même année fixèrent les formes de la procédure civile et de la procédure criminelle au Parlement de Paris. Bref, le roi cherchait à uniformiser la justice et à régler sa marche au mieux de l'intérêt général. Est-il besoin de dire que les résultats furent inégaux ? Toutefois l'ensemble de ces mesures marque un net progrès, malgré la vénalité des charges. De plus, Henri II voulait être obéi par ses magistrats. Il concevait la justice comme auxiliaire du pouvoir.

Dans le domaine administratif, il réinventa les missi dominici de Charlemagne. L'édit de Compiègne (août 1553) confia aux maîtres des requêtes de l'hôtel du roi des missions d'inspection annuelles en province. Ils étaient investis à la fois des pouvoirs de juge et de contrôleur. Ils devaient se rendre auprès des gouverneurs et des lieutenants-généraux (gouverneurs des provinces-frontières), réprimer les abus, arbitrer les conflits et prendre les décisions les plus importantes. Ils furent bientôt doublés par des commissaires ou surintendants. Henri II amorçait ainsi l'implantation d'une administration provinciale, directement reliée au pouvoir central, qui se substituera au système des sénéchaux et des baillis devenu caduc.

Il améliora également la gestion du Trésor. François Ier avait nommé un trésorier de l'Épargne assisté, de deux contrôleurs généraux. Henri II réorganisa leurs attributions. Il leur adjoignit trois commissaires (ou intendants des finances) chargés des dépenses de guerre et des recettes exceptionnelles. En 1553, il créa dix-sept trésoriers généraux, à la fois receveurs et payeurs, alors que ces fonctions étaient précédemment distinctes. Chacun des trésoriers généraux fut affecté dans une « généralité ». Les chambres des comptes et des aides furent réorganisées. Celle de Paris remplit, à partir de 1555, le rôle de cour suprême en matière fiscale.

Ces aménagements ne résolvaient certes pas les problèmes d'argent auxquels le roi ne cessa d'être confronté. On peut lui reprocher sa prodigalité. Cependant l'essentiel des dépenses tenait à l'état de guerre quasi permanent. Le recrutement, l'entretien des armées, l'achat de matériel et de provisions étaient autant de gouffres qu'il fallait combler coûte que coûte. Les ressources de l'État étaient insuffisantes. La taille, qui était de quatre millions sous François Ier, avait presque doublé l'année du Cateau-Cambrésis, en y incluant le taillon levé pour la solde des hommes d'armes. Elle était alourdie par la gabelle et par diverses taxes frappant la circulation des marchandises. Le poids fiscal était presque entièrement supporté par le tiers état. Le clergé contribuait, sous forme de décimes, pour le cinquième de son revenu à l'effort national. La noblesse ne payait pas d'impôts, mais elle devait le service militaire, s'équipait à ses frais et assurait sa propre subsistance pendant la durée des campagnes. Beaucoup de petits nobles joignaient difficilement les deux bouts ; d'autres empruntaient ou vendaient une partie de leurs biens pour faire face à leurs obligations. Quant aux grands seigneurs, ils devaient débourser des sommes souvent énormes pour assumer convenablement leur commandement et pallier, autant que possible, les retards du Trésor. Le roi ne pouvait exiger davantage des trois ordres. Les expédients auxquels il recourait (vente d'offices, aliénation des biens de la couronne) n'étaient que des palliatifs très provisoires. Il n'avait donc d'autre possibilité que d'emprunter. Et, sinon, force lui était de renoncer à la lutte contre Charles Quint et Philippe II ! Dans les premières années de son règne, les banquiers lui consentirent volontiers de gros prêts. La monnaie française était de bon aloi et l'on se disputait nos écus d'or. Le roi dut même réglementer, dès 1551, leur sortie du royaume. Toutefois la masse métallique était insuffisante, et de loin, pour couvrir les dépenses de guerre. Henri emprunta donc à divers banquiers, aux villes, aux particuliers mêmes, pressé par la nécessité. Puis un consortium de banquiers lyonnais (Lyon était alors la première place commerciale d'Europe), régenté par Albisse del Bene, passa avec lui un contrat général, connu, comme il est signalé plus haut, sous le nom de « grand parti de Lyon ». Il lui procurait les sommes dont il avait besoin, mais au taux de seize pour cent ! A ce régime la dette s'accrut rapidement. Elle atteignait cinq millions de livres en 1555. Le roi ne put honorer ses échéances et dut conclure un nouvel arrangement, avantageux pour les banquiers, laissant pourtant la possibilité de résorber la dette dans des conditions acceptables. Les événements de 1556 et des années suivantes obligèrent Henri à contracter de nouveaux emprunts. Au début de 1558, il devait environ douze millions de livres aux banquiers lyonnais, ce qui représentait un amortissement annuel de deux millions et demi de livres. De plus, les prêteurs exigeaient le remboursement en or. Mais les beaux écus frappés par la France se raréfiaient. La monnaie d'argent submergeait l'Europe et se dépréciait. Le roi dut réduire les remboursements. Albisse del Bene ne parvenait plus à trouver de nouveaux fonds. La confiance s'effondrait.

La situation de Philippe II était encore plus grave. Malgré la dévaluation décidée par Charles Quint avant son abdication, son successeur ne pouvait faire face à ses obligations. En 1557, il fit banqueroute, ruinant les banquiers qui avaient financé ses entreprises. Les banquiers lyonnais prirent peur. Ils crurent la faillite d'Henri II inévitable. Il les informa que la France tiendrait ses engagements. Comprend-on pourquoi la paix du Cateau-Cambrésis était indispensable ? La signature de ce traité rétablit la confiance. Les banquiers lyonnais consentirent à passer un nouveau contrat (le « petit parti ») ramenant l'intérêt à huit pour cent et modifiant le plan d'amortissement. Certes, la situation était difficile. Nos finances seraient obérées pour plusieurs années. Mais Henri II était décidé à rembourser la dette. La France avait assez de ressources pour cela, et il le savait. Pour assainir le trésor, la paix était nécessaire. Elle ne l'était pas moins pour les classes laborieuses. Henri voulait aussi poursuivre les réformes, qu'il avait amorcées, remodeler certaines des institutions à la lumière de l'expérience, faire du royaume de France un grand État que l'Europe prendrait pour modèle. La guerre l'avait empêché de réaliser ce projet.

Ce royaume de France, les étrangers enviaient pourtant sa prospérité. Là-dessus les témoignages sont unanimes. Depuis un demi-siècle, son économie n'avait cessé de se développer. Sa population atteignait vingt millions d'habitants contre dix-sept millions à la fin du règne de François Ier. Paris était une ville de trois cent mille habitants, Lyon en comptait soixante-dix mille, Rouen soixante mille. Une meilleure hygiène, une nourriture plus substantielle avaient jugulé les épidémies. La culture s'était intensifiée et le cheptel s'était considérablement accru. On exportait du blé, du vin, des chevaux, mais aussi des produits manufacturés, car les tisserands étaient de plus en plus nombreux. On peut dire qu'en 1559 la France est encore à son zénith. Partout on bâtit ou l'on rebâtit. Le royaume donne l'impression d'une ruche en pleine activité. En dépit de la charge fiscale, ses forces vives sont intactes. L'inflation qui sévit en Europe lui profite, indirectement. Mais elle ne profite qu'à quelques-uns, accusant les clivages sociaux. Il y a un malaise sous-jacent, facteur de déséquilibre. Les riches laboureurs, les marchands et les artisans aisés, vendent leurs produits de plus en plus cher. La main-d'œuvre étant pléthorique, ils rognent sur les salaires, qu'il s'agisse de rémunérations en nature ou en espèces. Ils allongent la durée du travail. Les ouvriers agricoles voient leur pouvoir d'achat diminuer progressivement, cependant que les exigences du maître s'aggravent. S'ils possèdent en propre quelque lopin de terre, ils peuvent encore élever leur famille, mais ils ne peuvent espérer s'établir à leur compte. Les conditions de vie des ouvriers des villes confinent à la misère, créant un mécontentement proche de la révolte. Le temps n'est plus où de simples compagnons accédaient à la maîtrise. Le travail en tant que tel est déconsidéré. L'argent prime tout et corrode lentement les anciennes structures. Si les petits artisans font faillite, la paysannerie moyenne n'a pas un sort plus enviable. Elle s'est endettée et amenuisée. Paysans ruinés, ouvriers et brassiers sans emploi, soldats congédiés de l'armée viennent augmenter la masse des mendiants et des vagabonds. Ils sont prêts à toutes les aventures pour sortir de leur dénuement. Ce ne sont pas les édits qui peuvent remédier à cet état de choses. La prospérité générale est une offense à ces pauvres gens. Cela, Henri II en a-t-il conscience ? Il est permis d'en douter. Il serait d'ailleurs le seul. Ni Montmorency, ni les Guise, ni les courtisans, ne se soucient du paupérisme grandissant, n'apprécient la menace qu'il fait peser sur l'économie. Les poètes et les conteurs, les écrivains politiques eux-mêmes portent témoignage d'une France heureuse. Les priorités du roi sont ailleurs.

VII

« ET TU SERAS NON SEULEMENT LE ROI DE FRANCE... »

Le traité du Cateau-Cambrésis n'était pas uniquement un traité de paix, mais une déclaration de guerre aux protestants, une véritable ligue entre Henri II et Philippe II contre la Réforme. D'un commun accord, les deux monarques cessaient de s'entre-battre pour tenter d'extirper l'« hérésie », et de rétablir l'unité chrétienne au seul profit de la religion catholique. Ils estimaient l'un et l'autre que le protestantisme, dont ils avaient décelé le caractère démocratique, constituait un danger au plan de la politique, une menace pour le principe monarchique d'autant plus grave qu'il s'était donné une organisation internationale. Philippe II était imprégné du mysticisme propre aux Espagnols, véhément et sombre. Henri II, quels que fussent ses accommodements avec le Ciel, était un croyant sincère, et même fervent, pénétré de l'idée qu'il avait une mission particulière à remplir en sa qualité de Roi Très Chrétien, fils aîné de l'Église. Il s'estimait responsable du salut de son peuple devant le Roi des Rois, comme l'avaient été ses aïeux, notamment saint Louis. Six jours après son avènement, le 5 avril 1547, il avait rendu un édit aggravant les peines contre les blasphémateurs. A la huitième récidive, les coupables avaient la langue arrachée ! La promulgation de cet édit — peut-être préparé dans les dernières semaines du règne de François Ier — amorçait une politique répressive, encore que les blasphémateurs ne fussent pas assimilés aux « hérétiques ». Au cours du Sacre (25 juillet 1547), le cardinal de Lorraine, qui était archevêque de Reims, prit pour thème la lutte contre la Réforme dont le but, selon lui, n'était autre que la destruction des trônes et des hiérarchies sociales. Et il avait exhorté Henri II à mener le bon combat.

— « ... Je me suis d'autant plus appesanti sur ces choses que je pense qu'il t'appartient à toi seul, ou peu s'en faut, de guérir toutes ces plaies de l'Église. C'est pourquoi, fais en sorte que la postérité dise de toi : si Henri II, roi de France, n'avait pas régné, l'Église romaine aurait péri de fond en comble, et tu le feras si tu réfléchis que rien ne sera plus agréable à Dieu... Et tu seras non seulement le roi de France, mais encore, ce qui n'appartient qu'au roi des Français, le prêtre et comme le serviteur public du Dieu tout-puissant... »

Henri II répondit : « Je consens à tout ce que tu as dit du gouvernement, du roi, de mes ancêtres et de la religion. » On le connaît assez désormais pour savoir qu'il ne s'engageait pas à demi. Tout au long de son règne, il s'efforça de tenir la promesse faite le jour de son Sacre, avec d'autant plus d'obstination qu'en dépit des persécutions — ou à cause d'elles — le protestantisme ne cessait de progresser. François Ier s'était montré longtemps tolérant et même compréhensif à l'égard de ceux qu'on appelait alors les luthériens. Pourtant, dès qu'il avait été en paix avec Charles Quint, il avait organisé la chasse aux hérétiques : par une ordonnance de 1540. Par la suite, avec ou sans son assentiment, les hérétiques vaudois, quoique non luthériens, avaient été exterminés sans la moindre pitié. Henri II était décidé à poursuivre la politique de son père. Le 8 octobre 1547, il institua au Parlement une chambre spécialisée dans les procès d'hérésie. Cette chambre resta dans l'histoire sous le nom de Chambre ardente. Elle était composée de quatorze conseillers pris dans la chambre des Enquêtes. Ses deux présidents, Lizet et Saint-André, étaient connus pour leur catholicisme intransigeant. Cette cour criminelle fonctionna dès le mois de décembre 1547. Sa première session se prolongea, sans interruption, jusqu'en janvier 1550. Pendant cette période, elle ne rendit pas moins de 500 arrêts. Les peines prononcées se réduisaient à trois : l'amende honorable, le bannissement et le bûcher avec ou sans pendaison préalable. « Dès le commencement de son règne, écrit Théodore de Bèze dans son *Histoire ecclésiastique,* Henri II n'eut rien en plus grande recommandation que de poursuivre à outrance la persécution et destruction des églises, commencées par le feu roi son père. Suivant donc cette résolution, les feux furent allumés plus que jamais ; et surtout la chambre du Parlement de

Paris, qu'on appelait la chambre ardente, en envoyait au feu autant qu'il en tombait entre ses mains. Jean Morin travaillait d'un côté aux captures, envoyant force appelants au palais ; Pierre Lizet, premier président, ne laissait échapper aucun appelant. » Théodore de Bèze systématise un peu. Il est néanmoins exact que la sévérité des juges laissait peu d'espoir aux prévenus. Pierre de Sérisfontaine, arrêté par le bailli d'Orléans, convaincu de propos scandaleux « proférés contre l'honneur de Dieu, des saints du Paradis, de notre mère sainte Église », fut condamné à faire amende honorable, à être fustigé aux carrefours, après avoir subi la « question modérée ». Il était en outre banni perpétuellement du royaume et ses biens étaient confisqués. Robert Le Lièvre, Jean Le Camus, joueur d'instruments, Michel Maréchal et Jean Camus, éperonnier, furent arrêtés par le bailli de Sens et condamnés à périr par le feu. L'Arrêt précisait que, s'ils se repentaient de leur hérésie, ils seraient étranglés avant d'être brûlés, mais s'ils y persistaient et continuaient leurs blasphèmes, ils auraient la langue coupée. Des indicateurs repéraient les maisons suspectes, espionnaient ceux qui s'y rendaient, dénonçaient leurs ruses. Ils quadrillaient Paris et leur zèle montre assez que la capitale était résolument catholique. Les Parisiens assistaient volontiers aux exécutions. Il ne semble pas qu'ils fussent émus de compassion envers les condamnés, ni qu'ils aient réclamé l'indulgence des juges. On a vu plus haut qu'un autodafé avait clôturé les fêtes de l'Entrée d'Henri II à Paris.

Le clergé catholique protesta contre l'instauration de la Chambre ardente. On a soutenu qu'il estimait les peines trop sévères, la procédure trop expéditive et que les bûchers, loin de ralentir le zèle des religionnaires, augmentaient leur nombre. En réalité, la Chambre ardente enlevait des procès aux tribunaux ecclésiastiques ; il est donc probable que l'Église cherchait à conserver ses privilèges et n'admettait pas qu'une juridiction laïque se substituât aux tribunaux religieux. Henri II fit droit à cette requête. L'édit du 19 novembre 1549 enleva le droit d'information et de prise de corps aux baillis et sénéchaux ; il leur fit obligation de renvoyer les suspects aux tribunaux ecclésiastiques. Il distinguait cependant deux cas. S'agissant de « cas simples », c'est-à-dire d'hérésie personnelle et non publique, procédant davantage de l'ignorance (ou supposée telle) que de la volonté manifeste de rompre avec l'Église romaine, l'édit de 1549 avait son plein effet. Dans les cas « privilégiés », la procédure antérieure restait applicable en partie. Ces cas « privilégiés » concernaient le « scandale public, commotion populaire, sédition ou autre crime, emportant offense publique ». Ce qui signifiait que l'hérésie, dès lors qu'elle intéressait un groupe d'individus, était considérée comme attentatoire à l'ordre public. Les coupables étaient déférés devant la juridiction ecclésiastique pour y répondre de leurs erreurs dogmatiques, mais ils étaient jugés par les tribunaux laïcs pour crimes ou délits contre la paix publique. En outre, la juridiction ecclésiastique faisait appel au bras séculier pour l'exécution de certaines sentences. On s'en doute, il était souvent difficile de distinguer la nature des crimes.

L'édit de Châteaubriant, signé le 27 juin 1551, renforça et précisa l'appareil répressif. D'une certaine manière, il était un constat d'échec. Le roi y reconnaissait en effet qu'en dépit de ses efforts, le mal avait progressé. Il déclarait que les erreurs de naguère s'étaient « réduites en une commune maladie de peste si contagieuse qu'elle a infecté, en beaucoup de bonnes villes et autres lieux et endroits du royaume, la plupart des habitants, hommes et femmes de toutes qualités, et jusqu'aux petits enfants ». Et il ajoutait : « Nous n'y voyons aucun amendement, ni espérance d'y pouvoir remédier, sinon par un extrême soin et diligence, et avec toutes les rigoureuses procédures dont on doit user pour repousser vivement l'injure et obstination d'une telle malheureuse secte, et en purger et nettoyer notre royaume. » L'édit comportait 46 articles formant un véritable code. Il maintenait le partage des procès entre les deux juridictions et confirmait que les sentences émanant des sièges présidiaux seraient sans appel à condition qu'elles fussent prononcées par un collège de dix juges. Il réglementait sévèrement la publication et le commerce des livres « venant de lieux mal famés », en particulier de Genève, regardée (à juste raison) comme le foyer de l'hérésie. Il soumettait les ouvrages imprimés à la censure de la Sorbonne. Les imprimeries clandestines étaient interdites. Toute vente de livres provenant d'un héritage devait être autorisée par un censeur. Il incombait à celui-ci d'ouvrir les « ballots » entreposés dans les librairies, deux fois par an, et trois fois à Lyon (en raison de la proximité de Genève). Les libraires étaient tenus d'afficher à leurs éventaires la liste des ouvrages interdits. Aucun maître ne pouvait enseigner, soit dans une école de village, soit dans un collège, soit dans une université, s'il ne justifiait de son orthodoxie. Il en était de même des titulaires d'offices et de charges publiques. Les procureurs et avocats généraux des parlements devaient veiller spécialement à ce que leurs subordonnés missent tout leur zèle à poursuivre les hérétiques. L'ensemble des cours judiciaires, les seigneurs conservant encore le droit de haute justice dans leurs fiefs, devaient poursuivre ou dénoncer les hérétiques. Les particuliers avaient le même devoir de dénonciation, à peine d'être considérés eux-mêmes comme hérétiques et châtiés en conséquence. Les délateurs percevaient le tiers des biens confisqués, les deux autres tiers restant au roi. Ceux qui dénonceraient les réunions clandestines seraient absous, quand bien même ils y auraient pris part. Il était interdit de rester en rapport avec les hérétiques réfugiés à Genève, dont les biens seraient confisqués. Les catholiques, notamment les gentilshommes et les notables, étaient invités à ne point manquer les offices et à adorer le Saint Sacrement à genoux, car il leur appartenait de montrer l'exemple. Quant aux évêques, on leur demandait de surveiller les prédicateurs, de résider eux-mêmes dans leurs diocèses et de vivre canoniquement.

Dans le même temps, Henri II soutenait l'action des princes luthériens d'Allemagne, il est vrai, dans le but de s'emparer des Trois Évêchés !... L'édit de Compiègne (1557) aggrava encore les choses. Le roi s'y déclarait chargé par Dieu de corriger et de punir les séditieux et perturbateurs de l'ordre public et de la religion. Sans enlever aux sièges ecclésiastiques les procès d'hérésie, il chargeait les tribunaux laïcs de juger les blasphémateurs et les hérétiques prêchant et dogmatisant en public, tenant des assemblées clandestines, abusant le peuple de quelque façon que ce soit, injuriant Dieu et les saints, commettant un sacrilège quelconque, fauteurs de scandales, marchands et colporteurs de livres interdits, correspondant avec les hérétiques de Genève ou envoyés par eux, bref tous les dissidents et non-conformistes à quelque degré que ce fût et sans excepter personne. Cet édit confirmait en somme les dispositions de celui de 1551, mais il réduisait les peines à une seule : la mort. C'était enlever aux juges l'occasion de tempérer leur rigueur dans les cas douteux, voire de manifester une certaine indulgence.

Agissant ainsi, Henri II ne se comportait nullement en monarque absolu, contrairement à ce que l'on pourrait croire. Il bénéficiait d'un large consensus. Nul ne contestait son droit à sanctionner les perturbateurs de l'ordre public. Rompant avec l'ordre social, quoi qu'ils s'en défendissent, les protestants étaient assimilés à des séditieux. Leurs théoriciens (Théodore de Bèze, par exemple) admettaient parfaitement ce principe. Le but des protestants visait en effet à éliminer progressivement le catholicisme du royaume de France ; à faire du protestantisme la nouvelle religion d'État : au nom de laquelle ils n'eussent pas manqué de persécuter les opposants avec une extrême rigueur ! En Angleterre, les bûchers de Marie Tudor répondaient aux bûchers d'Édouard VI. Calvin lui-même ne s'était pas gêné pour faire brûler les prétendus libertins de Genève. Pour horrible qu'il fût, le supplice du feu réservé aux « hérétiques » n'était pas le pire. L'époque était cruelle, quelque peu sadique, assoiffée de cris et de sang. Les poèmes ailés de la Pléiade, les architectures et les lambris dorés, les Entrées fastueuses, les fêtes de la cour ne doivent pas faire illusion. La foi lézardée par le schisme ne parvenait pas à juguler les instincts morbides. Ils se déchaîneront pendant les guerres de Religion. Elles étaient imminentes.

J'ai relaté les débuts de la Réforme en France dans un autre ouvrage [1] ; je n'y reviendrai pas. Elle était encore sporadique et ne touchait que les milieux intellectuels à l'avènement d'Henri II. Cela en apparence. Pourtant l'hérésie vaudoise donnait à penser que la Réforme commençait à gagner les masses paysannes. La révolte de la Guyenne, de l'Aunis et de la Saintonge, si durement réprimée par Montmorency, est une autre indication. La gabelle en était le prétexte, mais n'y avait-il pas d'autres raisons ? Il est extrêmement difficile d'expliquer objectivement l'implantation du protestantisme, d'analyser les facteurs de son développement. Certes, ils sont attribuables, originairement, aux défaillances de l'Église romaine : papes oubliant trop souvent leur mission spirituelle et se comportant en souverains temporels tout en se servant du prestige attaché au Saint-Siège ; cumul des prélatures et des bénéfices ; haut clergé recruté, sauf exceptions, dans la noblesse, moins soucieux de gérer les diocèses et de soulager les pauvres que de paraître à la cour, voire de jouer les premiers rôles dans le gouvernement ; bas clergé peu instruit et parfois amoral. Il est indubitable que la Réforme répondait à un besoin de pureté, mais, dans ses premiers temps, ne touchait qu'une élite cultivée. Ses progrès dans certaines régions, comme le Sud-Ouest et le Midi, paraissent liés à des causes purement matérielles. La dîme était un impôt plus lourd que l'ensemble des impôts et taxes du roi. Elle était prélevée sans la moindre considération pour la situation des assujettis. En cas de non-paiement, les agents ecclésiastiques saisissaient le matériel, le cheptel ou la terre, ravalant des laboureurs momentanément en difficulté à la dure condition de brassiers. L'Église s'enrichissait prodigieusement. Évêques et grands abbés vivaient fastueusement, mais dédaignaient de visiter leurs ouailles. Les pasteurs de la nouvelle Église menaient une existence modeste. On pouvait espérer qu'avec eux la dîme serait abolie. Ce fut dans ce terreau éminemment favorable que le protestantisme populaire fit ses premières racines. Les martyrs, le mystère et le danger des pieuses assemblées, activèrent sa croissance. Ils créèrent une exaltante atmosphère de clandestinité, d'héroïsme mystique. On devenait les frères des premiers chrétiens, au temps de la décadence romaine et de la dérision du paganisme. Ces petits groupes étaient isolés, privés de directives, incertains de la conduite à tenir et peu conscients de la force qu'ils représentaient. Calvin se chargea de les instruire, de coordonner leurs actions, de les étoffer. C'était un organisateur de premier ordre et, assurément, un grand esprit. La manière dont il imposa son autorité à Genève atteste ses qualités, encore qu'elle paraisse assez brutale. Ce n'était pas seulement une religion qu'il proposait, mais une morale quotidienne fort rigoureuse. Né Français, la France fut son

1. *François Ier* même auteur, même éditeur.

terrain de prédilection. Il y expédiait des livres à profusion, afin de diffuser sa pensée. Ces ouvrages étaient rédigés dans une langue claire, à la portée de tous. Les libraires les vendaient sous le manteau malgré le risque. Mais le plus grand nombre était vendu par les petits marchands et les colporteurs. L'autre moyen employé par Calvin était l'envoi de pasteurs. Ils recevaient leur formation à Genève et, après un stage probatoire, partaient pour la France. Ils changeaient constamment de refuge et de nom, pour échapper aux poursuites, à la délation. Ils réunissaient les adeptes dans quelque maison amie, dans quelque grange discrète ou dans quelque endroit désert. Ces réunions s'accompagnaient de précautions infinies. Il vint plus de cent pasteurs en quelques années, révérés à l'égal des anciens prophètes ou des évangélistes. Ils ne portaient point de tenue spéciale, comme on a dit parfois, mais s'appliquaient au contraire à passer inaperçus en s'habillant comme tout le monde. Combien périrent ainsi, plus ou moins anonymes !

Rien n'arrêtait les progrès du calvanisme. Quand on compulse les registres des différents parlements, on constate que la nouvelle religion gagnait, d'année en année, toutes les régions. Les édits répressifs ne changeaient rien. Ce fut, très précisément, sous le règne d'Henri II que le calvinisme prit réellement son essor et, sans devenir un État dans l'État comme en Allemagne, constitua une force redoutable. Tout le ressort du Parlement de Paris se révéla « contaminé » : la Picardie, la Champagne, l'Ile-de-France, l'Orléanais, le Maine, l'Anjou, la Touraine, le Poitou, l'Aunis, l'Auvergne, la Marche et le Bourbonnais, soit à peu près la moitié du royaume ! La situation était quasi semblable dans le ressort des sept autres parlements, spécialement ceux de Normandie et de Languedoc. Çà et là, on commença à briser les « images ». On s'en prenait spécialement aux statues de la Vierge. En 1550, Jean Thuret renversa une image de la Vierge à Notre-Dame de Paris. Ce sacrilège servit d'exemple. Deux autres statues furent brisées ; une troisième, poignardée ! Un étudiant de Lisieux brisa les statues de la Vierge et de saint Sébastien, puis une verrière représentant la crucifixion. Il fut condamné, en raison de son jeune âge, à la prison perpétuelle. Calvin désapprouvait ces violences gratuites et dangereuses. Il voulait agir en quelque sorte légalement, éviter les provocations, ne pas inquiéter les timides, les hésitants. Il préférait gagner des adeptes, convaincre les membres du clergé catholique, en lesquels il trouvait des prédicateurs de choix. Il prenait une peine infinie à correspondre avec les grands, afin d'accroître son influence et de peser un jour sur les décisions du roi. Ce fut ainsi qu'il convertit d'Andelot, puis l'amiral de Coligny. Le calvinisme avait pris la suite de la Réforme. Il était parti des couches populaires : paysans, petits artisans, humbles moines, curés de campagne. Il avait gagné la bourgeoisie des villes, en dépit du danger. Il touchait désormais la noblesse et comptait plusieurs adeptes à la cour. Il approchait du roi. Progression souterraine, impossible à juguler. Calvin voulait plus ! Instituer une véritable église, afin d'encadrer les fidèles et de les instruire de façon permanente. Il ne chercha point à établir une hiérarchie complexe à la façon de l'église concurrente, avec ses princes et ses dignitaires, mais à revenir aux premiers âges de la chrétienté. Chaque groupe de fidèles eut son pasteur, assisté d'un consistoire. Le pasteur prêchait et donnait les sacrements ; il présidait le consistoire qui était composé de diacres et d'Anciens. Ces derniers surveillaient la conduite des fidèles. Les diacres visitaient les malades et les pauvres. Ils étaient élus par les adeptes, ainsi que les Anciens. Mais c'était Calvin qui, provisoirement, nommait les pasteurs. Il contrôlait ainsi l'ensemble du mouvement, sans porter aucun titre.

Ces églises se constituèrent surtout à partir de 1554. Il y en avait à peu près dans toutes les villes de quelque importance, en pays d'oïl et en pays d'oc. Celles de Nîmes, de Montpellier, de Poitiers, de La Rochelle, des îles d'Oléron et de Ré, de Saintes, de Noyon, de Troyes, de Tours, de Blois, étaient spécialement actives. Dans les endroits où les protestants étaient majoritaires, ils insultaient les catholiques. Ceux-ci n'étaient pas en reste. Déjà, certains prédicateurs romains réclamaient l'extermination des hérétiques. Le ton montait. Les disputes dégénéraient en rixes. La haine se substituait peu à peu à la bonne entente. Les têtes pensantes de l'époque voyaient dans la propagation du calvinisme non seulement un ferment de discorde, mais, en raison de sa coloration démocratique, une menace pour l'ordre social. Les patriciens de Rome ne jugeaient pas autrement le christianisme naissant. A Paris, la situation se dégradait. Une église calviniste s'y était formée en 1556. On savait que les religionnaires tenaient des assemblées clandestines, en changeant fréquemment de local. La ville comptant alors 300 000 habitants, il était facile de se cacher dans certains quartiers ; les complicités ne manquaient pas. Mais la police était nombreuse. L'appât du gain stimulait les dénonciateurs. Le peuple de Paris, fanatisé par les prêches, réclamait des châtiments exemplaires. Certaines personnes soupçonnées de calvinisme furent assommées par la foule. Selon Théodore de Bèze, la populace, excitée par les moines, « se chargeait de faire elle-même la police pour l'Église, d'épier et de dénoncer quiconque, par une vie plus rangée, par des propos empreints de mysticisme, ou par son absence dans les jours de fêtes, donnait à soupçonner qu'il penchait vers la réforme. Les juges civils et ecclésiastiques étaient quelquefois forcés par le peuple de sévir, lors même qu'ils n'en avaient nulle envie. D'autre part, l'enthousiasme des calvinistes était porté jusqu'à la soif du martyre. Quand ils étaient dénoncés, quand ils étaient saisis, ils confessaient hautement leurs opinions ; ils repoussaient les subterfuges que quelques-uns de leurs juges leur suggéraient volontiers ; ils se déclaraient prêts pour le martyre ; et au milieu des douleurs de l'atroce supplice auquel ils étaient livrés, tandis qu'on prolongeait leur agonie sur un bûcher par des inventions infernales, ils entonnaient le psaume « Mon Dieu ! prête-moi l'oreille dans ma douleur sans pareille », et ils frappaient leurs persécuteurs eux-mêmes de tant d'admiration, qu'on les vit plus d'une fois embrasser la croyance de ceux qu'ils venaient de traîner au supplice ».

Le 4 septembre 1557, trois ou quatre cents calvinistes s'étaient réunis dans une maison de la rue Saint-Jacques, à Paris, non loin de la Sorbonne. Quelques étudiants ameutèrent la foule. Lorsqu'à minuit la Cène eut été célébrée, les fidèles voulurent se retirer en silence pour ne pas attirer l'attention. Ils furent accueillis par des cris de mort et une grêle de pierres. Ils rentrèrent précipitamment dans la maison. Les gentilshommes qui faisaient partie de l'assemblée, mirent l'épée à la main et proposèrent d'ouvrir un passage aux femmes et à ceux qui n'avaient pas d'armes. Ils parvinrent à fendre la populace, mais cent cinquante personnes furent refoulées dans la maison. Elles s'attendaient à être massacrées, lorsque survint le procureur du Châtelet avec les hommes du guet. Il fit lier ces malheureux et les conduisit en prison sous les invectives de la foule. Douze commissaires furent désignés pour les juger. La France venait de subir le désastre de Saint-Quentin (regardé comme un châtiment du Ciel par les calvinistes !). Henri II avait besoin des reîtres et des lansquenets suisses et allemands. Les représentants des Cantons et ceux des princes d'Allemagne lui demandèrent de suspendre les procédures. Huit « hérétiques » furent néanmoins brûlés, dont la veuve d'un gentilhomme : on lui trancha la langue, pour l'empêcher de clamer sa foi au milieu des flammes.

En mai 1558, quelques calvinistes se promenaient au Pré-aux-Clercs. Ils se mirent soudain à chanter des psaumes. Le roi de Navarre et les gentilshommes de sa suite se joignirent à eux. Une partie de la foule s'associa à la manifestation. C'était un défi à l'ordre public. Les rassemblements furent interdits et la répression, un instant assoupie, reprit de plus belle. Les réformés osaient sortir de la clandestinité, se montrer au grand jour. Ils osèrent davantage. Le 25 mai 1559, les députés de onze églises se réunirent à Paris. Ce fut le premier synode national des protestants. Pendant trois jours, Anciens et pasteurs débattirent les articles d'une « Confession de Foi ». Ce texte définissait la doctrine calviniste, l'organisation et la discipline de la nouvelle Église. Il devait en principe aplanir les désaccords, unifier les tendances. Il impliquait de la part des religionnaires une adhésion totale, à peine de tomber dans l'hérésie. Cependant la doctrine exposée, pour vouloir trop expliquer, restait sur bien des points obscure, ou imprécise.

Henri voulait en finir. Le Parlement de Paris s'était pendant longtemps signalé par son zèle à l'encontre des religionnaires. Il avait cependant empêché le roi d'établir l'Inquisition en France, sous couleur de préserver ses attributions. Depuis 1558, une opposition caractérisée se faisait jour. Elle se traduisait par une divergence très nette dans les jurisprudences adoptées. C'est ainsi que la Chambre de la Tournelle se montrait plus indulgente que la Grand-Chambre et tendait à nuancer les peines. Elle n'appliquait donc pas l'édit prévoyant une peine unique (la mort) en matière d'hérésie. Or le Parlement de Paris, étant par nature le premier du royaume, exerçait sur les parlements de province une influence consisérable. Ses Arrêts étaient pris pour modèles. Ses interprétations des ordonnances et des édits étaient déterminantes. Elles influaient aussi, indirectement, sur leur exécution par les baillis et sénéchaux. De son point de vue, Henri II ne pouvait tolérer ce fléchissement, alors qu'il était résolu à prendre la Réforme à bras-le-corps. On aperçoit ici qu'il n'avait pas dévié d'un pouce. En 1550, il pouvait écrire à son ambassadeur à Rome qu'il n'avait que faire du concile général préconisé par Charles Quint, car son royaume n'en avait nul besoin, ses sujets étant bons catholiques et les « dévoyants », si bien châtiés que leurs adeptes éventuels se détournaient de l'hérésie. Mais l'état de guerre quasi permanent avait amené le roi à tempérer lui-même la répression, et profité au calvinisme. La paix étant faite, il devenait urgent de reprendre la situation en main, de briser cette opposition latente en frappant haut et fort.

Depuis Charles VIII, le Parlement de Paris tenait tous les trimestres une séance interne où l'on examinait les questions de fonctionnement de la cour. On appelait ces réunions « mercuriales », car elles avaient lieu le mercredi (Mercurii dies). La mercuriale du 10 juin 1559 revêtait une exceptionnelle importance. Elle avait en effet pour objet d'unifier les jurisprudences en matière d'hérésie. Le premier président, Gilles Le Maître, avait prévenu le roi de cette réunion, fait état de l'opposition de plusieurs conseillers qu'il désigna nommément. Henri II décida d'assister à cette réunion. On lui conseilla de s'abstenir, de laisser les parlementaires débattre librement, et d'autant que les opposants représentaient une infime minorité. Mais il estimait cette opposition assez influente pour faire obstacle aux mesures qu'il envisageait de prendre, et il se souvenait que le Parlement l'avait empêché d'établir l'Inquisition. Donc, le 10 juin, accompagné du chancelier Bertrand, du connétable de Montmorency, des cardinaux de Lorraine et de Guise, du duc François de Guise, il se rendit aux Augustins. C'était là que siégeait provisoirement le Parlement, car on décorait le Palais de la Cité en vue des noces de la sœur et de la fille du roi. La délibération venait de commencer lorsque le roi et sa suite firent leur entrée. Les parlementaires n'avaient pas été avertis de cette visite. Henri prit place sur son trône. Parlant en sa qualité de grand justicier du royaume, il indiqua brièvement que, la paix étant faite, il était résolu à en finir avec l'hérésie. S'exprimant de la sorte, il ne commettait pas d'abus de pouvoir, puisque toute justice émanait de sa personne et les plus hauts magistrats du royaume n'étaient que ses délégués. Il n'attentait point, jusqu'ici, à leur inviolabilité. Il avait parfaitement le droit de tenir un lit de justice quand bon lui semblait, fût-ce à une mercuriale ! Le roi ayant parlé, le chancelier invita les parlementaires à reprendre leurs débats. En dépit des sanctions très graves auxquelles ils s'exposaient, le président aux Enquêtes Arnaud du Ferrier, les conseillers Antoine Fumée, Paul de Foix, Nicolas du Val, Eustache de La Porte, et plusieurs autres, suggérèrent, non sans précautions oratoires, d'atténuer la rigueur des peines, voire de suspendre les poursuites ou de les modérer, en attendant la réunion d'un concile œcuménique. Ils osèrent déclarer que c'étaient les abus de l'Église romaine qui avaient suscité la Réforme, son refus de les réprimer qui avait troublé les âmes et déterminé leur adhésion à la religion nouvelle. Claude Viole et Louis du Faur firent un pas de plus, en mettant les progrès du calvinisme sur le compte de la répression frappant ses adhérents. — « Il faut bien entendre, déclara du Faur, qui sont ceux qui troublent l'Église, de peur qu'il advienne ce qu'Hélie dit à Achab : C'est toi qui troubles Israël. » L'attaque d'Anne du Bourg fut encore plus directe. Il était le fils de l'ancien chancelier de François Ier. Il venait d'entrer au Parlement, comme conseiller-clerc (en 1557). Il dit qu'on voyait commettre tous les jours des crimes passibles de la mort qu'on laissait impunis, tels que des blasphèmes réitérés, des adultères, d'horribles débauches, des parjures fréquents, alors qu'on « inventait de nouveaux supplices contre des gens à qui on ne pouvait reprocher aucun crime ».

Les présidents des diverses chambres donnèrent ensuite leur avis. Ce fut pour invoquer avec force la nécessité de châtier les sectateurs avec une extrême rigueur. Pour sa part, le premier président Gilles Le Maître crut bon de rappeler l'exemple de Philippe Auguste qui, en une seule journée, avait fait brûler six cents hérétiques albigeois.

Le roi écouta toutes ces déclarations sans broncher ni répliquer quoi que ce fût. Cette impassibilité rassura. On le vit qui se concertait avec le chancelier et les deux cardinaux. Brusquement, il donna l'ordre au connétable d'arrêter du Bourg et du Faur et de les conduire à la Bastille. Avant de partir, il déclara que la faute de ces deux conseillers et de leurs complices déshonorait le Parlement. Ce fut Gabriel de Montgomery, capitaine en second des archers de la garde écossaise, qui procéda aux arrestations : il allait bientôt connaître une autre célébrité ! Le même jour, Henri II donna l'ordre de saisir les autres suspects. Paul de Foix, Antoine Fumée et Eustache de La Porte furent arrêtés à leur domicile. Du Ferrier, du Val et Viole, s'estimant perdus, avaient pris la fuite. Le 19 juin, le roi nomma les commissaires chargés d'instruire l'affaire : ce furent l'évêque de Paris assisté de l'inquisiteur Antoine de Mouchy (qui se faisait appeler Démocharès) et quatre parlementaires connus pour leur acharnement contre les « hérétiques ». Les cas des conseillers du Faur et du Bourg étaient les plus graves. Le premier, pensait-on, avait désigné le roi sous le nom d'Achab ; le second lui avait reproché son adultère. Ce fut du Bourg qui comparut le premier. Il invoqua d'abord l'inviolabilité des parlementaires et récusa la compétence de la commission, puis il avoua fièrement son adhésion au calvinisme. Il fut dégradé et livré au bras séculier, mais interjeta appel et son exécution fut différée.

L'arrestation des conseillers fut approuvée par l'ensemble de la population parisienne, encore qu'elle constituât une sorte de coup d'État, en enlevant une part de sa crédibilité au Parlement. Elle n'émut que les calvinistes et leurs dirigeants de Genève. Ils comprirent que cette mesure amorçait une lutte sans merci contre eux. La rumeur courait qu'on les mettrait bientôt hors la loi, afin que chacun pût les exterminer sans risques. Cette rumeur n'était pas sans fondement.

Henri II écrivit à son ambassadeur à Rome : « Et j'espère bien, puisque Dieu m'a donné la paix, d'employer le temps et ce que j'aurai de force en main à faire punir, châtier et extirper tous ceux qui se trouveraient imitateurs de ces nouvelles doctrines, SANS Y ÉPARGNER PERSONNE, DE QUELQUE QUALITÉ OU DIGNITÉ QU'ILS SOIENT ; en sorte que je purgerai mon royaume, s'il est au monde possible. Ce que vous pourrez faire entendre, si vous vous trouvez à propos, à notre dit Saint-Père, et ailleurs où besoin sera. »

Le cardinal de Tournon, qui se trouvait alors en Italie, crut utile de le complimenter de ce saint ouvrage. Il précisait qu'en Espagne Philippe II avait, lui aussi, ordonné des exécutions nombreuses, sans égard pour le rang des condamnés. Il exhortait Henri à faire de même, estimant que « tant plus les personnages sont en magistrature et autorité, tant moins l'on doit avoir égard à eux pour les châtier et punir s'ils tombent et se laissent aller en ces nouvelles doctrines ». Pour lui enlever tout scrupule, s'il en était besoin, il l'informait que, si les calvinistes réclamaient la réunion d'un concile œcuménique avec tant d'insistance, ce n'était que pour gagner du temps. La suspension des poursuites en attendant les décisions du concile eût facilité leurs progrès.

Henri II ne put lire cette lettre...

VIII

LE 10 JUILLET 1559

Le 15 juin, les envoyés de Philippe II, le duc de Savoie et sa suite étaient arrivés à Paris. Les premiers, afin d'épouser par procuration la princesse Élisabeth, au nom de leur maître. Emmanuel-Philibert, pour convoler avec la princesse Marguerite, sœur d'Henri II, et recouvrer enfin ses biens patrimoniaux. Le roi était sincèrement heureux de ce double mariage garantissant la paix du Cateau-Cambrésis. Le duc de Savoie avait accepté — un peu à contrecœur — que le marquisat de Saluces restât à la France, en témoignage de l' « immense libéralité » du roi. La restitution de la Savoie donnait bonne conscience à Henri. Il déclarait à Vieilleville que « c'était à la vérité une fort tyrannique usurpation que le feu roi, son seigneur et père, avait faite sur le père de celui-ci (le duc de Savoie), car il n'y avait nul droit ; et que ce n'était pas vivre en bon chrétien de jeter ainsi un pauvre prince de sa terre et de l'en dépouiller du tout ; et, quand il n'y aurait d'autre considération que de décharger l'âme de sondit seigneur et père, il veut rendre à ce duc ce qui lui appartient ; aussi qu'il le trouve très gentil prince et de gaillarde humeur, dont il espère tirer de bons et grands services, et qu'il ne sera ni traître ni ingrat ». Quand Vieilleville vit le roi « ainsi trébuché en la piété et au christianisme, jusqu'à accuser son père de tyrannie », il préféra se taire.

On préparait activement les fêtes. Elles devaient être précédées d'un tournoi qui devait durer cinq grandes journées. On avait aménagé les lices rue Saint-Antoine, à proximité du palais des Tournelles, dressé les échafauds où les dames prendraient place. Le « défi » avait été crié, selon le rituel chevaleresque. Ce devait être un spectacle sans pareil, mais aussi la dernière fête de chevalerie ! Henri ne doutait pas d'y briller, voire d'être déclaré vainqueur. Il restait toujours aussi robuste et adroit, et toujours aussi passionné pour ces jeux brutaux. Il en oubliait presque l'extirpation de l'hérésie, la mercuriale du Parlement et les insolences d'Anne du Bourg ! Le bruit courait chez les calvinistes qu'une trêve leur était tacitement accordée pendant la durée des festivités. Certains redoutaient que le roi n'offrît aux envoyés du fanatique roi d'Espagne le spectacle d'un autodafé.

La reine Catherine appréhendait fort ce tournoi. Elle était superstitieuse, comme toutes les Italiennes, et se fiait aux devins et mages de tout poil. L'un d'eux, nommé Luc Gouric, avait pronostiqué, dès 1556, que, dans sa quarante-et unième année, le roi risquait de mourir ou de devenir aveugle par suite d'une blessure à la tête. Recevant cet avis, le roi aurait dit au connétable, à ce que rapporte Brantôme :

— « Voyez, mon compère, quelle mort m'est présagée ! »

— « Ah ! Sire, voulez-vous croire ces marauds, qui ne sont que menteurs et bavards ? Faites jeter cela au feu ! »

— « Mon compère, pourquoi ? Ils disent quelquefois vérité. Je ne me soucie de mourir autant de cette mort que d'une autre. Peut-être même que je l'aimerais mieux et qu'il me faille mourir de la main de n'importe qui, pourvu qu'il soit brave et vaillant et que la gloire m'en demeure. »

En 1555 et 1558 parurent les fameuses *Centuries* de Nostradamus (Michel de Nostre-Dame). Ceux qui y lurent ces quatre vers songèrent-ils à les appliquer au roi ?

Le lion jeune le vieux surmontera
En champ bellique par singulier duel ;
Dans cage d'or les yeux lui crèvera,
Deux classes une, puis mourir mort cruelle.

Après la blessure et la mort du roi, l'interprétation devenait facile et l'on comprend pourquoi la reine veuve appela Nostradamus à la cour ! Mais il y eut d'autres prophéties de même nature...

Les deux premiers jours se déroulèrent sans incident. Les quatre « tenants » du tournoi firent merveille. Ils arboraient, selon l'usage, les couleurs de leur Dame. Guise était incarnat et blanc ; Ferrare, jaune et rouge ; Nemours, jaune et noir et le roi, avec ses couleurs habituelles, blanc et noir. Ainsi, jusqu'à son dernier jour, le fidèle amant porta-t-il les couleurs de Diane ! Nul ne savait que c'était l'ultime hommage qu'il lui rendait. La troisième journée (30 juin) fut aussi plaisante. Henri, toujours en cotte noire et blanche, montait un superbe cheval dont le duc de Savoie lui avait fait présent et qui répondait au nom de « Malheureux ». Apercevant son futur beau-frère, il lui dit en riant de bien serrer les genoux, « car il l'allait bien ébranler, sans respect d'alliance ni de fraternité ». Il manqua le désarçonner et Savoie se rétablit de justesse : on mit courtoisement le fait sur le compte de « son cheval rebours ». Le roi rompit ensuite une lance contre le duc de Guise. Son troisième adversaire fut Gabriel de Montgomery, fils du capitaine des gardes écossais et son lieutenant. C'était « un grand et roide jeune homme ». Tous deux se choquèrent à outrance ; les lances volèrent en éclats. Il n'y avait ni vainqueur ni vaincu. Le roi voulut prendre sa revanche ; il avait « branlé sur sa selle ». Montgomery refusa courtoisement. Le roi lui intima l'ordre d'entrer en lice. Il ne restait plus au jeune comte qu'à obéir : on ne discutait pas les ordres du maître ! La nuit précédente, Catherine avait rêvé que le roi avait un œil crevé ; qu'on le relevait couvert de sang. Elle lui envoya le grand écuyer Gouffier, le suppliant de ne pas courir cette lance. Vieilleville joignit ses supplications à celles de la reine et du Grand écuyer :

— « Je jure le Dieu vivant, Sire, qu'il y a plus de trois nuits que je ne fais que songer qu'il vous doit arriver quelque malheur aujourd'hui, et que ce dernier de juin vous est fatal : vous en ferez comme il vous plaira. »

Henri se mit à rire. Il ne croyait pas à la fatalité, ou il s'en moquait. Il fit répondre à la reine qu'il ne courrait qu'une lance. Chose étrange, nulle chronique ne signale l'inquiétude de la duchesse de Valentinois. Elle était pourtant près de la reine, au milieu des dames d'honneur. Sans doute ne croyait-elle pas plus aux prophéties et autres sornettes que son amant.

Le rite voulait qu'à leur entrée en lice, les combattants fussent salués par les trompettes et clairons sonnant « à tue-tête et étourdissement d'oreilles ». La glorieuse fanfare continuait pendant tout le combat. Or, à l'entrée du roi et de Montgomery, trompettes et clairons demeurèrent muets, comme frappés d'un charme maléfique : ce qui, selon le témoignage de Vieilleville, fit « avec horreur présager le malheureux désastre qui en advint ».

Les deux chevaliers s'élancent au galop. Les lances se brisent. Le choc est si violent que les chevaux se dressent sur leurs pattes arrière. Montgomery n'a pas eu le temps, ou le réflexe, de baisser assez vite sa lance. Le tronçon soulève la visière du roi, entre dans l'œil. Henri n'a pas été désarçonné, mais on le voit lâcher la bride, chanceler, étreindre le cou de son cheval, gagner ainsi l'extrémité de la lice. Le Grand écuyer et son second arrêtent le cheval. Le roi paraît évanoui. On le descend avec précaution. On retire son casque (la « cage d'or » de Nostradamus). Le visage se couvre de sang. On distingue cependant plusieurs grandes esquilles plantées dans l'œil et dans la tempe. La reine accourt avec les dames d'honneur. Une foule tumultueuse rompt les barrières, s'assemble. On emporte le blessé. Le roi a repris connaissance. On l'entend murmurer :

— « Je suis mort... »

Il trouve cependant la force de pardonner à Montgomery qui, saisi de folie ou peu confiant dans le pardon du roi, s'enfuit soudain. Le roi veut monter dans sa chambre. Il y parvient avec l'aide de Guise et de Montmorency. On l'étend sur son lit. Il joint les mains et balbutie des prières.

Jean Chapelain arrive avec les chirurgiens. C'est le premier médecin du roi. On a demandé Ambroise Paré et le duc de Savoie a expédié un courrier à Bruxelles pour convoquer Vésale, médecin personnel de Philippe II. L'état du blessé ne permet pas d'attendre l'arrivée de ces éminents praticiens. Chapelain désinfecte la plaie et, prenant un risque extrême, parvient à retirer cinq gros éclats du front, de l'œil et de la tempe. Il n'ose sonder davantage les plaies qui sont profondes, affreuses à voir. Il pose un pansement de son mieux. Le roi a supporté cette opération avec un courage extraordinaire. Il n'a poussé qu'un seul cri. On lui donne une potion calmante. Il semble moins souffrir et repose. Mais la fièvre le saisit au cours de la nuit. La reine ne le quitte pas. Le duc de Savoie, Montmorency, les Guise, Ferrare se relaient à son chevet. La duchesse de Valentinois n'ose paraître ; elle craint d'être mise à la porte par Catherine. Nul ne sait ce qu'elle éprouve, ce qu'elle redoute dans le secret de son cœur. La terre se dérobe sous ses pas. Elle doit se souvenir du cri de la duchesse d'Étampes, à la mort de François Ier. Que le roi meure, et c'en est fini pour elle aussi des grandeurs ! Sans doute, les médecins pensent pouvoir le sauver. Naguère, « le Balafré » (le duc de Guise) s'est remis d'une blessure aussi grave, grâce à Ambroise Paré. Ce dernier va venir, accomplir un nouveau miracle...

Le lendemain, 1er juillet, l'état du roi s'améliore. La fièvre est tombée. Il peut absorber quelque nourriture. Mais il reste sous le choc de l'opération. Il se soucie pourtant du sort de Montgomery, répétant qu'il lui pardonne, que le jeune homme n'a fait qu'obéir à ses ordres et qu'on ne peut rien lui reprocher. Les courtisans n'attaquent point encore Montgomery, coupable tout au plus de maladresse. Ils insinuent que, si l'armet du roi avait été correctement attaché, le tronçon de lance ne l'aurait pas soulevé. On cherche le responsable. Guise n'est pas étranger à ces insinuations. Le 3 juillet, on peut croire que le roi va se rétablir. Il fait le vœu de se rendre en pèlerinage à Notre-Dame de Cléry. Et il ordonne la célébration du mariage de sa sœur avec le duc de Savoie. Songeant à l'extirpation de l'hérésie, il a le courage de dicter une lettre à l'intention de son ambassadeur à Rome pour lui exposer ses projets et le prier d'en rendre compte au Saint-Père : « Et j'espère bien, puisque Dieu m'a donné la paix, d'employer le temps et ce que j'aurai de force en main à faire punir, châtier et extirper tous ceux qui se trouveraient imitateurs de ces nouvelles doctrines... » C'est la lettre citée à la fin du chapitre précédent.

Les Parisiens prient pour sa guérison. Ils affichent une affliction extrême. Non tous, évidemment. Les calvinistes voient dans ce tragique accident la juste punition du Ciel. Ces jours-là, un pasteur écrit à Calvin : « Les jugements de Dieu sont un profond abîme, qui cependant s'éclaire parfois d'une lumière plus éclatante que celle du soleil. La tempête terrible de la persécution, qui avait bouleversé tout ce royaume, sans épargner presque aucune ville ou bourg, va s'apaiser peut-être par ce coup de la Providence. » On ne peut être plus net ! La malédiction des calvinistes accompagne les derniers jours du roi...

Depuis quatre jours, les médecins reproduisaient les blessures d'Henri sur les têtes de condamnés à mort qu'on leur avait apportées : c'était une initiative de Montmorency. Ils n'osèrent pourtant pas débrider les plaies. Elles renfermaient encore des esquilles. Un abcès se forma. Dans la nuit du 4 juillet, la fièvre ressaisit le malade. Il fut pris de violentes douleurs. Ni Ambroise Paré ni le grand Vésale ne pouvaient le sauver ; ils ne disposaient d'aucun moyen pour juguler l'infection. Parlant avec peine, le roi demanda pourtant que l'on écrivît à son ambassadeur à Bruxelles de recommander le dauphin et le royaume à l'honneur de Philippe II. Il perdait la vue et remuait difficilement les bras. Il voulut bénir le dauphin, mais ne put que lui serrer la main. François ne supporta pas l'émotion. Il perdit connaissance et on dut l'emporter. Henri fit alors appeler la reine Catherine. Il la pria de veiller à la bonne administration du royaume, « avec leur fils aîné encore bien jeune, qui lui succédait », leurs autres enfants et « qu'elle et eux priassent et fissent prier Dieu pour son âme ; car, de son corps, il sentait bien, par l'horrible mal qu'il souffrait, que c'était fait de sa vie ». Quand la reine se retira, il fallut la soutenir, sinon elle serait tombée à terre, tant sa douleur était grande. Les médecins disputaient sur l'opportunité de tenter une trépanation. Ils se bornèrent à inciser l'abcès. Le roi parut soulagé, mais une sueur de mort couvrait son corps ; les médecins ne laissèrent plus aucun espoir.

Le soir du 9 juillet, on célébra en hâte le mariage de la princesse Marguerite et du duc de Savoie. Selon Vieilleville qui y assista, ces noces nocturnes « ressemblaient mieux à un convoi mortuaire et à des funérailles qu'à autre chose ; car, au lieu de hautbois, violons et autres réjouissances, ce n'étaient que pleurs, sanglots, tristesses et regrets ; et, pour mieux représenter un enterrement, ils s'épousèrent un peu après minuit, en l'église Saint-Paul, avec torches, flambeaux, et toutes autres sortes de luminaires, pour éclairer toute la suite ».

Le roi se mourait. Il avait perdu l'usage de la parole et l'entendement. Il entrait en agonie. On dit cependant qu'il reprit connaissance dans ses derniers instants et murmura :

— « Que mon peuple persiste et demeure ferme en la foi en laquelle je meurs. »

S'il n'a pas prononcé ces paroles, elles exprimaient son ultime préoccupation. Il expira le 10 juillet, vers une heure de l'après-midi. Il avait quarante ans, trois mois et dix jours. Il régnait depuis douze ans et trois mois.

« Il ne faut point demander, dit Brantôme, si aussitôt la cour fut troublée et même la reine. Après avoir mis toute la diligence, toute la curiosité du monde pour le faire guérir, en implorant et l'aide de Dieu et des hommes, il mourut au bout de quelques jours en très bon chrétien et très bon catholique qu'il était, autant qu'aucun de ses prédécesseurs qui ait été ; et ainsi ce grand roi, qui avait été en tant de guerres et les avait tant aimées, n'a pu y mourir, et est mort là. »

Brantôme raconte aussi que Montmorency, après le coup de lance de Montgomery, se souvint brusquement de la prophétie de Gouric. Il la fit demander à L'Aubespine, la relut et ne put retenir ses larmes :

— « Ah ! dit-il, voilà le combat et duel singulier où il devait mourir. Cela est fait, il est mort. »

Certains courtisans rappelaient que le règne d'Henri II avait commencé et qu'il s'achevait par un duel [1].

« Il mourut jeune, ajoute Brantôme, et ne devait mourir encore. Les huguenots disent que Dieu le punit et le fit mourir, et le blessa à la vue, dont il se vantait et se voulait aider pour voir brûler le conseiller du Bourg à cause de l'hérésie. Les huguenots le peuvent expliquer et condamner comme ils voudront ; mais je crois que la principale occasion pour laquelle Dieu nous l'ôta, c'était pour nous punir des maux qui nous devaient arriver en France par sa mort. »

---

1. Le duel de La Châtaigneraie contre Jarnac avait eu lieu le 10 juillet 1547, exactement douze ans avant le tournoi de la rue Saint-Antoine.

IX

LA REINE NOIRE

La douleur de Catherine de Médicis fut si violente qu'on craignait pour sa vie. Brantôme évoque ce chagrin en des phrases qui rendent un son de tambours funèbres : « Or, le roi son mari blessé, ceux qui étaient de ce temps, et qui l'ont vue, ne peuvent ignorer le grand souci qu'elle prit pour sa guérison, et les veilles qu'elle fit auprès de lui sans se coucher, les grandes prières dont elle importunait Dieu coup sur coup, et les processions et visitations d'églises qu'elle fit, et les postes qu'elle envoya partout pour quérir médecins et chirurgiens. Mais son heure étant venue et ayant passé de ce monde en l'autre, elle fit de telles lamentations, en jeta de telles larmes, que jamais elle ne les a taries ; et pour sa souvenance, et lorsqu'on parlait de lui, tant qu'elle a vécu, elle en a toujours jeté quelqu'une du profond de ses yeux. Dont elle en prit cette devise propre et convenable à son deuil et à ses pleurs, qui était une montagne de chaux vive, sur laquelle les gouttes d'eau du ciel tombaient à foison, et disaient les mots tels en latin : *Ardorem extincta testantur vivere flamma.* Les gouttes d'eau et les larmes montrent bien leur ardeur, encore que la flamme soit éteinte ; telle devise prenant allégorie sur le naturel de la chaux vive, laquelle étant arrosée d'eau brûle étrangement, et montre son ardeur, encore qu'elle ne fasse point apparaître de flamme et qu'elle soit éteinte. Par ainsi notre reine montrait son ardeur et son affection par ses larmes, encore que sa flamme, qui était le roi son mari, fût éteinte ; ce qui était autant (revenait) à dire que, tout mort qu'il était, elle faisait bien paraître par ses larmes qu'elle ne le pouvait oublier et qu'elle l'aimait toujours. »

En France, l'usage voulait que les reines veuves se vêtissent de blanc. Catherine s'habilla de noir et porta le deuil jusqu'à sa mort. Elle ne s'enferma point pendant quarante jours dans une chambre obscure, en compagnie de quelques dames. Elle avait trop à faire et se devait de veiller sur le royaume : longue et tumultueuse veille qui devait durer trente années ! François II avait dépassé l'âge de quinze ans ; légalement majeur, ce n'était qu'un grand enfant qui se croyait un homme. Il aimait éperdument sa jeune épouse Marie Stuart, mais n'avait pu la rendre femme par suite d'une malformation. Il se vengeait de cette humiliation en chassant comme un forcené, épuisait ses dernières forces dans des exercices violents. On savait qu'il ne vivrait pas longtemps. Il était intelligent et instruit, malgré ce qu'on a dit de lui, mais il subissait l'influence de Marie sans même s'en rendre compte, tant cette créature séduisante avait d'empire sur lui. Nièce des Guise, elle restait un instrument docile entre leurs mains. Le premier acte du nouveau roi fut de congédier Montmorency, sans ménagements. On comprit que, désormais, les Guise étaient les vrais maîtres du royaume. Catherine laissa faire. Elle ne pardonnait pas au connétable le traité du Cateau-Cambrésis, l'abandon de nos alliés italiens. François II l'adorait ; il lui avait spontanément offert le pouvoir. Elle avait récusé cette offre. L'heure était trop grave, la situation trop difficile ! La « marchande florentine » savait que la dette représentait le quadruple du revenu annuel. Elle n'ignorait rien des progrès du calvinisme, des intrigues qui se nouaient dans l'ombre, à la cour et ailleurs, de la pauvreté de la petite noblesse, de la misère publique en certaines provinces, du climat d'agitation régnant dans les villes. Elle se réservait d'intervenir quand besoin serait, et préférait laisser les Guise s'user au pouvoir, attirer sur eux les haines et les vindictes. Cependant son effacement n'était qu'une apparence. On la croyait abîmée dans son chagrin, alors qu'elle manœuvrait discrètement. Le duc de Guise s'emparait des affaires militaires ; le cardinal de Lorraine, de la diplomatie et des finances. L'un et l'autre recevaient les ambassadeurs avec François II, afin de publier leur puissance. Catherine peuplait, avec leur accord, le conseil de ses créatures ; elle se faisait des alliés ; elle créait son propre parti. Nul ne s'en avisa, hormis le subtil ambassadeur de Venise.

Son indulgence envers la duchesse de Valentinois surprit la cour. On se souvenait de la chute d'Anne d'Étampes. Personne n'eût trouvé à redire si Diane avait subi le même traitement. On s'attendait même à ce qu'elle fût jetée en prison, ou dépouillée de ses biens, sinon pis. Tout au long du règne d'Henri II, on avait feint de croire à une liaison platonique. On plaignait pourtant la reine et l'on s'étonnait de sa patience. On croyait qu'après la mort du roi, Catherine ferait payer très cher les humiliations que Diane lui avait infligées. Les perfides savouraient déjà le moment où la déesse serait précipitée de son piédestal, connaîtrait à son tour le désespoir. Ils en furent pour leurs frais. Tout se passa avec tact et discrétion : il est vrai que Diane connaissait la règle du jeu. Elle n'essaya pas de se battre comme avait fait l'orgueilleuse duchesse d'Étampes. Elle choisit de se soumettre. Dès que le roi eut expiré, elle quitta la cour et se retira dans son château d'Anet, en demandant pardon à Catherine. Elle restitua les joyaux de la couronne, dont Henri lui avait fait présent, non point à la reine veuve, mais à la nouvelle reine Marie Stuart. Catherine lui laissa ses biens. Elle ne lui reprit que Chenonceaux ; encore lui céda-t-elle en compensation le château de Chaumont : ce fut sa seule vengeance ! Avait-elle pardonné à Diane ? Je crois qu'elle ne voulait pas offenser la mémoire de son époux.

Car, désormais, il lui appartenait, à elle seule ! Elle était la dépositaire de ses secrets, de sa pensée, sa continuatrice. Elle fit à cet homme qu'elle avait adoré et qui l'avait si mal aimée, des funérailles grandioses. Cet fut François Clouet qui modela l'effigie du roi, laquelle fut habillée de satin cramoisi et violet et enveloppée du grand manteau fleurdelisé : c'était bien la première fois qu'Henri ne portait pas les couleurs de Diane ! Mais, depuis le 10 juillet, il n'était plus que l'époux de Catherine. Le 13 août, sa dépouille fut portée de Notre-Dame à Saint-Denis. A tous les carrefours, les vingt-quatre « crieurs » de Paris, qui accompagnaient le cortège funèbre, psalmodiaient : « Priez Dieu pour l'âme du très haut, très puissant et très vertueux et magnifique Henri, par la grâce de Dieu roi de France très chrétien, deuxième de ce nom, en son vivant prince belliqueux, l'amour de tous ses États, accompli de bontés, plein de vaillance et d'adresse. »

Les Parisiens ne furent pas avares de larmes. Et, certes, ils pouvaient pleurer le roi Henri d'un cœur sincère. Il laissait à son peuple un royaume agrandi de Calais et des Trois Évêchés, mieux abrité des invasions, mais il avait surtout eu le courage de conclure une paix à laquelle tous aspiraient depuis des années. Il y avait longtemps que le peuple s'était lassé des chimères d'Italie ! On oubliait les fautes, les faiblesses de celui qui s'en allait et l'on pensait que la Savoie resterait notre alliée puisque son duc avait épousé la princesse Marguerite. On croyait que la paix ramènerait la prospérité. Hélas ! si, avant son trépas, Henri II avait fait cadeau à son peuple de la paix extérieure, il emportait avec lui la paix intérieure. D'ailleurs, s'il avait vécu, aurait-il eu assez d'autorité et de talent pour empêcher la guerre civile ? 1559 est l'une des dates les plus funestes de notre histoire. La France allait être, pendant trente ans, déchirée par les luttes politico-religieuses, perdre son rang de première puissance de l'Europe, disparaître de la scène internationale, sacrifier une génération et ruiner une partie de son patrimoine ; la monarchie, interrompre son ascension et connaître sa plus longue éclipse.

Déjà la reine Catherine avait commandé au Primatice, nouveau surintendant des bâtiments du roi, les plans du mausolée de Saint-Denis. Elle le voulait unique, en forme de rotonde imitée du Panthéon romain. Je ne puis relater ici l'histoire de cet édifice dont la construction ne fut achevée qu'en 1610 et dont il reste aujourd'hui peu de chose. Plusieurs architectes et de nombreux sculpteurs y travaillèrent. Le principal d'entre eux fut Germain Pilon, disciple de Pierre Bontemps et de Jean Goujon. Il est l'auteur des deux gisants situés sous le dais architectural du tombeau. On ne peut douter qu'il n'ait reçu les recommandations de la reine pour exécuter ces deux sculptures, dont il faut dire qu'elles sont, dans le genre, un incomparable chef-d'œuvre, car la Renaissance italienne s'y intègre à la perfection au classicisme français. Or ce que Germain Pilon a représenté, ce ne sont pas deux morts, mais deux vivants dans la force de leur maturité. Le roi ne porte point l'affreuse blessure du tournoi de la rue Saint-Antoine. Il repose, athlète détendu ; de grosses veines sinuent sous les muscles du bras. Appuyée contre lui, la reine a cette grâce que confère l'abandon du sommeil. Ses mains, ses joues, ses lèvres gardent quelque chose d'enfantin. Mais deux de ses doigts pressent la pointe d'un sein et la courbe des cuisses à peine jointes suggère la volupté. C'est un couple d'amants-époux après l'étreinte, également las et comblés. Telle est l'image que Catherine voulut léguer à la postérité : celle d'un amour partagé. Quel homme franchissant les bornes de l'éternité peut se glorifier d'un pareil témoignage de fidélité !

NOTICES BIOGRAPHIQUES

ALBRET, voir JEANNE d'ALBRET.

ALLEMAGNE. — Empereurs pendant le règne d'Henri II : CHARLES QUINT (de 1519 à 1556), FERDINAND Ier (de 1556 à 1564).

ANDROUET (Jacques), surnommé du Cerceau (en raison de l'enseigne pendant à sa maison), né en 1530, mort en 1614. Architecte de grand talent, il construisit notamment les hôtels de Carnavalet, de Bretonvilliers et de Sully. Il établit les plans d'agrandissement du Louvre et des Tuileries. Il est en outre l'auteur d'admirables planches sur « les plus excellents bâtiments de France » et sur « les édifices antiques romains ».

ANGLETERRE. — Rois d'Angleterre pendant le règne d'Henri II : EDOUARD VI (de 1547 à 1553), MARIE Ire TUDOR (de 1553 à 1558), ELIZABETH Ire (de 1558 à 1603).

ANTOINE DE BOURBON, né en 1518, mort en 1562. Duc de Vendôme, il épousa Jeanne d'Albret en 1548 et devint roi de Navarre. D'abord protestant, il revint au catholicisme à la mort de François II, fut lieutenant général du royaume et combattit son frère, le prince de Condé, chef des huguenots. Il soumit Tours et Blois, et fut mortellement blessé au siège de Rouen. Il est le père d'Henri IV.

BAÏF (Jean-Antoine de), né en 1532, mort en 1589. Poète érudit, il tenta de renouveler la prosodie française en inventant des vers « mesurés à la manière antique ». Il toucha à tous les genres et fonda une académie de poésie et de musique avant de revenir à la veine populaire. C'est surtout un théoricien.

BAÏF (Noël du), né en 1520, mort en 1591. Magistrat breton, il publia *Les notables et solennels arrêts du Parlement de Bretagne*, mais surtout des contes dans lesquels il peint avec bonheur la classe paysanne : *Nouvelles récréations et joyeux devis* ; *Propos rustiques et facétieux, Baliverneries, Contes nouveaux* et *Contes et discours d'Eutrapel.*

BELLAY (Joachim du), né en 1522, mort en 1560. Proche parent des Bellay-Langey qui donnèrent des diplomates et des soldats distingués, il étudia les lettres et le droit avant de se consacrer à la poésie. Il publia en 1549 *La défense et illustration de la langue française,* manifeste de la nouvelle poésie, puis *L'Olive* et les *Vers lyriques.* Il séjourna quatre ans à Rome dans la suite de son cousin, le cardinal Jean du Bellay, et publia à son retour en France *Les antiquités*, les *Regrets*, des vers latins et *Divers jeux rustiques.*

BOURBON-CONDÉ : Les Bourbons-Condé, branche cadette de la Maison de Bourbon, étaient issus de François de Bourbon, comte de La Marche et de Vendôme, lequel avait acquis, par son mariage avec Marie de Luxembourg, la seigneurie de Condé (sur-Escaut) en 1487. Son petit-fils fut LOUIS, PRINCE DE CONDÉ (1530-1569). Converti au protestantisme, il devint le rival des Guise. Condamné à mort après la Conjuration d'Amboise (1560), il fut sauvé par le trépas de François II. Il fut ensuite vaincu à Dreux (1562) et à Jarnac (1569). Blessé dans cette dernière bataille, il fut assassiné de sang-froid, sur l'ordre probable du duc d'Anjou. Il avait pour frère ANTOINE DE BOURBON, roi de Navarre (voir rubrique le concernant).

CALVIN : Une notice lui est consacrée dans *François Ier*, même auteur, même éditeur.

CARAFFA ou CARAFA (Carlo : 1516-1561, Antonio : 1538-1591 et Giovanni). Neveux du pape PAUL IV qui dépouilla les Colonna et les Guidi en leur faveur et entra même en conflit avec l'Espagne au mépris des intérêts du Saint-Siège. Il dut pourtant les exiler en 1559, en raison de leur despotisme et de leurs exactions. Ils furent sévèrement châtiés par Pie IV, puis réhabilités partiellement par Pie V.

CERCEAU, voir ANDROUET du.

CHARLES QUINT (Charles V), né en 1500, empereur de 1519 à 1556. Fils de l'archiduc Philippe le Beau (donc petit-fils de l'empereur Maximilien Ier) et de Jeanne la Folle, héritière de Ferdinand d'Aragon et d'Isabelle de Castille, il devint roi d'Aragon, de Castille (et de la Navarre espagnole) à la mort de Ferdinand d'Aragon en 1516. Après la mort de Maximilien Ier, qui avait essayé en vain de le faire élire roi des Romains, il disputa victorieusement l'empire à François Ier (1519). Il hérita en même temps de l'Artois, de la Flandre et de la Franche-Comté. S'il réprima aisément la révolte des Communeros en Espagne, il n'en fut pas de même de la rébellion des luthériens allemands. La France étant la seule puissance en mesure de s'opposer à sa tentative d'hégémonie sur l'Europe, il soutint quatre guerres contre elle : la première aboutit aux défaites de La Bicoque et de Pavie et à la captivité de François Ier (1525) ; la seconde à la paix des Dames (1529) qui marquait le redressement de la France ; la troisième au désastre des Impériaux en Provence et à la réconciliation de Nice (1538) ; la quatrième à la défaite des Impériaux à Cérisoles, à l'expédition manquée en Ile-de-France et à la paix de Crépy (1544). Il ne put empêcher Soliman d'annexer la Hongrie. Bien qu'il les eût écrasés à Mühlberg (1547), il échoua pareillement dans sa lutte contre les luthériens. Il fut contraint de leur accorder le droit d'existence : paix d'Augsbourg (1555). Une guerre malheureuse contre Henri II lui fit perdre les Trois Évêchés et l'amena à signer la trêve de Vaucelles. Lassé du pouvoir, il abdiqua la couronne d'Espagne en faveur de son fils Philippe II et la couronne impériale en faveur de son frère Ferdinand d'Autriche (1556). Retiré à Yuste, en Estrémadure, il mena dès lors une existence quasi érémitique et mourut en 1558. Ce fut sous son règne que Cortés acheva la conquête du Mexique et Pizarro, celle du Pérou.

CHATILLON-COLIGNY : Issus du mariage de Louise de Montmorency (sœur du connétable de Montmorency) avec Gaspard de Coligny, seigneur de Châtillon, maréchal de France mort en 1541, les trois frères de Coligny appelés à jouer un si grand rôle pendant les guerres de Religion étaient donc proches parents des Montmorency, champions du catholicisme. Ce sont Gaspard de Coligny, le cardinal Odet de Châtillon et François d'Andelot. GASPARD DE CHATILLON, sire de Coligny (1519-1572) fut promu colonel de l'infanterie française à l'avènement d'Henri II en 1547, amiral de France en 1552 (l'AMIRAL DE COLIGNY), gouverneur de Picardie en 1555. Il contribua à la victoire de Renty et défendit Saint-Quentin contre les Espagnols. Converti au protestantisme, il tenta, lors de l'Assemblée des notables (1560) d'obtenir la suppression des persécutions religieuses. Il fut ensuite, avec Condé, l'un des principaux chefs huguenots, puis se rapprocha de la cour et ne reprit la guerre qu'en 1567. Après ses défaites de Jarnac et de Moncontour, il ravagea la Guyenne et le Languedoc et finit par obtenir la paix de Saint-Germain (1570). Rentré en grâce, il devint conseiller de Charles IX et crut pouvoir réconcilier les Français en préparant une guerre contre les Espagnols. Il périt dans le massacre de la Saint-Barthélemy. ODET DE COLIGNY, dit le CARDINAL DE CHATILLON (1517-1571) se convertit également au protestantisme, en 1561, fut excommunié et se réfugia en Angleterre où il mourut empoisonné. FRANÇOIS DE COLIGNY, seigneur d'ANDELOT (1521-1569) passa lui aussi à la Réforme et se distingua dans les batailles de Dreux et de Jarnac.

CONDÉ, voir BOURBON-CONDÉ.

DELORME, ou DE L'ORME (Philibert), né en 1518, mort en 1577. Après avoir étudié l'architecture en Italie, il fut présenté à Henri II par le cardinal du Bellay et chargé de la surintendance des bâtiments du roi. Il construisit le portail de Saint-Nizier à Lyon, les châteaux d'Anet, de Meudon, de Saint-Maur, des Tuileries, restaura ceux de Villers-Cotterêts, de Saint-Germain-en-Laye, de La Muette, érigea le tombeau de François Ier à Saint-Denis. Il inventa un système de charpente et fut l'auteur de plusieurs traités d'architecture, dont un *Traité de l'art de bâtir* en neuf volumes. Son rôle fut déterminant dans l'élaboration du classicisme.

ÉCOSSE, voir MARIE DE GUISE.

ÉDOUARD VI, né en 1537, roi d'Angleterre de 1547 à 1553. Fils d'Henry VIII et de sa troisième femme Jane Seymour, il reçut une éducation austère et studieuse. Il succéda à son père à l'âge de dix ans. La régence fut assumée par son oncle Édouard Seymour, bientôt duc de Somerset et qui usurpa le titre de Protecteur du royaume. Somerset transforma l'Angleterre en État protestant et persécuta les catholiques. Il dut faire face à deux graves rébellions, les réprima, mais perdit le pouvoir et fut décapité. Son rival, John Dudley, comte de Warwick, bientôt duc de Northumberland, lui succéda. Edouard VI, surnommé le « petit démon royal » était un partisan fanatique de la Réforme. Northumberland le persuada de léguer la couronne à Jane Grey, nièce d'Henry VIII, afin d'éviter l'accession au trône de la catholique Marie Tudor. Phtisique, Édouard mourut dans sa seizième année.

ELIZABETH Ire, née en 1533, reine d'Angleterre de 1558 à 1603. Fille d'Henry VIII et d'Anne Boleyn, elle fut déclarée illégitime après l'exécution de celle-ci, puis rétablie dans ses droits. Après avoir couru de grands périls, elle succéda à sa demi-sœur Marie Tudor. (Une notice plus détaillée lui sera consacrée dans l'ouvrage sur Henri III, même collection.)

EMMANUEL-PHILIBERT, voir SAVOIE.

ENFANTS DE FRANCE, fils et filles d'Henri II et de Catherine de Médicis : François, dauphin, (1544-1560), futur FRANÇOIS II ; Élisabeth (1545-1568), future reine d'Espagne, épouse de Philippe II ; Claude (1547-1575), future duchesse de Lorraine ; Louis, duc d'Orléans (1549-1550) ; Charles (1550-1574), futur CHARLES IX ; Henri (1551-1589), futur HENRI III ; Marguerite, duchesse de Valois (1553-1615), future REINE DE NAVARRE, épouse d'Henri IV ; Hercule, dit François, duc d'Alençon (1554-1584) ; Jeanne et Victoire nées et mortes en 1556.

ESPAGNE. — Rois pendant le règne d'Henri II : CHARLES QUINT, empereur, roi de 1516 à 1556 ; PHILIPPE II, roi de 1556 à 1598.

FARNÈSE. — Cette famille princière italienne, connue dès le XIIe siècle, donna plusieurs condottieres et atteignit son zénith sous le pontificat de Paul III (Alexandre Farnèse). Elle régna sur les duchés de Parme et de Plaisance. OTTAVIO FARNÈSE (1524-1586) fut duc de 1547 à sa mort. Gendre de Charles Quint, il n'en devint pas moins son adversaire, perdit Plaisance qu'il recouvra en 1556. Son fils, Alessandro Farnèse, intrépide soldat, servit brillamment Philippe II.

FERDINAND Ier, empereur de 1556 à 1564. Second fils de l'archiduc Philippe le Beau, donc frère puîné de Charles Quint, il reçut les provinces autrichiennes des Habsbourg, devint roi de Bohême et de Hongrie et combattit les Turcs qu'il ne put empêcher d'assiéger Vienne. Élu roi des Romains, il devint empereur en 1556, après l'abdication de Charles Quint. Il s'efforça de réconcilier les protestants et les catholiques allemands.

GOUJON (Jean), né vers 1520, mort en 1569. Ami de l'architecte Pierre Lescot, dont il décora fréquemment les édifices, il fut surnommé le Phidias français en raison de sa science de l'anatomie, de l'élégance et de la légèreté de ses compositions. Il sculpta notamment les bas-reliefs de la fontaine des Innocents, les cariatides de la tribune des Suisses, les décorations d'Anet et de Carnavalet.

GRANVELLE (Antoine Perrenot de), né en 1517, mort en 1586. Fils de Nicolas Perrenot de Granvelle, chancelier de Charles Quint, il fut promu évêque d'Arras en 1540 et participa aux négociations avec les ligueurs de Smalkade après leur défaite de Mühlberg (1547). Il succéda à son père en 1550 comme chancelier de l'empire. Il négocia l'Intérim d'Augsbourg, le mariage de Philippe II avec Marie Tudor et le traité du Cateau-Cambrésis. Il servit ensuite Philippe II, dont il contribua à promouvoir la politique absolutiste. Le zèle qu'il manifesta contre les protestants lui valut le cardinalat. Vice-roi de Naples en 1571, il fut ensuite rappelé en Espagne et poussa Philippe II à intervenir en France pendant les guerres de Religion. Ses « Papiers d'État » et sa « Correspondance » ont été publiés.

GUISE (Maison de). — Les Guise étaient une branche cadette des ducs de Lorraine. A la mort de René II de Lorraine (1508), son fils cadet, CLAUDE, hérita des comtés de Guise (en Thiérache), d'Aumale et d'Harcourt, du marquisat d'Elbeuf, des seigneuries de Brionne, Joinville, Lillebonne et Mayenne. CLAUDE DE LORRAINE (1496-1550) fut grièvement blessé à Marignan et participa à presque toutes les campagnes de François Ier. Gouverneur de Champagne, il seconda Louise de Savoie pendant la captivité du roi. Ce dernier le promut duc de Guise. Claude eut dix enfants, parmi lesquels FRANÇOIS DE LORRAINE, deuxième DUC DE GUISE, et MARIE, REINE D'ÉCOSSE. Son frère, Jean de Guise (1498-1550), est connu sous le nom de CARDINAL DE LORRAINE : coadjuteur à trois ans, il fut cardinal à 20 ans et collectionna les bénéfices. FRANÇOIS DE LORRAINE, DEUXIÈME DUC DE GUISE (1519-1563), fut le meilleur homme de guerre de son temps. Blessé au siège de Boulogne en 1549 (d'où son surnom de Balafré), il défendit Metz contre Charles Quint et battit les Impériaux à Renty. Envoyé en Italie à la demande de Paul IV, il dut rentrer en France après le désastre de Saint-Quentin et s'empara de Calais (1558). Pendant la minorité de François II, il déjoua la Conjuration d'Ambroise (1560) et prit le pouvoir avec son frère Charles, second cardinal de Lorraine (1524-1574). Après la mort de François II, Catherine de Médicis s'efforça de tenir la balance égale entre les Guise, champions du catholicisme, et les Bourbons-Condé, champions de la Réforme. En perpétrant le massacre de Wassy, François de Guise déclencha les guerres de Religion. Vainqueur de Condé à Dreux, il fut assassiné par Poltrot de Méré. Son fils aîné, HENRI DE LORRAINE, TROISIÈME DUC DE GUISE (1550-1588), fut assassiné à Blois, sur ordre d'Henri III.

JEANNE D'ALBRET, née en 1528, morte en 1572. Fille d'Henri II d'Albret, roi de

Navarre, et de Marguerite de Valois, sœur de François Ier, elle fut d'abord mariée (1541) au duc de Clèves. Le mariage fut annulé pour non-consommation. Elle épousa en 1548 Antoine de Bourbon, duc de Vendôme. Devenue reine de Navarre, elle imposa le calvinisme à ses sujets. Elle exerça une grande influence sur son fils, le futur Henri IV.

JODELLE (Étienne), né en 1532, mort en 1573. On le connaît surtout pour sa tragédie de *Cléopâtre captive*, jouée pour la première fois en 1552 en présence d'Henri II, et qui est l'esquisse de la tragédie classique.

JULES III (Giovanni Maria Ciocchi del Monte), né en 1487, pape de 1550 à 1555. Cardinal, il occupa d'éminentes fonctions sous les pontificats de Clément VII et de Paul III. Il joua un rôle considérable relativement au concile de Trente. Il tenta en vain de mettre fin au schisme anglican. Son népotisme et son goût des grandeurs marquèrent son pontificat. Son successeur, MARCEL II, ne régna que vingt-et-un jours.

LESCOT (Pierre), né en 1510, mort en 1578, considéré comme l'un des restaurateurs de l'architecture française. Il substitua au gothique finissant les proportions de l'architecture grecque et fut l'instigateur d'un style purement français, dégagé de l'influence italienne. Sa façade du Louvre, la fontaine des Innocents sont ses chefs-d'œuvre.

LORRAINE, voir GUISE et MARIE DE GUISE.

MARIE DE GUISE, ou DE LORRAINE, née en 1515, morte en 1560. Fille de Claude de Lorraine, premier duc de Guise, elle épousa Louis d'Orléans, duc de Longueville, en 1534 et, en secondes noces, JACQUES STUART, ROI D'ÉCOSSE, en 1538. Veuve en 1542, elle fut régente d'Écosse. Hostile à la Réforme et à l'Angleterre, elle fiança sa fille MARIE STUART (1542-1587) au dauphin de France, le futur François II.

MARIE Ire TUDOR (MARIE TUDOR), née en 1516, reine d'Angleterre de 1553 à 1558. Seul enfant survivant du mariage d'Henry VIII et de Catherine d'Aragon, fervente catholique, à demi espagnole, elle entra en conflit avec son père après la répudiation de sa mère. Elle se réconcilia avec lui après la chute d'Anne Boleyn. Quand Northumberland proclama Jane Grey reine d'Angleterre après la mort d'Édouard VI, le peuple se rallia à la cause de Marie Tudor qui, dès lors, accéda aisément au trône. Mais son mariage avec Philippe II, ses mesures en faveur du catholicisme, la répression qu'elle édicta contre les anglicans lui aliénèrent l'opinion. La perte de Calais acheva de la discréditer.

MONTMORENCY (Anne, duc de), né en 1493, mort en 1567. Compagnon de jeux de François Ier, il participa à toutes les guerres de son règne. Maréchal de France, connétable, Grand maître, gouverneur du Languedoc, il exerça une influence considérable. Partisan déterminé d'un rapprochement avec Charles Quint, l'échec de sa politique provoqua sa disgrâce. Rappelé par Henri II, il devint son principal conseiller et négocia le traité du Cateau-Cambrésis. Sous le règne de Charles IX, il prit une part très active à la lutte contre les huguenots et fut tué au combat de Saint-Denis livré au prince de Condé.

NAVARRE. — Rois pendant le règne d'Henri II : HENRI II D'ALBRET, roi de 1516 à 1555 ; JEANNE D'ALBRET, épouse d'ANTOINE DE BOURBON-VENDOME, reine de 1555 à 1572.

PAPES pendant le règne d'Henri II : PAUL III (de 1534 à 1549) ; JULES III (de

1550 à 1555) ; MARCEL II (1555) ; PAUL IV (de 1555 à 1559) ; PIE IV (de 1559 à 1565).

PARÉ (Ambroise), né vers 1517, mort en 1590. Il étudia la chirurgie et suivit Montejean, colonel général de l'infanterie, en Italie (1536). Reçu chirurgien, il entra au service d'Henri II et continua ses fonctions sous les règnes des derniers Valois. Son principal mérite fut de faire prévaloir l'expérience et l'observation sur la tradition des Anciens. Il mit au point la ligature des artères. Ses œuvres complètes ont été publiées à Lyon en 1562 ; elles connurent de nombreuses rééditions.

PAUL III (Alexandre Farnèse), né en 1468, pape de 1534 à 1549. Après une jeunesse dissipée, il se maria, devint père de quatre enfants, puis embrassa l'État ecclésiastique. Fait cardinal-diacre en 1493, il fut doyen du Sacré Collège sous le pontificat de Léon X et succéda à Clément VII. Prince de la Renaissance, il fut aussi un pape réformateur, réunit le concile de Trente (1536), approuva la fondation de l'ordre des Jésuites et réorganisa l'Inquisition. Ces mesures n'empêchèrent point les progrès de la Réforme. L'excommunication qu'il fulmina contre Henry VIII conforta le schisme anglican. Son népotisme fit l'objet de violentes critiques. Il n'hésita pas à démembrer les États pontificaux au profit d'un de ses enfants qu'il fit duc de Parme. Mécène éclairé, il chargea Michel-Ange de peindre la Sixtine.

PAUL IV (Gian Pietro Caraffa, ou Carafa), né en 1476, pape de 1555 à 1559. Partisan résolu de la réforme de l'Eglise et de l'extirpation du protestantisme, il fonda l'ordre des Théatins et établit l'Inquisition à Rome, avant de succéder à Jules III. Devenu pape, il crut pouvoir chasser les Espagnols d'Italie avec l'appui d'Henri II. La défaite de Saint-Quentin l'obligea à renoncer à ce projet. Il se consacra dès lors à la lutte contre la Réforme et publia le premier Index des livres prohibés. Son despotisme, son intransigeance, le favoritisme qu'il manifesta en faveur de ses neveux Caraffa le firent honnir du peuple romain.

PHILIPPE II, né en 1527, roi d'Espagne de 1556 à 1598. Fils de Charles Quint et d'Isabelle de Portugal, il fut le prince le plus espagnol de la Maison de Habsbourg. Nommé roi de Naples en 1554, puis souverain des Pays-Bas et roi d'Espagne (1556), il possédait aussi d'immenses territoires en Amérique. Il annexa en outre le Portugal en 1580. Animé d'un véritable fanatisme, il s'institua chef de la Contre-Réforme. En Espagne, il établit un pouvoir absolu, sacrifia son propre fils Don Carlos soupçonné de complot, écrasa la révolte des Morisques andalous, soutint l'action de l'Inquisition et fit régner la terreur religieuse. Les excès du duc d'Albe provoquèrent la sécession des provinces flamandes soulevées par Guillaume le Taciturne. Son demi-frère, Don Juan d'Autriche, remporta sur les Turcs la bataille de Lépante (1571). Sa tentative de ravir la maîtrise de la mer à l'Angleterre se solda par un cuisant échec (l'Invincible Armada, 1588). Ses interventions en France pendant les guerres de Religion échouèrent pareillement et il dut reconnaître Henri IV. De ses quatre mariages, il ne lui resta qu'un fils, le futur Philippe III. Son règne oppressant marqua pourtant les débuts du Siècle d'Or.

PIE IV (Gian Angelo Medici), non apparenté aux Médicis malgré son patronyme, né en 1499, pape de 1559 à 1565. Archevêque de Raguse, cardinal-légat, juriste, médecin, théologien, il succéda à Paul IV, dont il fit juger les neveux Caraffa. Il rouvrit le concile de Trente, dont il publia les décrets en 1564, réforma le Sacré Collège, rédigea le premier catéchisme. Afin de juguler la Réforme en Allemagne, il autorisa la communion sous les deux espèces. Son neveu, saint Charles Borromée l'assista.

RENARD (Simon), né en 1513, mort en 1573, fut l'un des principaux conseillers de Charles Quint avec le cardinal de Granvelle. Il négocia la trêve de Vaucelles, et fut envoyé en ambassade auprès d'Henri II. Devenu le rival de Granvelle, il s'allia avec Guillaume d'Orange. Rappelé à Madrid par Philippe II, il mourut quasi indigent. Il a laissé le récit de ses « Ambassades » en trois volumes.

RONSARD (Pierre de), né en 1524, mort en 1585. Destiné à la carrière des armes (son père, Louis de Ronsard, avait brillamment servi Louis XII et François Ier), il fut page à la cour de France, puis à celle d'Écosse. Au cours d'un voyage en Alsace, il devint partiellement sourd, renonça à l'état militaire et s'adonna à l'étude du latin et du grec. Son exceptionnel talent poétique s'affirma rapidement. Il publia son premier volume de vers, les *Odes* en 1550, les *Amours* en 1552, le *Bocage* en 1554, les *Hymnes* en 1555 et, en 1560, la première édition de ses œuvres complètes. Considéré comme le premier poète français, il devint aumônier du roi et reçut divers bénéfices. Il prit la défense du catholicisme dès le début des guerres de Religion, en publiant ses *Discours*. Il vécut à la cour de Charles IX jusqu'à la mort de ce roi, puis se retira dans ses prieurés de Touraine et du Vendômois.

SAINT-ANDRÉ (Jacques d'Albon, seigneur de), maréchal de France, né vers 1505, mort en 1562. Favori d'Henri II, il fut capturé à la bataille de Saint-Quentin et contribua avec Montmorency à la signature du traité du Cateau-Cambrésis. Anticalviniste prononcé, il forma avec Montmorency et Guise le triumvirat de 1561. Il fut tué à la bataille de Dreux.

SAVOIE (Emmanuel-Philibert, duc de), né en 1528, mort en 1560. Fils de Charles III de Savoie, il fut dépouillé de ses États par François Ier et entra au service de Charles Quint. Il participa à la lutte contre les ligueurs de Smalkade, se distingua au siège de Metz, reçut le commandement des Impériaux et remporta sur Montmorency la victoire de Saint Quentin. Le traité du Cateau-Cambrésis lui rendit une partie de ses États. Il épousa Marguerite, sœur d'Henri II.

STROZZI. — Famille de Florence apparentée aux Médicis. PIERRE STROZZI (1510-1558), cousin germain de la reine Catherine, défendit, au service d'Henri II, Sienne assiégée par Côme de Médicis. Promu maréchal de France, il périt au siège de Thionville. Son frère, LÉON STROZZI (1515-1554), Grand prieur de Malte, fut général des galères françaises et conduisit victorieusement plusieurs expéditions. PHILIPPE STROZZI (1541-1582), fils de Pierre Strozzi, fut enfant d'honneur du futur François II et devint colonel des gardes françaises en 1563, puis colonel général de l'infanterie. Il périt au large des Açores dans un combat naval contre les Espagnols.

STUART, voir MARIE DE GUISE.

VIEILLEVILLE (François de Scépeaux, seigneur de), né en 1510, mort en 1571. Homme de guerre, il ne cessa de se distinguer pendant les guerres de François Ier et d'Henri II. Il fut l'un des négociateurs du traité du Cateau-Cambrésis. Promu maréchal de France en 1562, il refusa la charge de connétable après la mort de Montmorency. Ses Mémoires, rédigés par son secrétaire Vincent Carloix, présentent un très grand intérêt. On ne peut toutefois les accepter sans réserve.

BIBLIOGRAPHIE

ANTOINE (Michel) — *Un Tournant dans l'histoire des institutions monarchiques : le règne d'Henri II*, Paris 1978.

ANUL — *Nonciatures en France (1554-1557)*, Paris 1909-1911 (2 vol.).

BABELON (Jean) — *Charles Quint*, Paris 1947.

BAGUENAULT DE PUCHESSE (Gustave) — *Négociations avec le duc de Ferrare, d'après des documents inédits (1555-1557)*, in *Revue des questions historiques*, Paris 1868 (31 p.).

BASCHET (Armand) — *La Diplomatie vénitienne, les princes de l'Europe au XVIe siècle*, Paris 1862.

BATIFFOL (Louis) — *Le Siècle de la Renaissance*, Paris s.d.

BELLEFOREST (François de) — *Chant funèbre sur le trépas du roi Henri II*, Paris 1559.

BERCE (Yves-Marie) — *Croquants et nu-pieds, les soulèvements paysans en France du XVIe au XIXe siècle*, Paris 1974.

BERCE (Yves-Marie) — *Fêtes et révoltes, des mentalités populaires du XVIe au XVIIIe siècle*, Paris 1976.

BERCE (Yves-Marie) — *Révoltes et révolutions dans l'Europe moderne, XVIe-XVIIIe siècles*, Paris 1979.

BORDONOVE (Georges) — *François Ier*, Paris 1987.

BOUILLE (R. de) — *Histoire des ducs de Guise*, Paris 1849.

BRANTOME (Pierre de Bourdeille, abbé et seigneur de) — *Œuvres complètes*, édité par Monmerqué, Paris 1822 (7 vol.).

BRAUDEL (F.) et LABROUSSE (E.) — *Histoire économique et sociale de la France* (dirigée par), Paris 1977.

BROGLIE (Raoul de) — *Les Clouets de Chantilly, catalogue illustré*, in *Gazette des Beaux-Arts*, Paris 1971.

CATHERINE DE MÉDICIS — *Lettres*, édité par La Ferrière et Baguenault de Puchesse, Paris 1880-1943 (11 vol.).

CHAUNU (Pierre) — *Église, culture et société, essai sur la Réforme et la Contre-Réforme, 1517-1620*, Paris 1980.

CLOULAS (Ivan) - *Catherine de Médicis*, Paris 1979.

CLOULAS (Ivan) — *Henri II*, Paris 1985.

Collection des Ordonnances des Rois de France, catalogue des actes d'Henri II, Paris 1979.

COLOMBIER (Pierre du) — *L'Art de la Renaissance en France*, Paris 1950.

COUDY (Julien) — *Les Guerres de Religion*, Paris 1952.

CROZE (J. de) — *Les Guise, les Valois et Philippe II*, Paris 1866 (2 vol.).

CRUE (Francis de) — *Anne de Montmorency*, Paris 1885-1889 (2 vol.)

DEBRAY (Roger) — *La Chambre des monnaies et l'administration des monnaies sous l'ancien régime*, Paris 1919.

DELUMEAU (Jean) — *Naissance et affirmation de la Réforme*, Paris 1965.

DELUMEAU (Jean) — *La Civilisation de la Renaissance*, Paris 1967.

DELUMEAU (Jean) — *Le Catholicisme entre Luther et Voltaire*, Paris 1971.

DODU (Gaston) — *Les Valois, histoire d'une maison royale*, Paris 1934.

DOUCET (Roger) — *Les Institutions de la France au XVIe siècle*, Paris 1948 (2 vol.).

DUBY (G.) et WALLON (A.) — *Histoire de la France rurale* (dirigée par), Paris 1977.

DUPRÉ-LASALE (Émile) — *Michel de L'Hospital, avant son élévation au poste de chancelier de France (1508-1558)*, Paris 1946.

DURUY (Georges) — *Le Cardinal Carlo Caraffa, 1519-1561*, Paris 1882.

BIBLIOGRAPHIE

ERLANGER (Philippe) — *Diane de Poitiers*, Paris 1955.

ERLANGER (Philippe) — *Charles Quint*, Paris 1980.

EUDEL DU GORD (Armand) — *Recueil de fragments historiques sur les derniers Valois (1547-1589)*, Paris s.d.

FONTANON (A.) — *Les Édits et ordonnances des rois de France*, Paris 1611.

FORNERON (H.) — *Les Ducs de Guise et leur Époque*, Paris 1877.

FRANÇOIS (Michel) — *Le Cardinal de Tournon, homme d'État, mécène et humaniste (1489-1562)*, Paris 1951.

GAIL (J.-B.) — *Lettres inédites d'Henri II, Diane de Poitiers, Marie Stuart, François dauphin, etc., adressées au connétable de Montmorency, ou correspondance secrète de la cour d'Henri II*, Paris 1828.

GROSJEAN (Georges) — *La France au Rhin ; les promenades d'Henri II en Autrasie, le dessein d'Henri II*, Paris 1925 (72 p.).

GUERDAN (René) — *Marie Stuart, reine de France et d'Écosse, ou l'ambition trahie*, Paris 1986.

GUISE (François, duc de) — *Mémoires (1547-1563)*, édit. par Michaud et Poujoulat, Paris 1839.

HAUSER (Henri) — *Les Sources de l'histoire de France au XVIe siècle*, Paris 1906.

HAUTECŒUR (Louis) — *Histoire de l'architecture classique en France*, Paris 1905-1914 (3 vol.).

HENDERSON (Daniel) — *Marie Tudor (1516-1558)*, traduit de l'anglais par H. de Courtois, Paris 1934.

HÉRITIER (Jean) — *Michel de L'Hospital*, Paris 1943.

HÉRITIER (Jean) — *Catherine de Médicis*, Paris 1959.

IMBART DE LA TOUR (P.) — *Les Origines de la Réforme*, Paris 1905-1914 (3 vol.).

ISAMBART, JOURDAN, DECRUY — *Recueil des anciennes lois françaises*, Paris s.d.

JEANNIN (P.) — *Les Marchands au XVIe siècle*, Paris 1957.

L'AUBESPINE (Claude de) — *Histoire particulière de la cour du roi Henri II*, in *Archives curieuses de l'histoire de France*, Paris 1834.

LEFRANC (Abel) — *Grands écrivains français de la Renaissance*, Paris 1914.

LEFRANC (Abel) — *La Vie quotidienne au temps de la Renaissance*, Paris 1938.

LEGLAY (A.) — *Négociations diplomatiques entre la France et l'Autriche*, Paris 1845.

LESTOCQUOY (J.) — *Correspondance des nonces en France, Lenzi et Gualtiero, légation du cardinal Trivulce (1557-1561)*, Rome 1977.

LESTOILE (Pierre de) — *Mémoires pour servir à l'histoire de France (1515-1574)*, édit. par Godefroy, Cologne 1719 (2 vol.).

LEWIS (D. B. Wyndham) — *Charles Quint, empereur d'Occident (1500-1558)*, traduit de l'anglais par S. Campaux, Paris 1932.

LUCAS-DUBRETON (Jean) — *Charles Quint*, Paris 1958.

LUCAY (Hélion) — *Des Origines du pouvoir ministériel en France : les secrétaires d'État depuis leur institution jusqu'à la mort de Louis XV*, Paris 1881.

MANDROU (R.) — *Introduction à la France moderne, essai de psychologie historique (1500-1640)*, Paris 1961.

MARCHAND (Abbé) — *La Captivité des enfants de François Ier en Espagne*, Angers s.d. (13 p.).

MARGOLIN (Jean-Claude) — *L'Avènement des temps modernes*, Paris 1977.

MAUGIS (Édouard) — *Histoire du parlement de Paris, de l'avènement des Valois à la mort d'Henri IV*, Paris 1913-1916 (3 vol.)

MAURO (F.) — *Le XVIe siècle européen, aspects économiques*, Paris 1966.

MAUVRET (Jean) — *Circulation monétaire et utilisation économique de la monnaie dans la France du XVIe et du XVIIe siècle*, Paris 1947.

MAYER (Marcel) — *Le Château d'Anet*, Paris 1953.

MIQUEL (Pierre) — *Les Guerres de Religion,* Paris 1980 (2 vol.).
MONLUC (Blaise de) — *Commentaires,* édit. par Courteault, Paris 1911-1914 (2 vol.).
NOELL (Henry) — *Henri II et la naissance de la société moderne,* Paris 1944.
ORIEUX (Jean) — *Catherine de Médicis,* Paris 1986.
PAILLARD (Charles) — *La Mort de François Ier et les premiers temps du règne d'Henri II, d'après Jean de Saint-Mauris, ambassadeur de Charles Quint à la cour de France,* in *Revue historique,* Paris 1877 (36 p.).
PICOT (Georges) — *Histoire des États généraux, considérés au point de vue de leur influence sur le gouvernement de la France, de 1355 à 1614,* Paris 1972 (4 vol.).
POITIERS (Diane de) — *Lettres inédites,* publ. par G. Guiffrey, Paris 1866.
RABUTIN (François de) — *Commentaires sur le fait des dernières guerres en Gaule Belgique entre Henri Second, Très Chrétien Roi de France, et Charles Cinquième, Empereur,* Paris 1555.
RIBIER (Guillaume) — *Lettres et mémoires d'État des rois, princes, ambassadeurs et autres ministres, sous les règnes de François Ier, Henri II et François II,* Paris 1666 (2 vol.).
ROCQUAIN (Félix) — *La France et Rome pendant les Guerres de Religion,* Paris 1924.
ROMIER (Lucien) — *La Carrière d'un favori : Jacques d'Albon de Saint-André, maréchal de France,* Paris 1900.
ROMIER (Lucien) — *Les Guerres d'Henri II et le traité du Cateau-Cambrésis (1554-1559),* in *Mélanges archéol. et histor.*, Rome 1910 (50 p.).
ROMIER (Lucien) — *Les Origines politiques des Guerres de Religion (1547-1559),* Paris 1913-1914 (2 vol.).
ROYALL TYLER (William) — *L'Empereur Charles Quint,* trad. de l'anglais par A. Bertin, Paris 1960.
RUBLE (A. de) - *Le Traité du Cateau-Cambrésis,* Paris 1889.
SAINT-VICTOR (Paul de) — *Diane de Poitiers,* Paris 1884.
SCHNAPPER (Bernard) — *Les Rentes au XVIe siècle, histoire d'un instrument de crédit,* Paris 1957.
SÉE (H.), RÉBILLON (A.) et PRÉCELIN (E.) — *Le XVIe siècle,* Paris 1950.
TEULET (Alexandre) — *Relation politique de la France et de l'Espagne avec l'Écosse au XVIe siècle,* Paris 1862 (5 vol.).
THIERRY (Adrien) — *Diane de Poitiers,* Paris-Genève 1955.
TOMMASEO (Niccolo) — *Relation des ambassadeurs vénitiens sur les affaires de France au XVIe siècle,* Paris 1838 (3 vol.).
VAISSIÈRE (Pierre de) — *Charles de Marillac, ambassadeur et homme politique sous les règnes de François Ier, d'Henri II et de François II (1510-1560),* Paris 1896.
VALOIS (Noël) — *Le Conseil du Roi aux XIVe, XVe et XVIe siècles,* Paris 1888.
VIEILLEVILLE (François de Scépeaux, sire de) — *Mémoires* rédigés par Vincent CARLOIX, édit. par Michaud et Poujoulat, Paris 1838.
VILLARS (François de Boyvin, baron de) — *Mémoires,* Paris 1606.
WEISS (N.) — *La Chambre ardente, étude sur la liberté de conscience sous François Ier et Henri II (1540-1550),* Paris 1889.
WILLIAMSON (Hugh Ross) — *Catherine de Médicis,* trad. de l'anglais par B. Chabrol, Paris 1979.
ZELLER (Gaston) — *La Réunion de Metz à la France (1552-1648),* Strasbourg-Paris 1926 (2 vol.).
ZELLER (Gaston) — *Les Institutions de la France au XVIe siècle,* Paris 1948.
ZELLER (Gaston) — *Le Voyage d'Allemagne d'Henri II,* in *Annales de la Soc. histor. et archéol. de Lorraine,* Nancy 1954 (50 p.).

TABLE DES MATIÈRES

Achevé d'imprimer en juillet 1989
sur presse CAMERON
dans les ateliers de la S.E.P.C.
à Saint-Amand-Montrond (Cher)
pour le compte de France Loisirs

N° d'Édition : 15277. N° d'Impression : 1325.
Dépôt légal : juin 1989.
Imprimé en France